Biosphäre

Sachsen-Anhalt 7|8

Cornelsen

Biosphäre

Band 7/8 Gymnasium Sachsen-Anhalt

Autorinnen und Autoren:

Engelhardt Göbel, Magdala; Dr. Anja Grimmer, Wörmlitz; Dr. Volker Vopel, Oettersdorf

Teile dieses Buches sind anderen Ausgaben der Lehrwerksreihe Biosphäre entnommen.

Autorinnen und Autoren dieser Ausgaben:

Astrid Agster; Stefan Auerbach; Andreas Bauer; Joachim Becker; Dr. Werner Bils; Jens Bussen; Pia Bordes Sagner; Anke Brennecke; Silke Bringezu; Frank Deutschmann; Anne-Kathrin Dierschke; Peter Emmler; Robert Felch; Heidemarie Frasiak; Dr. Axel Goldberg; Daniela Grabenstein; Christian Gröne; Simone Grimm; Beate Haase; Franziska Hach; Angelika Huber; Silke Hübner; Yvonne Hübner; Lutz Jaeger; Dr. Horst Janz; Daniela Jatzwauk; Michael Jütte; Wolfhard Koth-Hohmann; Katja Kühl; Prof. Dr. Hansjörg Küster; Dr. Karl-Wilhelm Leienbach; Andre Linnert; Prof. Dr. Anke Meisert; Gabriele Merk; Monika Pohlmann; Gabriele Merk; Martin Post; Michael Riethmüller; Gabriele Rupp; Dr. Ulrike Schiek; Annegret Schlegel; Daniela Schmidt; Kathrin Scholz; Kathrin Scholz; Dr. Stephanie Schrank; Hans-Jürgen Staudenmaier; Andre Stein; Constanze Steinert; Dr. Matthias Stoll; Michael Szabados; Volker Wiechern; Grytha Wiechmann; Dr. Hans-Joachim Winkhardt

Redaktion:
Dr. Adria Wehser

Designberatung:
Katharina Wolff-Steininger

Layoutkonzept, Umschlaggestaltung und Layout:
SOFAROBOTNIK GbR, Augsburg & München

Grafik:
Marina Goldberg, Berlin; Angelika Kramer, Stuttgart; Karin Mall, Berlin; Tom Menzel, Klingberg; newVISION! GmbH, Bernhard A. Peter; Matthias Pflügner, Berlin; Werner Wildermuth, Würzburg

Begleitmaterialien zum Lehrwerk	
E-Book	978-3-06-011706-2
Lösungen zum Schülerbuch 7/8	978-3-06-011707-9
Arbeitsheft 7/8	978-3-06-011708-6
Handreichungen für den Unterricht Teil 1	978-3-06-420006-7
Handreichungen für den Unterricht Teil 2	978-3-06-420007-4
Handreichungen für den Unterricht Teil 3	978-3-06-420008-1
Begleitmaterial auf USB-Stick mit Unterrichtsmanager und E-Book auf scook	978-3-06-011281-4

www.cornelsen.de

1. Auflage, 3. Druck 2019

Alle Drucke dieser Auflage sind inhaltlich unverändert und können im Unterricht nebeneinander verwendet werden.

© 2017 Cornelsen Verlag GmbH, Berlin

Druck und Bindung: Livonia Print, Riga

ISBN 978-3-06-011705-5

PEFC zertifiziert
Dieses Produkt stammt aus nachhaltig bewirtschafteten Wäldern und kontrollierten Quellen.
www.pefc.de

PEFC/12-31-006

INHALTSVERZEICHNIS

Der Mensch –   102
Stoff- und Energiewechsel

Der Mensch –   166
Immunbiologie

Kennzeichen der Lebewesen

Bewegung •
Stoffwechsel •
Fortpflanzung und Entwicklung •
Wachstum •
Reizbarkeit •

Angepasstheiten der Wirbeltiere

• Säugetiere in ihren Lebensräumen
• Vögel – angepasst ans Fliegen

Basiskonzepte

Struktur und Funktion •
System •
Entwicklung •

Weitere Wirbeltiere

• Fische –
ein Leben im Wasser
• Amphibien – im Wasser
und an Land
• Reptilien
• Verwandtschaft der Wirbeltiere

Methoden

Ein Versuchsprotokoll erstellen •
Einen Steckbrief erstellen •
Beobachten und Beschreiben •
Vergleichen •
Mit Modellen arbeiten •
Sezieren •
Bestimmungsschlüssel •
anwenden
Diagramme erstellen •
und auswerten
Untersuchung mit Lupe •
und Stereolupe
Mikroskopieren •
Herbarium – Sammeln •
und bestimmen

Biosphäre 5/6

Tiere im Jahresverlauf

• Säugetiere
im Winter

Der Mensch

• Körperhaltung
• Erwachsen werden

Haustiere

Der Mensch lebt mit Tieren •
Nutztiere •

Samenpflanzen

• Bau von Samenpflanzen
• Von der Blüte zur Frucht
• Vielfalt bei Samenpflanzen
• Pflanzen ernähren uns

Lebensräume

Lebensraum Wald •
Der Wald verändert sich •

//. BASISKONZEPT STRUKTUR UND FUNKTION ///////////////////////////////////////

Samenpflanzen sind aus Wurzel, Sprossachse, Blatt und Blüte aufgebaut.
Die Pflanzenteile haben unterschiedliche Funktionen und weisen einen entsprechenden Bau auf. So besitzen Wurzeln viele Wurzelhaare und haben dadurch eine große Oberfläche. Mithilfe dieser großen Oberfläche werden ausreichende Mengen an Wasser und Mineralsalzen aus dem Boden aufgenommen.
Bei der Ausprägung biologischer Strukturen ist ein Zusammenhang mit ihrer Funktion zu erkennen. Man spricht vom **Basiskonzept Struktur und Funktion.**

//. BASISKONZEPT SYSTEM //

Das kleinste biologische System ist die Zelle. Ein System besteht aus mehreren Teilen, die miteinander in Wechselwirkung stehen und die eine funktionelle Einheit bilden. Gleich gebaute Zellen bilden Gewebe und mehrere Gewebe wiederum Organe. Organe wirken in Organsystemen zusammen. Ein Organismus erreicht seine Leistungsfähigkeit durch die Wechselwirkung aller Organsysteme. Diese Ebenen lassen sich sowohl bei Pflanzen als auch bei Tieren feststellen. Leben sie in einem gemeinsamen Gebiet, gehören sie wiederum zu einem noch größeren biologischen System, beispielsweise zum Wald. Auch der Mensch ist Teil solcher Systeme.
Weil sich entsprechende Systeme bei der Betrachtung der belebten Welt überall nachweisen lassen, spricht man vom **Basiskonzept System.**

//. BASISKONZEPT ENTWICKLUNG ///

Samenpflanzen können sich geschlechtlich fortpflanzen und so Nachkommen hervorbringen. Erfolgt eine Übertragung von Pollen und eine Verschmelzung der Spermien und der Eizellen, werden Samen ausgebildet. Wenn sie in die Erde gelangen, keimen sie. Die Keimpflanzen wachsen zu neuen Pflanzen heran. Dabei verändern sie sich, nehmen an Größe zu, bilden Wurzelsysteme und Sprosssysteme aus. Sind die Pflanzen herangereift, entstehen bei vielen Samenpflanzen auffällige Blüten, die die Fortpflanzungsorgane enthalten. Nach einer gewissen Zeitspanne sterben die Pflanzen ab.
Weil sich nicht nur Samenpflanzen, sondern alle biologischen Systeme mit der Zeit verändern und so durch Entwicklung gekennzeichnet sind, spricht man vom **Basiskonzept Entwicklung.**

Die Zelle – Baueinheit des Lebens

In diesem Kapitel beschäftigst du dich mit

- dem Bau der Zellen von Pflanzen und Tieren. Du erfährst, welche Aufgaben die verschiedenen Bestandteile einer Zelle haben.

- der Technik des Mikroskopierens. Du lernst, mit dem Mikroskop umzugehen und Teile von Pflanzen und Tieren so vorzubereiten, dass du ihre Zellen im Mikroskop untersuchen kannst.

- Stoffwechselprozessen bei Pflanzen und Tieren. Du lernst die Fotosynthese als wichtigen Stoffwechselprozess kennen und erfährst, wo sie stattfindet.

der Zellteilung. Du erfährst etwas über die Vorgänge in den Zellen, durch die Pflanzen und Tiere größer werden und wachsen können.

Einzellern. Du lernst Lebewesen kennen, die nur aus einer Zelle bestehen und doch alle Merkmale des Lebens zeigen.

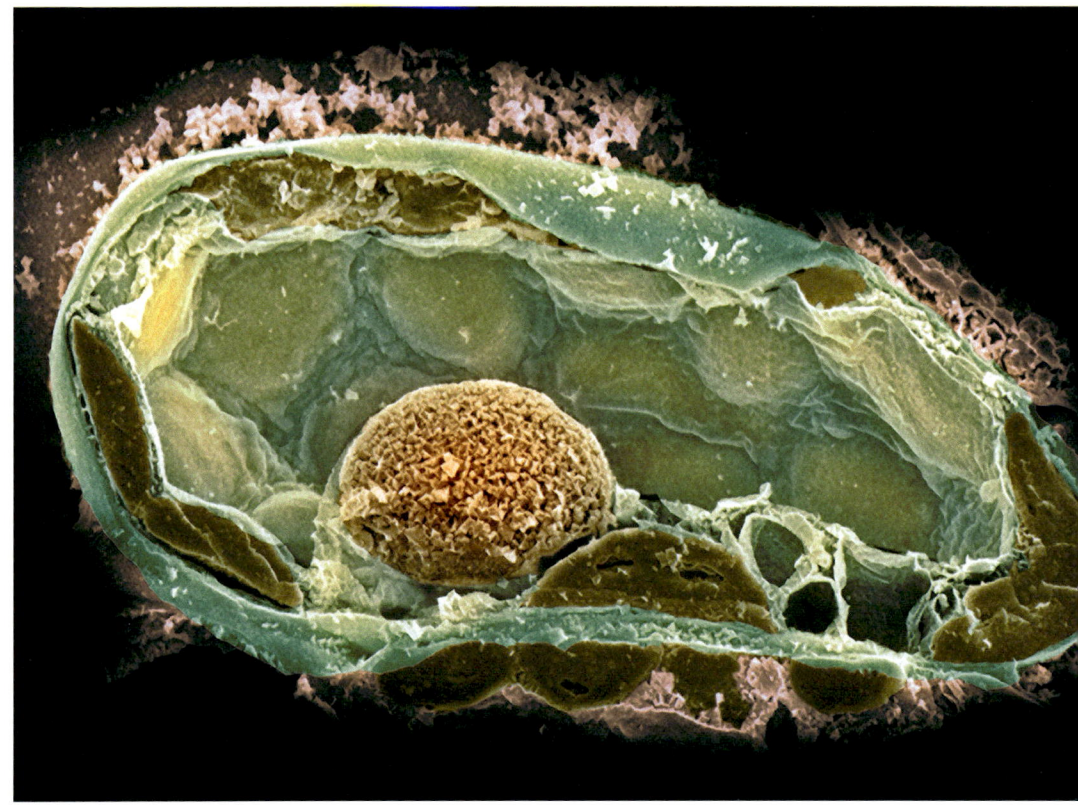

01 Elektronen-
mikroskopische Auf-
nahme einer Zelle
der Garten-Erbse

Zellen – Grundbausteine des Lebens

Amöbe und Chlorella
sind Lebewesen,
die aus einer einzigen
Zelle bestehen.

Von der Amöbe bis zum Elefanten, von der Chlo-
rella bis zur Erbse: Die Lebewesen auf der Erde
sind äußerst vielgestaltig. Trotz dieser Vielfalt
im äußeren Erscheinungsbild bestehen alle
Lebewesen, wenn man ganz genau hinsieht,
aus kleinen, universellen Einheiten.
Doch worum handelt es sich bei diesen Einhei-
ten? Wie kann man sie sehen und wie sind sie
gebaut?

MIKROSKOP · Damit man die kleinste Einheit des Lebens sehen kann, muss man die
Lebewesen vergrößert betrachten. Als früheste
und einfachste Form der Vergrößerung kannte
man Lupen, sogenannte „Flohgläser", die zur
Beobachtung von Flöhen und anderen Insekten dienten.
Die ersten Lichtmikroskope basierten auf der
Idee, mehrere Linsen so miteinander zu kom-
binieren, dass ein stärker vergrößertes Abbild

eines Objektes entsteht. Heute gibt es neben
den bekannten Lichtmikroskopen auch Elekt-
ronenmikroskope, die eine Abbildung von
Objekten mithilfe von Elektronenstrahlen
ermöglichen.

GESCHICHTE DER ZELLBIOLOGIE · Die Erfin-
dung neuer optischer Geräte trägt zu großen
Fortschritten bei der Erforschung der Lebewesen bei. Die Geburtsstunde der Zellbiologie
lässt sich auf das Jahr 1665 datieren. Der engli-
sche Physiker Robert HOOKE untersuchte mit
einem Mikroskop, das 30-fach vergrößerte, die
Rinde von Korkeichen. In dünnen Schnitten
erkannte er kästchenförmige Strukturen, „little
boxes". Da ihn diese Kästchen an Bienenwaben
erinnerten, bezeichnete er sie als „cells". HOOKE
war außerdem der erste, der seine Beobachtungen in Zeichnungen festhielt. Etwa zur gleichen
Zeit war es Antoni van LEEUWENHOEK durch

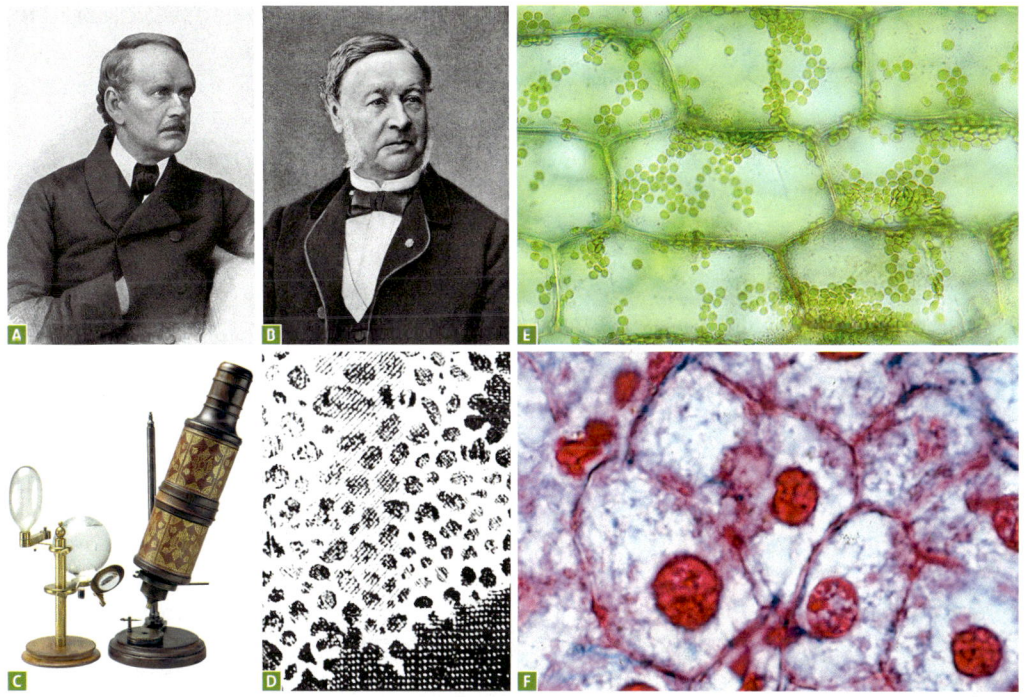

02 Zellbiologie:
A M. J. SCHLEIDEN,
B T. SCHWANN,
C HOOKE's Mikroskop,
D Zeichnung der Kork-
zellen von R. HOOKE,
E Pflanzenzellen
(Zellen der Wasserpest)
F Tierzellen (Zellen der
Leber einer Maus)

eine 200-fache Vergrößerung möglich, winzige Lebewesen in einem Wassertropfen zu erkennen, meist Einzeller. Diese Einzeller bestehen aus einer einzigen Zelle.

In den folgenden 300 Jahren wurde die Zelle immer genauer erforscht. Zu einer entscheidenden Erkenntnis kamen die deutschen Forscher Matthias Jacob SCHLEIDEN und Theodor SCHWANN. Sie erkannten nicht nur, dass die Pflanzen, die Tiere und somit auch der Mensch aus Zellen aufgebaut sind, sondern kamen zu der Auffassung, dass die **Zelle der Grundbaustein aller Lebewesen ist.** Deshalb gelten sie als die Begründer der *Zelltheorie.*

PFLANZEN UND TIERE SIND AUS ZELLEN AUFGEBAUT · Betrachtet man Blätter einer Wasserpest unter dem Mikroskop, ist eine netzartige Struktur zu erkennen. Die einzelnen Einheiten haben ähnlich wie Mauersteine eine nahezu rechteckige Form und sind in versetzten Reihen angeordnet. Diese Einheiten nennt man **Pflanzenzellen.**

Auch bei Tieren und Menschen findet man Zellen. Die **Tierzellen** sind jedoch unregelmäßiger angeordnet. Die Grenzen zwischen den einzelnen Zellen sind undeutlicher als bei den Pflanzenzellen.

BAKTERIEN UND PILZE · Auch Bakterien und Pilze sind aus Zellen aufgebaut. Bakterien sind immer einzellige Lebewesen, während es bei Pilzen auch mehrzellige Arten gibt.

1) Begründe die Bezeichnung der Zelle als Grundbaustein des Lebens!

03 A Bakterienzelle,
B Pilzzellen

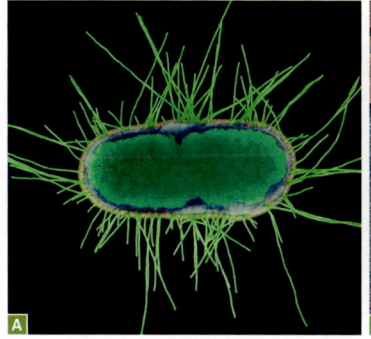
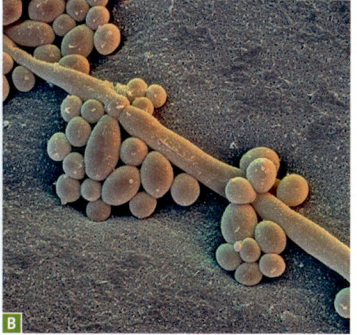

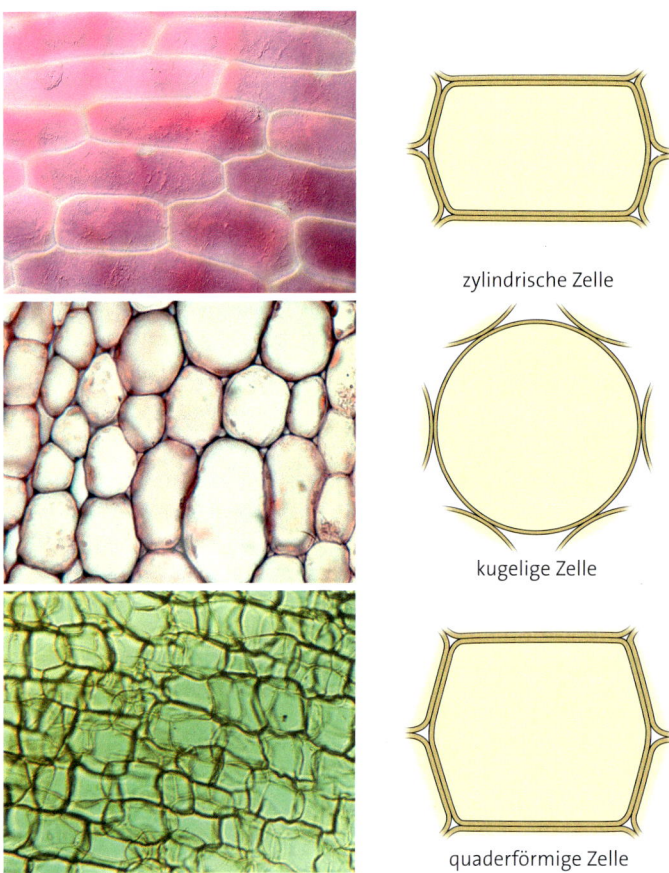

04 Formenvielfalt von pflanzlichen Zellen

zylindrische Zelle

kugelige Zelle

quaderförmige Zelle

FORMENVIELFALT UND GRÖSSE VON ZELLEN · In ihrer Form und Größe sind sowohl die Zellen von Tieren und Menschen als auch die Zellen der Pflanzen sehr verschieden.

Im mikroskopischen Bild erscheinen die Zellen flächig. Sie sind aber kleine Körper. Nach der **äußeren Form** sind die Zellen zum Beispiel quaderförmig, kugelig oder zylindrisch. Erhebliche Unterschiede gibt es auch in der **Größe der Zellen.** Da viele Zellen sehr klein sind, wird zum Angeben der Zellgröße die Maßeinheit Mikrometer verwendet. Ein Mikrometer ist der tausendste Teil eines Millimeters.

Pflanzliche Zellen haben in der Regel eine Größe von 10 bis 400 Mikrometer, tierische Zellen sind mit meist 10 bis 30 Mikrometern deutlich kleiner.

2 ⌡ Beschreibe Unterschiede in der äußeren Form der dargestellten Zellen in Abbildung 04!

3 ⌡ Stelle in einem Säulendiagramm die Größenverhältnisse der Zellen in Abbildung 05 dar. Wähle dazu einen geeigneten Maßstab!

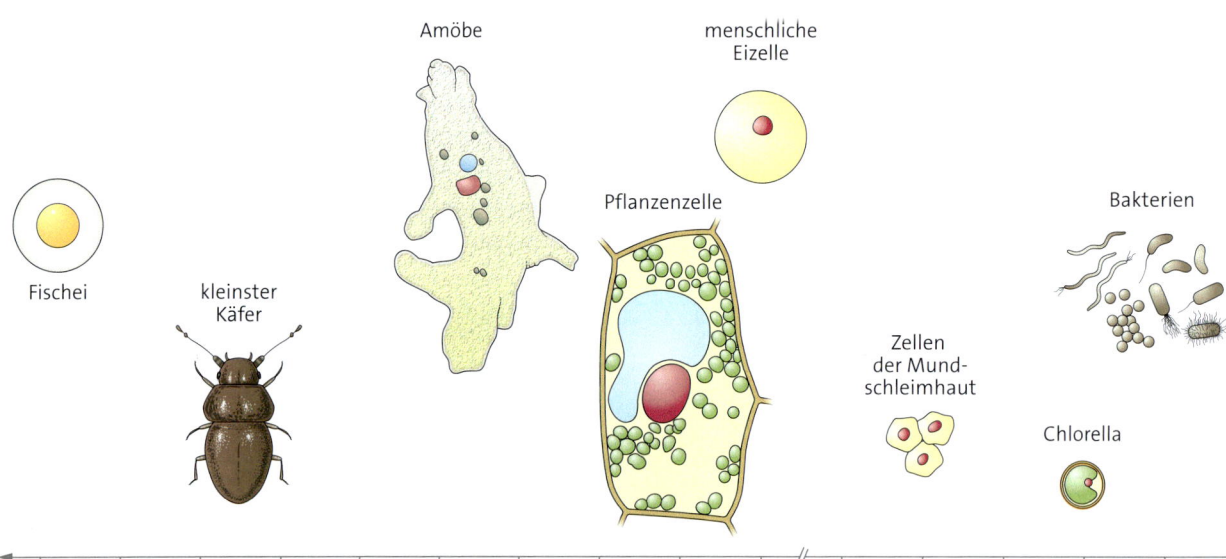

05 Größenvergleich verschiedener Zellen und Lebewesen

VERSUCH A ▸ Bau eines Einlinsenmikroskops

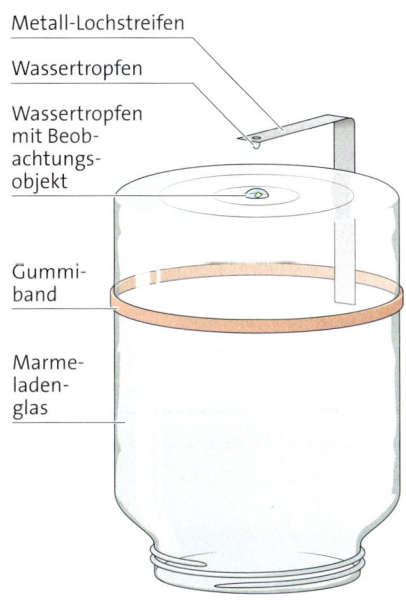

Metall-Lochstreifen

Wassertropfen

Wassertropfen mit Beobachtungsobjekt

Gummiband

Marmeladenglas

Material:
Marmeladenglas oder Becherglas, Metall-Lochstreifen aus einem Schnellhefter, Gummiband, Wasser, Mikroskop, Objektträger, Deckgläschen, Pipette, verschiedene Betrachtungsobjekte, zum Beispiel Zwiebelschuppenhaut

Durchführung:
Biege den Metall-Lochstreifen in der Mitte in einem rechten Winkel. Befestige den gewinkelten Streifen mithilfe des Gummibandes an dem umgedrehten Glas, wie es die Abbildung zeigt.
Tauche deinen Zeigefinger kurz in Wasser und übertrage den haftenden Wassertropfen in das Loch des Metallstreifens, der sich über dem Glas befindet. Gib ebenfalls auf den Boden des Glasgefäßes einen Tropfen Wasser. Lege in den Wassertropfen auf den Boden des Glases einen Ausschnitt der Zwiebelschuppenhaut. Betrachte das Objekt durch den Wassertropfen im Lochstreifen!

A1 Beschreibe deine Beobachtungen!

A2 Erkläre, wie du das Bild scharf stellen kannst!

A3 Betrachte nun einen Ausschnitt der Zwiebelschuppenhaut mit dem Lichtmikroskop! Fertige dazu ein Frischpräparat der Zwiebelschuppenhaut an! Beschreibe deine Beobachtungen und fertige eine Skizze der Zwiebelschuppenhaut an!

A4 Vergleiche in tabellarischer Form den Bau deines „Einlinsenmikroskopes" mit einem Lichtmikroskop!

Hinweis: *Für das Anfertigen eines Frischpräparats der Zwiebelschuppenhaut kannst du Seite 20 im Lehrbuch zu Hilfe nehmen!*

VERSUCH B ▸ Untersuchung der Brennhaare einer Brennnessel

Wohl jeder hat mit ihnen schon Bekanntschaft gemacht. Die Inhaltsstoffe der Brennhaare der Brennnessel führen zu schmerzhaften Quaddeln auf der Haut. Jedoch nur die großen, ausgewachsenen Brennhaare brennen. Haare mit Köpfchen an der Spitze sind noch funktionsfähig. Haare mit abgebrochenem Köpfchen sind leer und brennen nicht mehr.

Material:
Mikroskop, Objektträger, Deckgläschen, kleines Becherglas mit Wasser, Pipette, Rasierklinge, Pinzette, Brennnesselpflanze

Durchführung:
Schneide mit der Rasierklinge vorsichtig mehrere der großen, mit bloßem Auge sichtbaren weißen Haare ab. Übertrage sie mithilfe der Pinzette in einen Tropfen Wasser auf den Objektträger. Lege ein Deckgläschen darauf.

B1 Betrachte die Brennhaare unter dem Mikroskop. Zeichne ein funktionsfähiges Brennhaar!

B2 Zeichne zusätzlich die Spitze eines funktionsfähigen und eines abgebrochenen Brennhaares bei stärkerer Vergrößerung auf ein weiteres Blatt!

A

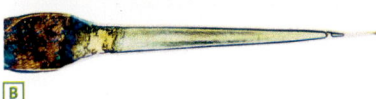

B

B3 Stelle eine Vermutung über die Funktionsweise der Brennhaare der Brennnessel an!

/// **METHODE** //

Mikroskopieren und Zeichnen

Aufbau des Mikroskops

Eines der wichtigsten Arbeitsgeräte der Biologen ist das Lichtmikroskop. Es liefert ein stärker vergrößertes und viel genaueres Bild als eine Lupe.

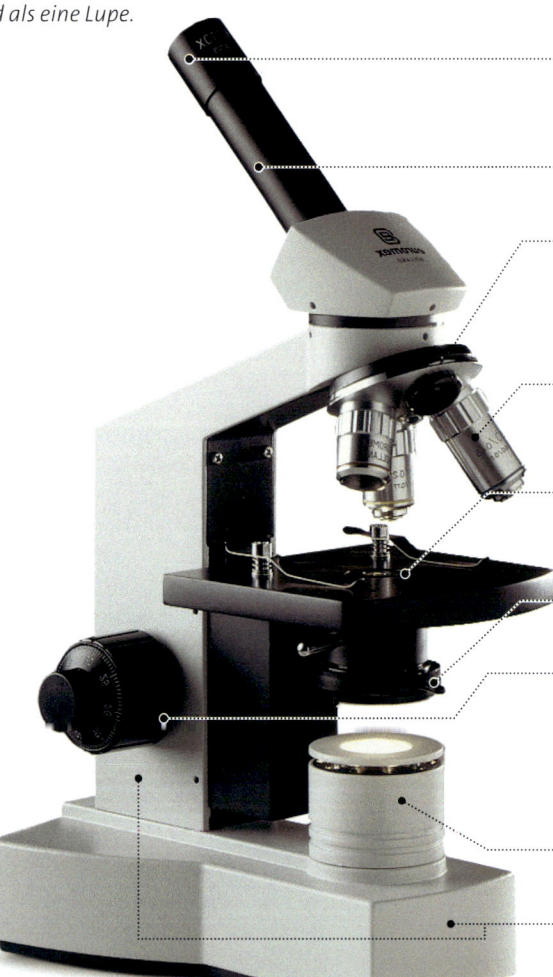

Okular: *vergrößert das Bild. Die Vergrößerung ist neben der Linse eingraviert.*

Tubus: *Röhre mit dem Okular am oberen Ende.*

Objektivrevolver: *Vorrichtung, um verschiedene Objektive mit unterschiedlichen Vergrößerungen über das Objekt zu stellen.*

Objektiv: *vergrößert das Objekt. Die Vergrößerung ist meistens seitlich eingraviert.*

Objekttisch: *Auflage für das Objekt. Das Objekt muss in den Lichtstrahl, über die Öffnung im Objekttisch gelegt werden.*

Blende: *reguliert die Helligkeit und den Kontrast des Bildes.*

Triebrad: *verändert den Abstand zwischen dem Objekttisch und dem Objektiv und stellt so das Bild scharf. Meistens sind ein Triebrad für die grobe und eins für die feine Einstellung vorhanden.*

Mikroskopleuchte: *durchleuchtet das Objekt.*

Stativ und Fuß: *Halterung für die Teile des Mikroskops. Am Stativ trägt man das Mikroskop beim Transport.*

01 Bau eines Lichtmikroskops

*Damit das Objekt von Licht durchstrahlt wird, muss es dünn und durchsichtig sein. Aus dem gleichen Grund liegt es auf einer Glasplatte, dem **Objektträger,** und wird oben von einem dünnen Glasplättchen abgedeckt, dem **Deckglas**. Das Bild des Objekts, das man durch das Okular sieht, ist seitenverkehrt und steht auf dem Kopf.*

Um zu berechnen, wie stark ein mikroskopisches Bild vergrößert ist, multipliziert man die Vergrößerung des Okulars mit der des Objektivs. Schulmikroskope vergrößern häufig mit einem 10-fachen Okular und einem 40-fachen Objektiv etwa 400-fach. Forschungsmikroskope erreichen eine 2000-fache Vergrößerung.

Bedienung des Lichtmikroskops

Um das Lichtmikroskop richtig nutzen zu können und um es dabei nicht zu beschädigen, muss man einige wichtige Regeln beachten:

1) Transport: Trage das Mikroskop mit einer Hand am Stativ und mit der anderen unter dem Fuß.

2) Vorbereitung: Schließe die Stromversorgung an und schalte die Beleuchtung ein. Stelle durch Drehen am Objektivrevolver das Objektiv mit der geringsten Vergrößerung über die Öffnung im Objekttisch.

3) Auflegen des Objektträgers: Trockne die Unterseite des Objektträgers und lege ihn in den Lichtstrahl über die Öffnung im Objekttisch.

4) Scharfstellen des Bildes: Fahre mit dem Grobtrieb den Objekttisch möglichst nahe an das Objektiv heran. Kontrolliere dabei seitlich, dass das Objektiv den Objektträger nicht berührt. Sieh dann durch das Okular und drehe gleichzeitig mit dem Feintrieb den Objekttisch so weit nach unten, bis du ein scharfes Bild siehst.

5) Helligkeit und Kontrast: Stelle mit der Blende die Helligkeit und den Kontrast so ein, dass möglichst viele Einzelheiten klar zu sehen sind.

6) Suche geeignete Stellen: Sieh durch das Okular und verschiebe gleichzeitig den Objektträger, bis du einen geeigneten Bereich des Objekts gefunden hast. Berücksichtige dabei, dass das Bild seitenverkehrt ist und auf dem Kopf steht.

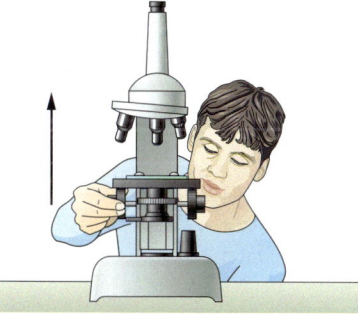

02 Herauffahren des Objekttisches

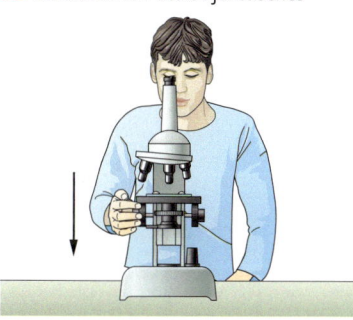

03 Scharfstellen des Bildes

Erstellung einer mikroskopischen Zeichnung

Eine mikroskopische Untersuchung lässt sich häufig durch eine beschriftete **Zeichnung** besser sichern als durch eine Beschreibung. Für die Anfertigung von mikroskopischen Zeichnungen gelten folgende Regeln:

1) Verwende weißes, unliniertes Papier und zeichne möglichst groß, nutze mindestens eine halbe DIN-A4-Seite.

2) Zeichne nur mit Bleistift. Ziehe klare, durchgängige Linien.

3) Zeichne nur das, was du wirklich siehst und was dir wichtig erscheint.

4) Beschrifte die Zeichnung. Ziehe die Beschriftungsstriche mit dem Lineal. Achte dabei darauf, dass sie sich nicht kreuzen.

5) Gib oben auf der Seite an, welches Objekt dargestellt ist, die Vergrößerung, die Art der Vorbehandlung, zum Beispiel die Färbung, das Datum und deinen Namen!

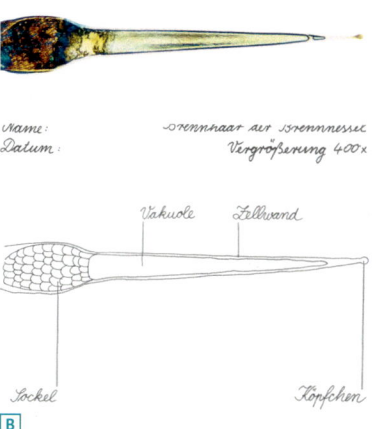

04 Brennhaar einer Brennnessel:
A mikroskopisches Bild, **B** Zeichnung

01 Wasserpest:
A Spross,
B lichtmikrosko-
pisches Bild einer
Zelle aus dem Laub-
blatt der Wasser-
pest bei starker Ver-
größerung

Pflanzen sind aus Zellen aufgebaut

Laubblätter enthalten Chlorophyll, das sie für die Fotosynthese benötigen. Durch diesen Blattfarbstoff erscheinen die Blätter grün. Gegenstände aus unserem Alltag sind auf unterschiedliche Weise farbig: Lackierte Holzmöbel sind von einer farbigen Schicht umgeben. Bei durchgefärbten Kerzen ist hingegen das gesamte Material farbig. Doch wo befindet sich der Farbstoff in den Blättern?

BLÄTTER BESTEHEN AUS ZELLEN · Betrachtet man Blätter einer Wasserpest unter dem Mikroskop, erkennt man *Zellen*. Sie haben ähnlich wie Mauersteine eine nahezu rechteckige Form und sind in versetzten Reihen angeordnet.

ZELLBESTANDTEILE · Eine genauere Betrachtung der Blattzellen zeigt, dass der grüne Farbstoff in kleinen kugel- bis linsenförmigen Körperchen vorliegt, den **Chloroplasten.** Chloroplasten stellen typische Bestandteile pflanzlicher Zellen dar, in denen mithilfe des Chlorophylls die Fotosynthese abläuft.
Zusätzlich zu den Chloroplasten lassen sich weitere *Zellbestandteile* erkennen. So weist jede Zelle eine relativ große, meistens kugelförmige, durchsichtige Struktur auf. Dies ist der **Zellkern,** der die Erbsubstanz enthält und die Prozesse in einer Zelle steuert.

Zellkern und Chloroplasten sind Beispiele dafür, dass Zellen unterschiedliche abgegrenzte Räume aufweisen, die bestimmte Funktionen erfüllen. Die Umrandung der einzelnen Zellen stellt einen weiteren Zellbestandteil pflanzlicher Zellen dar, die **Zellwand.** Diese enthält Fasern aus Zellulose und verleiht den pflanzlichen Zellen Stabilität. Weiterhin fällt auf, dass sich die Chloroplasten der Blattzellen überwiegend in den Randbereichen befinden, während der innere Bereich farblos und strukturlos erscheint. Diese Randlage der Chloroplasten ist darauf zurückzuführen, dass der größte Teil pflanzlicher Zellen von einem weiteren Zellbestandteil ausgefüllt wird, der **Vakuole.** Die Vakuole enthält den Zellsaft und dient der Speicherung, beispielsweise von giftigen Substanzen, Farbstoffen oder Duftstoffen.
Diese Vakuole ist in den Zellen der Wasserpest farblos. Eine Detailansicht der Zellrandbereiche zeigt, dass die Vakuole von einem dünnen

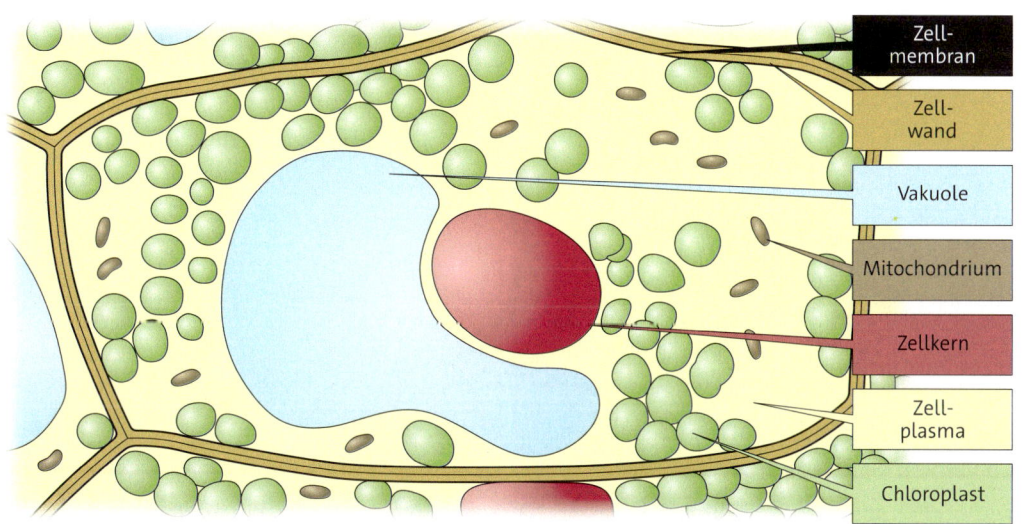

02 Schema des lichtmikroskopischen Bilds einer Pflanzenzelle

Häutchen umgeben ist. Dieses Häutchen nennt man **Vakuolenmembran.** Sie sorgt für die Abgrenzung zwischen dem Vakuoleninhalt und der Umgebung. Die Vakuole ist von einer Flüssigkeit umgeben, die die Grundsubstanz der Zelle darstellt und als **Zellplasma** bezeichnet wird. Im Zellplasma sind alle Zellbestandteile eingebettet. Zu ihnen gehören neben den Chloroplasten und dem Zellkern unter anderen die sehr kleinen **Mitochondrien**. Diese stellen der Zelle Energie für Lebensprozesse bereit. Man bezeichnet sie daher als „Kraftwerke der Zellen". Das Zellplasma ist nach außen von einer Membran umgeben, der **Zellmembran.** Sie liegt von innen der Zellwand an und ist daher im Lichtmikroskop nicht zu sehen. Alle Membranen in Zellen grenzen Räume voneinander ab. Sie sorgen aber auch für den Stoffaustausch zwischen diesen.

Der Blick durch das Lichtmikroskop zeigt stets nur eine Ebene innerhalb der Zellen scharf. Stellt man nacheinander auf verschiedene Ebenen scharf, sind teilweise unterschiedliche Zellbestandteile zu erkennen. Erst die Summe dieser Ebenen ermöglicht eine dreidimensionale Vorstellung des Aufbaus der Zellen.

1 ⌡ Nenne die Funktionen der einzelnen pflanzlichen Zellbestandteile!

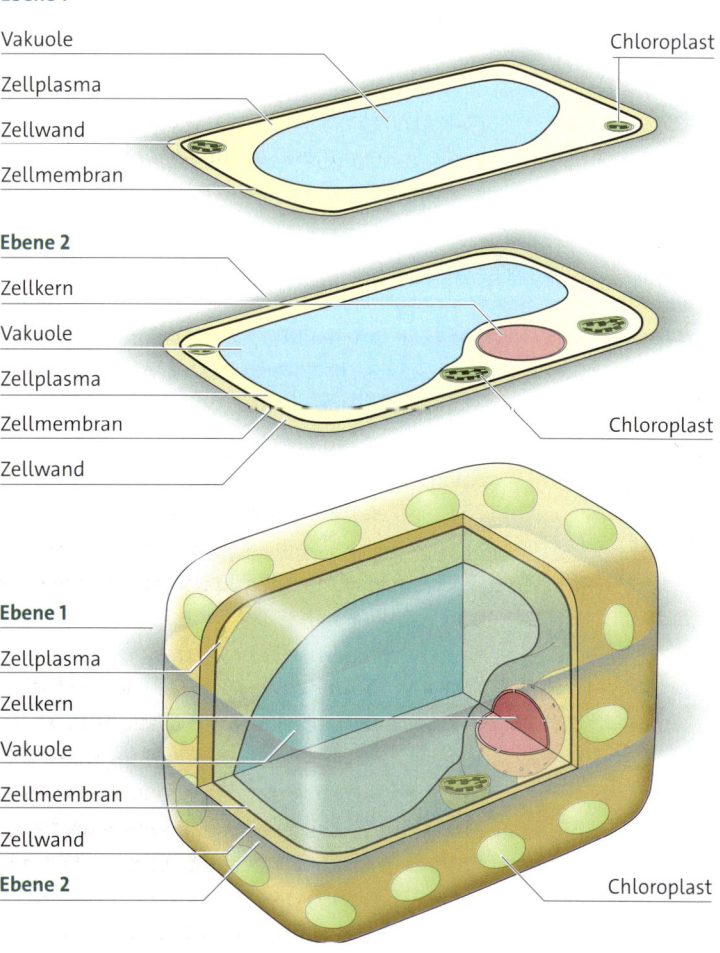

Ebene 1

Vakuole
Zellplasma
Zellwand
Zellmembran
Chloroplast

Ebene 2

Zellkern
Vakuole
Zellplasma
Zellmembran
Zellwand
Chloroplast

Ebene 1

Zellplasma
Zellkern
Vakuole
Zellmembran
Zellwand

Ebene 2

Chloroplast

03 Zwei Ebenen einer Zelle und entsprechender dreidimensionaler Aufbau (Schema)

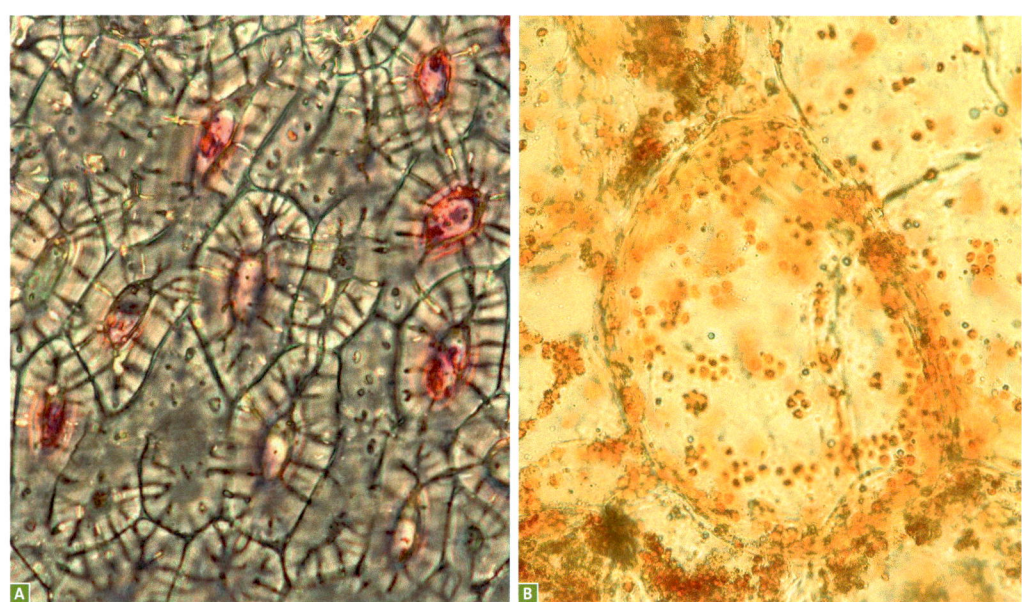

04 Zelltypen mit unterschiedlich ausgebildeten Zellbestandteilen: **A** Steinzellen der Nussschale, **B** Paprikazelle mit Chromoplast

ORGANELLEN · Zellbestandteile wie der Zellkern, die Vakuole, die Chloroplasten und die Mitochondrien mit ihrer besonderen Form und ihren speziellen Aufgaben fasst man unter dem Begriff *Organellen* zusammen. Die meisten Organellen sind von Biomembranen umhüllt. Sie sorgen dafür, dass sich die Stoffwechselprozesse im Zellplasma nicht gegenseitig stören. So kann in den Chloroplasten Zucker hergestellt und gleichzeitig in den Mitochondrien Zucker abgebaut werden.

Diese Abgrenzung der Organellen durch *Membranen,* insbesondere die Abgrenzung des Zellkerns, ist ein Merkmal von pflanzlichen und tierischen Zellen. Bakterien besitzen keinen abgegrenzten Zellkern.

VIELFALT DER ZELLEN · Pflanzenteile können sich bezüglich ihrer Farbe oder ihrer Festigkeit sehr deutlich unterscheiden. So ist das Laubblatt der Wasserpest grün, da die Blattzellen Chloroplasten enthalten. Die rote Küchenzwiebel ist rot, da ihre Vakuolen in ihren Zellen mit rotem Blattfarbstoff gefüllt sind. Die gelb leuchtenden Blütenblätter einer Primel oder eine Paprika bestehen hingegen aus Zellen, die mit gelben Farbstoffen angereicherte Zellbestandteile haben, die *Chromoplasten.* Die erhöhte Festigkeit einer Nussschale ist wiederum auf stark verdickte Zellwände ihrer Zellen zurückzuführen, die zur Fruchtreife absterben. Durch die unterschiedliche Zusammensetzung und Ausbildung der Zellbestandteile entsteht somit eine große Vielfalt an Zellen.

Alle Teile einer Pflanze bestehen aus Zellen oder sind aus solchen hervorgegangen. Neben den Pflanzen, die aus vielen Zellen aufgebaut sind, gibt es auch Lebewesen, die aus nur einer Zelle bestehen, die Einzeller. Zellen sind somit die kleinsten eigenständig lebensfähigen Einheiten aller Lebewesen.

2 ⌇ Fertige nach dem Vorbild der zweidimensionalen Zeichnung in Abbildung 03 eine Schemazeichnung einer grünen Pflanzenzelle an und beschrifte die Zellbestandteile!

3 ⌇ Beschreibe den Vorteil, den die Membranen von Organellen der Zelle bieten!

Material A ► Die Ebenen einer Pflanzenzelle

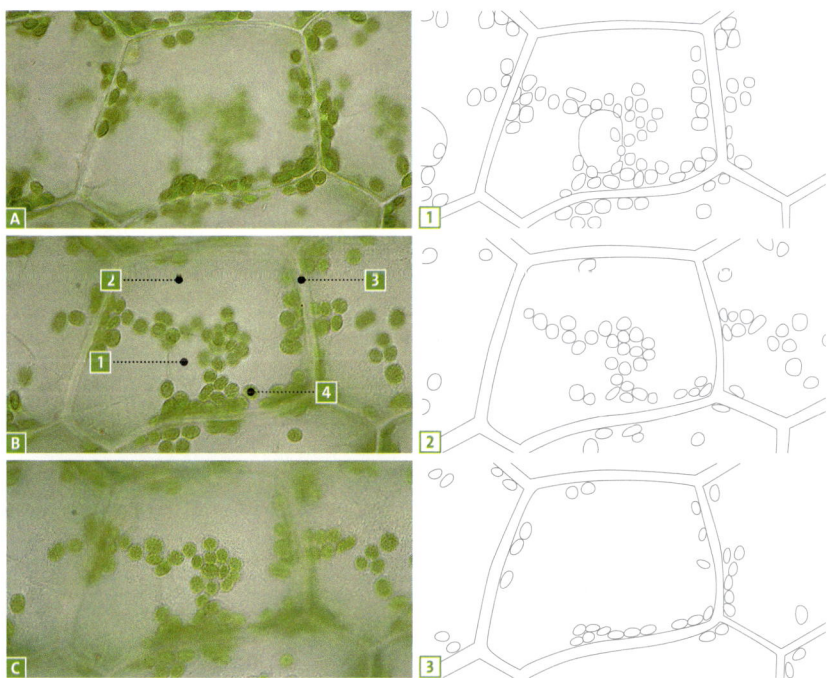

Das mikroskopische Bild einer Zelle zeigt jeweils nur eine Ebene des Zellinnern scharf. Durch vorsichtiges Drehen am Feintrieb kann man auf unterschiedliche Ebenen scharf stellen.

A1 Nenne zu den Ziffern 1 bis 4 in Foto B die entsprechenden Fachbegriffe!

A2 Die Zeichnungen 1 bis 3 gehören jeweils zu einem der Fotos A bis C und zeigen die jeweils scharf erkennbaren Strukturen. Ordne die Zeichnungen entsprechend zu und begründe deine Zuordnung!

Material B ► Ein Zellmodell bauen

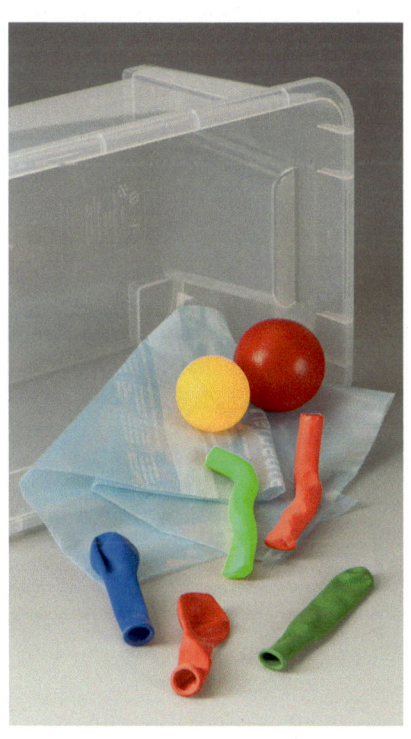

Trotz der unterschiedlichen Anordnung ihrer Zellbestandteile weisen alle grünen Pflanzenzellen einen ähnlichen Grundaufbau auf.

Diesen Grundaufbau kann man besser verstehen, wenn man ein entsprechendes Modell baut. Das nebenstehende Foto zeigt Materialien, die für die Erstellung eines räumlichen Modells genutzt werden können.

B1 Notiere, aus welchen wesentlichen Bestandteilen eine pflanzliche Zelle aufgebaut ist!

B2 Suche geeignete Materialien aus, um die wesentlichen Bestandteile einer pflanzlichen Zelle modell-

haft darzustellen! Lege eine entsprechende Tabelle an (linke Spalte: Zellbestandteile; rechte Spalte: Modellteile)!

B3 Füge die ausgewählten Teile zu einem Modell zusammen, sodass die Grundstruktur der Zelle deutlich wird!

B4 Vergleiche nun das entwickelte Modell mit Originalaufnahmen pflanzlicher Zellen! Erläutere, welche Eigenschaften pflanzlicher Zellen durch das Modell deutlich werden und welche nicht!

//// **METHODE** ///

Herstellung eines mikroskopischen Präparats von Pflanzenzellen

Die Schuppenhaut einer Küchenzwiebel lässt sich leicht so vorbereiten, dass ihre Zellen unter dem Lichtmikroskop sichtbar werden. Man nennt solche Vorgänge **Präparation.** *Folgende Hilfsmittel sind dafür erforderlich:*

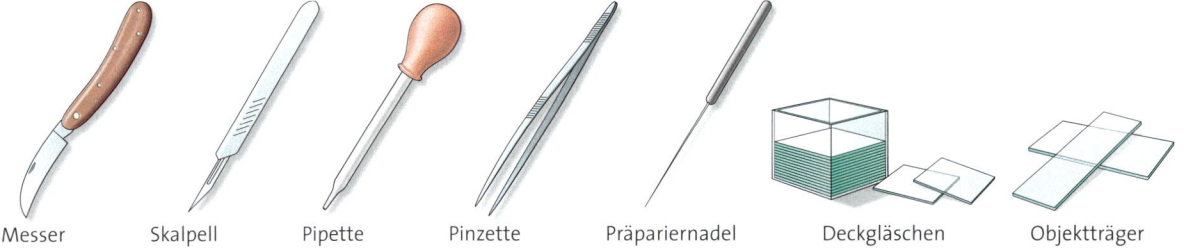

Messer   Skalpell   Pipette   Pinzette   Präpariernadel   Deckgläschen   Objektträger

01 Hilfsmittel für die Anfertigung eines mikroskopischen Präparats der Zwiebelschuppenhaut

Um das Präparat herzustellen, arbeitet man in folgenden Schritten:

1) *Schneide mit dem Messer die Küchenzwiebel längs so durch, dass vier gleiche Teile entstehen. Löse eine Schuppe heraus.*

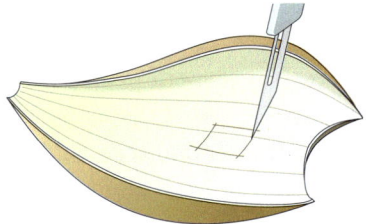

2) *Ritze mit dem Skalpell auf der hohlen Innenseite der Schuppe ein etwa 0,5 Zentimeter großes Quadrat in die dort liegende dünne Zwiebelschuppenhaut ein.*

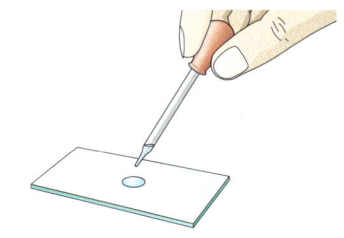

3) *Gib mit der Pipette zwei Tropfen Wasser auf einen sauberen Objektträger. Achte darauf, dass die Unterseite des Objektträgers trocken bleibt.*

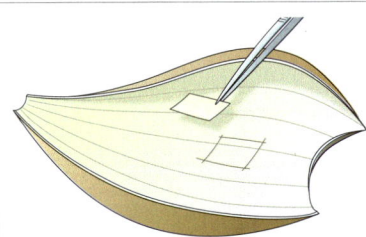

4) *Löse mit einer spitzen Pinzette das kleine Quadrat der Zwiebelschuppenhaut ab. Achte darauf, dass dabei keine Teile der Schuppe mit abgezogen werden.*

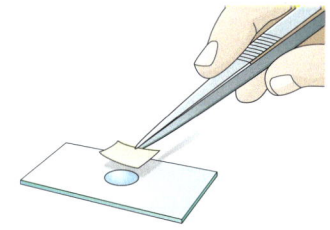

5) *Lege den Ausschnitt der dünnen Zwiebelschuppenhaut mit der Pinzette auf den Wassertropfen des Objektträgers.*

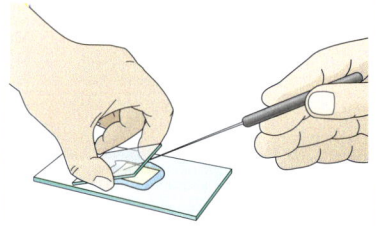

6) *Lege ein Deckglas mit einer Kante an den Rand des Wassertropfens und senke es mit einer Präpariernadel ab. So werden keine Luftblasen eingeschlossen.*

1 *Führe die Präparation durch! Mikrospiere das Präparat und zeichne zwei Zellen!*

Herstellung und Färbung eines mikroskopischen Präparats von Tierzellen

Material:

Mikroskop, Holzspatel, zwei Pipetten, Präpariernadel, Objektträger, Deckglas, Filterpapier, Methylenblau

Hinweis:

Methylenblau ist giftig und gibt dauerhafte Flecke. Berührung mit der Haut und der Kleidung vermeiden!

Durchführung:

a) *Herstellung des mikroskopischen Präparats von menschlichen Mundschleimhautzellen*

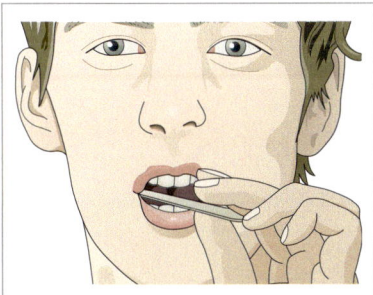 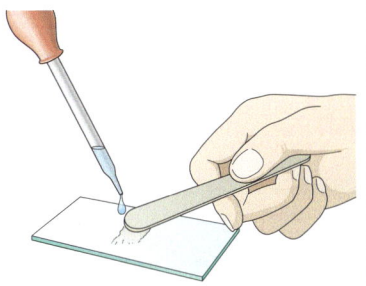 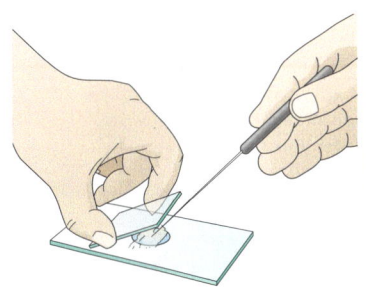

1) Schabe mit einem Holzspatel vorsichtig von der Innenseite der Wange etwas Mundschleimhaut ab.

2) Übertrage die Zellen auf einen Objektträger. Gib mit der ersten Pipette zwei Tropfen Färbemittel hinzu. Verrühre vorsichtig mit einer Präpariernadel.

3) Lege ein Deckglas mit einer Kante an den Rand der Flüssigkeit auf den Objektträger und senke es mit einer Präpariernadel langsam ab.

b) *Färbung des mikroskopischen Präparats bei Zellverbänden*

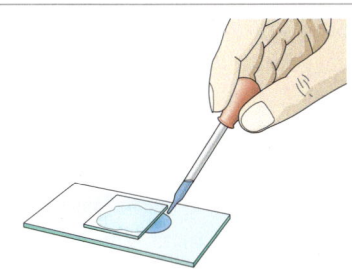 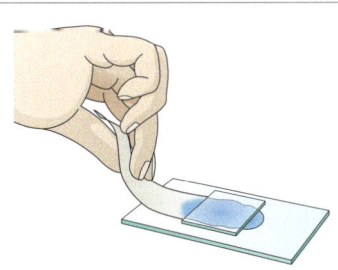 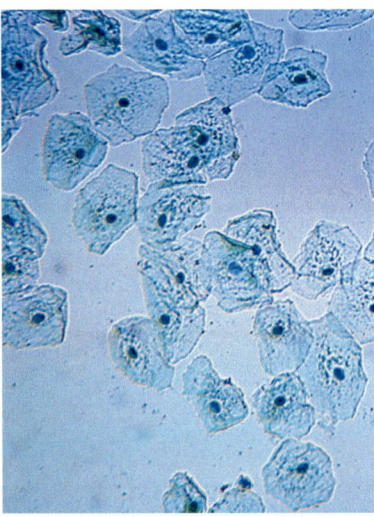

1–3 wie in a). Anstelle des Färbemittels zwei Tropfen Wasser auftropfen.

4) Gib mit der zweiten Pipette einen Tropfen Methylenblau neben den Rand des Deckglases.

5) Sauge die Färbeflüssigkeit mit Filterpapier vom gegenüberliegenden Rand her durch das Präparat. Gib nun mit der Pipette einen Tropfen Wasser neben das Deckglas und sauge ihn mit Filterpapier durch das Präparat, um es zu spülen.

01 Mikroskopisches Bild von angefärbten Zellen der Mundschleimhaut des Menschen

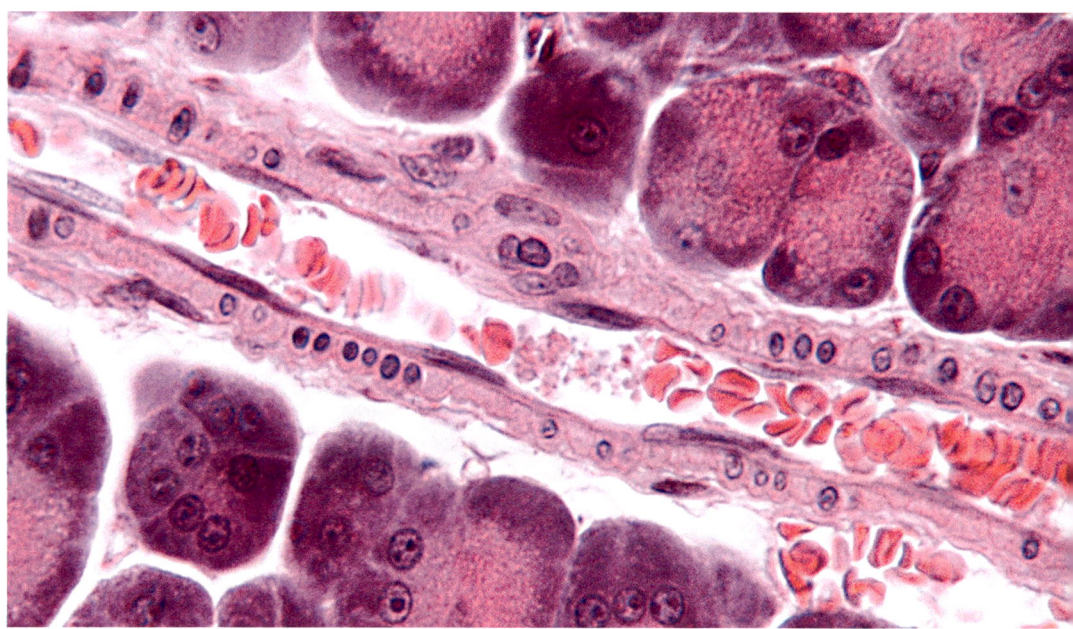

01 Mikroskopisches Bild von angefärbten Zellen der Bauchspeicheldrüse mit angeschnittener Kapillare

Bau der Tierzelle

Der Körper eines Tieres und eines Menschen unterscheidet sich deutlich von dem einer Pflanze. Gilt das auch für ihre Zellen?

FORM UND GRÖSSE · Die meisten Tierzellen, zum Beispiel Drüsenzellen des Menschen, sind kleiner als Pflanzenzellen. Ihre Form ist weniger stark festgelegt, weil sie nur von einer *Zellmembran* umgeben sind. Eine zusätzliche Hülle aus einer Zellwand fehlt. Tierzellen sind daher weich und zerreißen leichter als Pflanzenzellen.

ZELLBESTANDTEILE · Mundschleimhautzellen sind wie alle Tierzellen vollständig von *Zellplasma* ausgefüllt. Die zentrale *Vakuole* der Pflanzenzellen ist nicht vorhanden. Tierzellen enthalten daher meistens weniger Wasser, aber mehr Zellplasma als Pflanzenzellen. Im Zellplasma liegt ein *Zellkern*, häufig in der Mitte der Zelle und nicht am Rand wie in Pflanzenzellen. Auch die winzigen Kraftwerke der Zellen, die *Mitochondrien*, sind vorhanden.

Chloroplasten sucht man in Tierzellen vergebens. Sie sind daher nicht in der Lage, selber Zucker herzustellen, und müssen deshalb ihre Nährstoffe aus der Umgebung aufnehmen.

02 Schema einer Tierzelle

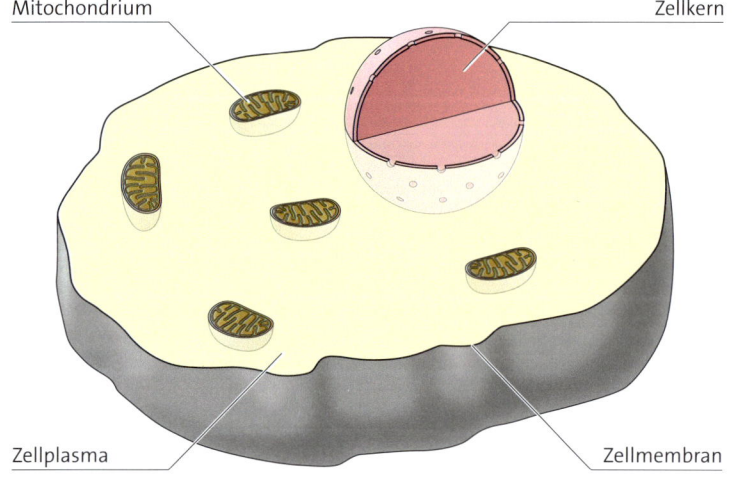

Mitochondrium

Zellkern

Zellplasma

Zellmembran

1 ⌡ Vergleiche den Bau einer Pflanzen- und einer Tierzelle miteinander!

Material A ▸ Vergleich von Tier- und Pflanzenzellen

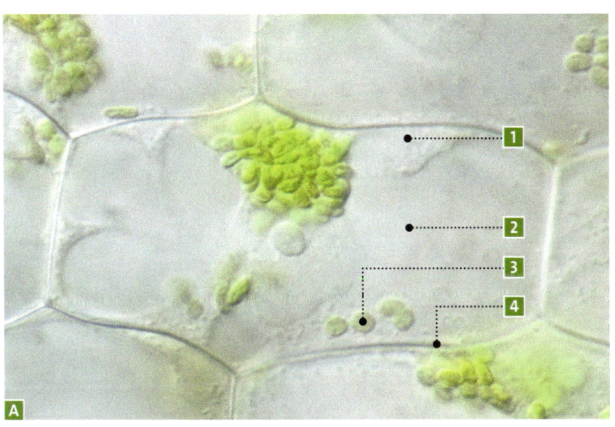

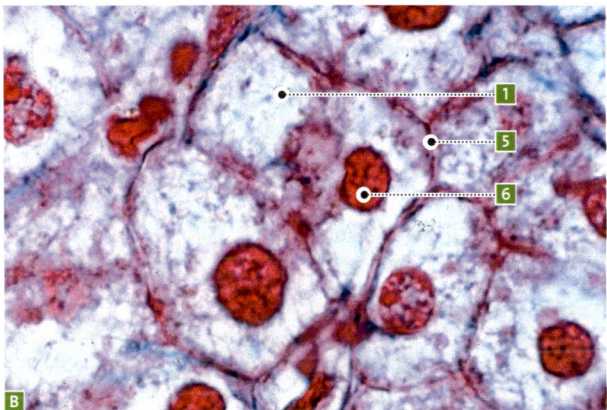

A1 Nenne die Fachbegriffe für die mit Zahlen gekennzeichneten Bereiche!

A2 Ordne die mikroskopischen Aufnahmen von Zellen folgenden Bildunterschriften zu: „Zellen aus dem Blatt der Wasserpest" oder „Zellen aus der Leber einer Maus"! Begründe die Zuordnung!

A3 Vergleiche in Form einer Tabelle die beiden Zelltypen! Berücksichtige darin die in den Abbildungen erkennbaren Zellbestandteile!

A4 Nenne Bestandteile der Zellen, die in den Abbildungen nicht zu erkennen sind!

A5 Erläutere, woher die beiden Zelltypen ihre Nährstoffe erhalten! Nenne den Ort in den Zellen, an dem die in den Nährstoffen enthaltene Energie freigesetzt wird!

Material B ▸ Zuordnung von Tier- und Pflanzenzellen

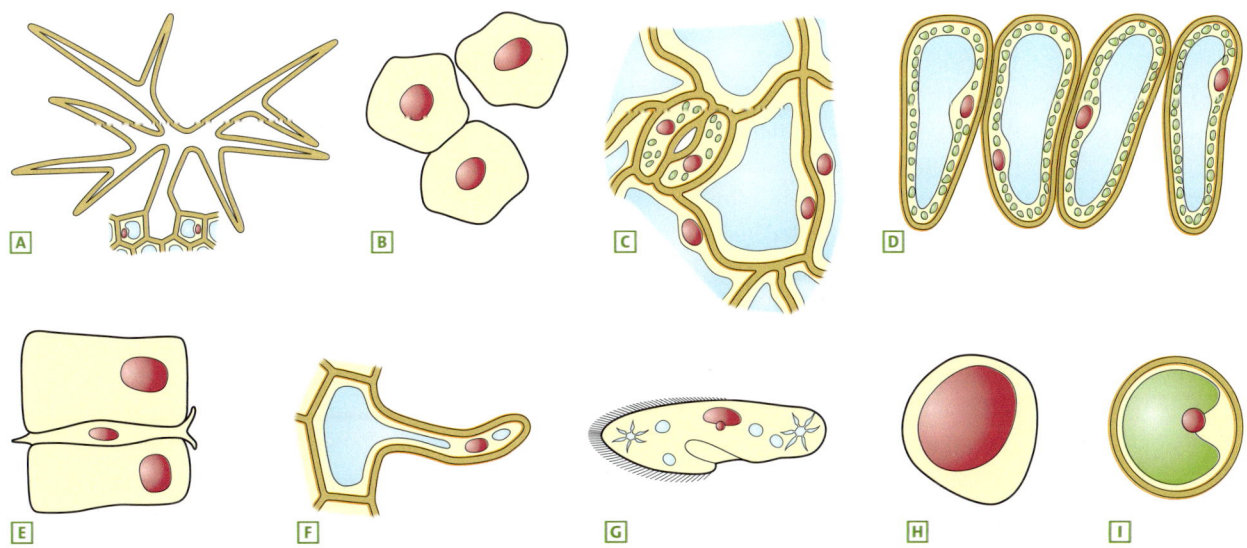

B1 Ordne jede Abbildung entweder den Pflanzen oder den Tieren zu! Begründe jede Zuordnung!

B2 Die Abbildung A stellt eine tote Zelle dar. Nimm Stellung zu dieser Aussage!

B3 Nenne die Zellen, die vermutlich selbst keinen Zucker herstellen können! Begründe!

01 Wachstum der Wurzeln einer Küchenzwiebel, aufgenommen im Abstand von einigen Tagen

Pflanzen und Tiere wachsen

Wenn man eine Küchenzwiebel auf ein mit Wasser gefülltes Glas setzt, beginnt sie in der feuchten Umgebung Wurzeln zu treiben. Innerhalb weniger Tage wachsen sie um mehrere Zentimeter. Welche Prozesse in den Wurzeln führen zum Wachstum?

WACHSTUM · Wenn man im Mikroskop eine junge, kurze Zwiebelwurzel mit einer älteren, langen vergleicht, stellt man fest, dass beide aus gleich großen Zellen bestehen. Die Wurzel wird also nicht dadurch länger, dass sich ihre Zellen vergrößern. Das Wachstum der Wurzeln beruht vor allem auf der Vermehrung der Anzahl der Zellen. Die neuen, zusätzlichen Zellen entstehen durch einen Prozess, der als **Zellteilung** bezeichnet wird. Auch Tiere und der Mensch wachsen durch Zellteilungen. Beim Menschen muss in der Kindheit und Jugend eine riesige Anzahl von Zellen durch Zellteilungen neu gebildet werden. Ein neugeborenes Kind besteht aus etwa 2 Billionen, ein Erwachsener aus etwa 60 Billionen Zellen.

ZELLTEILUNG UND ZELLWACHSTUM · Der Zellkern enthält die Erbsubstanz und ist an der Steuerung aller Lebensprozesse beteiligt. Daher teilt er sich bei jeder Zellteilung zuerst. Diesen Prozess nennt man *Kernteilung*.

Vor dieser Kernteilung wird die Erbsubstanz verdoppelt. So wird garantiert, dass die entstehenden Tochterzellen identisch sind. Nach der Kernteilung wird durch Bildung von neuen Zellmembranen das Zellplasma geteilt. Bei Pflanzenzellen entstehen dann die Zellwände der Tochterzellen. Bei Tieren verläuft die Zellteilung ähnlich wie bei Pflanzenzellen, es wird jedoch keine Zellwand ausgebildet.
Jede der beiden durch eine Zellteilung entstandenen Zellen ist zunächst nur ungefähr halb so groß wie die Mutterzelle. Durch Neubildung von Zellplasma wachsen die Tochterzellen zu ihrer endgültigen Größe heran. Bei Pflanzen wird meist noch zusätzlich eine zentrale Vakuole gebildet, sodass das Zellplasma an den Rand der Zelle gedrängt wird.

ZELLDIFFERENZIERUNG · Die aus einer Zellteilung hervorgegangenen gleichen Zellen verändern sich in Form und Ausstattung. Dadurch sind sie für die Erfüllung bestimmter Aufgaben besonders geeignet. Diesen Prozess nennt man *Zelldifferenzierung*. Durch Differenzierung können sehr unterschiedliche Zelltypen entstehen, zum Beispiel haben Wurzelzellen einen anderen Bau als die Zellen in einem Blatt. Muskelzellen sind anders aufgebaut als Haut- oder Nervenzellen.

Spezialisierte Zellen verlieren ihre Fähigkeit, sich zu teilen. In den meisten Organen bleiben daher einige unspezialisierte, teilungsfähige Zellen zurück.

BEDEUTUNG DER ZELLTEILUNG · Die Vermehrung der Zellen durch Zellteilung ist zusammen mit dem anschließenden Zellwachstum dafür verantwortlich, dass Lebewesen wachsen.

Im Laufe des Lebens sterben jedoch auch Zellen ab oder gehen durch Verletzung verloren. Diese Zellen werden ebenfalls durch Zellteilung ersetzt. Der Prozess heißt *Regeneration*. Die Regenerationsfähigkeit ist bei vielen Pflanzen sehr groß und wird im Gartenbau bewusst genutzt, um Nutzpflanzen zu vermehren. So können in die Erde gesteckte Pflanzenteile, sogenannte Stecklinge, ihre nicht mehr vorhandenen Wurzeln durch Regeneration ersetzen und zu neuen Pflanzen heranwachsen.

Neben der geschlechtlichen Fortpflanzung durch Blüten können sich Pflanzen auch ungeschlechtlich fortpflanzen. Durch Zellteilung bilden sie beispielsweise Absenker oder Brutzwiebeln, aus denen sich dann neue Pflanzen entwickeln.

1 ⌡ Beschreibe den Verlauf der Zellteilung und erläutere ihre Bedeutung!

2 ⌡ Pflanzen lassen sich durch ungeschlechtliche Fortpflanzung oder Stecklinge vermehren. Vergleiche beide Prozesse!

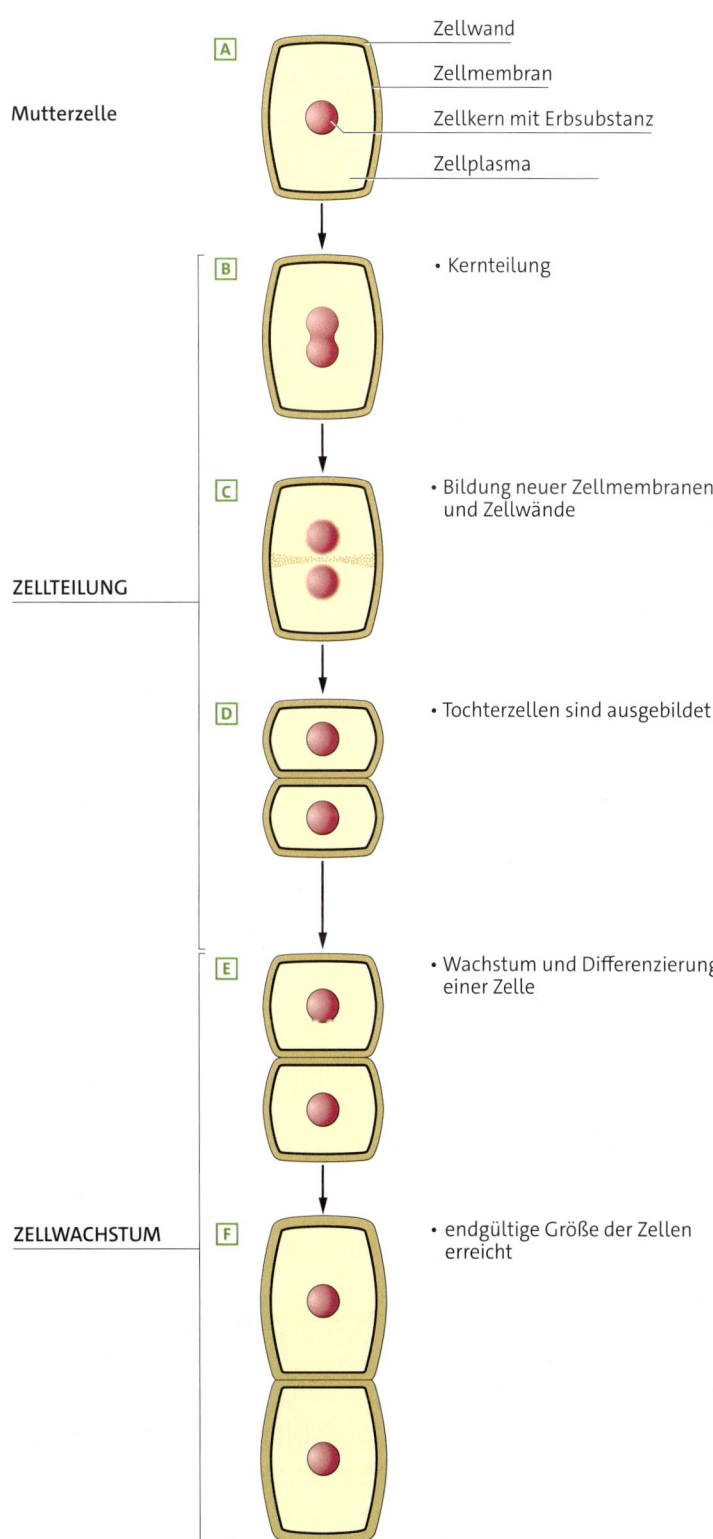

Mutterzelle

A — Zellwand / Zellmembran / Zellkern mit Erbsubstanz / Zellplasma

B — • Kernteilung

C — • Bildung neuer Zellmembranen und Zellwände

ZELLTEILUNG

D — • Tochterzellen sind ausgebildet

E — • Wachstum und Differenzierung einer Zelle

ZELLWACHSTUM

F — • endgültige Größe der Zellen erreicht

02 Zellteilung und Zellwachstum bei Pflanzenzellen

ZELLE

Drüsenzelle

Drüsengewebe

Bindegewebe mit
Nerven und
Blutgefäßen

GEWEBE Muskelgewebe

ORGAN Magen

→ ORGANSYSTEM ─────────── → ORGANISMUS

01 Organisationsstufen am Beispiel der menschlichen Verdauung

System

Aus der befruchteten Eizelle, der Zygote, gehen durch zahlreiche Zellteilungen und durch die Zelldifferenzierung spezialisierte Zellen hervor, wie Muskelzellen, Fettzellen, Blutzellen, Nervenzellen. Eine einzelne spezialisierte *Zelle* stellt die unterste Organisationsstufe eines vielzelligen Lebewesens dar. Jeder Zelltyp hat eine bestimmte Aufgabe, die aber in der Regel von vielen gleichartigen Zellen gemeinsam erfüllt wird. Diese sind zur nächsten Organisationsstufe, einem Zellverband, dem *Gewebe,* zusammengeschlossen.

So enthält zum Beispiel die innerste Schicht des Magens zahlreiche Drüsenzellen. Sie kleiden als Drüsengewebe den Magen aus. Am Aufbau des Magens sind aber auch Bindegewebe, Muskelgewebe und Nervengewebe beteiligt. Erst gemeinsam können sie die Verdauungsaufgaben des Magens erfüllen. Wenn so verschiedene und räumlich eng zusammenliegende Gewebe bestimmte Aufgaben gemeinsam erfüllen, spricht man von einem *Organ.*

Außer dem Organ Magen sind an der Verdauung noch weitere Organe beteiligt, zum Beispiel der Dünndarm und die Bauchspeicheldrüse. Die Gesamtheit aller Organe, die der Verdauung dienen, bilden das Verdauungssystem, ein *Organsystem.* Zahlreiche Organsysteme, zum Beispiel das Nervensystem, das Blutkreislaufsystem und das Verdauungssystem, arbeiten bei der Bewältigung der Aufgaben eines vielzelligen Lebewesens, dem *Organismus,* zusammen.

Jede Organisationsstufe, wie Zelle, Gewebe, Organ, Organsystem und Organismus, bildet jeweils ein *System.* Unter einem System versteht man Dinge, Prozesse oder Teile von ihnen, die zueinander in Beziehung stehen und ein geordnetes und funktionstüchtiges Ganzes bilden.

Weil sich solche Systeme bei der Betrachtung der belebten Welt überall nachweisen lassen, spricht man vom *Basiskonzept System.*

Material A ▸ Gewebe bei Tieren

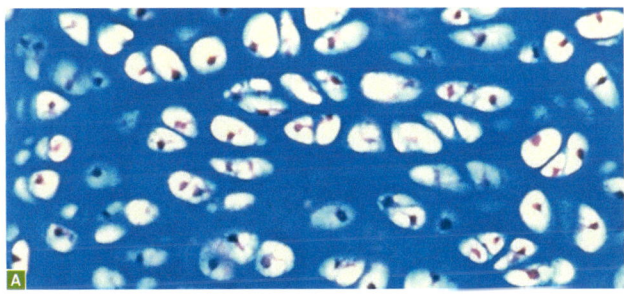
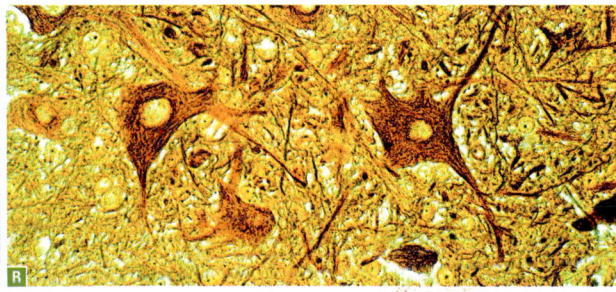

A1 Betrachte die abgebildeten Gewebe mit einer Lupe! Zeichne und beschrifte jeweils eine typische Zelle!

A2 Benenne die Gewebe mithilfe der gezeichneten Zellen! Recherchiere dazu mikroskopische Bilder von Geweben im Internet!

A3 Vergleiche die gezeichneten Zellen mit einer Mundschleimhautzelle! Nimm Seite 21 zu Hilfe!

Material B ▸ Organisationsstufen bei Pflanzen

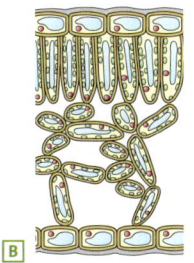
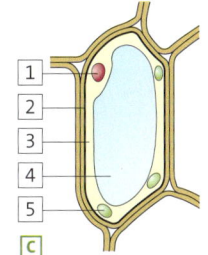
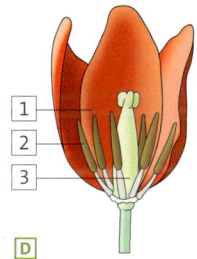
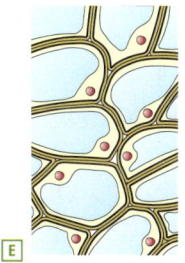

B1 Ordne die Abbildungen A bis E nach ihrer Organisationsstufe und nenne den Fachbegriff jeder Stufe!

B2 Benenne die in C mit Zahlen gekennzeichneten Bereiche!

B3 Benenne die in D mit Zahlen gekennzeichneten Bereiche!

Material C ▸ Geschichte der Zellbiologie

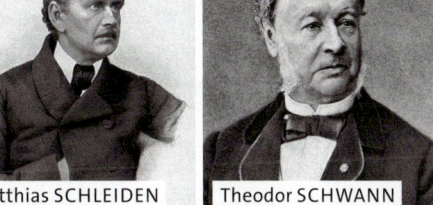

Robert HOOKE — Antoni VAN LEEUWENHOEK — Matthias SCHLEIDEN — Theodor SCHWANN — Rudolf VIRCHOW

C1 Informiere dich im Internet darüber, was die abgebildeten Forscher zur Erforschung von Zellen beigetragen haben! Stelle deine Ergebnisse in einer Tabelle zusammen, in die du jeweils den Namen und die Lebenszeit sowie den Zeitpunkt und die Art der neuen Erkenntnisse einträgst!

01 Eine Hummel saugt Nektar.

Pflanzen und Tiere ernähren sich

Es gibt Pflanzen, die ihren Nektar in den Blüten erwärmen. Hummeln fliegen vorzugsweise die Blüten an, in denen der Nektar eine höhere Temperatur hat als andere Blüten. Woher nehmen die Pflanze und die Hummel die Energie, um den Nektar zu erwärmen beziehungsweise um zu fliegen?

anorganische Stoffe: alle Stoffe, die keine Kohlenstoffverbindungen sind, sowie die Oxide des Kohlenstoffs, die Kohlensäure und ihre Salze

organische Stoffe: fast alle Kohlenstoffverbindungen. Alle Lebewesen sind aus organischen Stoffen aufgebaut.

ERNÄHRUNG UND ENERGIE · Alle Lebewesen benötigen zum Aufbau ihres Körpers *Baustoffe*. Diese Stoffe werden für das Wachstum genauso benötigt wie für die Erneuerung von Zellen. Ein Teil dieser Stoffe wird auch gespeichert, um ungünstige Lebensbedingungen überwinden zu können. Die **Ernährung** sichert die Versorgung mit solchen Stoffen ab.

Für Wachstum, Entwicklung und Regeneration, also aufbauende Prozesse, wird sehr viel Energie benötigt. Den Energiebedarf decken Lebewesen durch abbauende Prozesse. Aufbauende und abbauende Prozesse gehören zum Stoff- und Energiewechsel.

STOFF- UND ENERGIEWECHSEL BEI PFLANZEN · Pflanzen ernähren sich mithilfe der **Fotosynthese.** Allerdings sind auch viele Folgeprozesse von Bedeutung. Bei der Fotosynthese werden in den *Chloroplasten* lediglich die energiearmen anorganischen Stoffe Kohlenstoffdioxid und Wasser in energiereichen organischen Traubenzucker umgewandelt. Traubenzucker wird auch Glukose genannt. Zur besseren Speicherung wird aus Glukose Stärke aufgebaut. Die *Lichtenergie* der Sonne stellt unter natürlichen Bedingungen die Energiequelle für die Fotosynthese dar. Aus dem durch die Fotosynthese erzeugten Traubenzucker stellt die Pflanze alle anderen Stoffe her, aus denen ihre Zellen, Gewebe und Organe bestehen. Sie dienen dem Aufbau des pflanzlichen Körpers. Zu diesen Stoffen gehören Kohlenhydrate, Fette, Eiweiße, Vitamine, Farbstoffe und auch zum Beispiel Gifte. Damit Traubenzucker in andere Stoffe umgewandelt werden kann, wird Energie benötigt. Diese Energie stammt aus der **Zell-**

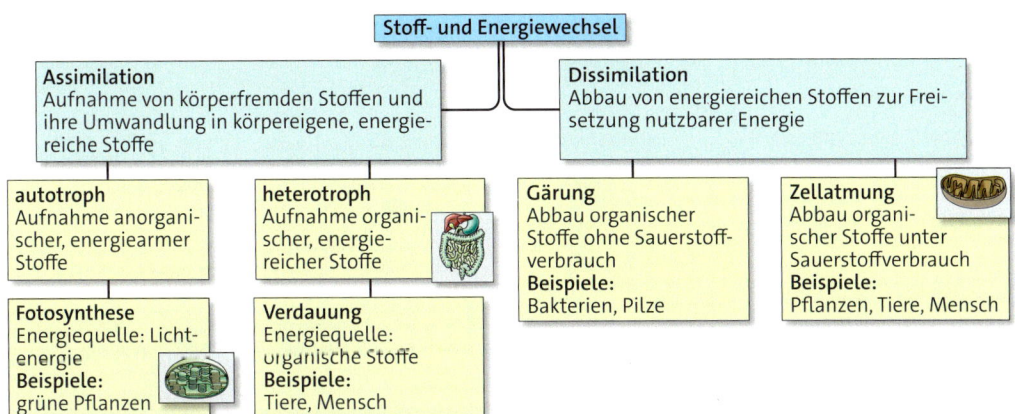

02 Stoff- und Energiewechselprozesse im Überblick

atmung, die in den *Mitochondrien* abläuft. Dabei wird ebenfalls Traubenzucker verwendet. Der Traubenzucker wird unter Sauerstoffverbrauch in energiearmes Kohlenstoffdioxid und Wasser umgewandelt. Die frei werdende Energie kann für aufbauende Prozesse genutzt werden. Während die Fotosynthese nur am Tag, bei Helligkeit ablaufen kann, findet die Zellatmung immer, rund um die Uhr, statt. Am Tag produzieren die Pflanzen einen Überschuss an Traubenzucker, der als Stärke zwischengespeichert wird, und geben dabei Sauerstoff ab. In der Nacht findet nur die Zellatmung statt. Die Pflanze nimmt Sauerstoff auf und gibt Kohlenstoffdioxid ab.

STOFF- UND ENERGIEWECHSEL BEI TIEREN · Bei der Ernährung der Tiere spielt die Fotosynthese keine Rolle. Tiere nehmen mit ihrer Nahrung, im Gegensatz zu Pflanzen, bereits energiereiche organische Stoffe auf. In energiereichen Stoffen ist *chemische Energie* gespeichert. Die Nährstoffe werden in den Tieren in ihre eigenen Stoffe umgewandelt. Ein Teil dient dem Aufbau des Körpers und ein weiterer Teil wird als Reserve, zum Beispiel als Fett, gespeichert. Die dafür notwendige Energie stammt auch bei den Tieren aus der Zellatmung. Dazu werden Nährstoffe, ebenso wie bei Pflanzen, unter Energiegewinn zu den energiearmen anorganischen Stoffen Kohlenstoffdioxid und Wasser abgebaut.

ERNÄHRUNGSWEISEN · Die Ernährungsweisen von Pflanzen und Tieren unterscheiden sich. Pflanzen können aus körperfremden, energiearmen anorganischen Stoffen, wie Kohlenstoffdioxid und Wasser, unter Nutzung von Lichtenergie körpereigene, energiereiche organische Stoffe wie Traubenzucker *selbst* herstellen. Ihre Ernährungsweise wird als **autotroph** bezeichnet. Die Tiere ernähren sich von *verschiedenen körperfremden*, energiereichen organischen Stoffen und wandeln diese unter Nutzung der chemischen Energie aus der Zellatmung in *körpereigene*, energiereiche organische Stoffe um. Ihre Ernährungsweise wird deshalb als **heterotroph** bezeichnet.

Autotrophe und heterotrophe Lebewesen stehen miteinander in *Wechselwirkung*. Die *autotrophen* Lebewesen stellen als *Produzenten* die energiereichen Nährstoffe her. Dazu gehören Pflanzen und Cyanobakterien. Von ihren Stoffen ernähren sich die *heterotroph* lebenden *Konsumenten* und *Destruenten*. Tiere, Pilze und viele Bakterien gehören zu ihnen. Sie, aber auch die Pflanzen und Cyanobakterien liefern bei der Zellatmung wieder energiearme Stoffe, die die autotrophen Lebewesen benötigen. Der Stoffkreislauf schließt sich.

griechisch autos = selbst

griechisch heteros = anders

griechisch trophé = Ernährung

1 ⌡ Gib Stoff- und Energiewechselprozesse bei autotrophen und heterotrophen Lebewesen an!

Energie

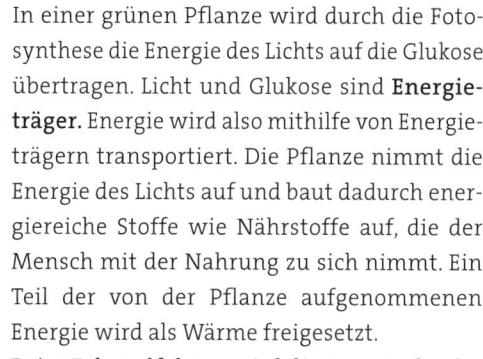

Sonne   Pflanze   Fahrradfahrer   Dynamo   Lampe

Energie → Energie → Energie → Energie → Energie

Wärme   Wärme   Wärme   Wärme   Wärme

01 Transport der Energie mithilfe von Energieträgern

02 Energieträger:
A Känguru,
B Glühwürmchen,
C Auto,
D Kerze,
E Ventilator,
F Solarzelle

In einer grünen Pflanze wird durch die Fotosynthese die Energie des Lichts auf die Glukose übertragen. Licht und Glukose sind **Energieträger.** Energie wird also mithilfe von Energieträgern transportiert. Die Pflanze nimmt die Energie des Lichts auf und baut dadurch energiereiche Stoffe wie Nährstoffe auf, die der Mensch mit der Nahrung zu sich nimmt. Ein Teil der von der Pflanze aufgenommenen Energie wird als Wärme freigesetzt.

Beim Fahrradfahren wird die Energie für die Muskeltätigkeit genutzt. Dabei wird auch Wärme freigesetzt. Dem Fahrradfahrer wird warm. Ist beim Fahrradfahren gleichzeitig der Dynamo angeschaltet, wird sogar ein Teil der Energie auf diesen übertragen. Auch hier wird wieder Wärme frei, der Dynamo erwärmt sich. Gleichzeitig überträgt dieser die Energie auf die Lampe am Fahrrad, die dadurch leuchtet. Auch bei diesem Prozess wird Wärme frei. Bei der Nutzung von Energie wird der Energieträger gewechselt. Dabei wird keine Energie erzeugt oder vernichtet. Die Gesamtenergie bleibt gleich. Deshalb spricht man in der Physik vom **Prinzip der Energieerhaltung**.

Allgemein gilt, dass ein **Energieträgerwechsel** meistens mit Wärmefreisetzung verbunden ist. Diese Energie steht dem System dann nicht mehr zur Verfügung.

1 Beschreibe den Wechsel des Energieträgers an zwei Beispielen der Abbildung 02!

Material A ▸ Algen – autotrophe Lebewesen in Gewässern

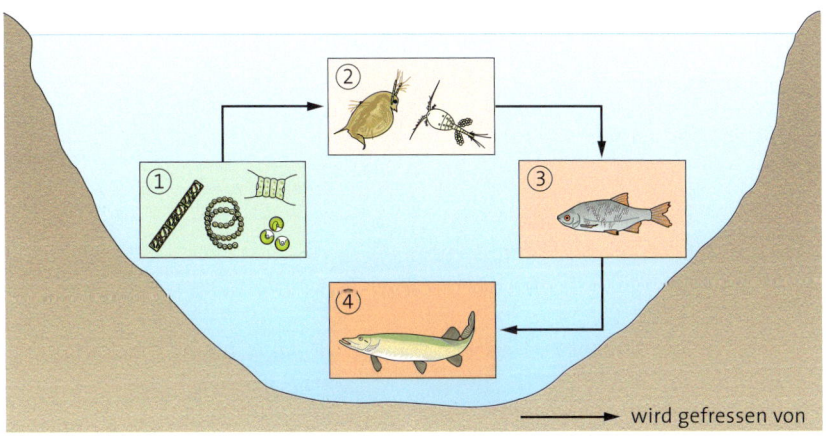

→ wird gefressen von

Zieht man ein engmaschiges Planktonnetz durch das Wasser eines Sees oder Tümpels, kann man unter dem Mikroskop Mikroorganismen entdecken. Viele Vertreter erscheinen grün, weil sie Chloroplasten enthalten.

Es handelt sich um Algen. Zur Gruppe der Algen gehören allerdings nicht nur mikroskopisch kleine Vertreter, sondern auch große Gewächse wie die essbare Meeresalge Nori und der Meersalat.

A1 Mikroskopiere Wasserproben aus einem Tümpel oder einem See! Skizziere mindestens zwei unterschiedliche Algen!

A2 Stelle eine Vermutung zur Bedeutung der Algen in Gewässern auf! Interpretiere dazu auch die nebenstehende Abbildung!

A3 Recherchiere im Internet zur Bedeutung der Algen und erstelle zu diesem Thema eine Präsentation! Gehe dabei besonders auf die Bedeutung der Algen in Gewässern ein und stelle dar, wie der Mensch Algen nutzt!

Material B ▸ Energiegehalte von Stoffen

Energiegehalt der Stoffe vor und nach der Verbrennung

Energiegehalt — hoch / niedrig

Ausgangsstoffe — Endprodukte

Bei einem Lagerfeuer wird Holz verbrannt. Dabei entstehen Asche, Ruß, Kohlenstoffdioxid und Wasserdampf. Wir sehen helle Flammen oder dunkelrote Glut und spüren die Hitze, wenn wir nahe am Feuer stehen.

In dem Holzfeuer werden Würstchen gegrillt und danach verzehrt. Sie dienen unserer Ernährung.

B1 Beschreibe die Aussage des Energiediagramms!

B2 Energie kann nicht verloren gehen. Erkläre die energetischen Zusammenhänge anhand des Diagramms und ergänze dieses!

B3 Vergleiche die Verbrennung von Holz mit der Zellatmung!

B4 Stelle den Weg der Energie aus den verspeisten Würstchen durch den menschlichen Organismus in einem Pfeildiagramm dar!

B5 Ordne den Verzehr der Würstchen in das Schema zum Stoff- und Energiewechsel auf Seite 29 ein!

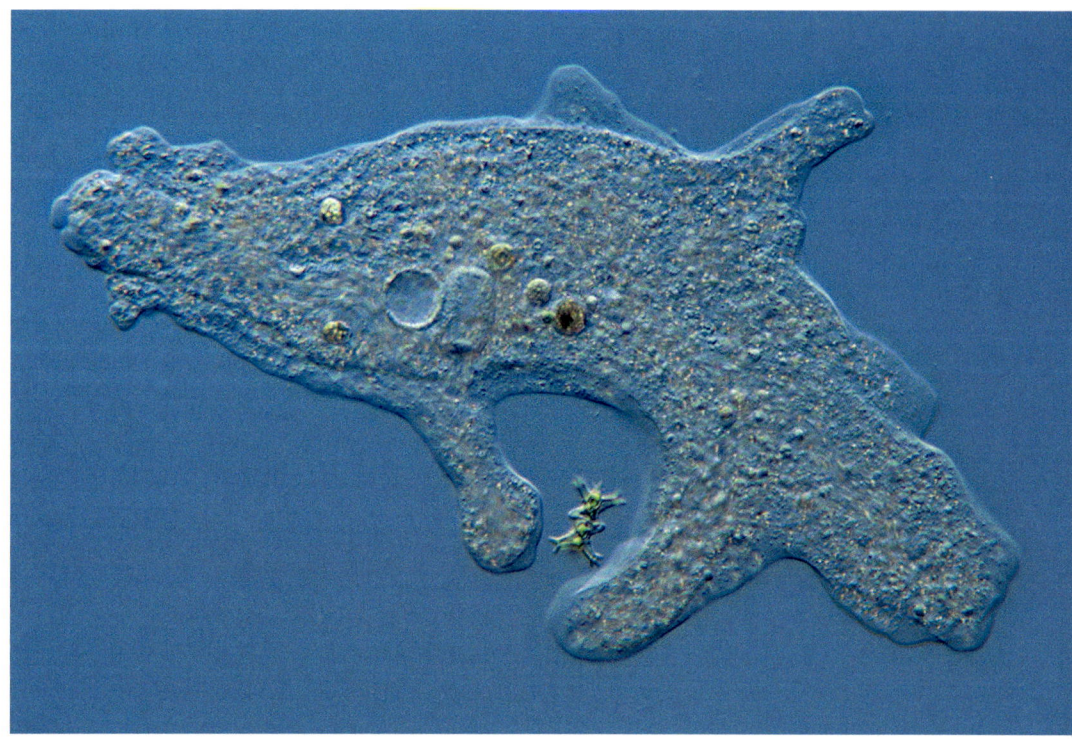

01 Amöbe beim
Fressen einer Zieralge

Einzeller

Fortbewegung, Nahrungsaufnahme und Verdauung erfolgen bei vielzelligen Lebewesen arbeitsteilig mithilfe verschiedener Organe und zahlreicher spezialisierter Zellen. Bei Einzellern leistet dies eine einzige Zelle. Wie ist das möglich?

WECHSELTIERCHEN · In Tümpeln kann man auf faulenden Pflanzenteilen winzige Schleimklümpchen finden, die mit bloßem Auge gerade noch sichtbar sind. Dabei handelt es sich um etwa 0,5 Millimeter große Lebewesen, die aus einer einzigen, unregelmäßig geformten Zelle mit einem großen Zellkern bestehen. Diese Lebewesen werden als **Amöben** bezeichnet. Weil die Zelle ständig ihre Gestalt wechselt, nennt man sie auch **Wechseltierchen.** Amöben und alle anderen Lebewesen, die nur aus einer Zelle bestehen, bezeichnet man als *Einzeller.* Eine Amöbe kann an jeder beliebigen Stelle das von der Zellmembran umgebene Zellplasma ausstülpen. Dadurch entstehen sogenannte *Scheinfüßchen.* An einer anderen Stelle werden diese eingeschmolzen, indem Zellplasma ins Zellinnere zurückfließt. Durch das Ausstülpen und Einschmelzen von Scheinfüßchen können sich Amöben kriechend fortbewegen.

Trifft eine Amöbe auf ein Nahrungsteilchen, umfließt sie es mit ihrer Zelle und schließt es damit in ein *Nahrungsbläschen* ein. Dieses wandert im Zellplasma umher. Dabei findet der Abbau der Nahrung durch Verdauung statt. Die Nährstoffe werden durch die Membran des Bläschens ins Zellplasma aufgenommen. Unverdauliche Reste bleiben im Bläschen und werden an den Rand der Zelle transportiert. Dort verschmilzt die Membran des Bläschens mit der Zellmembran und die Abfallstoffe gelangen nach außen. Neben zahlreichen Nahrungsbläschen besitzt eine Amöbe noch ein größeres Bläschen, das rhythmisch schrumpft und anschwillt. Dieses *pulsierende Bläschen* pumpt ständig in die Zelle eindringendes Wasser wieder nach außen.

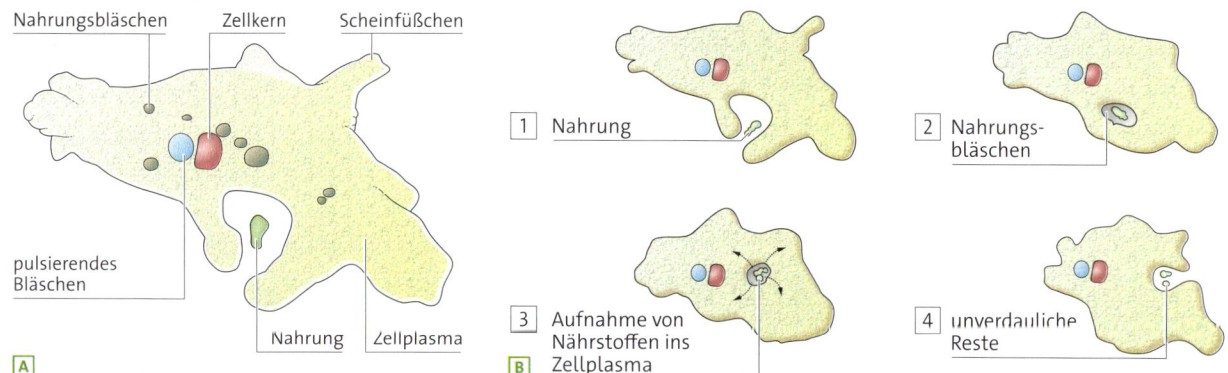

02 Amöbe: **A** Bau, **B** Nahrungsaufnahme

PANTOFFELTIERCHEN · In Proben von fauligem Wasser fallen beim Mikroskopieren schnell umherschwimmende Einzeller auf. Sie sind etwa 0,3 Millimeter lang und haben eine gleichbleibende Form, die an Pantoffeln erinnert. Man nennt sie **Pantoffeltierchen.**

Ihre rasche Fortbewegung erfolgt durch ständig schlagende, haarähnliche *Wimpern,* mit denen die Zelloberfläche dicht besetzt ist. Beim Schwimmen dreht sich das Pantoffeltierchen schraubenförmig um seine Längsachse. Stößt es auf ein Hindernis, ändert es schlagartig seine Bewegungsrichtung. Im Unterschied zur Amöbe kann das Pantoffeltierchen nur an einer bestimmten Stelle der Zelle, dem *Zellmund,* Nahrung aufnehmen. Der Zellmund ist eine trichterförmige Einstülpung der Zellmembran. Davor befindet sich ein dicht mit Wimpern besetzter Bereich, das *Mundfeld.* Durch das Schlagen dieser Wimpern werden Nahrungspartikel in den Zellmund gestrudelt und an dessen Ende als Nahrungsbläschen aufgenommen. Wie bei der Amöbe durchwandern diese die Zelle. Unverdauliche Reste werden aber nur an einer bestimmten Stelle, dem *Zellafter,* ausgeschieden. Pantoffeltierchen haben einen großen Zellkern und zwei *pulsierende Bläschen,* die sich in rhythmischem Wechsel füllen und entleeren. Unter der Zellmembran liegen zahlreiche spitze *Eiweißnadeln,* die bei Berührung blitzschnell ausgeschleudert werden und zur Verteidigung dienen.

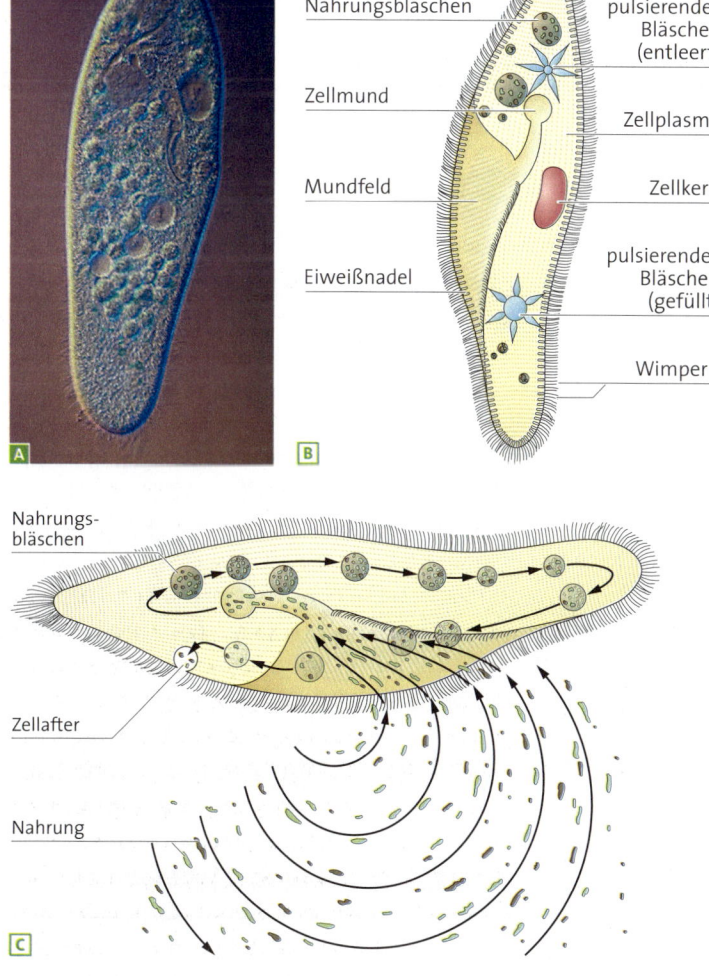

03 Pantoffeltierchen: **A** mikroskopische Aufnahme, **B** Schema, **C** Nahrungsaufnahme

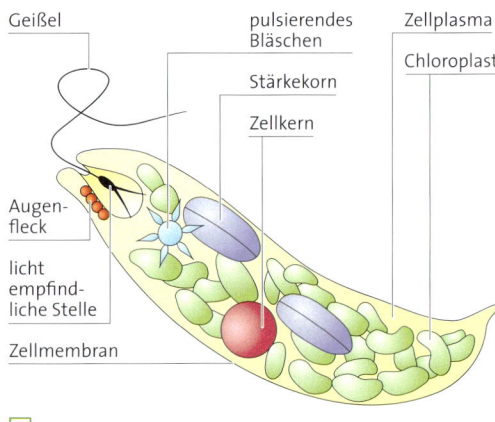

Geißel · pulsierendes Bläschen · Zellplasma · Chloroplast · Stärkekorn · Zellkern · Augenfleck · lichtempfindliche Stelle · Zellmembran

04 Augentierchen:
A mikroskopische Aufnahme,
B Bau

Euglena = Augentierchen

EUGLENA · In nährstoffreichen Gewässern leben häufig grün gefärbte Einzeller, die nur etwa 0,05 Millimeter lang sind. Sie haben einen spindelförmigen Zellkörper. Wie Pantoffeltierchen schwimmen sie schraubenförmig durch das Wasser. Eine lange, fadenförmige Geißel am Vorderende zieht sie mit propellerartig kreisenden Bewegungen nach vorn. Bei genauerer Betrachtung erkennt man seitlich der Ansatzstelle der Geißel einen roten Fleck, den *Augenfleck*. Ihm verdanken diese Einzeller ihren Namen: **Augentierchen.** Mithilfe des Augenflecks und einer lichtempfindlichen Stelle können sie die Richtung des einfallenden Lichtes feststellen. Augentierchen besitzen *Chloroplasten* und können daher durch Fotosynthese selber Nährstoffe herstellen. Bei Lichtmangel sind sie aber auch in der Lage, Nahrung aus der Umgebung aufzunehmen. Außerdem haben sie einen *Zellkern* und ein *pulsierendes Bläschen*.

VERMEHRUNG UND VIELFALT · Wenn eine Amöbe eine bestimmte Größe erreicht hat, teilt sich zunächst der Zellkern. Danach folgt die Teilung des Zellplasmas. Aus der Mutterzelle entstehen zwei gleiche, halb so große Tochterzellen, die später heranwachsen. Verschlechtern sich die Lebensbedingungen, bildet die Amöbe eine dicke Kapsel aus. So kann sie als *Dauerform* Austrocknung und Nahrungsmangel überstehen. Auch andere Einzeller vermehren sich durch Zellteilung, Pantoffeltierchen durch Quer- und Augentierchen durch Längsteilung.

Einzeller weisen eine große Formenvielfalt auf. Sie kommen im Wasser, in feuchten Böden oder im Körper von Tieren vor. *Schalenamöben* besitzen Schutzgehäuse aus Kieselsäure, *Kammerlinge* Skelette aus Kalk. *Glockentierchen* sind mit den Pantoffeltierchen verwandt. Ihre Zellkörper haben lange Stiele, die auf Wasserpflanzen befestigt sind. *Zieralgen* sind Einzeller mit spiegelbildlichen Zellhälften.

05 Formenvielfalt: **A** Schalenamöbe, **B** Kammerling,
C Glockentierchen, **D** Zieralge

Vom Einzeller zum Vielzeller

Vor etwa zwei Milliarden Jahren entstanden Einzeller mit einem Zellkern, die ersten mehrzelligen Lebewesen vor etwa einer Milliarde

Einzeller

Stärkekorn   Augenfleck
Zellkern   Zellplasma
Chloroplast   Zellwand
                              Geißel

A

Zellkolonie

B

Zellkolonie mit Gallerte

Gallerte

C

Vielzeller

D

Fortpflanzungszelle
Körperzelle

Junge Tochterkugel

01 Modell einer Entwicklungsreihe:
A Hüllen-Geißelalge, **B** Wirbelnder Tannenzapfen,
C Mosaikgrünalge, **D** Wimperkugel

Jahren. Wie sich aus Einzellern im Laufe der Evolution Vielzeller entwickelt haben könnten, lässt sich modellhaft an heute in Tümpeln lebenden Grünalgen nachvollziehen.

Die **Hüllen-Geißelalge**, *Chlamydomonas*, ist ein **Einzeller.** Mithilfe ihrer beiden Geißeln und ihres Augenflecks kann sie sich zum Licht hin bewegen. Die Fortpflanzung erfolgt ungeschlechtlich durch Längsteilung.

Beim **Wirbelnden Tannenzapfen**, *Spondylomorum*, sind 16 Zellen des *Chlamydomonas*-Typs mit ihren Zellwänden verklebt und bilden eine **Zellkolonie.** Durch ungeschlechtliche Fortpflanzung entstehen aus jeder Zelle 16 Tochterzellen, die eine neue Zellkolonie bilden.

Auch die **Mosaikgrünalge**, *Gonium*, besteht aus 16 Zellen des *Chlamydomonas*-Typs und vermehrt sich wie der Wirbelnde Tannenzapfen. Hier sind die Zellen aber durch eine Gallerthülle noch enger zu einer Kolonie verbunden. Die Bildung solcher Zellkolonien aus Einzellern war in der Evolution vermutlich der erste Schritt zur Entstehung von Vielzellern.

Die **Wimperkugel**, *Volvox*, besteht aus 200 bis 20 000 deutlich kleineren Zellen des *Chlamydomonas*-Typs. Neben den Körperzellen gibt es spezielle Fortpflanzungszellen. Sie können sowohl Geschlechtszellen bilden als auch auf ungeschlechtlichem Weg Tochterkugeln, die ins Innere der Mutterkugel abgeschnürt werden. Diese werden später freigesetzt, wenn die Mutterkugel aufreißt und stirbt. Da die Wimperkugel im Unterschied zum Wirbelnden Tannenzapfen und zur Mosaikgrünalge zwei Zelltypen besitzt, ist sie ein **Vielzeller.**

Auch im Laufe der Evolution könnten aus Zellkolonien durch die Ausbildung verschiedener Zelltypen mit unterschiedlichen Aufgaben vielzellige Lebewesen entstanden sein.

VERSUCH A ▸ Einzeller im Heuaufguss

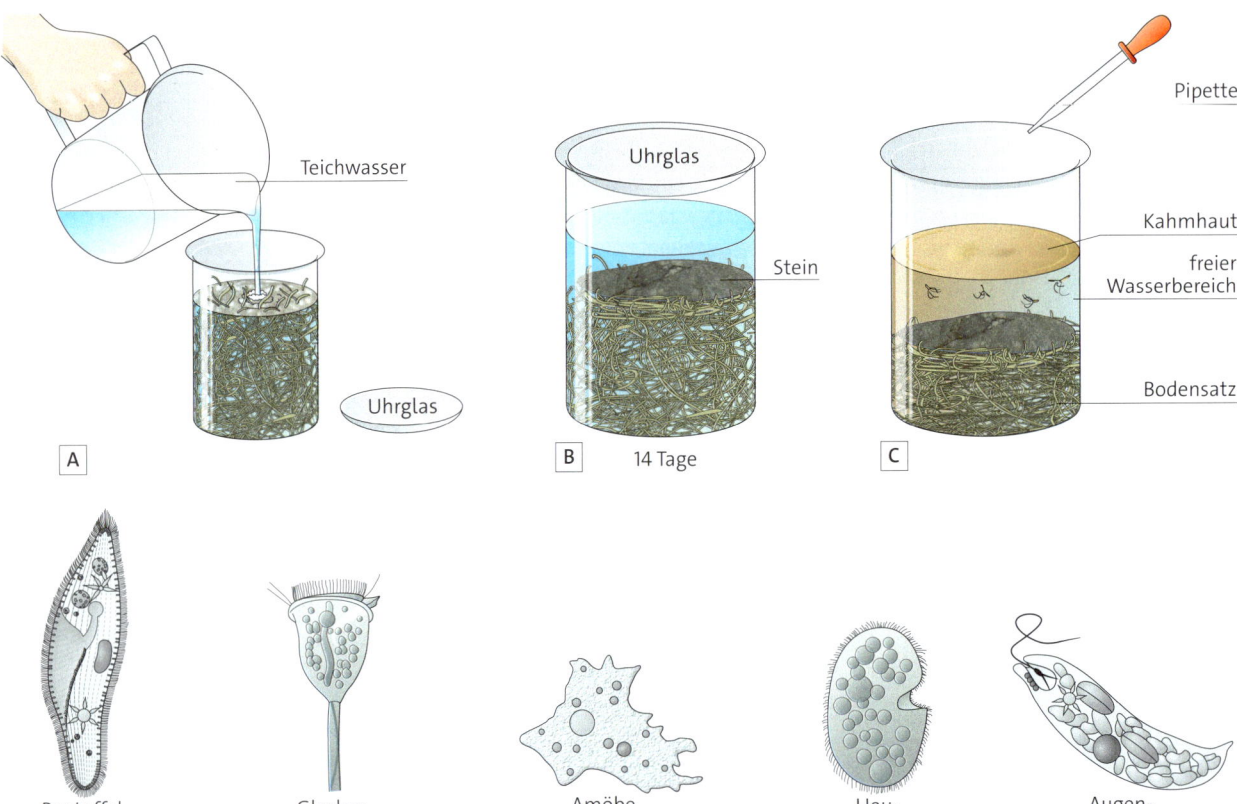

Teichwasser

Uhrglas

A

Uhrglas

Stein

B 14 Tage

Pipette

Kahmhaut

freier Wasserbereich

Bodensatz

C

Pantoffel-tierchen · Glocken-tierchen · Amöbe · Heu-tierchen · Augen-tierchen

Einzellige Lebewesen gibt es auf der Erde in großer Artenzahl – im Boden, im Wasser und in der Luft.
Um Einzeller mikroskopieren zu können, kannst du sie beispielsweise in einem Heuaufguss züchten.

Für die Herstellung eines Heuaufgusses benötigst du ein großes Glas (etwa ein bis zwei Liter), zwei bis drei Gramm kleingeschnittenes Heu und etwa einen Liter Wasser aus einem Teich, einer Regentonne oder einem Aquarium.
Gib das Heu in das Glasgefäß und übergieße es mit dem Wasser. Achte darauf, dass das Heu vollständig mit Wasser bedeckt ist. Decke das Gefäß anschließend mit einer Glasplatte ab

und stelle es bei Zimmertemperatur an einen hellen Ort, ohne direkte Sonneneinstrahlung.
Nach wenigen Tagen bildet sich auf der Wasseroberfläche eine dünne, schmierige Schicht. Diese sogenannte Kahmhaut besteht vor allem aus Bakterien, die sich von dem Heu ernähren.
Die Bakterien selbst dienen als Nahrung für verschiedene Einzeller, die sich nun ebenfalls schnell vermehren können.
Die Zusammensetzung der Arten variiert im Laufe der Zeit.

Material:
zwei Wochen alter Heuaufguss, Mikroskop, Objektträger, Deckgläschen, Pipetten

Durchführung:
Entnimm einem zwei Wochen alten Heuaufguss mit einer Pipette jeweils einen Wassertropfen aus den folgenden Schichten:
- dicht unterhalb der Kahmhaut
- freier Wasserbereich
- Bodensatz.
Stelle jeweils ein Frischpräparat her und betrachte es unter dem Mikroskop.

A1 Bestimme die Einzeller mithilfe der Abbildungen!

A2 Fertige eine Skizze an!

A3 Erkläre, wie die Lebewesen in den Heuaufguss gelangen!

Material B ▸ Amöbe

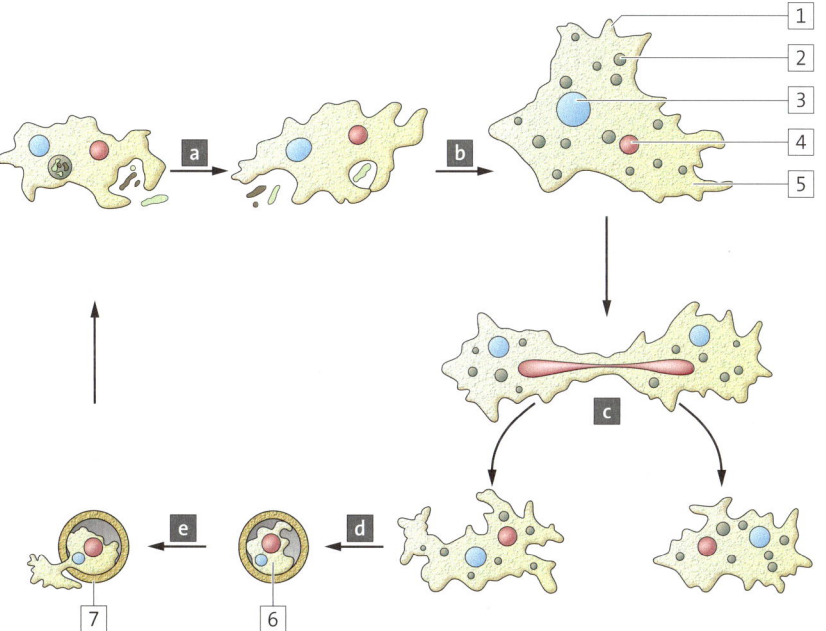

B1 Benenne die mit Zahlen gekennzeichneten Bereiche!

B2 Beschreibe die mit Buchstaben gekennzeichneten Vorgänge!

B3 Nenne Ursachen für die Vorgänge c, d und e!

B4 Nimm Stellung zu der Aussage: „Amöben sterben, wenn sie alt sind"!

B5 Erläutere, wie es die Amöbe schafft, Nahrung aufzunehmen, ohne dass die Zellmembran aufreißt und Zellplasma ausfließt!

Material C ▸ Augentierchen

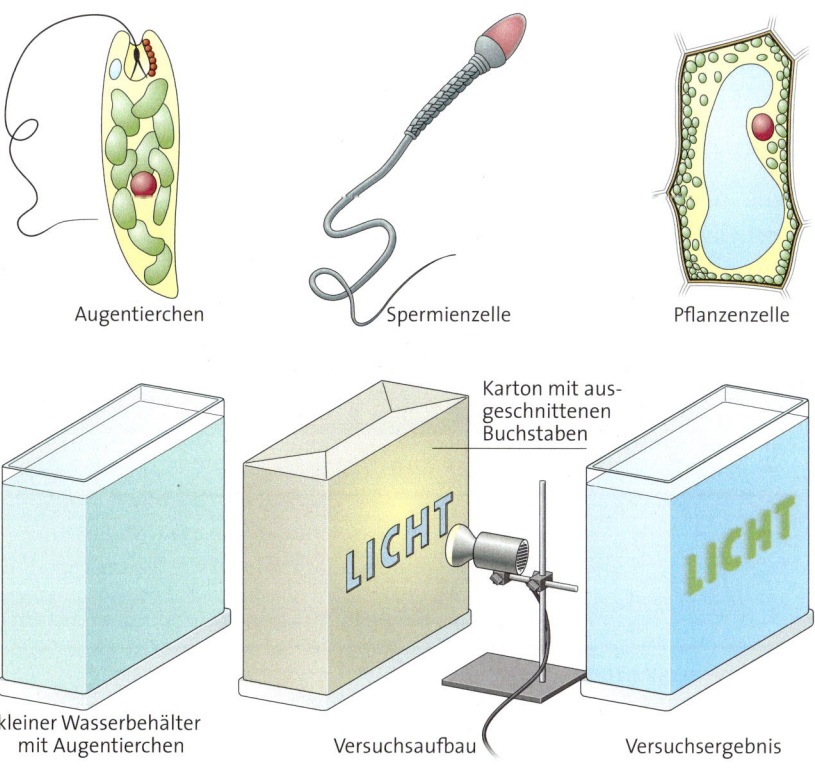

Augentierchen   Spermienzelle   Pflanzenzelle

Karton mit ausgeschnittenen Buchstaben

kleiner Wasserbehälter mit Augentierchen   Versuchsaufbau   Versuchsergebnis

C1 Vergleiche das Augentierchen zuerst mit einer Pflanzenzelle und dann mit einer Spermienzelle! Nenne jeweils Gemeinsamkeiten und Unterschiede!

C2 Begründe aufgrund der Ergebnisse von B1, ob das Augentierchen zu den Tieren oder Pflanzen gehört!

C3 Beschreibe den Versuchsaufbau und formuliere eine Frage, die mit diesem Versuch geklärt werden kann!

C4 Formuliere mindestens zwei Schlussfolgerungen, die aus dem Versuchsergebnis gezogen werden können!

C5 Begründe, weshalb das Augentierchen ein Lebewesen ist!

A ▸Lebewesen bestehen aus Zellen

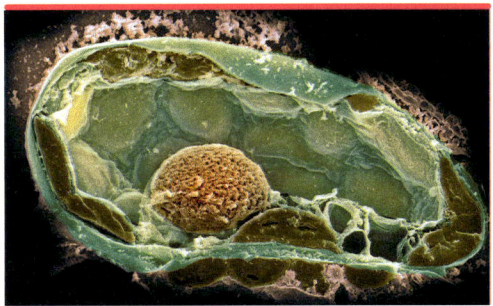

Kann ich ...

1 ⌡ erläutern, warum Zellen Bausteine des Lebens sind? *(Seite 11)*

2 ⌡ wesentliche Erkenntnisse der Zellbiologie und ihre Entdecker nennen? *(Seite 10 und 11)*

3 ⌡ unterschiedliche Zellformen beschreiben? *(Seite 12)*

4 ⌡ die Teile eines Mikroskops benennen und ihre Funktion beschreiben? *(Seite 14)*

5 ⌡ berechnen, wie stark ein mikroskopisches Bild bei der von mir gewählten Einstellung vergrößert ist? *(Seite 14)*

6 ⌡ beschreiben, wie man bei der Arbeit mit dem Mikroskop vorgehen muss? *(Seite 15)*

7 ⌡ Regeln erläutern, die beim Anfertigen einer mikroskopischen Zeichnung beachtet werden müssen? *(Seite 15)*

B ▸Pflanzliche und tierische Zellen

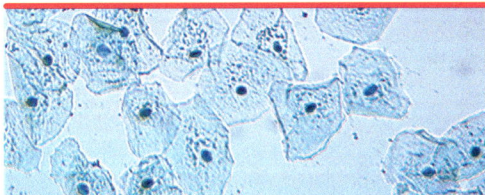

Kann ich ...

1 ⌡ die Bestandteile einer Pflanzenzelle nennen und ihre Aufgaben beschreiben? *(Seite 16 und 17)*

2 ⌡ eine Schemazeichnung einer pflanzlichen Zelle anfertigen und die Teile beschriften? *(Seite 16 bis 18)*

3 ⌡ ein Modell einer pflanzlichen Zelle mit dem Original vergleichen? *(Seite 17)*

4 ⌡ am Beispiel eines Modells der Pflanzenzelle Vorteile und Grenzen eines Modells erläutern? *(Seite 17 sowie Seite 19)*

5 ⌡ den Begriff Zellorganell erläutern und Beispiele nennen? *(Seite 18)*

6 ⌡ den Vorteil erläutern, den die Abgrenzung von Zellorganellen durch Membranen bietet? *(Seite 18)*

7 ⌡ beschreiben, wie man ein mikroskopisches Präparat herstellt? *(Seite 20 und 21)*

8 ⌡ beschreiben, wie man ein mikroskopisches Präparat färbt? *(Seite 21)*

9 ⌡ pflanzliche und tierische Zellen miteinander vergleichen? *(Seite 16 bis 18 sowie Seite 22)*

10 ⌡ die Vielfalt von pflanzlichen und tierischen Zellen mit Beispielen belegen? *(Seite 12, 23 sowie Seite 26)*

C ▸Wachstum und Differenzierung

Kann ich ...

1 ⌡ Prozesse nennen, die zum Wachstum von Zellen führen? *(Seite 24 und 25)*

2 ⌡ die Bedeutung der Zellteilung erläutern? *(Seite 24)*

3 ⌡ den Verlauf der Zellteilung anhand eines Schemas beschreiben? *(Seite 25)*

4 ⌡ erklären, weshalb alle Körperzellen eines einzelnen Menschen dieselbe Erbinformation in ihren Zellkernen aufweisen? *(Seite 24)*

5 ⌡ die Bedeutung der Zelldifferenzierung erläutern? *(Seite 25)*

6 ⌡ an einem Beispiel die Organisationsstufen Zelle – Gewebe – Organ – Organsystem – Organismus beschreiben? *(Seite 26)*

7 ⌡ das Zellorganell nennen, in dem die Zellatmung stattfindet? *(Seite 25)*

8 ⌡ die Ernährung bei Pflanzen und Tieren vergleichen? *(Seite 24 und 25)*

9 ⌡ Stoffwechselprozesse zur Gewinnung nutzbarer Energie bei Pflanzen und Tieren vergleichen? *(Seite 24 und 25)*

10 ⌡ Beispiele für Energieformen, Energiewandler und Energieträger nennen? *(Seite 30)*

D ▸ Stoff- und Energiewechsel

Kann ich ...

1 ⌡ Prozesse nennen, für die Pflanzen beziehungsweise Tiere Energie benötigen? *(Seite 28 und 29)*

2 ⌡ erklären, wie Pflanzen die benötigte Energie erlangen? *(Seite 28 und 29)*

3 ⌡ die Stoff- und Energieumwandlung bei der Fotosynthese erläutern? *(Seite 28 und 29)*

4 ⌡ die Stoffe nennen, die Pflanzen für die Fotosynthese aufnehmen, beziehungsweise Stoffe, die bei der Fotosynthese entstehen? *(Seite 24)*

5 ⌡ das Zellorganell nennen, in dem die Fotosynthese stattfindet? *(Seite 24)*

6 ⌡ die Stoffe nennen, die Lebewesen bei der Zellatmung umwandeln, beziehungsweise Stoffe, die bei diesem Stoffwechselprozess entstehen? *(Seite 25)*

E ▸ Einzellige Lebewesen

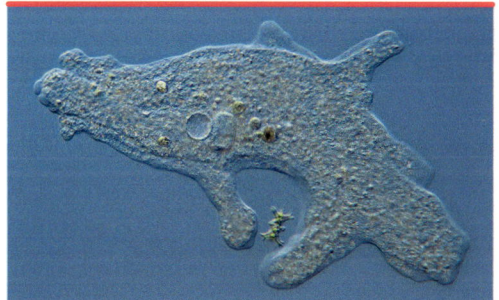

Kann ich ...

1 ⌡ Beispiele für Lebewesen nennen, die nur aus einer Zelle bestehen? *(Seite 32 bis 35)*

2 ⌡ beschreiben, wie eine Amöbe, ein Pantoffeltierchen und ein Augentierchen gebaut sind und wie sie sich fortbewegen und ernähren? *(Seite 32 bis 35)*

3 ⌡ die Bildung von Dauerstadien am Beispiel der Amöben beschreiben? *(Seite 34)*

4 ⌡ Bau und Funktion der pulsierenden Bläschen erläutern? *(Seite 33)*

5 ⌡ beschreiben, wie das Pantoffeltierchen seinen Wassergehalt regelt und wie es sich gegen Feinde wehrt? *(Seite 33)*

6 ⌡ erklären, weshalb es schwierig ist, das Augentierchen eindeutig den Pflanzen oder den Tieren zuzuordnen? *(Seite 34)*

Mikroorga- nismen und ihre Bedeutung

In diesem Kapitel beschäftigst du dich mit

- ► Bakterien. Du lernst ihren Bau, ihre Lebensbedingungen, ihre Verbreitung und Vermehrung kennen.

- ► der Vielfalt von Bakterien. Du erfährst etwas über die verschiedenen Ernährungsweisen und Lebensräume von Bakterien. Außerdem lernst du, wie der Mensch die Vielfalt der Bakterien für sich nutzen kann.

- ► krank machenden Bakterien. In diesem Zusammenhang erfährst du etwas über Infektionskrankheiten und über die Entstehung von Epidemien.

- ► Hefen. Du lernst, wie Hefen bei der Herstellung von Lebens- und Genussmitteln zum Einsatz kommen. Du erfährst außerdem etwas über krank machende Hefen.

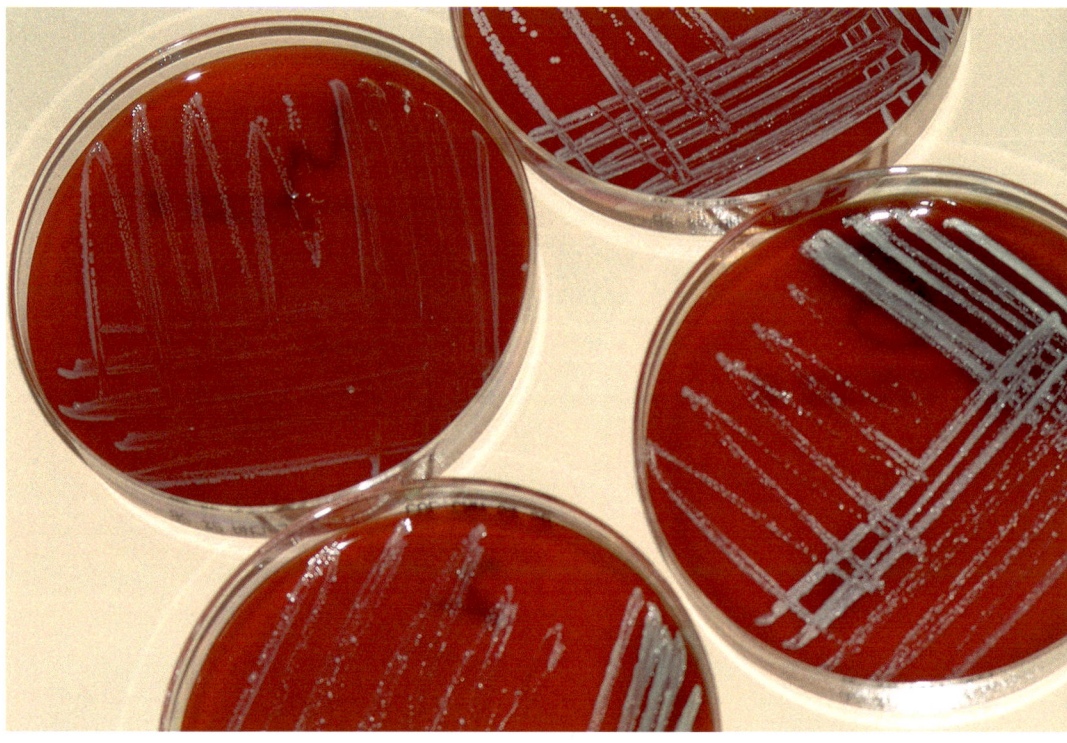

01 Bakterien-
kulturen

Bakterien sind wichtige Lebewesen

*Bakterien sind ziemlich winzig und unschein-
bar. Man müsste 50 000 Zellen hintereinander
legen, bevor die Kette den kleinen Finger umschließt. Leben Milliarden von Bakterien zusammen, so kann man sie als Bakterienkolonie
erkennen. Wir finden Bakterien in allen Lebewesen, im Boden, in der Luft oder in den Tiefen
der Ozeane. Welche Bedeutung haben sie für
den Menschen und die Natur?*

VORKOMMEN VON BAKTERIEN · In nahezu
allen Lebensräumen der Erde findet man Bakterien. Sie kommen im Süß- und Salzwasser
vor, aber auch in der Luft. Sie leben am Grund
der Meere in großen Tiefen wie auch in
kochend heißen Quellen oder auf Gletschern.
Jede Pflanze, jedes Tier und jeder Mensch ist
von unzähligen Bakterien besiedelt. Bakterien
kommen meist in großer Anzahl vor und
spielen eine entscheidende Rolle in der Natur,
beispielsweise bei der Zersetzung von toten
Tieren und Pflanzen. Von den vemutlich meh-

reren Tausend Bakterienarten sind nur wenige
Hundert für den Menschen gefährlich.

BAKTERIEN ERNÄHREN SICH · Die Mehrzahl
der Bakterien nutzt zur Ernährung energiereiche, organische Stoffe beispielsweise von
Pflanzen, Tieren oder dem Menschen. Sie leben
heterotroph.
Viele **Bodenbakterien** zersetzen abgestorbene
Pflanzenteile und Tiere, aber auch Kot. Gemeinsam mit den Pilzen leisten sie den größten Beitrag zum Abbau organischer Stoffe. Es entstehen Mineralstoffe, die den Pflanzen wieder
für die Fotosynthese zur Verfügung stehen.
Man bezeichnet sie daher als *Destruenten* oder
Zersetzer.
Es gibt auch Bodenbakterien, die in einer engen
Lebensgemeinschaft mit Pflanzen leben. Bei
Schmetterlingsblütengewächsen, zum Beispiel
bei Lupinen, dringen Bakterien in die Wurzel
der Pflanzen ein. Es bilden sich kleine Knöll-
chen. Diese **Knöllchenbakterien** ernähren sich

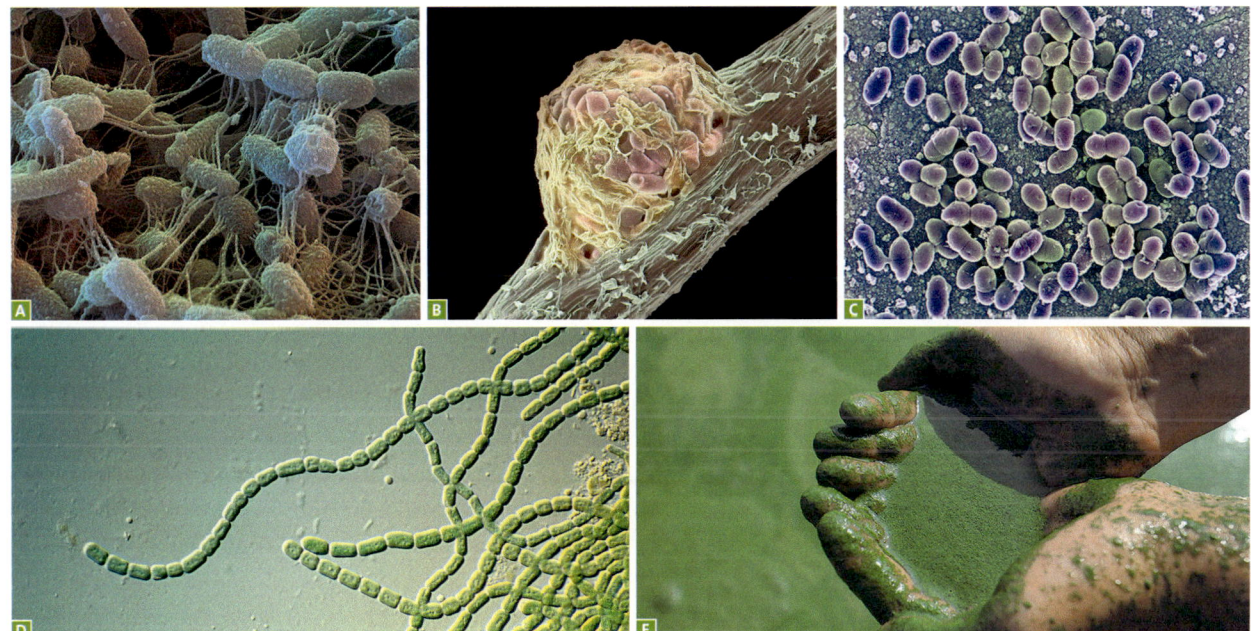

02 **A** Bodenbakterien
beim Zersetzen von
Pflanzenresten,
B Knöllchenbakterien,
C Milchsäurebakterien,
D Cyanobakterien,
E Algenblüte

von Traubenzucker, den die Pflanzen während der Fotosynthese herstellen. Die Knöllchenbakterien können den Stickstoff der Luft binden und in eine Form umwandeln, die von den Pflanzen als Mineralstoff genutzt werden kann. Somit entsteht eine Wechselwirkung, bei der sowohl die Knöllchenbakterien als auch die Pflanzen einen Vorteil aus dem Zusammenleben ziehen. Dies bezeichnet man als *Symbiose*. Die heterotrophen Knöllchenbakterien leben daher symbiotisch.

Auf und in Tieren oder den Menschen leben viele verschiedene Bakterienarten. Im Darm haben sie verschiedene Aufgaben. Sie schützen zum Beispiel vor Infektionskrankheiten. Die **Fäulnisbakterien** bauen im Verdauungskanal unverdauliche Nahrungsreste ab. Dabei entstehen Gase, die oft übel riechen.

Die **Milchsäurebakterien** besiedeln ebenfalls den Verdauungskanal von Menschen und Tieren. Sie zersetzen zum Beispiel Traubenzucker zu Milchsäure. Sie macht den Darmtrakt sauer und hemmt somit Abbauprozesse der anderen Bakterien.

Von Nutzen sind die Milchsäurebakterien auch bei der Herstellung von Lebensmitteln.

Joghurt, Quark oder Sauerkraut werden mithilfe von Milchsäurebakterien hergestellt. In der Landwirtschaft dienen sie zum Haltbarmachen von Grünfutter. Dieses konservierte Futter wird *Silage* genannt. Für die Essigherstellung werden **Essigsäurebakterien** benötigt.

Die **Cyanobakterien** besitzen wie die Pflanzen Chlorophyll und betreiben also Fotosynthese. Sie ernähren sich *autotroph*. Als Nebenprodukt der Fotosynthese entsteht Sauerstoff. Die Cyanobakterien waren die Wegbereiter für die heutige Tier- und Pflanzenwelt. Vor circa 2,5 Milliarden Jahren produzierten sie als erste Lebewesen in großen Mengen Sauerstoff. Dadurch entstand die sauerstoffhaltige Atmosphäre, was erst die Entwicklung von Landlebewesen ermöglichte. Heute findet man Cyanobakterien in Böden und Gewässern. Im Frühsommer treten diese blaugrünen Bakterien regelmäßig in großen Mengen in zu nährstoffreichen Gewässern auf. Die Massenvermehrung der Cyanobakterien wird als *Algenblüte* bezeichnet. Sie lässt einen See wie grüne Suppe aussehen. Auch Fischsterben kann beobachtet werden.

HUMUSBILDUNG · In der Natur werden Stoffe recycelt. Abgestorbene Pflanzenteile wie Laub oder Kot und tote organische Substanz von Tieren werden nach und nach abgebaut. Das kann man bei der *Kompostierung* von Garten- und Küchenabfällen beobachten und besonders gut anhand des schrittweisen Abbaus von Herbstlaub erkennen.

Schnecken, Asseln, Würmer und viele Bodenlebewesen ernähren sich von den zu Boden gefallenen Blättern, wodurch diese zerkleinert werden. Zudem scheiden sie die Blattreste, vermischt mit Bodenteilchen, wieder aus. Die Bodenteilchen enthalten unterschiedliche **Bodenbakterien.** Dieser Kot ist für andere Bodenlebewesen wiederum Nahrung. Bis ein Blatt vollständig abgebaut ist, wird es sozusagen mehrfach gefressen und wieder ausgeschieden. Dabei entstehen *Humusstoffe.* Diese binden Mineralstoffe besonders gut und halten sie im Boden fest, sodass sie nicht ausgewaschen werden.

Die Mineralstoffe werden freigesetzt, wenn Bakterien und Pilze die im Kot enthaltenen organischen Stoffe vollständig abbauen. Dabei wird Kohlenstoffdioxid frei und es bleiben nur die nicht abbaubaren Mineralstoffe zurück. Diese stehen den Pflanzen wiederum zur Verfügung.

KONSERVIERUNG · Durch ihre Lebensweise tragen Bakterien häufig zur Vernichtung von Lebensmitteln bei. Um dies zu verhindern, werden ihre Lebensbedingungen durch verschiedene **Konservierungsmethoden** verschlechtert. So werden Entwicklung und Vermehrung der Bakterien eingeschränkt, beispielsweise durch *Kühlung.* Deshalb sollten Lebensmittel im Kühlschrank bei vier bis acht Grad Celsius gelagert oder eingefroren werden. Ein *Wasserentzug* wird durch Einzuckern wie bei der Marmeladenherstellung, durch Zusatz von Koch- oder Nitritpökelsalz bei der Wurst- und Fleischwarenproduktion oder durch Trocknen bei der Trockenfleisch und -fischherstellung erreicht. Beim Kochen oder Sterilisieren werden schädliche Mikroorganismen durch *Erhitzen* abgetötet. Sind Lebensmittel *vakuumverpackt,* können Bakterien sie gar nicht erst befallen. Eine besondere Form der Konservierung erfolgt bei der Herstellung von Joghurt, Quark, Buttermilch, sauren Gurken, Sauerkraut und Silage mithilfe von Milchsäurebakterien. Die durch Bakterien abgegebene *Milchsäure* dient dabei der Konservierung.

1 Erläutere das Prinzip der Konservierung an mindestens zwei Beispielen!

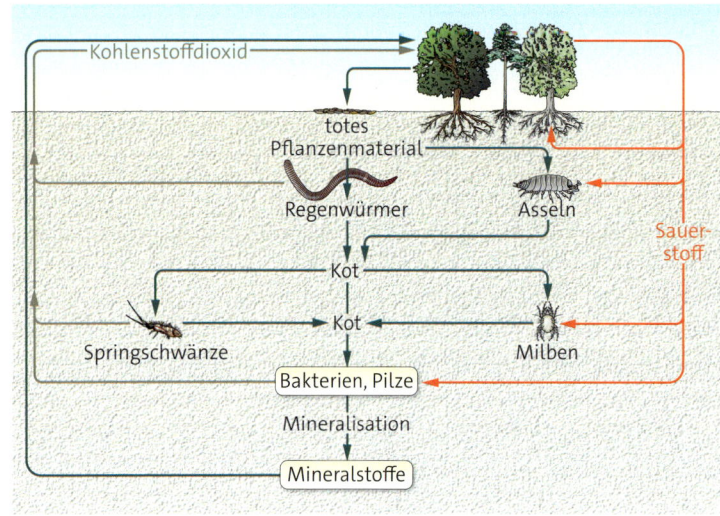

03 Mineralstoffkreislauf

04 Faulende Äpfel auf einer Streuobstwiese

VERSUCH A ► Herstellung eines mikroskopischen Färbepräparats von Bakterien des Zahnbelags

Plaque ist Zahnbelag, der nur mit der Zahnbürste oder mit Zahnseide entfernt werden kann. Daher bildet er sich an schwer zugänglichen Stellen. Dieser Zahnbelag enthält Bakterien.

Material:
Zahnstocher, Methylenblau-Lösung, Pipette, Mikroskop, Objektträger, Deckgläschen

Durchführung:
Entnimm mithilfe des Zahnstochers vorsichtig eine Probe. Fahre dazu mit dem Stäbchen die Zahnzwischenräume entlang. Achte darauf, dass du dein Zahnfleisch nicht verletzt.

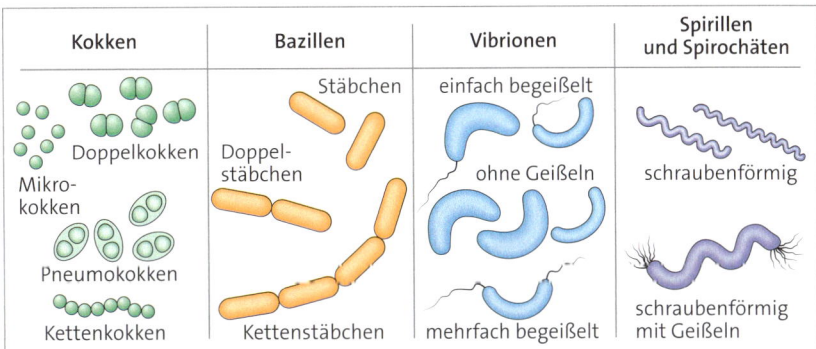

Kokken	Bazillen	Vibrionen	Spirillen und Spirochäten
Doppelkokken	Stäbchen / Doppelstäbchen	einfach begeißelt	schraubenförmig
Mikrokokken		ohne Geißeln	
Pneumokokken			schraubenförmig mit Geißeln
Kettenkokken	Kettenstäbchen	mehrfach begeißelt	

Gib die Probe auf den Objektträger und färbe sie mit Methylenblau-Lösung. Tropfe dazu etwas Färbelösung auf die Probe.
Lege dann das Deckgläschen auf und mikroskopiere mit starker Vergrößerung.

A1 Beschreibe deine Beobachtungen! Nutze dazu auch die Abbildung!

A2 Informiere dich in Fachbüchern oder im Internet über die Bedeutung der Bakterien im Zahnbelag!

Material B ► Schwefelbakterien

In der lichtlosen Tiefsee, an unterseeischen Vulkanen, den black smokers, leben Schwefelbakterien, die aus der Umwandlung von vulkanischen Schwefelverbindungen chemische Energie gewinnen können, um aus Kohlenstoffdioxid und Wasser Traubenzucker zu gewinnen. Sie sind der Start der Nahrungskette. Von ihnen ernähren sich beispielsweise Krebstiere. Im Meeresboden existieren andere Bakterien, die von abgestorbenen Bakterien und Tieren leben. Sie können den Schwefelbakterien wieder Kohlenstoffdioxid zur Verfügung stellen.

B1 Vergleiche die Ernährungsweise der Schwefelbakterien mit der Ernährungsweise der Pflanzen!

B2 Begründe die Funktion der Schwefelbakterien als Produzenten!

B3 Begründe die Sonnenunabhängigkeit des Ökosystems der black smoker!

B4 Entwickle ein Fließschema zu einem Ökosystem, welches die Nahrungsbeziehungen verdeutlicht! Folgende Begriffe sollten enthalten sein: Produzenten, Konsumenten, Destruenten, abgestorbene Lebewesen, Kohlenstoffdioxid!

B5 Ordne in das Fließschema die Lebewesen der black smoker ein!

01 Kinder aus dem Ostkongo füllen Trinkwasser ab.

Bakterien als Krankheitserreger

In Ländern mit unzureichenden hygienischen Bedingungen und schlechter Wasserversorgung leiden Menschen oftmals an einer lebensbedrohlichen Durchfallerrkrankung, der Cholera. Was ist die Ursache dieser Krankheit?

KRANK MACHENDE BAKTERIEN · Wenn kein sauberes Trinkwasser zur Verfügung steht, ist die Gefahr, an Cholera zu erkranken, besonders hoch. Die Cholera wird von einer bestimmten Bakterienart, *Vibrio cholerae*, hervorgerufen, die in verschmutztem Wasser enthalten sein kann. Wenn sich Cholerabakterien im Körper des Menschen stark vermehren, sind schwere und lang andauernde Durchfälle die Folge. Dadurch kann es zu einem so starken Verlust an Wasser und Mineralstoffen kommen, dass die erkrankten Menschen sterben.

Das Eindringen von Bakterien in den Körper bezeichnet man als Ansteckung oder **Infektion.** Außer Wasser können auch Lebensmittel mit Bakterien verseucht sein. Andere Bakterien, wie die Erreger von Scharlach oder Lungenentzündung, werden durch den Kontakt mit infizierten Menschen übertragen. Die Übertragung kann zum Beispiel über die beim Niesen herausgeschleuderten Flüssigkeitstropfchen erfolgen. Diesen Vorgang nennt man *Tröpfcheninfektion.*

Krankheitserscheinungen wie beispielsweise Fieber, Erbrechen, Durchfall oder Schmerzen heißen *Symptome*. Eine wichtige Ursache für Symptome bei bakteriellen Erkrankungen sind giftige Stoffe, die von den Bakterien abgegeben werden. Symptome treten erst auf, wenn sich die Erreger im Körper stark vermehrt haben. Die Zeit, die zwischen dem Eindringen der Erreger in den Körper und dem Auftreten von ersten Symptomen vergeht, ist die *Inkubationszeit*. Je nach Erreger liegt diese Zeit zwischen mehreren Stunden und einigen Tagen. Erkranken viele Menschen in einem Gebiet an der gleichen Infektionskrankheit, spricht man von einer *Epidemie*.

BAU EINES BAKTERIUMS · Bakterien sind winzige, einzellige Lebewesen, die nur wenige Tausendstel Millimeter groß sind. Bakterienarten kommen in vielfältigen Formen vor. So sind *Kokken* kugelig, *Stäbchen* lang gestreckt und *Spirochäten* schraubenförmig. Viele Bakterien haben einen oder mehrere dünne Fäden, die *Geißeln,* die zur Fortbewegung dienen.

Die Bakterienzelle ist von einer *Zellwand* begrenzt, die allerdings anders aufgebaut ist als die Zellwand einer Pflanzenzelle. Bei vielen Bakterien befindet sich außen auf der Zellwand noch eine schützende schleimhaltige Kapsel. An der Innenseite der Zellwand liegt die *Zellmembran* des Bakteriums. Eine Bakterienzelle besitzt im Gegensatz zu eukaryotischen Zellen, wie pflanzlichen oder tierischen Zellen, keinen Zellkern. Die Erbsubstanz liegt frei im *Zellplasma*. Mitochondrien und Chloroplasten fehlen. Daher gehören Bakterien zu den **Prokaryoten.**

VERMEHRUNG · Alle Bakterien vermehren sich durch *Teilung*. Einige Arten können sich alle 20 Minuten teilen und sich so sehr schnell vermehren. Günstige Bedingungen für die Vermehrung der Bakterien sind vor allem Wärme, Feuchtigkeit und ein ausreichendes Nahrungsangebot. Im Körper des Menschen, im Darm oder auch im Blut, finden Bakterien daher ideale Bedingungen vor.

Wenn die Lebensbedingungen ungünstiger werden, können viele Bakterienarten sehr widerstandsfähige Überdauerungsformen bilden. Diese *Bakteriensporen* sind in der Lage, extreme Hitze, Kälte oder Trockenheit lange Zeit zu überstehen. Sie können auch in der Luft über weite Strecken transportiert werden.

1 ┘ Nenne die Bedingungen im Körper des Menschen, die eine starke Vermehrung von Bakterien begünstigen können!

2 ┘ Nenne drei Unterschiede im Bau von Bakterien- und Pflanzenzelle.

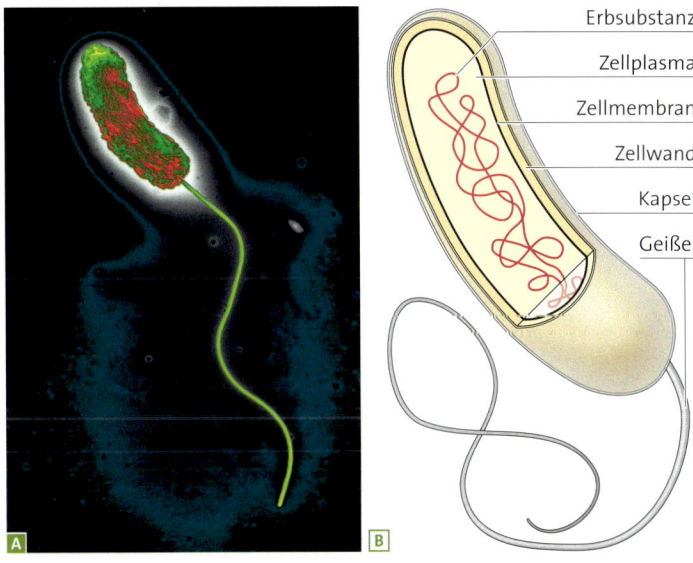

Erbsubstanz
Zellplasma
Zellmembran
Zellwand
Kapsel
Geißel

02 Bau einer Bakterienzelle: **A** mikroskopische Aufnahme, **B** Schema

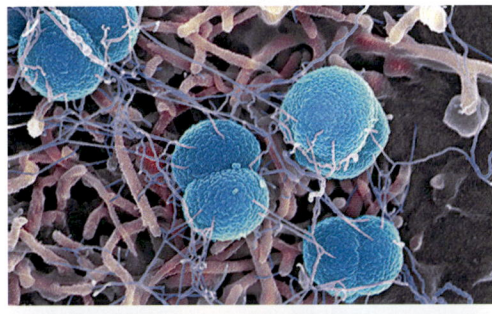

03 Erreger der Hirnhautentzündung

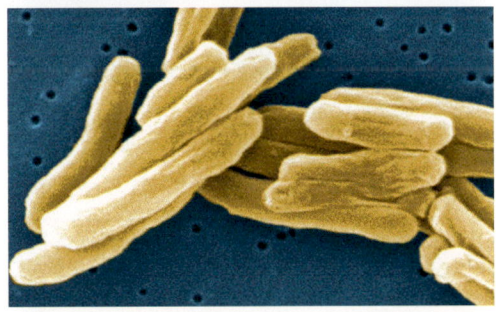

04 Erreger der Tuberkulose

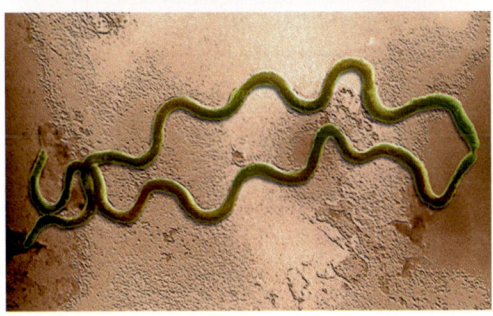

05 Erreger der Syphilis

BEKÄMPFUNG VON BAKTERIEN · Bis zum Ende des 19. Jahrhunderts waren die Ursachen und Ansteckungswege für viele bakterielle Infektionskrankheiten wie Tuberkulose, Typhus, Cholera, Keuchhusten oder Wundstarrkrampf unbekannt. Nachdem Robert KOCH in Deutschland und Louis PASTEUR in Frankreich entdeckten, wie bakterielle Infektionen entstehen, konnte die Übertragung vieler dieser Krankheiten vor allem durch verbesserte Hygiene eingeschränkt werden. So wurden die Kanalisation und die sanitären Anlagen verbessert. Auch persönliche Hygiene wie gründliches Händewaschen mindert die Übertragung von Krankheitserregern. Der direkte Kontakt mit infizierten Personen sollte möglichst vermieden werden. Eine Tröpfcheninfektion, beispielsweise bei der Pflege von Kranken, wird durch einen Mundschutz verhindert. Nicht zuletzt hemmen vorbeugende Schutzimpfungen gegen einige bakterielle Infektionen den Ausbruch der Krankheiten.

Seit Beginn des 20. Jahrhunderts werden zudem Antibiotika eingesetzt, um Bakterien zu töten oder ihre Vermehrung zu hemmen. Allerdings schaffen es manche Bakterienarten, Schutzmechanismen zu erwerben, die sie widerstandsfähig gegen Antibiotika machen und ihnen helfen zu überleben. Man nennt sie resistent. So sind die Erreger der sexuell übertragbaren Krankheit Gonorrhoe, die Gonokokken, heute resistent gegen das Antibiotikum Penicillin.

*Louis PASTEUR
(1822 bis 1895),
französischer
Bakterienforscher*

*Robert KOCH
(1843 bis 1910),
deutscher
Bakterienforscher*

⫽⫽ IM BLICKPUNKT MEDIZIN ⫽⫽⫽⫽⫽⫽⫽⫽⫽⫽⫽⫽⫽⫽⫽⫽⫽⫽⫽⫽⫽⫽⫽⫽⫽⫽⫽

Alexander FLEMING entdeckt das Penicillin

01 FLEMING in seinem Labor

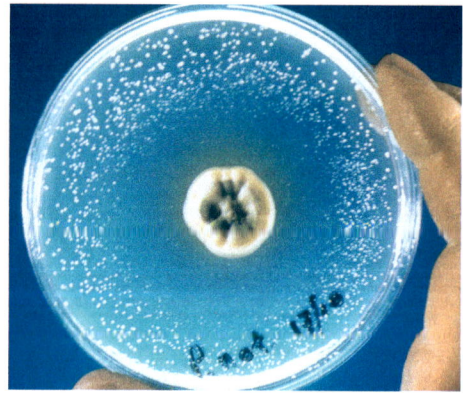

02 Schale mit Bakterien und Schimmelpilzen

Dem schottischen Bakterienforscher Alexander FLEMING (1881 bis 1955) fiel beim Aufräumen seines Labors eine Glasschale in die Hände, in der er Bakterien auf einem Nährboden gezüchtet hatte. Er wollte die Schale schon wegwerfen, da sich Schimmelpilze darin angesiedelt hatten. Dabei bemerkte er, dass in der Nähe der Schimmelpilze keine Bakterien wuchsen. Sollte der Schimmelpilz etwa die Vermehrung der Bakterien gehemmt haben? FLEMING führte Versuche zur Bestätigung seiner Vermutung durch und konnte zeigen, dass der Schimmelpilz *Penicillium* einen Stoff erzeugt, der die Vermehrung vieler Bakterienarten hemmt. Diesen Stoff nannte er **Penicillin.**

Für die Entdeckung des Penicillins, des ersten **Antibiotikums,** erhielt FLEMING 1945 den Nobelpreis für Medizin.

Material A ▸ Vermehrung von Bakterien

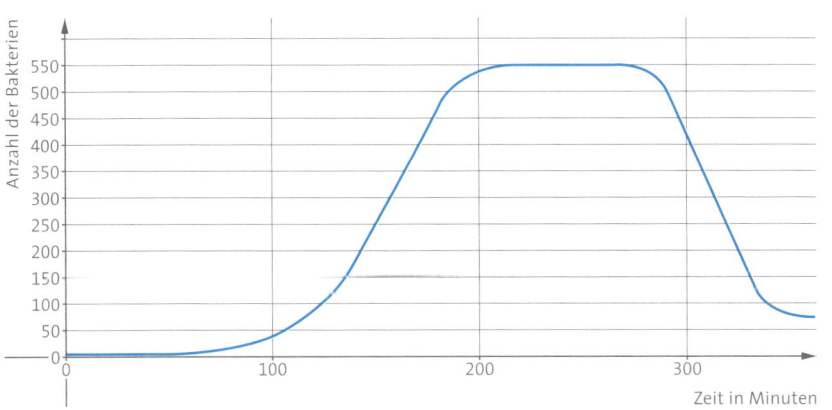

Im Diagramm ist dargestellt, wie sich die Anzahl der Bakterien in einem Kulturgefäß im Lauf der Zeit ändert.

A1 Berechne, wie viele Bakterien nach fünf Stunden entstanden sind, wenn alle zwanzig Minuten eine Teilung stattfindet!

A2 Stelle deine errechneten Werte in einem Liniendiagramm dar!

A3 Vergleiche die von dir erstellte Kurve mit der abgebildeten Kurve!

A4 Stelle Vermutungen an, wie sich die Unterschiede zwischen den beiden Kurven erklären lassen!

Material B ▸ Infektionen und Vorbeugung

Pest

Im Mittelalter erlagen dieser Krankheit in Europa viele Millionen Menschen. Die Pest ist heute nahezu ausgerottet. Eine Form, die Beulenpest, äußert sich mit Kopf- und Gliederschmerzen sowie beulenartigen Schwellungen am Körper. Unbehandelt endet die Beulenpest nach wenigen Tagen häufig tödlich. Die Beulenpesterreger werden durch den Stich eines infizierten Rattenflohs oder durch den Kontakt mit infizierten Nagetieren übertragen. Man nennt diese infizierten Tiere deshalb *Überträger*.

Gonorrhoe (Tripper)

Der Gonorrhoe ist eine der häufigsten durch Geschlechtsverkehr übertragbaren Krankheiten. Die Inkubationszeit beträgt zwei bis drei Tage. Bei infizierten Männern treten schmerzhafte Entzündungen der Harnröhre auf, bei Frauen eitrige Ausflüsse aus der Scheide. Die Krankheit kann von infizierten Schwangeren bei der Geburt auf das Kind übertragen werden.

Scharlach

Diese Infektionskrankheit von Gaumen und Rachen tritt häufig bei Kindern auf. Symptome sind Halsschmerzen, eine scharlachrote Zunge, Schluckbeschwerden und Fieber. Hustet oder niest ein Scharlachpatient, gelangen feinste Flüssigkeitströpfchen mit Bakterien in die Umgebung.

B1 Vergleiche die Übertragungswege der genannten, durch Bakterien verursachten Krankheiten!

B2 Beschreibe Maßnahmen, mit denen man sich vor der Infektion mit den beschriebenen Krankheiten schützen kann!

B3 Stelle Vermutungen an, weshalb im Mittelalter so viele Menschen an der Pest erkrankten!

Nach Naturkatastrophen, zum Beispiel nach einem Erdbeben, treten häufig in großen Gebieten Choleraepidemien auf. Scharlachepidemien dagegen bleiben meistens örtlich begrenzt.

B4 Stelle Vermutungen an, wie dieser Unterschied erklärt werden könnte!

01 Einige Backwaren gelingen nur mit Hefe.

Helfer bei der Lebens- und Genussmittelherstellung

Bei einigen Backwaren kann man schon aus ihrem Namen auf eine wichtige Zutat schließen. Das trifft beispielsweise auf den Hefezopf zu. Damit der Hefezopf gelingt und den typischen Geschmack aufweist, gehört Hefe in den Teig. Was ist eigentlich Hefe? Was bewirkt diese Backzutat?

EINE VIELGESTALTIGE GRUPPE · Ein Stück Backhefe besteht aus Mikroorganismen. Diese *Hefen* sind einzellige *Pilze* und nur wenige Mikrometer groß.

Pilze gehören nicht zu den Pflanzen und Tieren. Sie bilden eine eigenständige, vielgestaltige Gruppe. Auf der Welt gibt es etwa 100 000 Pilzarten, die sich in ihrem Bau, ihrer Größe und der Lebensweise unterscheiden. Neben den Hefen sind besonders *Schimmelpilze* und *Hutpilze* bekannt.

Hutpilze besitzen einen in Hut und Stiel gegliederten Fruchtkörper. Der eigentliche Pilz, das Pilzgeflecht oder Myzel, befindet sich im Boden.

02 Unterschiedliche Pilze:

A Zellen der Backhefe
B Köpfchenschimmel
C Hutpilz mit Myzel

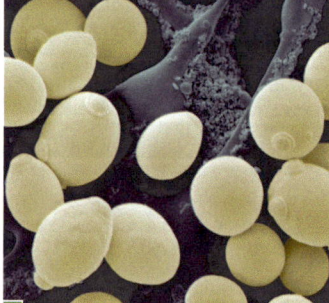

Zu den Hutpilzen gehören bekannte Speisepilze wie der Steinpilz und der Maronenröhrling, aber auch der Grüne Knollenblätterpilz – ein tödlicher Giftpilz.

Schimmelpilze spielen im Kreislauf der Natur eine wichtige Rolle, weil sie organische Stoffe abbauen. Allerdings können sie durch ihre Lebensweise auch Nahrungs- und Futtermittel verderben oder Krankheiten auslösen. Einige Schimmelpilze nutzt der Mensch zur Lebensmittelherstellung, zum Beispiel zur Produktion von Camembert und Blauschimmelkäse. Andere werden in der Medizin verwendet. So sondert der *Schimmelpilz Penicillium* das Antibiotikum Penicillin ab, das gegen bakterielle Krankheitserreger eingesetzt wird.

BAU DER HEFEN · Die Zellen der Hefen besitzen wie die Zellen von Tier, Pflanze und Mensch einen Zellkern, in dem sich das Erbmaterial befindet. Das Erbmaterial wird durch die Kernmembran vom Zellplasma abgegrenzt. Nach außen hin werden die Hefezellen durch eine Zellmembran eingeschlossen und durch eine darüberliegende Zellwand geschützt. Anders als bei pflanzlichen Zellen ist in die Zellwand der Pilze jedoch Chitin eingelagert.

Im Zellplasma befinden sich unter anderem Mitochondrien und Vakuolen mit Reservestoffen. Die Mitochondrien dienen der Zellatmung. Wie alle Pilzzellen enthalten Hefen keine Chloroplasten. Somit sind sie nicht zur Fotosynthese fähig, sondern ernähren sich heterotroph. Sie müssen energiereiche organische Stoffe aufnehmen und bauen daraus körpereigene Stoffe auf.

VERMEHRUNG DER HEFEN · Hefen pflanzen sich hauptsächlich *ungeschlechtlich* fort. Zunächst bildet sich an der Mutterzelle eine kleine Knospe, die zu einer Tochterzelle heranwächst. Die entstandenen Tochterzellen trennen sich nicht immer von der Mutterzelle. So kann eine Zellkolonie entstehen. Diese Art der Teilung nennt man *Sprossung*.

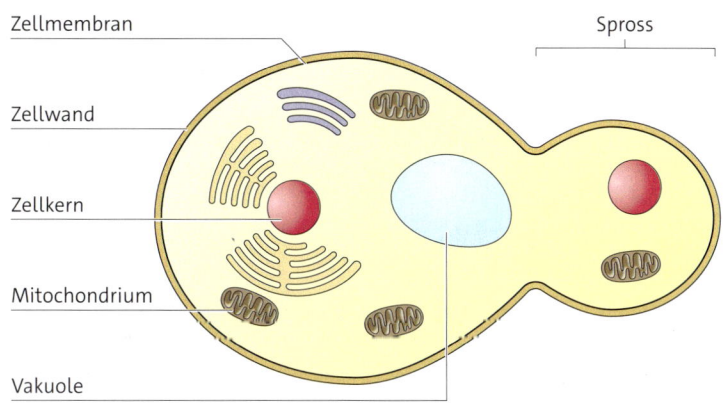

Zellmembran
Zellwand
Zellkern
Mitochondrium
Vakuole
Spross

03 Bau und Vermehrung von Hefezellen

Zur optimalen Vermehrung dieser Mikroorganismen sind geeignete Bedingungen notwendig, beispielsweise für Bierhefekulturen eine Temperatur von 28 Grad Celsius, ausreichend Feuchtigkeit und eine gute Nährstoffversorgung.

ENERGIEGEWINNUNG · Ist genügend Sauerstoff vorhanden, werden die organischen Nährstoffe durch *Zellatmung* zu energiearmen anorganischen Endprodukten wie Kohlenstoffdioxid und Wasser abgebaut.

Ist kein Sauerstoff vorhanden, wird die Energie durch einen anderen Prozess gewonnen – durch **alkoholische Gärung.** Dabei wird die energiereiche Glukose durch die Hefen zu Ethanol und Kohlenstoffdioxid umgewandelt.

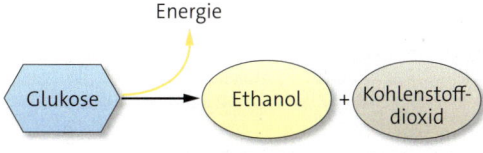

Energie
Glukose → Ethanol + Kohlenstoffdioxid

Ethanol ist ein organischer Stoff und somit ebenfalls noch energiereich. Dementsprechend ist der Energiegewinn für die Hefen bei dieser unvollständigen Umsetzung von Glukose geringer als bei der Zellatmung.

1 Vergleiche den Bau von Hefezellen mit tierischen und pflanzlichen Zellen sowie mit Bakterien!

04 Gärtanks in einer Brauerei

05 Volumenzunahme durch Kohlenstoffdioxid

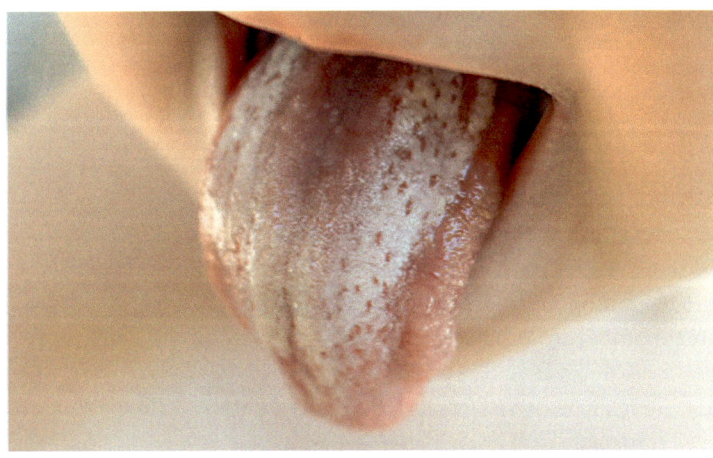

06 Infektion der Zunge mit Hefepilzen

BEDEUTUNG DER HEFEN · Schon seit tausenden Jahren werden Hefen für die Herstellung von Bier und Wein, aber auch für die Erzeugung einiger Brotsorten und anderer Backwaren genutzt.

Wein und Bier werden heute in Fermentern unter genau kontrollierten Bedingungen produziert. Den modernen biotechnologischen Verfahren liegt ein Prozess der Energiegewinnung der Hefen zugrunde, die alkoholische Gärung. Bei der Weinherstellung wird der Zucker aus den Weinbeeren, bei der Bierherstellung der Malzzucker aus der Braugerste vergoren. Damit der Zucker durch Gärung umgesetzt wird, ist ein Sauerstoffausschluss notwendig. Die optimale Temperatur für den Gärprozess liegt bei 32 Grad Celsius. Bei der Herstellung von Genussmitteln wie Wein und Bier geht es neben dem Geschmack darum, einen bestimmten Ethanolgehalt der Getränke zu erzielen.

Auch bei der Herstellung von Backwaren spielt natürlich der Geschmack eine Rolle. Außerdem nutzt man aus, dass beim Gärprozess Kohlenstoffdioxid entsteht. Dadurch „geht der Teig", er nimmt an Volumen zu und die Backware wird lockerer.

Hefepilze sind für den Menschen nicht nur bei biotechnologischen Verfahren von Bedeutung. Ihr Eiweißgehalt ist hoch und beträgt bis zu 50 Prozent. Deshalb dienen sie in der Tierproduktion auch als Futtermittel.

Nicht zuletzt sind Hefen natürliche Bewohner der Mund- und Darmschleimhaut des Menschen, normalerweise ohne dass sie dort Schaden anrichten. Ist das Immunsystem jedoch geschwächt, können sich die Hefen ungehindert vermehren und Erkrankungen auslösen.

2 ꤳ Erläutere drei Bedeutungen der Hefen für den Menschen!

3 ꤳ Die höchste Konzentration von Alkohol im Wein beträgt ungefähr 14 Prozent. Begründe, warum keine höheren Alkoholwerte erreicht werden!

Material A ► Pilze in der Natur

Birkenpilz

Hallimasch

Zunderschwamm

Pilze müssen wie Tiere organische Substanz aufnehmen, da sie nicht in der Lage sind, aus anorganischen Stoffen organische Stoffe zu bilden. Man unterscheidet drei Typen des Nahrungserwerbs: Pilze, die sich von abgestorbenen Substanzen ernähren, solche, die parasitisch sind, und Pilze, die in Symbiose mit anderen Organismen zusammenleben.

Alle drei Ernährungsformen lassen sich bei Waldpilzen finden.

Entsprechend unterschiedlich ist ihre Bedeutung für das Zusammenleben im Lebensraum.

A1 Definiere die Begriffe Symbiose und Parasitismus! Nutze dazu Fachbücher beziehungsweise das Internet!

A2 Recherchiere die Lebensweise von Birkenpilz, Hallimasch und Zunderschwamm und ordne die genannten Ernährungsweisen zu!

A3 Informiere dich in Fachbüchern oder im Internet über die Symbioseform Mykorrhiza und erläutere die Wechselwirkungen zwischen dem Pilz und dem pflanzlichen Partner!

A4 Beschreibe die Bedeutung der Pilze in ihrem Lebensraum! Gehe dabei auf die drei unterschiedlichen Formen der Ernährung ein!

VERSUCH B ► Backhefe

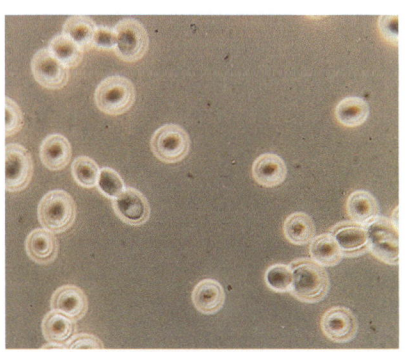

Die Backhefe ist ein einzelliger Pilz, der zur Herstellung verschiedener Lebensmittel genutzt wird.

Material:
Hefe, Zucker, Spatel, Becherglas (50 ml), Mikroskop, Objektträger, Deckgläschen, Pipette

Durchführung:
Gib zwei Spatelspitzen Backhefe sowie zwei Spatelspitzen Zucker in das Becherglas und gieße anschließend zehn Milliliter Wasser hinzu. Verrühre den Ansatz mit dem Spatel und pipettiere einen Tropfen auf einen Objektträger. Lege ein Deckgläschen vorsichtig auf den Tropfen und mikroskopiere das Präparat.

B1 Beschreibe deine Beobachtung!

B2 Stelle eine Vermutung darüber an, warum dem Ansatz Zucker zugesetzt wurde!

B3 Informiere dich im Internet, wie Hefe industriell genutzt wird! Ergänze dabei folgende Tabelle! Erstelle anschließend ein Poster zur industriellen Nutzung von Hefe!

Herstellung von ...	Jährlicher Verbrauch in Deutschland an Hefe in 1000 t
...	...

Praktikum A ▸ Milchsäurebakterien

Versuch 1 – Milchsäurebakterien unter dem Mikroskop

Material:
Naturjoghurt, Pipette, Mikroskop, Objektträger, Deckglas

Durchführung:
Entnimm mit einer Pipette eine Probe aus dem wässrigen Überstand, der sich auf dem Joghurt befindet. Tropfe ihn auf den Objektträger. Decke die Flüssigkeit mit einem Deckglas ab.

A1 Mikroskopiere das Präparat! Erstelle von den Milchsäurebakterien eine mikroskopische Zeichnung!

A2 Recherchiere, durch welche Prozesse Milchsäurebakterien ihre lebensnotwendige Energie gewinnen!

A3 Gib Prozesse an, bei denen die Lebensweise der Bakterien zur Konservierung von Lebensmitteln ausgenutzt wird!

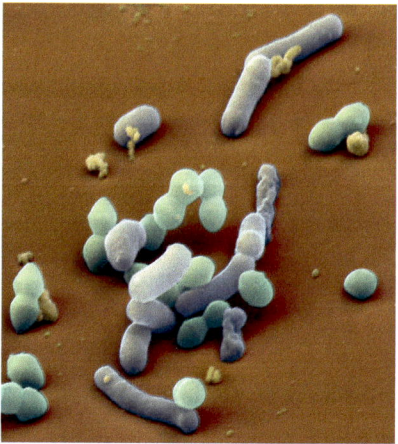

01 Milchsäurebakterien

Versuch 2 – Von der Milch zum Quark

Material:
Frischmilch, Becherglas (200 ml)

Durchführung:
Fülle das Becherglas mit Frischmilch und lass es für vier bis fünf Tage bei Zimmertemperatur stehen.

A4 Beobachte und notiere die Veränderungen täglich!

A5 Übernimm die nebenstehende Skizze in dein Protokoll! Erläutere anhand dieser Skizze die Begriffe Kasein und Molke!

A6 Recherchiere, wie Quark hergestellt wird!

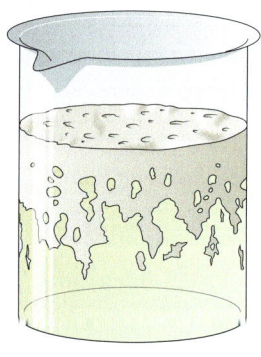

Versuch 3 – Sauerkraut selbst gemacht

Material:
Tontopf, Weißkohl, Kümmel, Salzwasser, Speisesalz, Reibe, Stampfer, Teller, Tuch, Stein zum Beschweren, Indikatorpapier

Durchführung:
Reibe den Kohl zu kleinen Stücken und fülle ihn schichtenweise mit etwas Kümmel in den Tontopf.
Gib auf jede Schicht Kochsalz und drücke das Kraut mit einem Stampfer fest zusammen, sodass Flüssigkeit aus dem Kraut herausgepresst wird und es überdeckt. Gib gegebenenfalls etwas Salzwasser hinzu.
Wenn das Gefäß gefüllt ist, lege einen Teller auf das Kraut, sodass es luftdicht durch die Flüssigkeit abgeschlossen wird. Beschwere dazu den Teller mit dem Stein. Decke das Gefäß mit einem Tuch ab und stelle es bei Zimmertemperatur auf.

A7 Erkläre, warum das Kraut luftdicht abgeschlossen werden muss!

A8 Ermittle die Veränderung des pH-Wertes! Entnimm eine Flüssigkeitsprobe sofort nach Fertigstellung des Ansatzes und bestimme den pH-Wert! Ermittle den Wert dann sechs Wochen lang alle drei Tage! Notiere die Ergebnisse!

A9 Stelle deine Ergebnisse in einem Diagramm dar und werte es aus!

A10 Erkläre die Veränderung des pH-Wertes im Versuchszeitraum!

A11 Begründe, warum Sauerkraut zu einer gesunden Ernährung beitragen kann!

Praktikum B ▸ Bodenbakterien

Versuch 1 – Humusbildung

Material:

drei Bechergläser (1000 ml), Laub, Gartenabfälle, geschredderte Zweige oder Holzreste, zerkleinerter Plastikabfall, Gartenerde, Spatel oder Löffel, Wasser

Durchführung:

Gib in das erste Becherglas Laub und frische Gartenabfälle. Achte darauf, dass die Gartenabfälle keine verholzten Teile enthalten.

Befülle das zweite Becherglas mit Laub und Holzresten.

Mische im dritten Becherglas Laub mit Holzresten und Plastikabfall.

Gib in jedes Becherglas eine Handvoll Gartenerde hinzu und stelle die Gläser an einem geschützten Ort im Freien auf. Befeuchte die Ansätze bei starker Trockenheit regelmäßig.

B1 Beobachte die Veränderungen in den Gläsern ein halbes Jahr lang! Kontrolliere regelmäßig einmal die Woche und notiere deine Ergebnisse!

B2 Erkläre, warum die Gartenerde zu den Ansätzen gegeben wird!

B3 Für die Humusbildung in einem Gartenkomposter wird empfohlen, Laub und Holzabfälle vor dem Befüllen zu trennen. Bewerte diese Empfehlung unter Nutzung deiner Versuchsergebnisse!

02 Humusbildung in der Natur

B4 In einigen Städten gibt es neben der Hausmülltonne auch Biotonnen. Nimm dazu Stellung!

B5 Erläutere die Bedeutung der Bodenbakterien in der Natur!

Praktikum C ▸ Wachstum und Vermehrung bei Hefen

Versuch 1 – Gasentwicklung bei der alkoholischen Gärung

Material:

zwei Erlenmeyerkolben (100 ml), Backhefe, Zucker, lauwarmes Wasser, Teelöffel, Spatel, ein Luftballon

Durchführung:

Gib in beide Erlenmeyerkolben 50 Milliliter lauwarmes Wasser, einen Teelöffel Zucker sowie eine Spatelspitze Backhefe und vermische alles leicht. Setze auf einen Erlenmeyerkolben einen Luftballon.

C1 Stelle eine begründete Vermutung auf, was mit dem Luftballon passieren wird!

C2 Stelle die Versuchsansätze bei Zimmertemperatur auf! Beobachte eine Stunde lang! Beschreibe die Veränderungen und überprüfe deine Vermutung!

C3 Erläutere die Bedeutung der alkoholischen Gärung für die Hefen!

C4 Zur Herstellung von Wein wird Traubensaft unter Nutzung von Hefen vergoren! Erkläre, warum die Gefäße bei der Weinherstellung nicht mit einem Stopfen, sondern mit einem Gärröhrchen verschlossen werden!

C5 Begründe, warum das Gärröhrchen mit Wasser befüllt wird!

03 Gäransatz bei der Weinherstellung

Versuch 2 – Bei welcher Temperatur vermehren sich Hefen am schnellsten?

Material:
vier Erlenmeyerkolben, vier Stopfen mit Gärröhrchen, Becherglas (1000 ml), Wasser, Glukoselösung (800 ml), Backhefe, Kalkwasser, Bunsenbrenner, Dreifuß mit Drahtnetz

Durchführung:

a Gib ein halbes Päckchen Backhefe zur Zuckerlösung hinzu und verteile die Lösung auf die vier Erlenmeyerkolben. Erhitze einen Versuchsansatz kurzzeitig auf 100 Grad Celsius und lass ihn abkühlen.
Verschließe alle vier Erlenmeyerkolben und befülle die Gärröhrchen mit Kalkwasser.

Hinweis: Achtung! Kalkwasser ist ätzend!

b Setze drei der vier Versuchsansätze unterschiedlichen Temperaturen aus.
– Gefäß 1: ungefähr 7 Grad Celsius im Kühlschrank
– Gefäß 2: 12 bis 15 Grad Celsius in einer kühlen Umgebung
– Gefäß 3: 20 bis 24 Grad Celsius direkt neben der Heizung

c Den Versuchsansatz mit der abgekochten Hefelösung stellst du bei Raumtemperatur auf.

C6 Kontrolliere die Versuchsansätze fünf Tage lang jeweils zur gleichen Zeit! Achte besonders auf die Bläschenbildung sowie die Verfärbung der Flüssigkeit im Gärröhrchen! Notiere deine Ergebnisse in einer Tabelle!

C7 Werte deine Ergebnisse unter der Fragestellung zum Versuch aus!

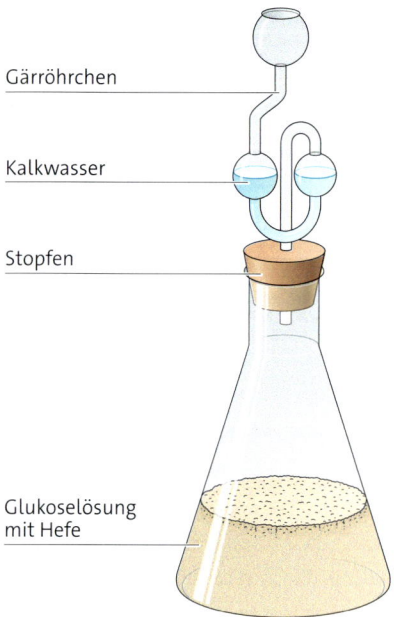

Gärröhrchen

Kalkwasser

Stopfen

Glukoselösung mit Hefe

C8 Der Versuchsansatz vier dient als Vergleichslösung. Stelle eine begründete Vermutung auf, warum bei diesem Versuchsansatz keine Bläschenbildung stattfindet!

Versuch 3 – Wirkung von Hefen bei der Herstellung von Hefeteig

Material:
vier Bechergläser (200 ml), zwei Esslöffel, zwei Teelöffel, lauwarmes Wasser, Backhefe, Zucker

Durchführung:
Stelle vier Versuchsansätze her. Gib dazu in alle Bechergläser je einen Esslöffel lauwarmes Wasser und zwei Esslöffel Mehl. Ergänze dann die Ansätze entsprechend der Abbildung. Stelle sie an einen warmen Ort.

C9 Lies etwa eine Stunde lang alle zehn Minuten die Teighöhen ab. Erstelle aus den Werten ein Liniendiagramm!

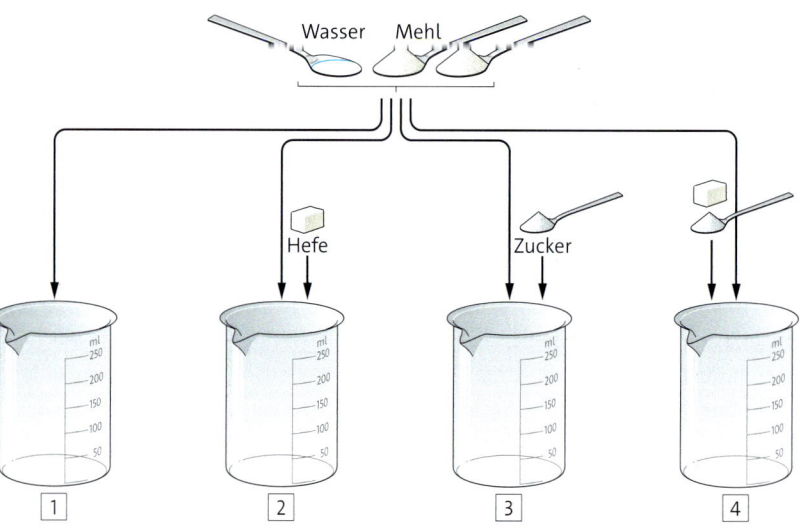

Wasser Mehl

Hefe Zucker

1 2 3 4

C10 Vergleiche die vier Versuchsansätze und begründe die unterschiedlichen Ergebnisse!

C11 Erkläre die Volumenzunahme des rohen Hefeteigs!

A ► Bakterien

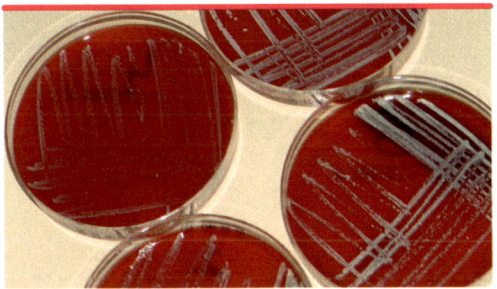

Kann ich …

1. unterschiedliche Gruppen von Bakterien und ihr Vorkommen nennen? *(Seite 42 und 43)*

2. unterschiedliche Ernährungsweisen von Bakterien beschreiben? *(Seite 42 und 43)*

3. die Bedeutung der Bakterien in der Natur bei der Zersetzung abgestorbener Organismen erläutern? *(Seite 44)*

4. die Bedeutung der Bakterien zur biotechnologischen Herstellung von Nahrungsmitteln erläutern? *(Seite 44)*

5. Verfahren zur Konservierung von Lebensmitteln nennen und begründen? *(Seite 44)*

6. Strukturen im Zahnbelag mikroskopieren? *(Seite 45)*

7. den biologischen Abbau unterschiedlicher Stoffe planen, durchführen und protokollieren sowie Maßnahmen zur Abfallbeseitigung ableiten? *(Seite 55)*

8. den Aufbau und die Vermehrung von Bakterienzellen darstellen? *(Seite 46 und 47)*

9. Bedeutung der Bakterien als Erreger von Infektionskrankheiten erläutern? *(Seite 46 bis 48)*

10. Maßnahmen zur Bekämpfung von Bakterien aus ihrer Vermehrung und Übertragung ableiten? *(Seite 48)*

11. Nutzen und Risiken beim Einsatz von Antibiotika begründen? *(Seite 48)*

12. das Wachstum von Bakterienkulturen anhand von Materialien grafisch darstellen und auswerten? *(Seite 49)*

B ► Hefen – eine Gruppe der Pilze

Kann ich …

1. die Gruppe der Pilze als vielgestaltige Gruppe kennzeichnen und verschiedene Lebensweisen erläutern? *(Seite 50 und 51)*

2. die Bedeutung der Pilze in der Natur ableiten? *(Seite 50 und 51 sowie Seite 53)*

3. Aufbau und Vermehrung von Hefezellen beschreiben? *(Seite 51)*

4. die alkoholische Gärung als Stoffwechselprozess der Hefen zur Energiefreisetzung beschreiben? *(Seite 51)*

5. die Bedingungen nennen, unter denen die alkoholische Gärung abläuft? *(Seite 51)*

6. die Bedeutung der Hefepilze für den Menschen sowie zur biotechnologischen Herstellung von Nahrungsmitteln erläutern? *(Seite 52)*

7. ein Frischpräparat mit Hefepilzen anfertigen, anfärben und mikroskopieren? *(Seite 53)*

8. Experimente zur alkoholischen Gärung unter Berücksichtigung unterschiedlicher Bedingungen planen, durchführen und protokollieren? *(Seite 55 und 56)*

Wirbellose Tiere in ihren Lebensräumen

In diesem Kapitel beschäftigst du dich mit

► der Vielfalt der Wirbellosen. Du lernst unterschiedliche Gruppen und einige Vertreter kennen.

▶ den Kennzeichen von Insekten und anderen wirbellosen Tieren. Du lernst, wie Insekten aufgebaut sind, wie sie sich ernähren, wie sie sich fortpflanzen und entwickeln.

▶ Insekten, die große Staaten bilden. Du lernst, wie diese Insekten sich verständigen und wie sie an ihre Lebensweise und ihren Lebensraum angepasst sind. Dabei erfährst du auch etwas über die nützliche Honigbiene.

▶ wirbellosen Tieren, die nicht zu den Insekten gehören. Du lernst, wie einige wichtige Vertreter dieser wirbellosen Tiere aufgebaut und wie sie an ihre Lebensweise und ihren Lebensraum angepasst sind.

01 Korallenriff

Vielfalt der wirbellosen Tiere

Korallenriffe sind artenreiche Ökosysteme. Neben Fischen, Schildkröten und Seeschlangen finden wir auch einfach gebaute Tiere. Welche Tiere sind das?

WIRBELLOSE · Die Vielfalt der Wirbellosen ist unvorstellbar groß. Man kann sie in allen **Lebensräumen** finden. Heute sind über 1,3 Millionen Arten von Wirbellosen bekannt. Sie machen rund 95 Prozent aller lebenden Tiere aus. Wie ihr Name sagt, haben diese Tiere keine Wirbelsäule. Die Wirbellosen werden in sogenannte **Stämme** eingeteilt. So kann man ihre Vielfalt besser ordnen.

SCHWÄMME · Zum Stamm der Schwämme gehört zum Beispiel der Badeschwamm. Diese Tiere sind sehr einfach aufgebaut. Sie haben spezielle Strukturen aus *Kalk* und *Kieselsäure*, die ihnen ihre Festigkeit verleihen. Sie filtern feste Nahrungsteilchen aus dem Wasser. Daher nennt man sie auch *Filtrierer*.

NESSELTIERE · *Quallen* sind bekannte Vertreter der Nesseltiere. Sie kommen in allen Weltmeeren vor. Ihr Körper besteht aus einer Mundöffnung, einer Magenhöhle und Fangarmen. Außerdem besitzen sie spezielle *Nesselzellen*, die der Verteidigung und dem Beutefang dienen. Sie haben schon ein einfach gebautes *netzförmiges Nervensystem*. Wenn man Hohltiere berührt, kann man beobachten, dass sie sich zusammenziehen. Quallen bestehen zu 98 Prozent aus Wasser. Bekannte Vertreter sind

02 Badeschwamm

zum Beispiel die Feuerqualle, Würfelqualle und die heimische Ohrenqualle. Auch die *Süßwasserpolypen* gehören zu den Nesseltieren. Im Innern der Tiere kann man einen Hohlraum entdecken. Dieser dient zur Verdauung ihrer Nahrung.

Die *Korallen* leben ausschließlich im Meer und sind meist am Meeresboden festgewachsen. Sie bilden die Korallenriffe.

03 Ohrenqualle

FADENWÜRMER · Die Körperoberfläche der Fadenwürmer ist glatt und besteht aus einem durchgehenden Muskelschlauch. Zu den Fadenwürmern gehören zum Beispiel die *Spulwürmer* und *Trichinen*. Sie leben als Parasiten in Menschen und Tieren.

RINGELWÜRMER · Der Regenwurm ist der bekannteste Vertreter der Ringelwürmer. Sein Körper ist in gleichmäßige Körperringe gegliedert. Auch der *Wattwurm* und der *Blutegel* gehören zu den Ringelwürmern.

04 Steinkoralle

WEICHTIERE · *Schnecken* gehören zum Stamm der Weichtiere. Sie sind aus Kopf, Fuß und Eingeweidesack aufgebaut. Viele Schnecken haben ein Gehäuse, das aus Kalk besteht. Dieses dient zum Schutz vor Fressfeinden und Verdunstung. Auch *Muscheln* und *Kopffüßer* wie *Tintenfische* gehören zu den Weichtieren. Die Weichtiere kommen in allen Gewässern vor. Schnecken können aber auch die Landoberfläche besiedeln.

05 Schlammschnecke

GLIEDERFÜSSER · Mit über einer Million Arten sind die Gliederfüßer die Tiergruppe mit der größten Artenvielfalt auf der Erde. Zu ihnen zählt man neben den *Insekten* auch die *Krebstiere* und *Spinnentiere*. Diese bilden jeweils eigene Klassen innerhalb der Gliederfüßer. Sie können oft sehr farbenfroh und von außergewöhnlicher Form sein. Der Körper der Gliederfüßer ist in Abschnitte unterteilt und gegliedert. Er besteht aus einem starren Außenskelett aus Chitin.

06 Wattwurm

Zebraspinne
Stamm: *Gliederfüßer*
Klasse: *Spinnentiere*
Lebensraum: *sonnige Standorte mit Sträuchern,*
auf Trockenrasen und Wiesen, ganz Europa
Merkmale: *Weibchen gelb-weiß gestreift mit schwarzen*
Bändern und bis 25 zu Millimeter groß, Männchen nur
6 Millimeter groß und hellbraun

Strandkrabbe
Stamm: *Gliederfüßer*
Klasse: *Krebstiere*
Lebensraum: *ursprünglich Atlantikküste von Europa*
und Nordafrika, heute weltweit verbreitet, sandige
und felsige Strände
Merkmale: *Körperoberseite dunkelgrün, hellgelbe*
Unterseite, starker Rückenpanzer, seitlich laufend

Taubenschwänzchen
Stamm: *Gliederfüßer*
Klasse: *Insekten*
Lebensraum: *fast ganz Europa, Trockenrasen, Wiesen,*
Parks und Gärten
Merkmale: *Flügelspannweite 35 bis 50 Millimeter,*
schwarz-weiß gestreifter Hinterleib, Vorderseite der
Vorderflügel braunorange, langer Saugrüssel

Gemeine Florfliege
Stamm: *Gliederfüßer*
Klasse: *Insekten*
Lebensraum: *weltweit außer Australien,*
in Wäldern, Gärten und Parkanlagen
Merkmale: *lang gestreckter grüner Hinterleib,*
wird nur zwei Monate alt, große Facettenaugen,
10 bis 15 Millimeter groß, grüne Flügeladerung

Material A ▸ Wirbellose ordnen

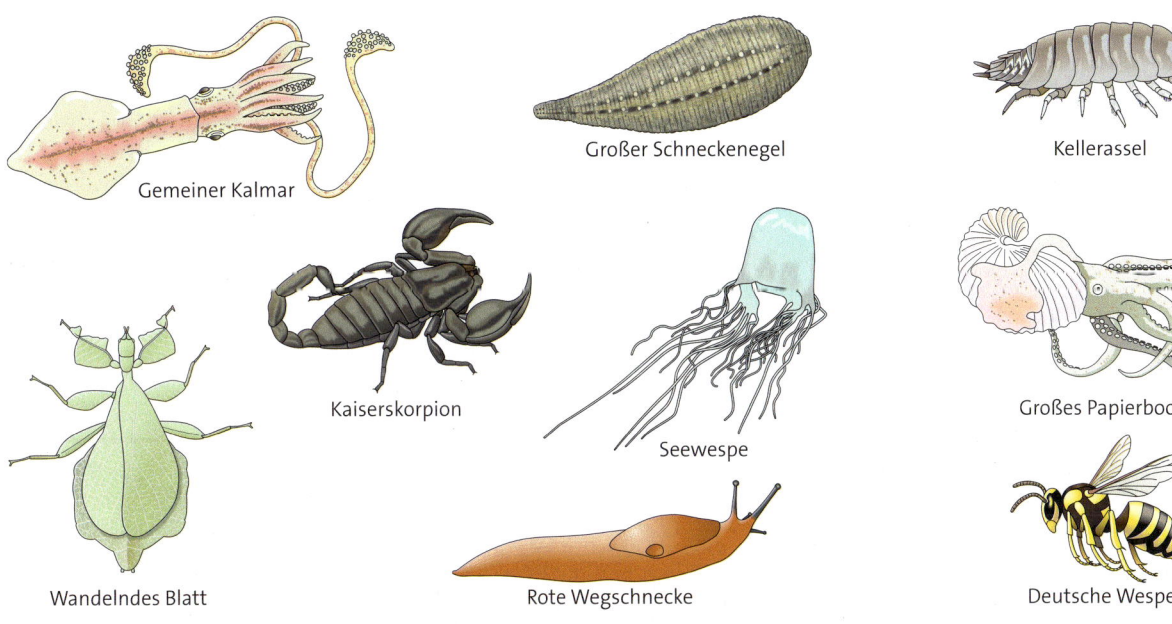

Gemeiner Kalmar

Großer Schneckenegel

Kellerassel

Kaiserskorpion

Seewespe

Großes Papierboot

Wandelndes Blatt

Rote Wegschnecke

Deutsche Wespe

A1 Ordne die abgebildeten wirbellosen Tiere ihren Stämmen zu! Begründe deine Auswahl!

A2 Ordne die Tiere nach zwei weiteren unterschiedlichen Kriterien!

A3 Erstelle für zwei der abgebildeten Tiere jeweils einen Steckbrief!

Material B ▸ Beutefang beim Süßwasserpolyp

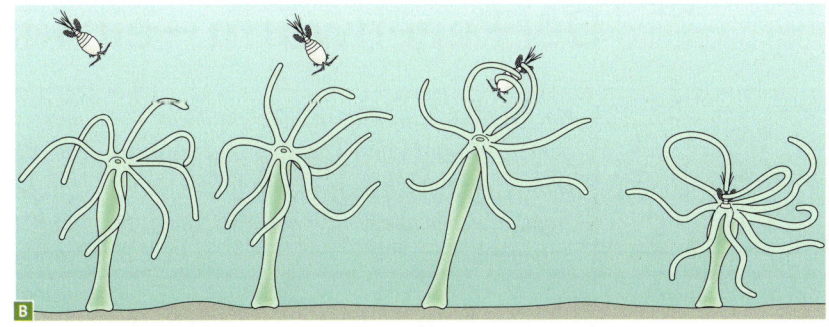

Ein Süßwasserpolyp ernährt sich von Kleinstlebewesen im Wasser, beispielsweise von kleinen Krebstieren.
An seinen Fangarmen befinden sich Tausende von kleinen Nesselzellen. Diese enthalten ein Gift. Berührt ein Beutetier die Fangarme, entladen sich die Nesselzellen. Damit kann der Süßwasserpolyp seine Beute lähmen.

B1 Beschreibe mithilfe der Abbildung B, wie sich der Süßwasserpolyp ernährt!

B2 Begründe den Zusammenhang zwischen Struktur und Funktion am Beispiel der Fangarme des Süßwasserpolypen!

B3 Der Süßwasserpolyp gehört zu den Nesseltieren. Begründe diese Zuordnung!

B4 Recherchiere, wie sich der Süßwasserpolyp fortpflanzt!

B5 Stelle eine Vermutung an, warum der Süßwasserpolyp auch als Hohltier bezeichnet wird!

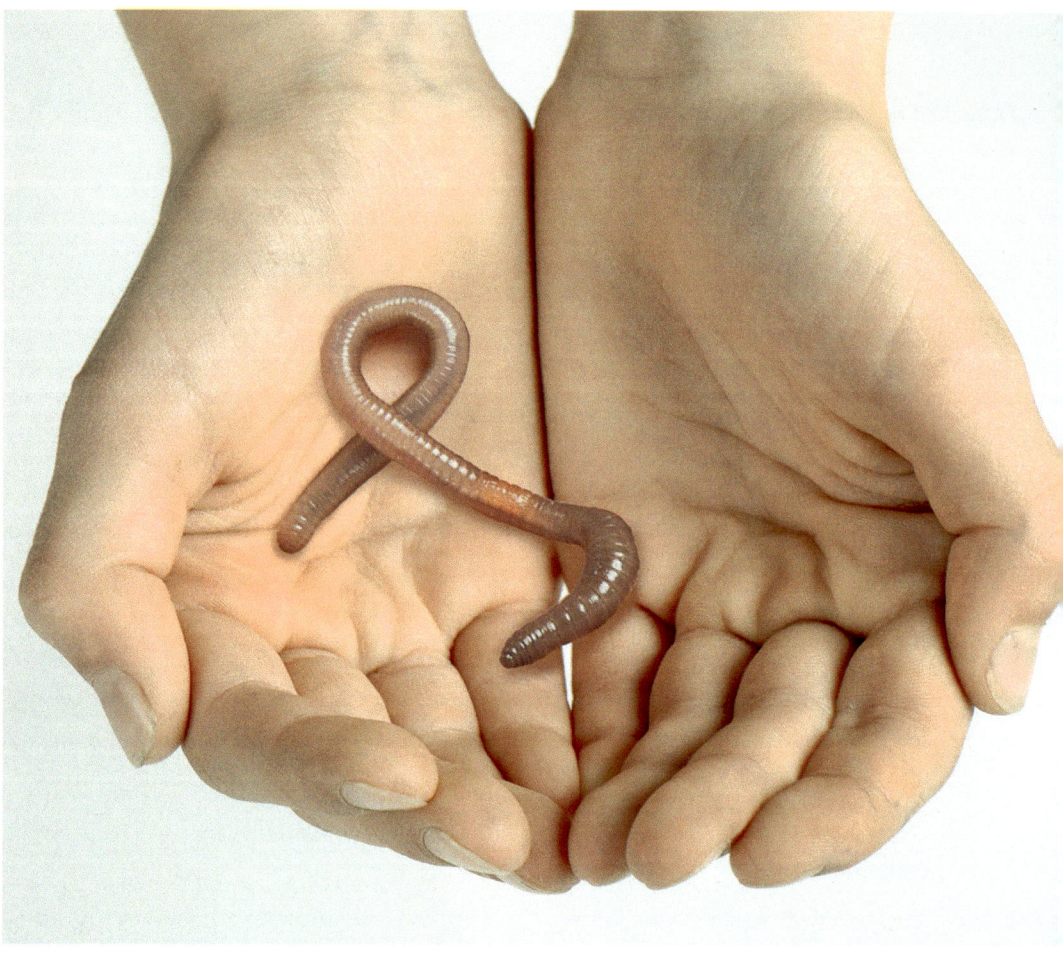

01 Regenwurm

Der Regenwurm – ein Ringelwurm

Nach starken Regengüssen findet man viele Regenwürmer auf Wiesen, Wegen und Straßen. Nimmt man einen Regenwurm in die Hand, „regt" er sich in alle Richtungen. Weshalb ist er so beweglich?

ÄUSSERER KÖRPERBAU · Betrachtet man den Regenwurm genauer, fallen einige Besonderheiten auf. Die Enden des lang gestreckten Körpers sehen unterschiedlich aus. Das runde Vorderende trägt den Mund, am etwas abgeflachten Hinterende liegt der After. Der Körper ist in bis zu 180 etwa gleichförmige Körperringe, die *Segmente,* gegliedert. Deswegen zählt der Regenwurm zu den **Ringelwürmern.** Jedes Segment besitzt bauchseits und seitlich zwei bewegliche *Borstenpaare.* Im vorderen Drittel des Wurms befindet sich eine helle Verdickung, der *Gürtel,* der für die Fortpflanzung wichtig ist. Über die gesamte Körperoberfläche sind *Sinneszellen* verteilt, mit denen der Regenwurm verschiedene Reize aufnimmt.

INNERER KÖRPERBAU · Unter der Haut des Regenwurms befinden sich zwei Muskelschichten. Die äußere Muskelschicht besteht aus ringförmigen Muskeln, die *Ringmuskulatur.* Darunter liegt eine dickere Schicht aus Muskeln, die im Wurmkörper vom Vorder- bis zum Hinterende verlaufen, die *Längsmuskelschicht.* Die Haut und Muskelschichten zusammen bilden den **Hautmuskelschlauch.** Die

Kammern im Körper des Wurms sind mit Flüssigkeit gefüllt. Zusammen mit dem Hautmuskelschlauch bildet diese Flüssigkeit das *Hydroskelett*. Es gibt dem Wurm seine Form und Beweglichkeit.

Die äußerlich gleichförmigen Segmente werden durch dünne Querwände voneinander getrennt und sind auch im Inneren ähnlich aufgebaut. Die Querwände werden vom Darm, der vom Mund bis zum After verläuft, durchzogen. Oberhalb des Darms verläuft das *Rückengefäß*, unterhalb das *Bauchgefäß*. Beide Blutgefäße sind vorn durch muskulöse *Seitenherzen*, weiter hinten durch *Seitengefäße* miteinander verbunden und bilden einen **geschlossenen Blutkreislauf.** Den Wurmkörper durchzieht ein Nervensystem. Der Hauptnervenstrang liegt unterhalb des Bauchgefäßes und wird deshalb als *Bauchmark* bezeichnet. Es ähnelt einer Strickleiter. Deshalb nennt man es **Strickleiternervensystem.**

Flüssige Stoffwechselendprodukte werden durch die segmental angeordneten **Ausscheidungsorgane** an die Umwelt abgegeben.

FORTBEWEGUNG · Bewegt sich der Regenwurm vorwärts, streckt sich zunächst die vordere Körperregion des Wurms lang und wird hierbei dünn. Dies geschieht durch das Zusammenziehen der Ringmuskulatur. Direkt danach erschlafft sie und die Längsmuskulatur des Wurms zieht sich von vorn nach hinten zusammen. Dadurch wird die vordere Region des Wurms wieder dick und der Rest des Wurmkörpers wird nach vorne gezogen. Nun erschlafft die Längsmuskulatur und die Ringmuskulatur kann sich wieder zusammenziehen. Dieses *Wechselspiel der Muskeln* setzt sich bei der Fortbewegung ständig weiter fort. Dadurch ist der Regenwurm zu unterschiedlichen Zeiten an unterschiedlichen Stellen dünn beziehungsweise dick. Beim Zusammenziehen der Längsmuskulatur werden die zahlreichen Borsten in der vorderen Region ausgestreckt und im Erdreich verankert. So bewegt sich der Wurm fort ohne zurückzurutschen.

griechisch hydro = Wasser

1 Nenne Merkmale des äußeren und inneren Körperbaus des Regenwurms!

02 Bau des Regenwurms

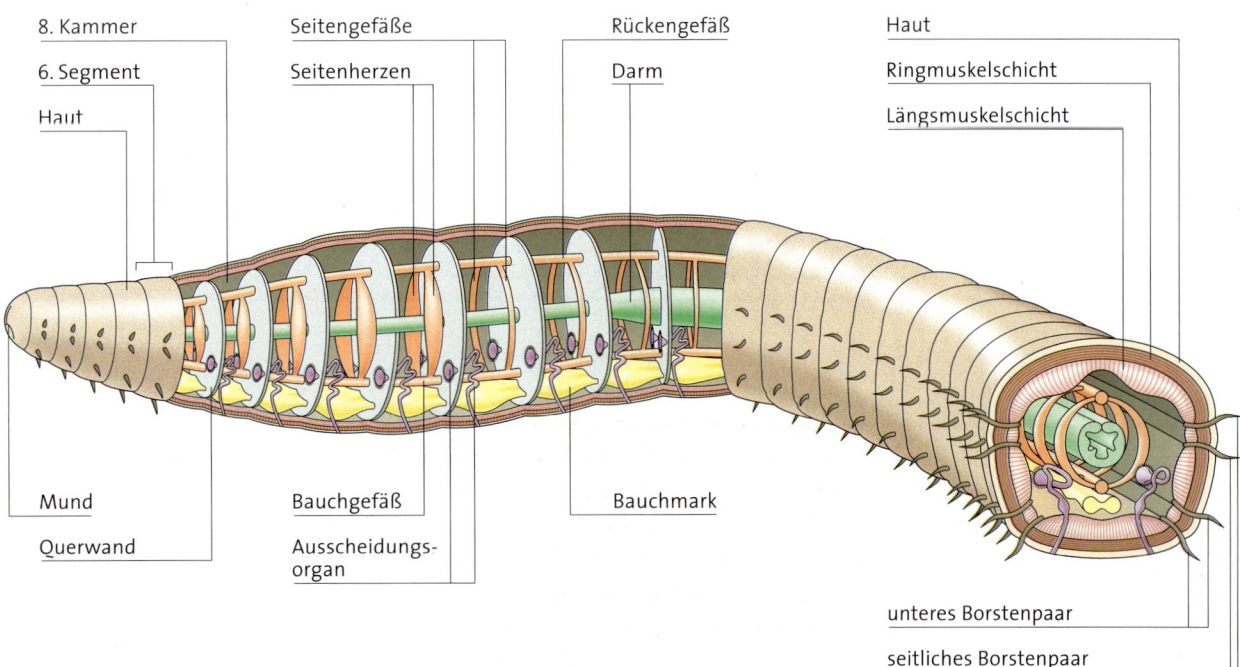

8. Kammer
6. Segment
Haut

Seitengefäße
Seitenherzen

Rückengefäß
Darm

Haut
Ringmuskelschicht
Längsmuskelschicht

Mund
Querwand

Bauchgefäß
Ausscheidungsorgan

Bauchmark

unteres Borstenpaar
seitliches Borstenpaar

PAARUNG UND FORTPFLANZUNG · Bei der Paarung liegen zwei Regenwürmer besonders im Bereich des Gürtels und in dem Bereich davor eng beieinander. In dieser Zeit bilden sie dort eine gemeinsame Schleimhülle, in die jedes der beiden Tiere *Spermienzellen* abgibt. Die Spermienzellen des Partners werden in Taschen gespeichert und dienen später der Befruchtung der eigenen *Eizellen*. Danach trennen sich die Regenwürmer wieder.

Vor der Eiablage werden die Eizellen von den Spermienzellen befruchtet. Die Eier werden in Schleimhüllen abgelegt, die an der Luft erhärten. Aus diesen *Kokons* schlüpfen nach wenigen Wochen junge Regenwürmer.

Jeder Regenwurm bildet sowohl Spermienzellen als auch Eizellen. Regenwürmer sind also **Zwitter.**

LEBENSWEISE · Regenwürmer leben in feuchter Erde. Hier legen sie Wohnröhren an, indem sie sich erst dünn und dann wieder dick machen und so Erdreich verdrängen. In ihren Wohnröhren bewegen sie sich mithilfe des Hydroskeletts und der Borstenpaare sehr geschickt. Durch ihr verformbares Hydroskelett können sie auch durch enge Bereiche ihrer Wohnröhren kriechen.

Regenwürmer atmen in ihrem feuchten Lebensraum über die gesamte Körperoberfläche. An das Tageslicht kommen sie nur selten, denn Sonnenlicht, Wärme und Trockenheit können ihre empfindliche Haut schädigen. Die Haut muss immer feucht sein, damit der Wurm über sie Sauerstoff aufnehmen kann. Regenwürmer sind **Feuchtlufttiere.**

In der Nacht zieht der Regenwurm Blätter in seine Wohnröhre. Er frisst diese Blätter zusammen mit Erde und scheidet Unverdauliches durch den After aus. Die Kothäufchen werden häufig an der Erdoberfläche abgesetzt. Aus ihnen entsteht sehr fruchtbare Erde. Die große Bedeutung der Regenwürmer für die Bodenqualität ergibt sich jedoch nicht nur aus ihrem Beitrag zur Humusbildung, sondern auch durch die Belüftung und Durchmischung der Erde, denn sie bauen ihre Wohnröhren bis zu zwei Meter tief. Unter einem Quadratmeter Boden können bis zu 400 Regenwürmer leben.

03 Regenwürmer im Lebensraum: **A** Wohnröhre, **B** Kothäufchen, **C** Eikokon, **D** Paarung, **E** aus dem Kokon schlüpfender Regenwurm

2 Erläutere am Beispiel der Fortbewegung des Regenwurms den Zusammenhang von Struktur und Funktion!

3 Beschreibe Angepasstheiten des Regenwurms an seinen Lebensraum!

4 Erläutere am Beispiel des Regenwurms den Begriff Zwitter!

5 Erkläre, warum sich Regenwürmer im Winter tief in den Boden zurückziehen!

VERSUCH A ▸ Regenwürmer im Boden

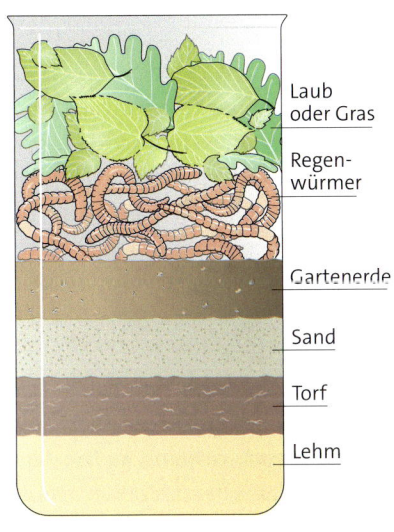

Laub oder Gras
Regenwürmer
Gartenerde
Sand
Torf
Lehm

Material:

15 Regenwürmer, großes Becherglas, schwarzes Papier, Gras oder Laub, verschiedene Bodenarten (Sand, Lehm, Gartenerde)
Beachte: Regenwürmer sind Lebewesen. Behandle sie vorsichtig!

Durchführung:

Schichte die verschiedenen feuchten Bodenarten locker in das Becherglas. Setze dann die Regenwürmer auf die oberste Bodenschicht.

Decke die Regenwürmer mit Laub oder Gras ab. Mit dem schwarzen Papier wird das Glas umwickelt und an einem ruhigen, nicht zu warmen Platz abgestellt.

A1 Betrachte das Glas eine Woche lang jeden Tag! Protokoliere die Unterschiede!

A2 Leite aus deinen Ergebnissen die Bedeutung der Regenwürmer für den Boden ab!

A3 Begründe, warum im Sandboden weniger Regenwürmer leben als in Gartenerde!

Material B ▸ Bedeutung des Regenwurms

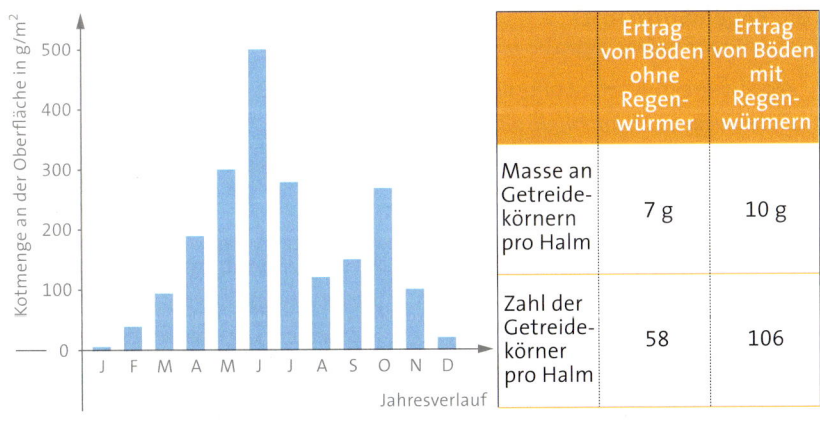

	Ertrag von Böden ohne Regenwürmer	Ertrag von Böden mit Regenwürmern
Masse an Getreidekörnern pro Halm	7 g	10 g
Zahl der Getreidekörner pro Halm	58	106

B1 Beschreibe das Säulendiagramm!

B2 Stelle Vermutungen an, weshalb die von Regenwürmern produzierte Kotmenge im Jahresverlauf unterschiedlich groß ist!

B3 Erkläre die in der Tabelle angegebenen Ernteerträge mithilfe der Lebensweise der Regenwürmer!

B4 Erläutere die Bedeutung des Regenwurmkots für die Fruchtbarkeit des Bodens!

Material C ▸ Ringelwürmer

Blutegel

Wattwurm

C1 Informiere dich in Lexika, Tierbüchern oder Internet über Aussehen, Lebensraum und Nahrung der abgebildeten Ringelwürmer! Erstelle jeweils einen Steckbrief zum Vergleich der beiden Ringelwürmer!

C2 Recherchiere Nutzungsmöglichkeiten des Medizinischen Blutegels!

Versuche planen, durchführen und auswerten

Regenwürmer haben keine Beine und keine erkennbaren Sinnesorgane. Wie schaffen sie es, sich auch ohne Beine fortzubewegen und ihre Umwelt wahrzunehmen? Antworten auf diese Fragen erhält man durch Beobachtungen, Untersuchungen und Versuche. Bei der Arbeit mit Tieren muss man unbedingt darauf achten, ihnen auf keinen Fall Schäden oder Schmerzen zuzufügen.

01 Regenwurm

Fangen von Regenwürmern
Zeit: im Frühling und Sommer, bei Dunkelheit und feuchtem Wetter
Ort: Rasen oder Wiese mit kurzem Bewuchs
Material: Stirnlampe oder Taschenlampe (am besten mit Rotlicht, rotem Filter oder rotem Tuch), Sammelgefäß für die Würmer

Durchführung:
- *Leuchte den Regenwurm nicht direkt mit weißem Licht an und tritt sehr vorsichtig auf.*
- *Ziehe den Regenwurm nicht mit Gewalt aus seiner Röhre, sondern halte ihn nur mit leichtem Zug fest. Nach kurzer Zeit lässt er los, sodass man ihn ganz aus dem Boden ziehen kann.*

Versuch zur Frage: Wie bewegt sich ein Regenwurm fort?

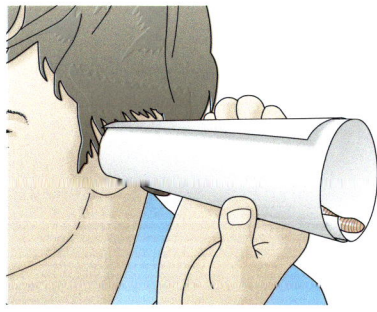

02 Regenwurm in einer Papierröhre

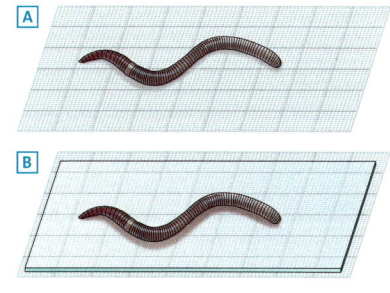

03 Regenwurm auf rauer (**A**) und glatter (**B**) Unterlage

Regenwürmer legen Wohnröhren an und bewegen sich innerhalb dieser Röhren kriechend fort. Dabei können sie auch von unten nach oben kriechen. Durch genaue Beobachtung kannst du herausfinden, wodurch diese Fortbewegung ermöglicht wird.

Beobachtung
Das gerade vorgestreckte Vorderende rutscht kaum zurück, wenn der Regenwurm den Rest des Körpers nachzieht.

Untersuchung
- *Lass den Wurm durch eine Röhre aus Pergamentpapier kriechen. Halte dabei eine Öffnung der Röhre an dein Ohr. Du wirst kratzende Geräusche hören.*
- *Lege den Regenwurm in eine Glasschale und betrachte ihn unter dem Binokular. Du wirst sehen, dass der Regenwurm mit Borsten besetzt ist.*

Aus diesen Untersuchungen ergibt sich eine Frage, die man durch einen Versuch klären kann.

Versuch
Frage: Welche Aufgabe erfüllen die Borsten?
Vermutung: Die Borsten verhindern, dass der Wurm zurückrutscht, wenn er bei der Fortbewegung einen Körperabschnitt nachzieht.
Material: Glasplatte, Millimeterpapier, Uhr mit Sekundenanzeige
Durchführung:
- *Lass den Wurm auf Millimeterpapier (raue Unterlage) kriechen.*
- *Miss drei Minuten lang den Weg, den das Hinterende des Wurms in einer Minute zurücklegt.*
- *Führe den gleichen Versuch auf einer Glasplatte (glatte Unterlage) durch, unter der Millimeterpapier liegt.*

Dokumentation:

- Notiere die Versuchsergebnisse im Versuchsprotokoll in Form einer Tabelle.

Auswertung:

Überprüfe die Vermutung. Wenn das Versuchsergebnis der Vermutung widerspricht, dann ist die Vermutung falsch.

Fehlersuche:

Überlege, ob ein Fehler im Versuch das Ergebnis verfälscht haben könnte. Der Regenwurm könnte zum Beispiel krank oder müde gewesen sein.

Eventuell muss man den Versuch mehrfach mit anderen Regenwürmern wiederholen.

	pro Minute zurückgelegter Weg (in Millimetern)	
	raue Unterlage (Papier)	glatte Unterlage (Glasplatte)
1. Messung		
2. Messung		
3. Messung		

04 Versuchsprotokoll

Versuch zur Frage: Kann ein Regenwurm Licht wahrnehmen?

Beobachtung

Wenn man sich nachts mit der Taschenlampe einem Regenwurm nähert, zieht er sich zurück.

Aus dieser Beobachtung und der Handlungsanweisung, die Würmer beim Fangen nicht mit weißem Licht anzustrahlen, ergibt sich eine Frage, die man durch einen Versuch klären kann.

Frage:

Hat ein Regenwurm Augen, mit denen er Licht wahrnehmen kann?

Vermutung:

Der Regenwurm hat Augen, mit denen er Licht wahrnehmen kann.

Untersuchung

Lege den Regenwurm in eine Glasschale und betrachte ihn unter dem Binokular. Du wirst sehen, dass an keiner Stelle Augen zu erkennen sind. Daraus ergibt sich eine neue Frage: Kann ein Regenwurm auch ohne Augen Licht wahrnehmen?

Neue Vermutungen:

a) Er kann auch ohne Augen Licht wahrnehmen.

b) Er kann kein Licht wahrnehmen.

Versuch

Material:

Glasrohr (etwa eineinhalbmal so lang wie der Wurm), Röhre aus lichtundurchlässigem Papier, um das Glasrohr gewickelt, Lampe

Durchführung:

- Setze den Regenwurm in das abgedeckte Glasrohr.
- Richte die Lampe auf das Glasrohr aus.
- Schiebe die Papierröhre so weit zurück, dass das Vorderende des Wurms belichtet wird.
- Wiederhole den Versuch mit dem Hinterende des Regenwurms.

Kontrollversuch:

- Dunkle den Raum ab und schalte die Lampe aus.
- Schiebe dann die Papierröhre wie im vorherigen Versuch zurück.

Auswertung:

Prüfe, ob das Versuchsergebnis den Vermutungen widerspricht.

1) Prüfe in einem Versuch, ob ein Regenwurm riechen kann!

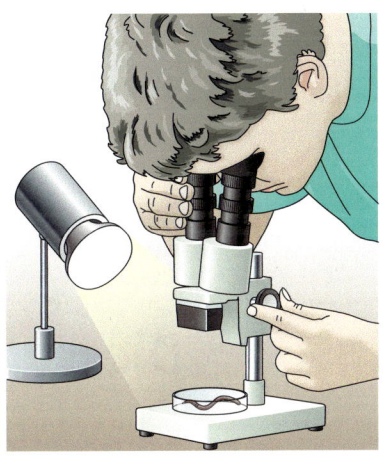

05 Untersuchung mit dem Binokular

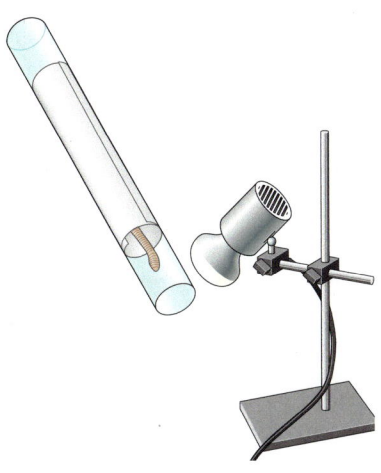

06 Regenwurm im Glasrohr

01 Honigbiene beim Sammelflug

Die Honigbiene – ein Insekt

Im Frühjahr, wenn die Pflanzen anfangen zu blühen, summt und brummt es in der Luft. Die Honigbienen sind unterwegs und besuchen viele Blüten. Danach kehren die Bienen in den Bienenstock eines Imkers zurück. Wie ist eine Honigbiene gebaut und wie lebt sie?

ÄUSSERER KÖRPERBAU DER HONIGBIENE · Der Körper der Honigbiene unterteilt sich wie bei allen Insekten in die drei Hauptabschnitte *Kopf, Brust* und *Hinterleib.* Diese Körperteile sind durch deutliche Kerben voneinander abgesetzt. Die Honigbiene ist ein Kerbtier, ein **Insekt.** Der Körper der Vorfahren der Insekten war ursprünglich in einzelne Kammern, die *Segmente,* gegliedert. Bei der Biene erkennt man diese Gliederung noch am Hinterleib. Bienen gehören zu den *Gliederfüßern.*

lateinisch insectum = eingeschnitten, eingekerbt

Die für Insekten typischen sechs Beine sitzen an der Brust und sind jeweils in fünf Glieder unterteilt. Der Körper ist von einem festen, aber elastischen Panzer umgeben und geschützt. Dieses *Außenskelett* der Insekten besteht nicht aus Knochen wie das Innenskelett der Wirbeltiere, sondern aus **Chitin.** Da den Insekten eine Wirbelsäule fehlt, zählt man sie zu den *wirbellosen* Tieren.

An der Brust trägt die Honigbiene zwei durchsichtige Flügelpaare.

Zur Orientierung dienen der Honigbiene ihre zwei Fühler am Kopf, die *Antennen* und ihre zwei *Netzaugen.* Sie sind aus bis zu 6000 Einzelaugen zusammengesetzt. Die *Mundwerkzeuge* der Biene bestehen ebenfalls aus Chitin und dienen zum Lecken und Aufsaugen von Flüssigkeiten.

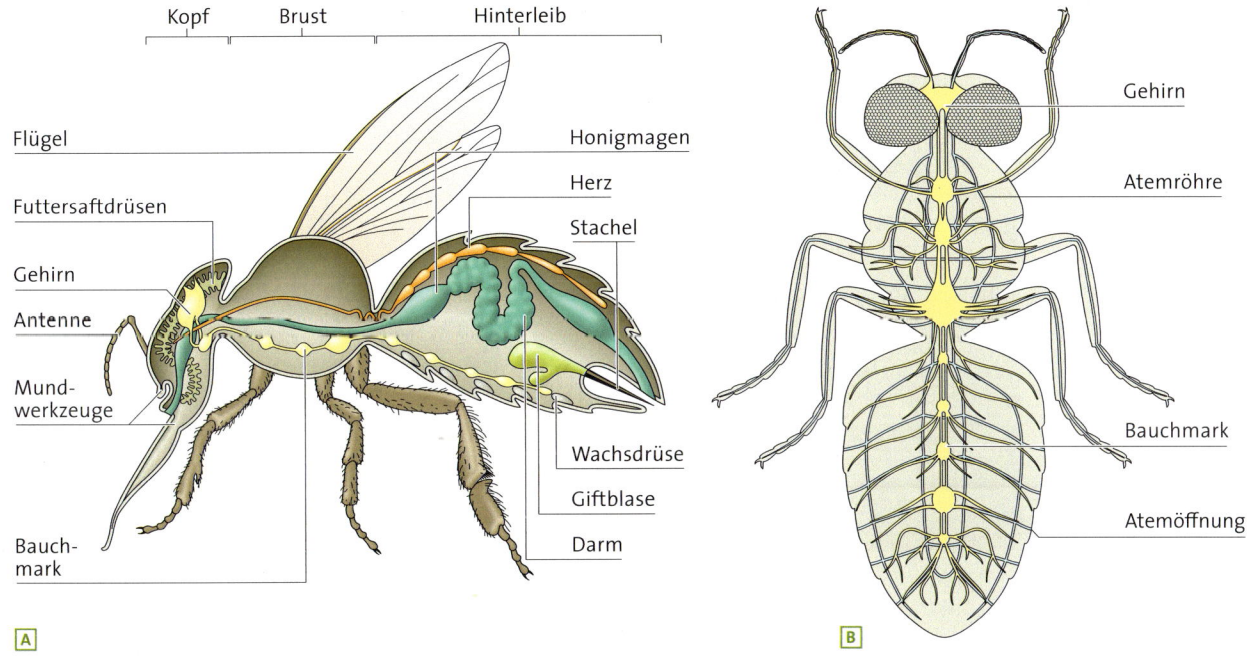

Kopf · Brust · Hinterleib

Flügel
Futtersaftdrüsen
Gehirn
Antenne
Mundwerkzeuge
Bauchmark

Honigmagen
Herz
Stachel
Wachsdrüse
Giftblase
Darm

Gehirn
Atemröhre
Bauchmark
Atemöffnung

A

B

02 Honigbiene: **A** Körperbau im Längsschnitt, **B** Nervensystem und Atmungsorgane in Aufsicht

INNERER KÖRPERBAU DER HONIGBIENE · Der gesamte Körper der Biene wird von einer Blutflüssigkeit durchströmt, die von einem *röhrenförmigen Herzen* im Rücken des Tiers von hinten nach vorn gepumpt wird. Die Blutgefäße enden offen. Insekten besitzen im Gegensatz zu Wirbeltieren einen *offenen Blutkreislauf.*

Die farblose Blutflüssigkeit dient dem Nährstofftransport und dem Wundverschluss, jedoch nicht dem Transport der Atemgase. Wie gelangt der benötigte Sauerstoff dann in den Körper und zu den Organen? Er wird durch Atemöffnungen in den Seitenwänden der Hinterleibssegmente aufgenommen und durch verzweigte Atemröhren, die Tracheen, direkt zu den Organen geleitet. Der Abtransport des Kohlenstoffdioxids verläuft umgekehrt.

Die Hauptnerven des Nervensystems der Biene durchziehen als *Bauchmark* die Unterseite des Körpers. Da es aus Paaren von Nervenknoten aufgebaut ist, die längs und quer miteinander durch Nervenstränge verbunden sind, erinnert es an eine Strickleiter. Deshalb bezeichnet man dieses Nervensystem, das bei allen Gliederfüßern vorkommt, als *Strickleiternervensystem.* Ein großer Nervenknoten im Kopf des Insekts erfüllt die Aufgaben eines Gehirns.

Im Hinterleib trägt die Honigbiene einen Stechapparat mit Giftdrüsen und einem Stachel mit Widerhaken. Eine Honigbiene sticht nur, wenn sie sich bedroht fühlt. In der zähen Haut eines Menschen bleiben die Widerhaken hängen. Dadurch wird die Giftblase aus dem Körper gerissen und die Honigbiene stirbt.

1 Nenne die Körperabschnitte, die Organe der Fortbewegung und die Sinnesorgane der Honigbiene!

2 Beschreibe das Nervensystem der Honigbiene!

3 Erläutere die Angepasstheit der Honigbiene an ihren Lebensraum!

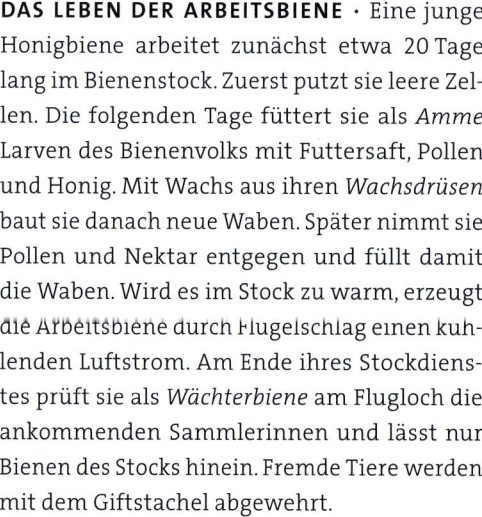

03 Bienenwabe mit Honigzellen

04 Imker bei der Honigernte

DAS LEBEN DER ARBEITSBIENE · Eine junge Honigbiene arbeitet zunächst etwa 20 Tage lang im Bienenstock. Zuerst putzt sie leere Zellen. Die folgenden Tage füttert sie als *Amme* Larven des Bienenvolks mit Futtersaft, Pollen und Honig. Mit Wachs aus ihren *Wachsdrüsen* baut sie danach neue Waben. Später nimmt sie Pollen und Nektar entgegen und füllt damit die Waben. Wird es im Stock zu warm, erzeugt die Arbeitsbiene durch Flügelschlag einen kühlenden Luftstrom. Am Ende ihres Stockdienstes prüft sie als *Wächterbiene* am Flugloch die ankommenden Sammlerinnen und lässt nur Bienen des Stocks hinein. Fremde Tiere werden mit dem Giftstachel abgewehrt.

Vom 21. Tag bis zum Ende ihres etwa fünfwöchigen Lebens arbeitet die Honigbiene im Außendienst als *Sammlerin*. Den **Nektar** der Blüten sammelt sie in ihrem Honigmagen. **Blütenstaub** transportiert sie in kleinen Körbchen mit Borsten an den Hinterbeinen. Nach jeweils mehreren Hundert Blütenbesuchen kehrt eine Sammelbiene zum Bienenstock zurück und liefert ihr Sammelgut ab.

Nach ungefähr zwei Monaten stirbt die Biene außerhalb des Bienenstocks auf ihrem letzten Flug.

NUTZEN DER HONIGBIENE · Honigbienen liefern nicht nur Honig, sondern sie **bestäuben** bei ihrer Sammeltätigkeit auch die Blüten der besuchten Pflanzen, wie zum Beispiel fast alle Obstbäume und Beerensträucher. Ohne diese Bestäubung würden sich keine Früchte entwickeln. Im Vergleich zur Bestäubung wichtiger Kulturpflanzen in der Landwirtschaft macht die Honiggewinnung etwa ein Zehntel des Nutzwertes der Honigbienen aus. In Deutschland wird der Nutzwert auf etwa vier Milliarden Euro im Jahr geschätzt. Damit ist die Honigbiene nach Rindern und Schweinen das drittwichtigste *Nutztier* bei uns.

Blütenhonig entsteht aus Blütennektar, der stark eingedickt und verarbeitet wurde. *Waldhonig* stellen die Honigbienen aus den Ausscheidungen von Blattläusen her. Zur **Honiggewinnung** schabt der Imker die Wachsdeckel von den Honigwaben und *schleudert* den Honig mithilfe einer Zentrifuge aus den Waben.

Bienenwachs ist ebenfalls ein wichtiges Produkt. Es wird in der Kosmetikindustrie, beispielsweise als Bestandteil von Lippenstiften und Cremes, verwendet.

4 ♪ Nenne die Aufgaben einer Arbeitsbiene!

VERSUCH A ▸ Präparation einer Honigbiene

Material:
tote Honigbienen (vom Imker),
Pinzetten, Schere, Lupe oder
Binokular, Papierblatt, Klebefolie

Durchführung:
- Lege eine Biene auf das Papier.

- Betrachte die Körperabschnitte mit
der Lupe oder dem Binokular und
vergleiche den Bau der Biene mit der
Abbildung 02 auf Seite 71.

- Trenne mit der Pinzette und der
Schere vorsichtig die Beine und Flügel ab und lege sie wie in der Abbildung links oben geordnet auf ein
Blatt Papier.

- Trenne mit der Schere Kopf, Brust
und Hinterleib ab und lege die drei
Körperteile ebenfalls geordnet auf

das Blatt Papier. Lege jetzt ein zu-
geschnittenes Stück Klebefolie vorsichtig über dein Präparat und kle-
be es fest!

A1 Beschreibe die Körperabschnitte
der präparierten Honigbiene!

A2 Zähle die Segmente des Hinterleibs der Honigbiene!

A3 Vergleiche ein Hinterbein mit
einem Mittelbein! Nimm eine
Lupe oder ein Binokular zu Hilfe!

A4 Stelle Vermutungen an, welchen
Vorteil die Art der Verbindung von
Brust und Hinterleib bietet!

A5 Erkläre, weshalb die größten Muskeln der Honigbiene in der Brust
liegen!

Material B ▸ Arbeitsbiene

A   B   C   D   E

B1 Ordne die Abbildungen in der
richtigen Reihenfolge an!

B2 Ordne die Begriffe Wächter-, Putz-,
Sammel-, Bau- und Ammenbiene
zu! Begründe!

B3 Beschreibe das Verhalten der
Honigbiene in den Abbildungen D
und E!

B4 Der gesammelte Nektar bildet die
Grundlage für den Honig. Für ein
Gramm Honig muss eine Biene
rund 12 000 Blüten besuchen.
Berechne, wie viele Blüten zur
Produktion von einem Glas Imker-
honig, das 500 Gramm enthält,
von Bienen besucht werden
müssen!

B5 Erläutere die Bedeutung des
Honigs für das Bienenvolk!

B6 Bewerte folgende Aussage:
„Die Imker füttern die Bienen mit
Zuckerwasser, um die Honigaus-
beute zu erhöhen"!

01 Bienen nehmen Kontakt auf.

Insektenstaaten und Kommunikation

Manche Insektenarten leben in riesigen Gemeinschaften, in Staaten. Das Zusammenleben kann nur funktionieren, wenn die einzelnen Tiere im Staat zusammenarbeiten und sich dabei verständigen. Wie aber tauschen sie Informationen miteinander aus?

DER STAAT DER HONIGBIENEN · Ein Bienenvolk besteht aus 10 000 bis 80 000 Einzeltieren. Wenn das Volk im Frühsommer zu zahlreich wird, bauen **Arbeitsbienen** große Brutzellen am Rande der Waben, die *Weiselzellen*. Hier entwickeln sich aus befruchteten Eizellen Kö-

02 Schwarmtraube von Honigbienen

Königin
(20 Millimeter)

Drohn
(18 Millimeter)

Arbeiterin
(14 Millimeter)

03 Bienenwesen

niginnenlarven, sofern sie mit einem speziellen Kraftfutter, dem „Gelee Royale", gefüttert werden. Die junge **Königin,** die als Erste schlüpft, tötet die anderen Prinzessinnen mit ihrem Giftstachel. Die alte Königin verlässt mit etwa dem halben Volk den Bienenstock und bildet an einem Baum eine *Schwarmtraube.* Wenn Kundschafterinnen einen geeigneten Platz für einen neuen Staat gefunden haben, zum Beispiel einen hohlen Baum, zicht der Schwarm dorthin.

Die junge Königin bleibt im alten Bau und gründet mit dem Restvolk ihren eigenen Staat. Arbeiterinnen erkennen die Königin an *Duftstoffe*n. Die einzige Aufgabe ihres bis zu fünf Jahren dauernden Lebens ist das Legen von etwa 2000 Eiern pro Tag. Aus den daraus geschlüpften Larven entwickeln sich bei Fütterung mit Normalfutter unfruchtbare Arbeitsbienen. Zur Befruchtung der Eizellen dienen der jungen Königin männliche Honigbienen, die **Drohnen.** Nachdem die Königin bei Hochzeitsflügen von den Drohnen begattet wurde, speichert sie die Spermienzellen für ihr weiteres Leben. Die Drohnen sind nach der Begattung überflüssig und werden nicht mehr gefüttert. Falls sie nicht verhungern, werden sie in der *Drohnenschlacht* von Arbeiterinnen getötet und aus dem Stock entfernt. Drohnen besitzen keine Stacheln und entwickeln sich aus unbefruchteten Eiern.

KOMMUNIKATION BEI HONIGBIENEN · Eine Kundschafterbiene, die eine neue Futterquelle gefunden hat, teilt dies nach Rückkehr in den Stock durch bestimmte Tänze mit. Viele der Sammelbienen tanzen der Kundschafterin hinterher und eignen sich dabei die neuen Informationen an. Liegt die Futterquelle weit entfernt, tanzt die Kundschafterin den **Schwänzeltanz.** Dieser Tanz gibt Auskunft über die Flugrichtung und Entfernung zur Futterquelle sowie über die Ergiebigkeit. In welchem Winkel zur Sonne die Sammlerinnen später abfliegen sollen, wird ihnen auf einer Wabe im gleichen

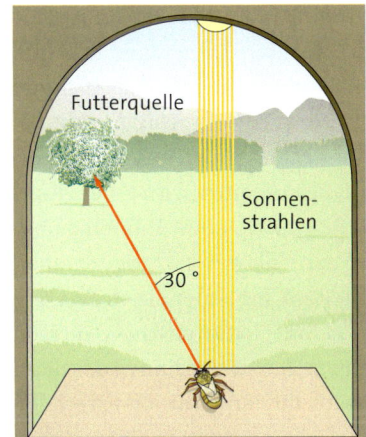

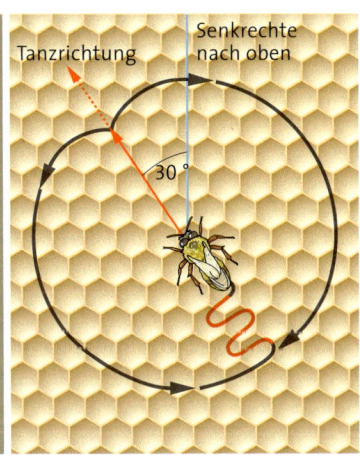

04 Schwänzeltanz der Honigbienen

Winkel zur Senkrechten nach oben vorgetanzt. Die Kundschafterin läuft dazu eine gerade Strecke in der vorgestellten Abflugrichtung und bewegt dabei ihren Hinterleib zitternd hin und her, sie „schwänzelt". Ist sie am Endpunkt der Schwänzelstrecke angekommen, läuft sie wieder im Bogen abwechselnd rechts oder links herum zum Ausgangspunkt zurück und beginnt von Neuem. Je langsamer die Tänzerin beim Tanz schwänzelt, desto weiter ist die Futterquelle entfernt. Je länger sie tanzt, desto mehr Futter ist zu holen. Mitgebrachte Geschmacks- und Duftproben informieren über die Art des Futters. Wenn die Futterquelle weniger weit vom Bienenstock entfernt liegt, wird nur ein einfacher **Rundtanz** getanzt. Dabei läuft die Kundschafterin auf der Wabe kreisförmige Figuren mit häufigem Wechsel der Drehrichtung. Durch diese Tänze können Bienen miteinander kommunizieren.

1) Stelle die Merkmale und Aufgaben der Bienenwesen in einer Tabelle zusammen!

2) Erläutere am Beispiel der Bienen das Zusammenleben in einem Tierstaat!

3) Da im Tierstaat viele Lebewesen zusammenleben, ist zwischen ihnen eine Kommunikation erforderlich. Beschreibe Beispiele für die Kommunikation zwischen den Bienen eines Bienenstocks!

05 Rundtanz der Honigbienen

DER STAAT DER WALDAMEISEN · Auch die Ameisen bilden Staaten. Die jungen Königinnen und Ameisenmännchen besitzen für ihre *Hochzeitsflüge* zunächst Hautflügel wie die Bienen. Die Männchen sterben nach der Begattung, während die Königinnen ihre vier Flügel abwerfen und beginnen, neue Staaten zu bilden. Dazu nehmen sie einige Arbeiterinnen aus dem alten Staat mit, oder sie dringen in Völker kleinerer Ameisenarten ein und töten deren Königinnen. Die Arbeiterinnen des überwältigten Staates dienen dann den fremden Königinnen als *Helferameisen.* In einem Ameisenstaat leben viele Hundert Königinnen. Sie werden bis zu 20 Jahre alt und legen ständig Eier, aus denen sich Arbeiterinnen ihrer eigenen Art entwickeln, während die alten Helferameisen nach und nach aussterben. Arbeiterinnen sind unfruchtbare, flügellose Ameisenwesen. Sie besitzen scharfe Mundwerkzeuge zum Beißen. Als weitere Waffe setzen sie *Ameisensäure* ein, die sie in Drüsen im Hinterleib produzieren und verspritzen. Mit dieser scharfen Säure können sie nicht nur Feinde in die Flucht schlagen, sondern auch größere Insekten erlegen.

Ein Waldameisenvolk mit 100 000 Einzeltieren sammelt pro Jahr mehrere Millionen *Beutetiere,* hauptsächlich andere Insekten, deren Larven sowie Würmer. Waldameisen ernähren sich außerdem von Blattlausausscheidungen, dem „Honigtau" und von Fettanhängseln an den Samen mancher Kräuter. Der Bau der Waldameise ist ein *Hügelnest* mit einer Höhe von oft über einem Meter.

KOMMUNIKATION BEI WALDAMEISEN · Zur Verständigung der Tiere innerhalb des Ameisenstaates dienen hauptsächlich Duftstoffe, die von den Ameisen aus Drüsen ausgeschieden werden. Man unterscheidet verschiedene *Erkennungsstoffe,* an denen sich die Arbeiterinnen eines Staates und ihre Königinnen erkennen. Mithilfe von *Lockstoffen* finden Königin und Männchen zueinander. *Spurduftstoffe* weisen den Weg zu einer Nahrungsquelle. Zudem gibt es auch *Alarmstoffe*. Eine Voraussetzung für diese **Duftsprache** sind die empfindlichen Riechorgane in den Antennen. Mit den Antennen werden auch Wärme-, Kälte- und Berührungsreize aufgenommen.

Arbeiterinnen tragen Puppen in die Wärme des oberirdischen Teils des Baues.

Die erbeutete Heuschrecke dient als Nahrung.

unterirdische Brutkammern mit Ameisenlarven und Puppen

06 Längsschnitt durch einen Waldameisenbau

4 ｊ Beschreibe die Lebensweise der Waldameisen! Nimm dazu auch die Abbildung 06 zu Hilfe!

5 ｊ Erstelle einen Steckbrief für die Rote Waldameise!

6 ｊ Begründe, warum die Rote Waldameise unter Naturschutz steht!

7 ｊ Vergleiche die Waldameisen mit den Honigbienen!

Material A ▸ Die „Sprache" der Honigbienen

 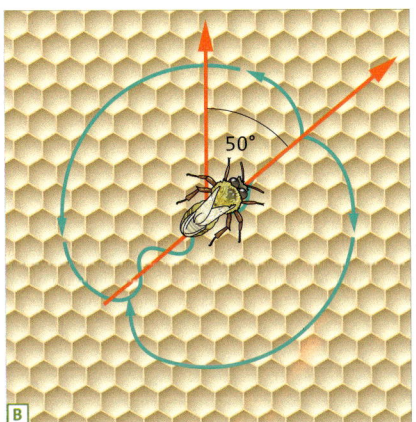 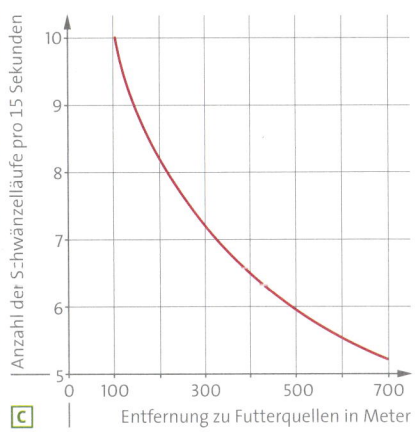

A1 Vergleiche die in den Abbildungen A und B dargestellten Bienentänze!

A2 Beschreibe, bei welchen Voraussetzungen eine Honigbiene den Tanz in Abbildung A aufführt!

A3 Beschreibe, in welcher Situation die Honigbiene den Tanz B aufführt!

A4 Nenne die Richtung, in die eine Sammelbiene abfliegt, wenn sie den Tanz B von einer Kundschafterin vorgetanzt bekommt! Begründe!

A5 Aus der Abbildung C kann man entnehmen, wie den Sammelbienen im Stock die Entfernungen zu neuen Futterquellen von Kund-

schafterinnen vermittelt werden. Werte das Liniendiagramm aus und fasse die Ergebnisse in eigenen Worten zusammen!

Material B ▸ Ameisen

B1 Die abgebildeten Ameisen gehören einem Volk an. Beschreibe ihr Verhalten!

B2 Stelle Vermutungen an, wozu das dargestellte Verhalten dienen könnte!

B3 Vergleiche die Kommunikation der Honigbienen und der Ameisen! Nimm dazu auch die Seiten 75 und 76 zu Hilfe!

B4 Erläutere das biologische Prinzip Information und Kommunikation am Beispiel der Ameisen!

B5 Eine Ameise, die fünf Milligramm wiegt, kann ein Gewicht von 500 Milligramm tragen (1 Milligramm = 0,001 Gramm). Berechne, wie schwer die Last wäre, die du tragen könntest, wenn du so stark wie eine Ameise wärst!

01 Raupe eines
Tagpfauenauges

Insekten entwickeln sich unterschiedlich

Im Frühjahr und Sommer sieht man oft Raupen auf den Blättern verschiedener Pflanzen, von denen sie sich ernähren. Aus den Raupen entwickeln sich später Schmetterlinge. Wie verläuft diese Entwicklung?

VOLLSTÄNDIGE VERWANDLUNG · In der Nähe von Brennnesseln trifft man manchmal einen hübschen Schmetterling mit vier großen Augenflecken auf den roten Flügeln an, ein *Tagpfauenauge.* Das Weibchen des Tagpfauenauges klebt nach der Paarung bis zu 200 Eier an die Unterseite von Blättern geeigneter Futterpflanzen, meistens Brennnesseln. Aus einem Ei schlüpft nach einigen Tagen eine **Larve,** die *Raupe.* Bei diesem ersten Entwicklungsstadium sieht man deutlich die Kammerung, die *Segmentierung,* des lang gestreckten Körpers. An den Brustsegmenten trägt die Raupe drei Beinpaare sowie am Hinterleib vier Beinpaare und ein Haftorgan. Die Raupe frisst ständig, wächst und häutet sich mehrmals, weil das Außenskelett aus Chitin nicht mitwachsen kann. Bei jeder *Häutung* muss ein neuer schützender *Chitinpanzer* gebildet werden und aushärten. Nach der letzten Häutung heftet sich die Raupe mit ihrem Hinterende an einer Unterlage fest, hängt herunter und ruht. Einige Tage später platzt die Raupenhaut auf und gibt eine hellgrüne **Puppe** frei. Dieses zweite Entwicklungsstadium ist ein Ruhe- und Umbaustadium. Im Inneren der Puppe vollzieht sich eine Verwandlung. Die Organe der Raupe werden aufgelöst und neue werden ge-

bildet. Eine pflanzenfressende, wurmförmige Larve verwandelt sich dabei in ein säftesaugendes, erwachsenes Fluginsekt. Nach einigen Wochen der *Puppenruhe* schlüpft der *Schmetterling* als fertiges **Vollinsekt.**

Die zunächst stummelförmigen Flügel werden durch Einpumpen von Blutflüssigkeit entfaltet und härten an der Luft aus. Der nun flugfähige Falter ernährt sich von Blütennektar und wächst nicht mehr. Das Stadium der Larve dient vor allem zum Wachstum, das Stadium des Vollinsektes dient hauptsächlich zur Fortpflanzung. Die Entwicklung vom Ei über die Larve und Puppe zum fortpflanzungsfähigen Vollinsekt wird als **vollständige Verwandlung** oder *vollständige Metamorphose* bezeichnet. Bald nach der Paarung und Eiablage sterben die Tagpfauenaugen. Einige jedoch, die sich nicht gepaart haben, überwintern in Verstecken wie Mauerspalten und pflanzen sich im nächsten Frühjahr fort.

VERWANDLUNG BEI KÄFERN · Eine vollständige Verwandlung findet ebenso bei Käfern und manchen anderen Insektengruppen statt. Der Maikäfer zum Beispiel legt seine Eier in der Erde ab. Die daraus schlüpfenden Larven, die *Engerlinge*, ernähren sich von Pflanzenwur-

zeln, wachsen heran und häuten sich mehrfach. Nach mehr als drei Jahren verpuppen sich die Larven. In den Puppen entwickeln sich Käfer. Im Frühjahr steigen die Maikäfer aus der Erde und befallen Laubbäume, von deren Blättern sie sich ernähren. Ihre Lebensdauer beträgt nur einige Wochen. Nach der Paarung und Eiablage sterben sie.

02 Vollständige Entwicklung des Tagpfauenauges:
A Eier und junge Raupen,
B Puppe,
C Schmetterling

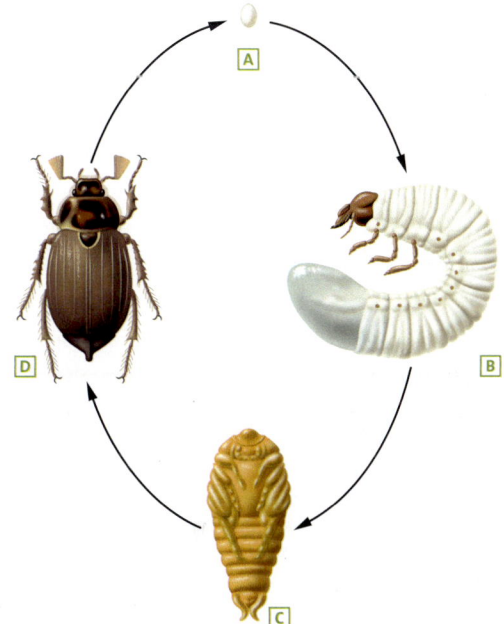

03 Entwicklung des Maikäfers:
A Ei,
B Larve (Engerling),
C Puppe,
D Vollinsekt (Käfer)

04 Entwicklung einer Heuschrecke:

A Ei,

B Larve ohne Flügel,

C Larve mit Flügelstummeln,

D erwachsene Heuschrecke

UNVOLLSTÄNDIGE VERWANDLUNG · Nicht alle Insekten durchlaufen eine Entwicklung mit einer vollständigen Metamorphose. Heuschrecken zum Beispiel entwickeln sich auf andere Weise. Aus ihrem Ei schlüpft eine Larve, die einer erwachsenen Heuschrecke äußerlich bereits ähnelt. Die Larve ist jedoch viel kleiner, besitzt noch keine Flügel und keine Organe zur Fortpflanzung. Sie frisst ständig, wächst und häutet sich mehrmals. Dabei verwandelt sie sich zu einem Vollinsekt, ohne ein Puppenstadium zu durchlaufen.

Diese Entwicklung vom Ei über die Larve, ohne Bildung einer Puppe zum erwachsenen, fortpflanzungsfähigen Insekt wird als unvollständige Verwandlung oder **unvollständige Metamorphose** bezeichnet.

ENTWICKLUNG DER LIBELLE · Die Entwicklung einer Libelle verläuft ähnlich. Nachdem das Libellenweibchen seine Eier in ein Gewässer abgelegt hat, schlüpfen aus ihnen flügellose Larven, die sich von kleinen Wassertieren er-

nähren. Die Libellenlarven wachsen dabei und häuten sich mehrfach. Am Ende ihrer Entwicklung kriechen die Libellenlarven an einer Wasserpflanze empor über die Wasseroberfläche. An der Luft schlüpft aus der Larve eine fertige Libelle, die ihre vier Flügel entfaltet und auf die Jagd nach anderen Insekten geht. Sie wächst jedoch wie alle Vollinsekten nicht mehr weiter. Obwohl sich die Larven der Libelle in Körperbau, Lebensraum und Lebensweise von ihren Elterntieren unterscheiden, spricht man auch hier von einer unvollständigen Verwandlung, weil die Libellen in ihrer Entwicklung kein Puppenstadium durchlaufen.

1 Nenne jeweils zwei Beispiel für die vollständige und die unvollständige Verwandlung bei Insekten!

2 Vergleiche die vollständige mit der unvollständigen Verwandlung!

3 Erkläre, weshalb sich alle Insekten bei ihrer Entwicklung häuten müssen!

05 Libelle:

A Larve,

B schlüpfende Libelle,

C geschlüpfte Libelle

VERSUCH A ▸ Entwicklung von Mehlwürmern

Material:
Marmeladenglas, Gardinenstoff, Weizenkleie, Haferflocken, Apfel, festes Papier, Mehlwürmer (Tierhandlung)

Durchführung:

- Fülle in das Marmeladenglas drei Esslöffel Haferflocken und einen Esslöffel Weizenkleie und mische gut durch.

- Setze zehn große Mehlwürmer in das Glas.

- Verschließe das Glas mit Gardinenstoff.

- Umhülle das Glas mit einem festen Papier, sodass es im Inneren dunkel ist.

- Stelle das Zuchtglas an einen warmen Ort. Öffne es nicht mehr.

- Kontrolliere alle drei Tage den Inhalt des Glases. Schüttle es eventuell, wenn du nicht alle Tiere siehst.

A1 Erstelle ein Protokoll, in das du deine Beobachtungen mit Datum und Uhrzeit in Stichworten einträgst, auch wenn du keine Veränderungen feststellen konntest!

A2 Ergänze deine Beobachtungen durch Fotos oder Zeichnungen!

VERSUCH B ▸ Beobachtungen am Mehlwurm

Durchführung:
Lege einen Mehlwurm vorsichtig in eine Petrischale, deren Boden mit einer Lage Filterpapier bedeckt ist.

B1 Betrachte das Tier mit einer Lupe oder unter dem Binokular!

B2 Beschreibe das Aussehen des Mehlwurms (Größe, Form, Farbe, Gliederung, Beine, Vorder- und Hinterteil)!

B3 Zeichne eine beschriftete Skizze des Tieres, in die du alle Einzelheiten einzeichnest, die du bei deinen Beobachtungen gefunden hast! Die Skizze sollte mindestens zehn Zentimeter groß sein.

B4 Nimm das Tier vorsichtig zwischen die Finger und beschreibe, wie es sich anfühlt!

B5 Nenne in Form einer Tabelle die Unterschiede im Körperbau zwischen Mehlwurm und Regenwurm!

B6 Nimm Stellung zur Aussage: „Der Mehlwurm ist ein Wurm"!

B7 Lege eine Puppe in die Petrischale und beschreibe das Aussehen (Größe, Form, Farbe, Gliederung, Beine)!

B8 Zeichne eine Skizze der Puppe!

B9 Vergleiche die drei Entwicklungsstadien des Mehlwurms in Form einer Tabelle! Berücksichtige Größe, Form, Farbe, Gliederung des Körpers und die Beine.

Material:
Petrischale, Filterpapier, Lupe, Pinzette, Binokular

01 Kopf einer
Ameise

Angepasstheiten bei Insekten

Insekten gehören zu den häufigsten Tieren auf der Erde. Sie können sich in vielen verschiedenen Lebensräumen fortbewegen und ernähren. Dafür sind ganz verschiedene Angepasstheiten notwendig. Welche gibt es?

MUNDWERKZEUGE · Viele Ameisen ernähren sich von kleinen Beutetieren. Zum Töten und Zerteilen dieser Beute dienen den Ameisen kräftige, scharfe Mundwerkzeuge. Sie bestehen wie bei allen Insekten aus Chitin.

Bei den Mundwerkzeugen der Ameise, die außerhalb des Kopfes liegen, erkennt man eine Ober- und eine Unterlippe. Zwischen ihnen sitzen der kräftige Ober- und der Unterkiefer. Beide Kiefer bestehen aus jeweils zwei Teilen, die wie eine Zange bewegt werden. An dem Unterkiefer und der Unterlippe sitzen kleine Taster zum Abtasten und Schmecken der Nahrung.

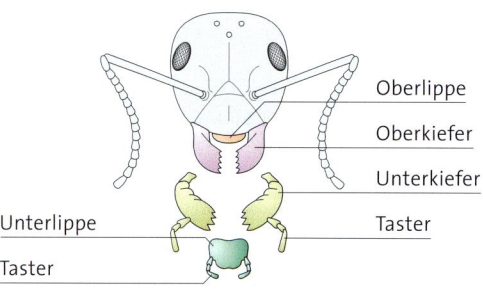

Oberlippe
Oberkiefer
Unterkiefer
Taster

Unterlippe
Taster

02 Mundwerkzeuge der Ameise (Schema)

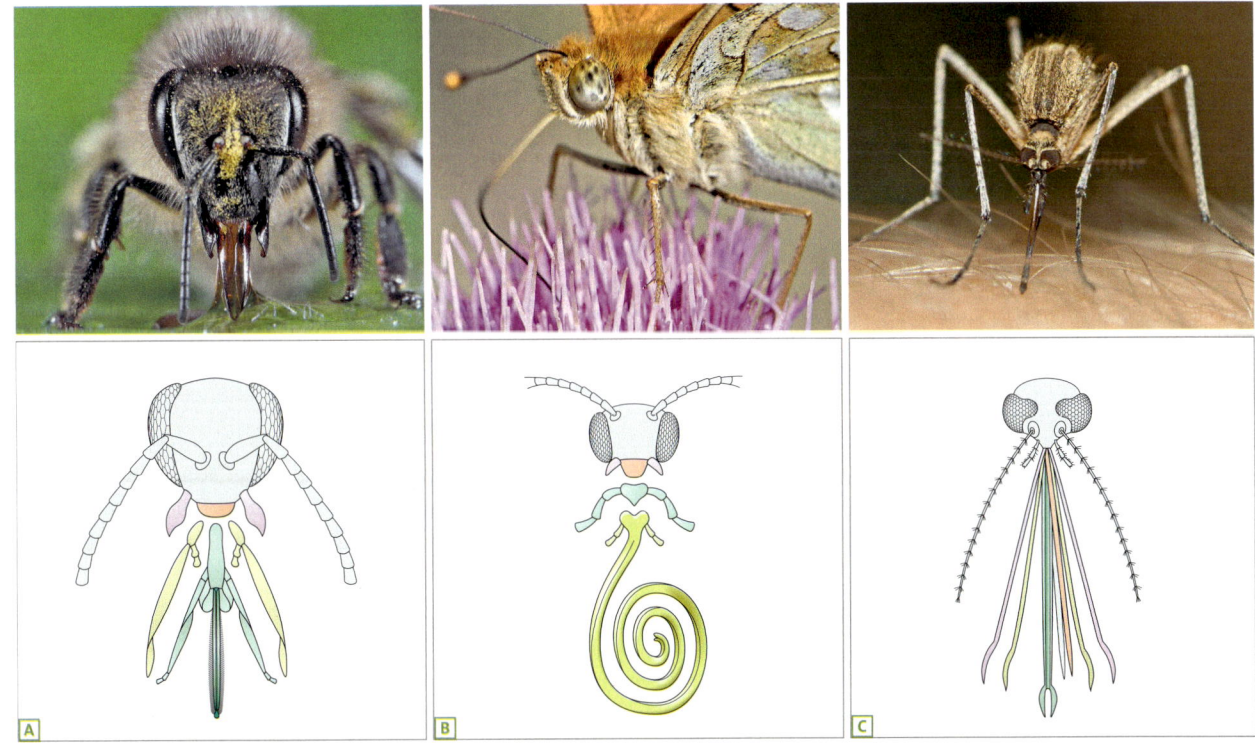

03 Mundwerkzeuge: **A** Honigbiene, **B** Schmetterling, **C** Stechmücke

ANGEPASSTHEITEN · Die Mundwerkzeuge aller Insekten weisen den gleichen Grundbauplan auf, können aber sehr unterschiedlich geformt sein. Zahlreichen Insekten dienen die Mundwerkzeuge hauptsächlich zum Abbeißen und Kauen fester Nahrung. Solche Mundwerkzeuge mit **Beißzangen** findet man nicht nur bei Ameisen, sondern auch bei Grillen, Käfern und vielen anderen Insektenarten.

Die Honigbiene ernährt sich dagegen auch von flüssigem Nektar, den sie aus Blüten leckt und saugt. Ihre Mundwerkzeuge sind dazu geeignet, weil sie unterhalb des Oberkiefers zu einem **Leck- und Saugrüssel** umgebaut sind. Mit ihm kann die Honigbiene aber nur Nektardrüsen erreichen, die nicht sehr tief in der Blüte liegen.

Schmetterlinge können Nektar aus Blüten mit tiefem Blütenboden saugen. Das ist möglich, weil ihre Unterkiefer zu einem langen schlauchförmigen **Saugrüssel** umgeformt sind.

Auch Mücken ernähren sich von Flüssigkeiten, zum Beispiel von Blut. Sie können Blut saugen, indem sie in ihr Opfer stechen. Die einzelnen Teile der Mundwerkzeuge der Stechmücke sind zu spitzen *Stechborsten* mit einem *Rohr* und einer *Rinne* umgewandelt. Diese Mundwerkzeuge werden von der Stechmücke eng zusammengehalten und bilden so einen **Stechrüssel.** Mit ihm saugt sie nicht nur Blut, sondern gibt auch umgekehrt Speichel in die Wunde ab, damit das Blut nicht gerinnt, also nicht fest wird.

1 ⌡ Vergleiche den Bau der Mundwerkzeuge von zwei selbst gewählten Insekten!

2 ⌡ Erläutere das biologische Prinzip Angepasstheit am Beispiel der Mundwerkzeuge der Insekten!

04 Laufbein (Schema)

05 Beine von Insekten

Hüfte
Schenkelring
Schenkel
Schiene
Fuß
Krallen

Sprungbein einer Heuschrecke

Sammelbein einer Honigbiene

Schwimmbein einer Wasserwanze

Grabbein einer Maulwurfsgrille

BEINE DER INSEKTEN · Die Insekten haben sechs Beine, die paarig an den drei Brustsegmenten sitzen. Die Beine aller Insekten sind nach einem übereinstimmenden Grundbauplan gebaut. Die Grundform ist das **Laufbein** wie zum Beispiel bei Ameisen. Es dient der Fortbewegung auf festen Oberflächen. Die Beine bestehen aus *Gliedern* aus Chitin, die beweglich miteinander verbunden sind. In diesen Beingliedern befinden sich Muskeln zum Bewegen der Gliedmaßen. Die Füße sind ebenfalls gegliedert, weshalb man die Insekten zur großen Tiergruppe der *Gliederfüßer* zählt.

ANGEPASSTHEITEN · Die Beine der Insekten können wie die Mundwerkzeuge ganz unterschiedlich sein, denn nicht alle Insekten benutzen ihre Gliedmaßen zum Laufen. Ein **Sprungbein** zum Beispiel besitzt verlängerte und verstärkte Glieder für eine größere Sprungkraft. Ein **Schwimmbein** ist auch verlängert und trägt dazu oft Borstenfelder, welche die Fläche des Beins vergrößern. Es wirkt wie ein Paddel. Läuse klammern sich mit kurzen, gekrümmten **Klammerbeinen** an den Haaren der Tiere fest, an denen sie Blut saugen. Ein **Grabbein** ist schaufelartig verbreitert. Ein **Sammelbein** besitzt ein Körbchen, eine Vertiefung in der Schiene mit Borsten für das Sammelgut. Stubenfliegen können an völlig glatten, senkrechten Glasflächen laufen, ohne herunterzufallen. Denn an ihren Füßen befinden sich neben krallenartigen *Klauen* auch *Haftballen,* mit denen sie sich an einer glatten Oberfläche leicht anhaften können.

3 ⌡ Beschreibe den Grundbauplan eines Insektenbeins!

06 Angepasstheiten bei Insektenbeinen:

A Die Gottesanbeterin ähnelt einer Heuschrecke. Sie fängt mit ihren Fangbeinen andere Insekten.

B Stubenfliege

Material A ▸ Mundwerkzeuge

Engerling

Tsetsefliege

Schwalbenschwanz

Hummel

A1 Nenne jeweils den Typ der Mundwerkzeuge bei den abgebildeten Insekten!

A2 Stelle Vermutungen an, wie sich die abgebildeten Insekten ernähren! Begründe deine Vermutungen!

A3 Beschreibe zwei Beispiele dafür, dass Insekten ihre Mundwerkzeuge nicht nur für die Nahrungsaufnahme einsetzen!

A4 Erkläre, weshalb Schmetterlinge den Nektar bestimmter Blüten aufnehmen können, Hummeln aber nicht!

A5 Drohnen besitzen verkümmerte Mundwerkzeuge. Erkläre diesen Sachverhalt!

Material B ▸ Insektenbeine

Gelbrandkäfer

Puppenräuber

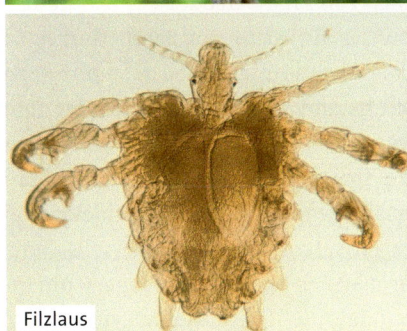

Filzlaus

Warzenbeißer

B1 Nenne die Beintypen der dargestellten Insekten!

B2 Beschreibe die Aufgaben, die diese Beine erfüllen, und wie sie daran angepasst sind!

B3 Ein Menschfloh hat Sprungbeine. Er ist bis zu 3 Millimeter groß und kann bis zu 30 Zentimeter hoch und 50 Zentimeter weit springen. Berechne, wie hoch und wie weit ein Mensch mit einer Körpergröße von 150 Zentimetern springen könnte, wenn er das Sprungvermögen eines Flohs hätte!

B4 Vergleiche ein Insektenbein mit einem Wirbeltierbein!

01 Ein Kohlweißling und eine Biene besuchen eine Distelblüte.

Bedeutung und Schutz der Insekten

Auf der Welt existieren etwa 750 000 bis eine Million Insektenarten. In der Natur haben sie schon allein durch ihre Vielfalt und unterschiedliche Lebensweise große Bedeutung.
Viele Insekten sind außerdem für uns Menschen durch ihre Lebensweise entweder nützlich oder schädlich. Welche Insekten sind für uns besonders bedeutsam?

02 Stare füttern ihre Jungen unter anderem mit Insekten und deren Larven.

INSEKTEN IN DER NATUR · Zwischen den Lebewesen eines Lebensraums bestehen vielfältige Nahrungsbeziehungen. Insekten sind Glieder der unterschiedlichsten *Nahrungsketten*. Viele Insekten ernähren sich von Blütenstaub oder Nektar. Bei der Nahrungssuche übertragen sie den Pollen und bestäuben die Blüten. Einige verbreiten Früchte und Samen ihrer Nahrungspflanzen. Andere Insekten ernähren sich von Pflanzen oder Pflanzenteilen, beispielsweise die Larven von Schmetterlingen oder Blattläuse. Im Unterschied dazu zersetzen Mist-, Dung- und Totengräber Kot oder tote Organismen. Kleine Insekten, wie die Springschwänze, fressen Laubstreu und sind so an der Humusbildung beteiligt. Nicht zuletzt sind die Insekten selbst Nahrung für viele Tiere. Dabei kann es sich auch bei den Jägern um Insekten handeln. So leben Libellen, viele Käfer, Ohrwürmer und andere räuberisch.

NEOZOEN · Tiere, die in unsere Klimazone eingewandert oder eingeschleppt worden sind, bezeichnet man als *Neozoen.* Ein bekanntes Beispiel ist der Waschbär, dessen Heimat ursprünglich Nordamerika war. Aber auch Insekten wie der Kartoffelkäfer, der Asiatische Marienkäfer und die Tigermücke zählen dazu. Oftmals haben Neozoen keine natürlichen Beutegreifer und können sich so ungehindert ausbreiten. Häufig verdrängen sie dadurch einheimische Arten.

03 Tigermücken gelten als Virenträger.

NÜTZLICHE INSEKTEN · Eine der wichtigsten Bedeutungen für den Menschen ist die *Bestäubung von Nutzpflanzen.* Dadurch kann beispielsweise der Ertrag von Obst erheblich gesteigert werden. Daher wird es auch gerne gesehen, wenn Imker ihre Bienenwagen in der Nähe von Obstplantagen oder Rapsfeldern aufstellen.

Einige Insekten sind *Rohstoff- und Nahrungslieferanten.* Die Honigbiene liefert Honig und Wachs. Den Kokon der Seidenspinnerraupen nutzt man zur Seidenherstellung. Die Cochenille-Schildlaus liefert natürliche Farbstoffe. Da Insekten und ihre Entwicklungsstadien sehr eiweißreich sind, dienen Wanderheuschrecken, Bockkäferlarven oder Ameisenpuppen in einigen Ländern als *Nahrungsquelle.*

Viele Aquarianer und Terrarianer verwenden Insekten, ihre Larven oder Puppen als *Futtertiere.* Dazu gehören Mückenlarven, Ameisenpuppen, Grillen, Heuschrecken und Mehlwürmer.

SCHÄDLICHE INSEKTEN · *Vorrats- und Haushaltsschädlinge* schaden uns, weil sie Nahrungsvorräte und Kleidung zerstören. So fressen Kornkäfer und ihre Larven Getreidekörner und Backwaren. Auch die Larven des Mehlkäfers, sogenannte Mehlwürmer, ernähren sich von Mehl. Die Larve der Kleidermotte frisst Löcher in Wolle, Stoffe aus Naturfasern und Pelze. Lästige Hausgesellen sind Küchenschaben. Auch sie gehören zu den Vorratsschädlingen.

Einige Insektenarten sind *Gesundheitsschädlinge* für Tier und Mensch. Kopfläuse, Stechmücken und Flöhe sind Parasiten des Menschen und können Krankheitserreger übertragen. *Pflanzenschädlinge* verringern durch Blattfraß, Schädigung der Wurzeln oder Blüten den Ernteertrag. Durch Insektenfraß kann besonders in Monokulturen ein erheblicher Ernteverlust verursacht werden. Beispiele sind Kartoffelkäfer und ihre Larven sowie die Raupen des Kohlweißlings.

1 ⌋ Erstelle Steckbriefe zu den Neozoen Tigermücke, Asiatischer Marienkäfer und Kartoffelkäfer!

2 ⌋ Begründe, dass es in der Natur keine nützlichen und schädlichen Insekten gibt!

04 Fraßschäden durch Raupen des Kohlweißlings

Besonders in reinen Fichten- und Kiefernwäldern treten *Forstschädlinge* wie Borkenkäfer und Nonne auf. Die Nonne ist ein Schmetterling, dessen Raupen Nadel- und Laubblätter vor allem von Fichten, Kiefern, Buchen und Eichen befallen. Es kann zum Kahlfraß kommen, wenn in Monokulturen nicht ausreichend natürliche Feinde vorhanden sind und sich die Schädlinge massenhaft vermehren können.

SCHÄDLINGSBEKÄMPFUNG · Bei Massenbefall in Monokulturen hilft kurzzeitig nur die *chemische Schädlingsbekämpfung*. Dazu werden Gifte ausgebracht. Richten sich diese Chemikalien gegen Insekten, bezeichnet man sie als Insektizide. Leider sterben dadurch oftmals auch Nützlinge. Einem Massenbefall in Gewächshäusern oder im Garten kann durch *biologische Schädlingsbekämpfung* vorbeugt werden. Im Garten ist beispielsweise das Anbringen von Nistkästen für Vögel und Fledermäuse geeignet. Auch die Ansiedlung von Fraßfeinden aus der Gruppe der Insekten dient der *biologischen Schädlingsbekämpfung*. So ernähren sich Marienkäfer und Florfliegen sowie deren Larven von Blattläusen. Schlupfwespen legen ihre Eier in Schmetterlingsraupen ab, zum Beispiel in den Raupen des Kohlweißlings. Die Larven ernähren sich von den Raupen und töten sie so. Ohrwürmer und Laufkäfer leben ebenfalls räuberisch und beugen so einer Massenvermehrung von Schadinsekten vor.

SCHUTZ DER INSEKTEN · Viele unserer einheimischen Insektenarten kommen nur noch selten vor. So sind fast alle unsere Tagfalterarten unter *Naturschutz* gestellt. Deshalb dürfen keine Schmetterlinge wie das Tagpfauenauge und der Schwalbenschwanz gefangen oder getötet werden. Wer diese Schmetterlinge schützen will, muss auch Wildpflanzen, beispielsweise die Brennnessel, tolerieren. Sie ist eine wichtige Nahrungspflanze der Raupen.

Die unterschiedlichen Insekten stellen verschiedene Ansprüche an ihren Lebensraum. Um ihre *Artenvielfalt* zu sichern, ist es notwendig, eine reich strukturierte Landschaft wie Mischwälder, Streuobstwiesen, Hecken und naturnahe Wiesen zu erhalten, zu errichten und unter Schutz zu stellen. Monokulturen wie zum Beispiel Getreidefelder oder Kiefernwälder bieten durch die geringe Anzahl der Pflanzenarten nur wenigen Insektenarten einen geeigneten Lebensraum.

Insektenhotels dienen als Nist- und Überwinterungshilfen und tragen so ebenfalls zur Bestandserhaltung bei.

Nicht zuletzt sollte im heimischen Garten nach Möglichkeit auf Insektizide verzichtet und diese in der Land- und Forstwirtschaft nur sparsam und verantwortungsvoll eingesetzt werden.

3 ╵ Erläutere das Prinzip der biologischen Schädlingsbekämpfung an mindestens zwei Beispielen!

05 Die Florfliege frisst Blattläuse.

06 Wildwiese – Lebensraum für viele Arten

Material A ▸ Schutz gefährdeter Insekten

Hirschkäfer

Heldbock

Große Moosjungfer

Aufgrund ihrer großen Bedeutung ist es notwendig, dass die Insekten geschützt werden. Der Bestand an Insekten geht ständig zurück. In der Roten Liste von Sachsen-Anhalt sind zum Beispiel der *Hirschkäfer*, der *Heldbock* und die *Große Moosjungfer* aufgenommen worden. Die Ursachen für ihren Rückgang liegen darin, dass zum Beispiel Feuchtgebiete trockengelegt oder neue Wohngebiete erschlossen werden. Viele Insekten werden durch Insektenvernichtungsmittel, die *Insektizide*, bedroht.

A1 Informiere dich im Internet über die oben aufgeführten Insekten. Erstelle für diese jeweils einen Steckbrief!

A2 Finde heraus, welche Möglichkeiten es gibt, diese Insekten nachhaltig zu schützen!

Material B ▸ Insektenhotel

Ein Insektenhotel dient dem Schutz bestimmter Insekten. In ein überdachtes Fachwerkgerüst wurden angebohrte Holzstücke, hohle Schilfrohre, Hohlblocksteine und löchrige Kalksteine eingesetzt.

B1 Erläutere, welche Insekten durch ein Insektenhotel geschützt werden können!

B2 Diskutiere mit Mitschülern, unter welchen Voraussetzungen die Errichtung eines Insektenhotels an deiner Schule sinnvoll ist!

B3 Erläutere weitere Maßnahmen zum Schutz unserer einheimischen Insektenarten!

01 Kreuzspinne im Netz

Spinnen und Krebstiere

Die weibliche Kreuzspinne sitzt in ihrem Netz mit dem Kopf nach unten und lauert auf Beute. Meistens sind das Insekten, zum Beispiel Fliegen. Worin unterscheiden sich Spinnen von Insekten?

KÖRPERBAU · Bei der Kreuzspinne sind Kopf und Brust im Gegensatz zu den Insekten zu einem **Kopf-Brust-Stück** verwachsen. Am Kopf sitzen die acht *Punktaugen* und vor dem Mund die paarigen *Kieferzangen* mit den Giftklauen. Spinnen haben acht gegliederte Laufbeine, nicht nur sechs wie Insekten. An den Beinen und den Kiefertastern sitzen empfindliche *Tastsinnesorgane*, mit denen die Spinne die Erschütterungen durch zappelnde Beutetiere im Netz wahrnimmt. Die Sinnesorgane sind mit dem *Bauchmark* verbunden.

Über den Mund spritzt die Kreuzspinne Verdauungssäfte in das Beutetier. Dadurch werden dessen Weichteile verflüssigt. Durch diese **Außenverdauung** kann die Spinne ihre Nahrung aufsaugen.

Der weiche *Hinterleib* der Kreuzspinne ist von weißen Flecken bedeckt, die eine kreuzähnliche

02 Netzbau der Kreuzspinne

Y-Grundgerüst

Seilbrücke

Speichenfäden

Rahmenfäden

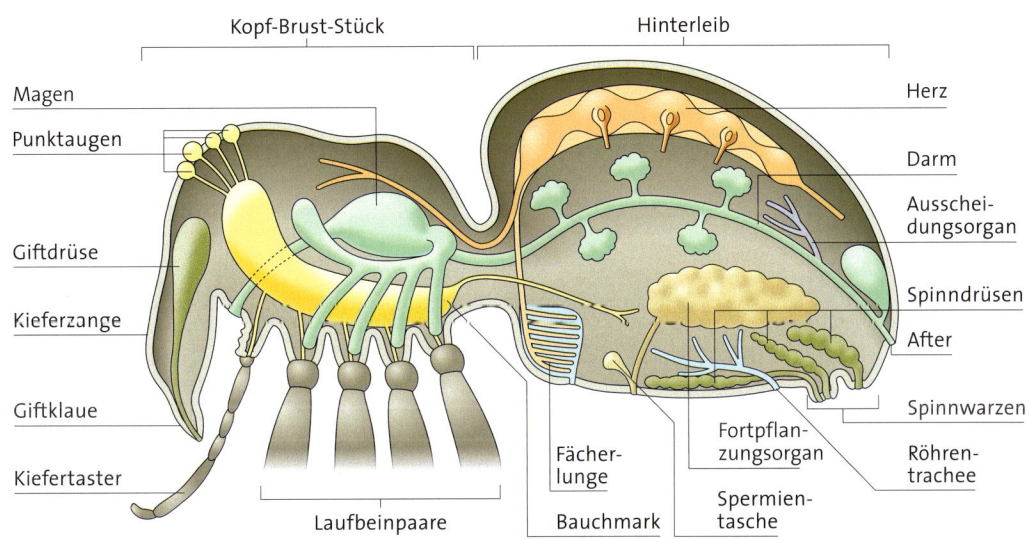

Kopf-Brust-Stück | Hinterleib

Magen
Punktaugen
Giftdrüse
Kieferzange
Giftklaue
Kiefertaster
Laufbeinpaare
Fächerlunge
Bauchmark
Fortpflanzungsorgan
Spermientasche
Herz
Darm
Ausscheidungsorgan
Spinndrüsen
After
Spinnwarzen
Röhrentrachee

03 Bau der Kreuzspinne

Zeichnung bilden. Auf der Bauchseite des Hinterleibs liegen die *Atemöffnungen*, über die die Atemluft in die *Atemhöhle* zu den zwei *Fächerlungen* gelangt. Außerdem atmet die Kreuzspinne über Röhren im Hinterleib, die *Röhrentracheen*. Der Hinterleib enthält das schlauchförmige *Herz*, das die farblose Blutflüssigkeit in einen **offenen Blutkreislauf** pumpt. Im Hinterleib liegen auch der *Darm* sowie die *Ausscheidungs-* und *Fortpflanzungsorgane*.

NETZBAU DER KREUZSPINNE · Die Kreuzspinne stellt ihr Netz aus Seide her. Zunächst erzeugt die Kreuzspinne in ihren *Spinndrüsen* am Ende des Hinterleibs eine Flüssigkeit. Wenn diese über die *Spinnwarzen* austritt, erhärtet sie an der Luft zu einem Spinnfaden. Das Ende des Fadens wird vom Wind davongetragen, bis es irgendwo festklebt. So entsteht eine *Seilbrücke*, von deren Mitte aus die Spinne einen weiteren

Faden nach unten spinnt. In dieses *Y-Grundgerüst* werden zur Stabilisierung *Rahmen-* und *Speichenfäden* eingezogen.
Nun werden von der Mitte aus trockene *Hilfsfäden* spiralförmig bis nach außen gesponnen. Um diese webt die Kreuzspinne von außen nach innen die klebrigen *Fangfäden*. Hierbei frisst sie gleichzeitig die vorher zur Orientierung gesponnene *Hilfsspirale* wieder auf. Die aus den Fangfäden entstehende *Fangspirale* bildet zusammen mit den Rahmen- und Speichenfäden das **Radnetz.**
Das Spinnenweibchen lauert in der Mitte des Netzes, der *Warte*, auf Beutetiere. Das kleinere Männchen kontrolliert oft vom Rand seines Netzes mit einem *Signalfaden*, ob sich ein Beutetier im Netz verfangen hat. Die Beute wird durch einen Biss mit den *Giftklauen* getötet.

1 Vergleiche den Körperbau von Spinnen und Insekten!

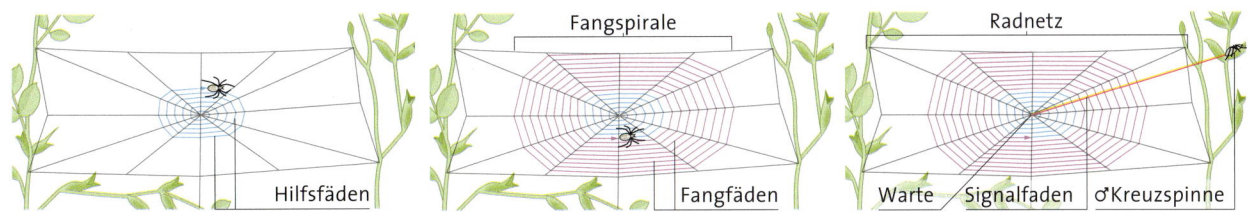

Hilfsfäden | Fangspirale | Fangfäden | Radnetz | Warte | Signalfaden | ♂ Kreuzspinne

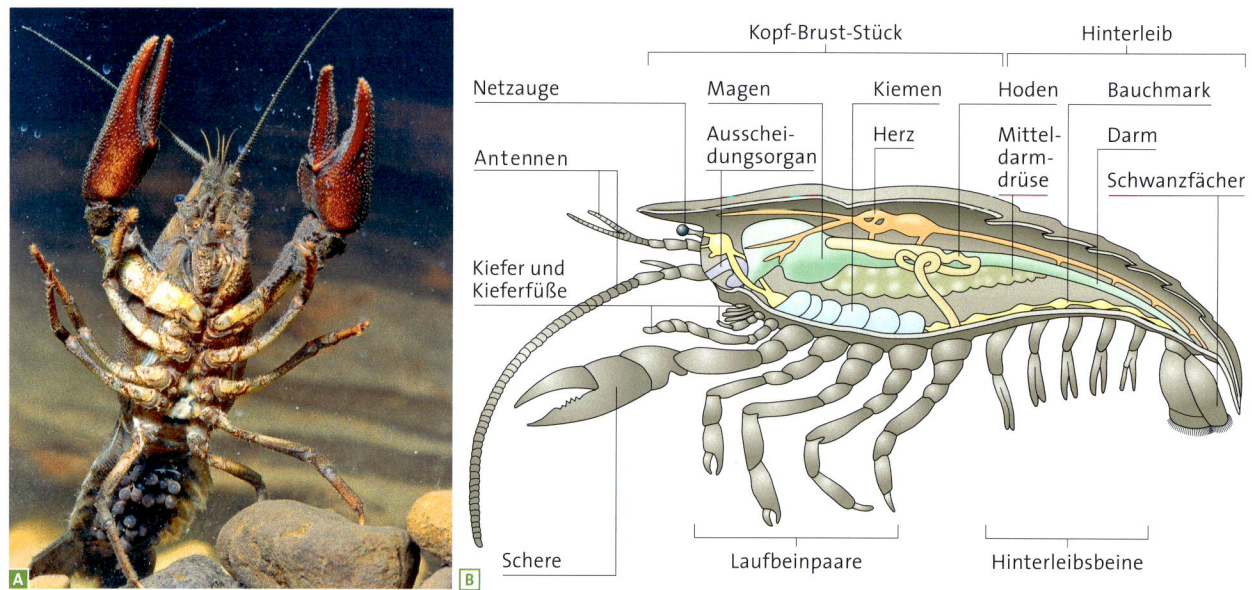

Kopf-Brust-Stück Hinterleib

Netzauge Magen Kiemen Hoden Bauchmark

Ausschei- Herz Mittel- Darm
dungsorgan darm-
drüse

Antennen Schwanzfächer

Kiefer und
Kieferfüße

Schere Laufbeinpaare Hinterleibsbeine

04 Flusskrebs: **A** im Lebensraum, **B** Körperbau

FLUSSKREBS · Der *Europäische Flusskrebs* lebt in sauberen, langsam fließenden oder stehenden Gewässern. Er atmet über *Kiemen*. Tagsüber ist er nicht zu sehen, da er sich in Höhlen versteckt. In der Nacht geht er auf Jagd nach Kleintieren. Er frisst aber auch Pflanzen und Aas.

KÖRPERBAU · Der längliche Körper ist in das starre *Kopf-Brust-Stück* und den beweglichen *Hinterleib* gegliedert. Am Kopf sitzen zwei *Netzaugen* auf Augenstielen. Das kürzere Antennenpaar dient als *Geruchsorgan*, das längere als *Tastorgan*. Die Sinnesorgane sind mit dem zum *Bauchmark* verschmolzenen *Strickleiternervensystem* verbunden. Am Mund sitzen der *Kiefer* und drei Paar *Kieferfüße*, die der Nahrungsaufnahme dienen. Das erste *Laufbeinpaar* ist deutlich vergrößert und hat Scheren, mit denen der Krebs seine Beute ergreift und zerteilt. Mit den anderen vier Laufbeinpaaren bewegt er sich vor-, rück- und seitwärts. Der Hinterleib besteht aus sechs *Segmenten*. Fünf von ihnen tragen paarige *Hinterleibsbeine*. Das letzte Segment endet mit dem *Schwanzfächer*. Klappt der Flusskrebs den Hinterleib samt Schwanzfächer kräftig ein, erzeugt er einen *Rückstoß* und schwimmt rückwärts davon.

WACHSTUM UND FORTPFLANZUNG · Der Flusskrebs ist von einem harten Panzer aus Chitin und Kalk umhüllt. Um wachsen zu können, muss der Krebs dieses **Außenskelett** abstreifen und anschließend mithilfe der Haut einen neuen Panzer bilden. Während dieser *Häutung* ist der Krebs weich und ungeschützt. Daher versteckt er sich, bis der neue Panzer ausgehärtet ist.

Gegen Herbst heftet das Männchen Spermienzellen in einer Kapsel an die Geschlechtsöffnung des Weibchens. Die Eizellen werden erst bei ihrer Ablage von den Spermienzellen befruchtet. Das Weibchen trägt die befruchteten Eizellen und später die Jungtiere zwischen ihren Hinterleibsbeinen, es betreibt also *Brutpflege*.

2 Vergleiche den Körperbau des Flusskrebses mit dem der Kreuzspinne!

3 Stelle eine Vermutung darüber an, was ein „Butterkrebs" sein könnte!

Material A ▸ Beutefangstrategien bei Spinnen

Die *Veränderliche Krabbenspinne* baut keine Netze. Sie lauert häufig auf gelben oder weißen Blüten auf Beutetiere. Das Weibchen kann die Körperfarbe an die gelbe oder weiße Farbe der Blüte anpassen. Den Namen Krabbenspinne trägt sie wegen der beiden vorderen Beinpaare, die sehr kräftig und lang sind. Dadurch ähnelt sie einer kleinen Krabbe. Mit diesen Vorderbeinen packt sie ihre Beute, spritzt ihr Gift in den Körper und saugt sie aus. Auch bei den Krabbenspinnen ist das Männchen wie bei vielen Spinnenarten wesentlich kleiner.

A1 Nenne Gemeinsamkeiten und Unterschiede bei Kreuzspinne und Krabbenspinne!

Der Bau eines Radnetzes dauert etwa 45 Minuten und erfordert sehr viel Fadenmaterial. Jagdspinnen, zum Beispiel die *Listspinne*, bauen keine Fangnetze. Sie lauern auf Beutetiere und erjagen sie durch einen *Jagdsprung.*

A2 Stelle Vermutungen an, welche Vor- und Nachteile die jeweilige Jagdweise der Kreuzspinne, der Krabbenspinne und der Listspinne hat!

VERSUCH B ▸ Reaktion der Asseln auf Licht und Feuchtigkeit

dunkles Papier

Zeit in s	Anzahl der Asseln im belichteten Raum	Anzahl der Asseln im dunklen Raum
0		
20		
40		
60		
...		

Kellerasseln gehören zu den Krebstieren. Diese Asseln ernähren sich von abgestorbenen Tier- und Pflanzenresten. Sie leben in der Nähe ihrer Nahrungsquellen und kommen in der Streuschicht von Laubwäldern vor, aber auch in feuchten Kellern oder in Gärten unter Steinen.

Material:
Petrischale mit Deckel (siehe Abbildung), Filterpapier, Schere, Sprühflasche mit Wasser, zehn Asseln
Beachte: Asseln sind Lebewesen. Behandle sie vorsichtig!

Durchführung:
- Setze die zehn Asseln in die Petrischale und verschließe sie mit dem verkleideten Deckel.
- Lege Filterpapier so in eine Petrischale, dass auf jeder Seite Papier liegt, in der Mitte jedoch ein freier Streifen bleibt. Feuchte das Papier auf einer Seite an. Setze die Asseln in die Mitte.

B1 Beobachte, wie sich die Asseln im ersten Versuch verhalten! Zähle vier Minuten lang alle 20 Sekunden, wie viele Asseln sich im be-

lichteten Raum der Petrischale befinden!

B2 Trage deine Ergebnisse in eine Tabelle ein!

B3 Übertrage deine Daten in ein Liniendiagramm! Die x-Achse bezeichnet die Anzahl der Asseln und die y-Achse die Zeit!

B4 Werte die Ergebnisse aus!

B5 Notiere die Beobachtungen zum zweiten Versuch und werte sie wie beim ersten Versuch aus!

01 Schnecke kriecht über eine Messerklinge

Schnecken

Schnecken bewegen sich sehr langsam fort. Im Schneckentempo können sie sogar über scharfe Gegenstände kriechen, ohne sich zu verletzen. Wie gelingt den Schnecken das?

KÖRPERBAU · Unter der harten Schale aus Kalk liegen die inneren Organe der Schnecke. Beim Kriechen sind vom weichen Körper der Weinbergschnecke der *Fuß* und der *Kopf* gut zu erkennen. Schnecken gehören zu den **Weichtieren.**

Am Kopf der Schnecke befinden sich zwei Paar *Fühler*. Das vordere, kurze Fühlerpaar dient als *Tast-* und *Geschmacksorgan*. Die hinteren, langen Fühler tragen die *Augen*. Andere *Sinneszellen* liegen in der Haut des Fußes verstreut, mit denen die Weinbergschnecke verschiedene Reize, zum Beispiel Berührungsreize, aufnimmt. Alle Sinnesorgane sind mit dem *Nervensystem* verbunden, das im Kopfbereich einige Nervenknoten aufweist.

Unten am Kopf liegt der *Mund*. Darunter mündet die Öffnung der Fußschleimdrüse nach außen. Das Atemloch befindet sich am Schaleneingang. In der Atemhöhle liegt eine mit stark verzweigten Blutgefäßen versehene *Lunge*, die der Atmung dient. Die Weinbergschnecke gehört zu der Gruppe der **Lungenschnecken.** Sie kann aber auch zusätzlich über die *schleimige Haut* atmen. Das sauerstoffreiche Blut fließt von den Blutgefäßen der Lunge in das *Herz*, das das Blut durch offen endende Gefäße in den Körper pumpt. Schnecken besitzen also einen **offenen Blutkreislauf.**

FORTBEWEGUNG · Nach Regen oder am Morgen findet man häufig glänzende Schleimspuren auf Wegen. Sie stammen von Schnecken, zum Beispiel von Weinbergschnecken, die mithilfe der *Schleimdrüse* Schleim bilden. Dieser wird am Vorderende des Körpers ausgeschieden, wenn die Weinbergschnecke kriecht. Deshalb befindet sich zwischen Untergrund und

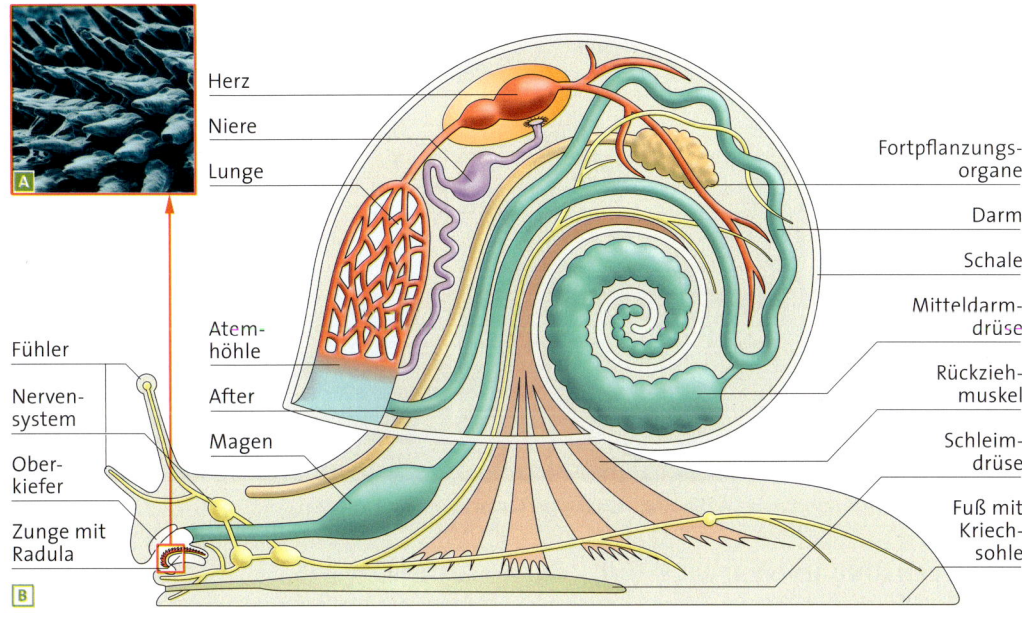

Herz
Niere
Lunge
Fühler
Nervensystem
Oberkiefer
Zunge mit Radula
Atemhöhle
After
Magen
Fortpflanzungsorgane
Darm
Schale
Mitteldarmdrüse
Rückziehmuskel
Schleimdrüse
Fuß mit Kriechsohle

A

B

02 Schnecke:
A Oberfläche der Radula,
B Körperbau

dem Körper ein *Schleimteppich*, auf dem die Schnecke vorwärts gleitet. So kann sie sogar über scharfe Gegenstände kriechen, ohne sich zu verletzen. Die Unterseite der Weinbergschnecke, der Fuß, besteht hauptsächlich aus Muskeln. Er ist unten wie eine Sohle abgeplattet. Über diese *Kriechsohle* verlaufen beim Kriechen von hinten nach vorne gleichzeitig mehrere *wellenartige Muskelbewegungen*. Jede dieser Muskelbewegungen schiebt die Schnecke ein Stück weiter voran.

Trifft die Schnecke auf Hindernisse oder wird sie berührt, kann sie Teile des Körpers oder sogar den gesamten Fuß einziehen. Dies ermöglicht ein großer *Rückziehmuskel*, der innen an der *Schale* festgewachsen ist.

ERNÄHRUNG · Über der Zunge der Weinbergschnecke liegt ein bewegliches Band. Es trägt spitze Chitinzähnchen auf der Oberfläche und heißt **Radula**. Mit der Zunge drückt die Schnecke die *Radula* auf die Pflanze. Wie bei einem Schaufelradbagger bewegt sich die Radula nach hinten. Die Chitinzähnchen raspeln so Pflanzenteilchen ab und transportieren sie in den *Schlund*. Außerdem kann die Schnecke mithilfe

des knorpeligen Oberkiefers und der knorpeligen Zunge Stücke aus frischen Pflanzen herausschneiden. Die Radula zerkleinert die pflanzliche Nahrung. Die von der Radula zerkleinerten Pflanzenteile gelangen vom *Magen* zum *Darm*. Mithilfe von Verdauungssäften, zum Beispiel aus der *Mitteldarmdrüse,* werden die Nährstoffe zerlegt und vom Körper aufgenommen. Die unverdaulichen Reste werden über den *Darm* bis zum *After* befördert und ausgeschieden.

1 Beschreibe den äußeren Bau einer Gehäuseschnecke!

2 Gib an, welche Körperbereiche der Schnecke in der Schale liegen und welche außerhalb, wenn sich die Schnecke fortbewegt!

3 Nenne die Sinnesorgane der Schnecke und ihre Aufgaben!

4 Begründe die Angepasstheit der Schnecken an ihren Lebensraum!

5 Vergleiche nach selbst gewählten Kriterien einen Regenwurm, ein Insekt und eine Gehäuseschnecke!

03 Fortpflanzung und Entwicklung der Weinbergschnecke: **A** Paarung, **B** Eiablage, **C** geschlüpfte Jungtiere

FORTPFLANZUNG UND ENTWICKLUNG · Im Frühsommer suchen Weinbergschnecken einen Paarungspartner. Ist ein Partner gefunden, richtet sich das Paar auf, reibt seine Kriechsohlen aneinander und betastet und befühlt sich. Während der *Paarung*, die mehrere Stunden dauern kann, stoßen sich die Weinbergschnecken gegenseitig einen etwa einen Zentimeter langen Kalkpfeil in den Fuß. Da er vermutlich der Reizung des Partners zur Paarung dient, wird er *Liebespfeil* genannt. Danach übergibt jede der beiden Schnecken Spermienzellen an ihren Partner, der diese zunächst speichert.

Erst einige Wochen später legt die Weinbergschnecke 40 bis 60 reife Eizellen in einer *Erdhöhle* ab. Kurz zuvor werden sie von den gespeicherten Spermienzellen des Partners befruchtet. Jede Schnecke bildet also sowohl Spermien- als auch Eizellen. Schnecken sind daher wie Regenwürmer *Zwitter*.

Nach wenigen Wochen schlüpfen die Jungtiere. Durch die anfangs weiche und durchsichtige Schale schimmern die Organe.
Der *drüsenreiche Mantel* ist für das Wachstum der Schale zuständig. Er versorgt sie mit Kalk. Dadurch wird die Schale zunehmend größer und härter. Die jungen Weinbergschnecken verlassen schließlich ihre Geburtshöhle.

LEBENSWEISE · Da Weinbergschnecken für das Wachstum der Schale viel Kalk benötigen, kommen sie vor allem in Gegenden mit kalkreichen Böden vor. Weinbergschnecken müssen als *Landschnecken* Wasserverlust vermeiden. Sie gehen nur bei Regen, in der Dämmerung und nachts auf Nahrungssuche. Sie sind also *Feuchtlufttiere*. Bei Trockenheit ziehen sie sich an einem kühlen und feuchten Ort in ihre Schale zurück und verschließen sie mit einem *Schleimhäutchen*.

Weinbergschnecken überwintern bevorzugt in kleinen Erdhöhlen. Sie verschließen zur Überwinterung ihr Gehäuse mit einem *Kalkdeckel* und fallen in Winterstarre. Im Frühjahr stoßen sie den Deckel wieder ab.

Außer den Schnecken gehören auch Muscheln, Tintenfische und Kraken zu den Weichtieren.

6 ⌡ Begründe, weshalb Schnecken nur bei Regen, in der Dämmerung und nachts auf Nahrungssuche geht!

7 ⌡ Erläutere, wie Weinbergschnecken überwintern!

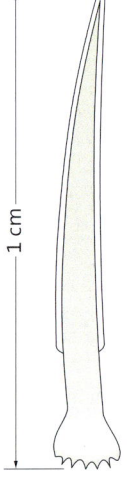

1 cm

04 Liebespfeil

Material A ▸ Fortbewegung der Schnecke

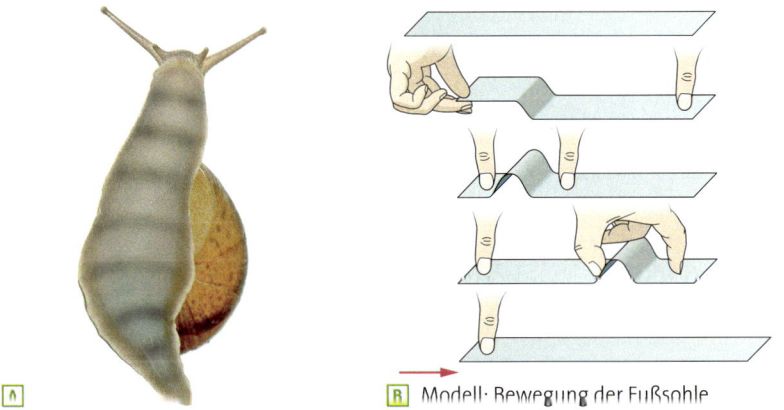

A Modell: Bewegung der Fußsohle

A1 Beschreibe die Fußsohle der kriechenden Schnecke!

A2 Erkläre mithilfe des Modellversuch mit einem Papierstreifen die Fortbewegung einer Schnecke!

A3 Erkläre, was durch den Modellversuch mit dem Papierstreifen nicht erklärt werden kann!

Material B ▸ Schnecke beim Fressen

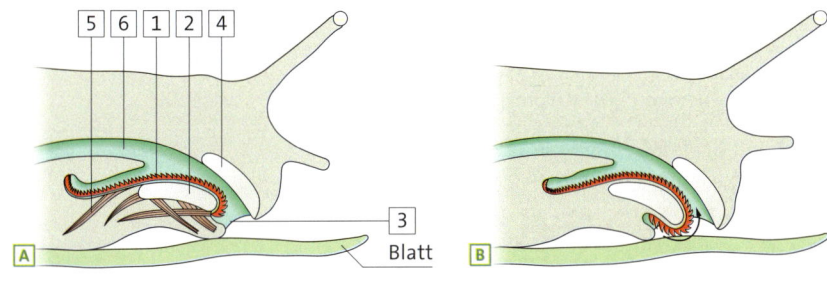

5 6 1 2 4

3

A Blatt

B

B1 Ordne den Zahlen die entsprechenden Fachbegriffe zu!

B2 Beschreibe den Vorgang in Abbildung B!

B3 Erläutere an diesem Beispiel den Zusammenhang von Bau und Funktion!

Material C ▸ Weitere Schneckenarten

Hain-Schnirkelschnecke

Rote Wegschnecke

Wellhornschnecke

Gemeine Sumpfdeckelschnecke

Die meisten Lungenschnecken leben an Land, Kiemenschnecken im Wasser.

C1 Informiere dich in Lexika, Tierbüchern oder im Internet über die abgebildeten Schneckenarten und erstelle jeweils einen Steckbrief!

C2 Ordne mithilfe der Steckbriefe die Schnecken der Gruppe der Lungenschnecken oder der Kiemenschnecken zu!

C3 Nenne fünf weitere Tiere, die über Kiemen atmen!

Stämme der Wirbellosen

Tiere, die in ihrem **Grundbauplan** viele gemeinsame Merkmale aufweisen, werden zu einer *Gruppe* zusammengefasst. So gehören Tiere mit einer Wirbelsäule zu dem **Stamm** der Wirbeltiere. Dieser Tierstamm umfasst etwa fünf Prozent aller Tierarten. Alle anderen Tierarten besitzen keine Wirbelsäule und gehören daher zu den **Wirbellosen**. Sie weisen viele ver-

Arten (Auswahl)

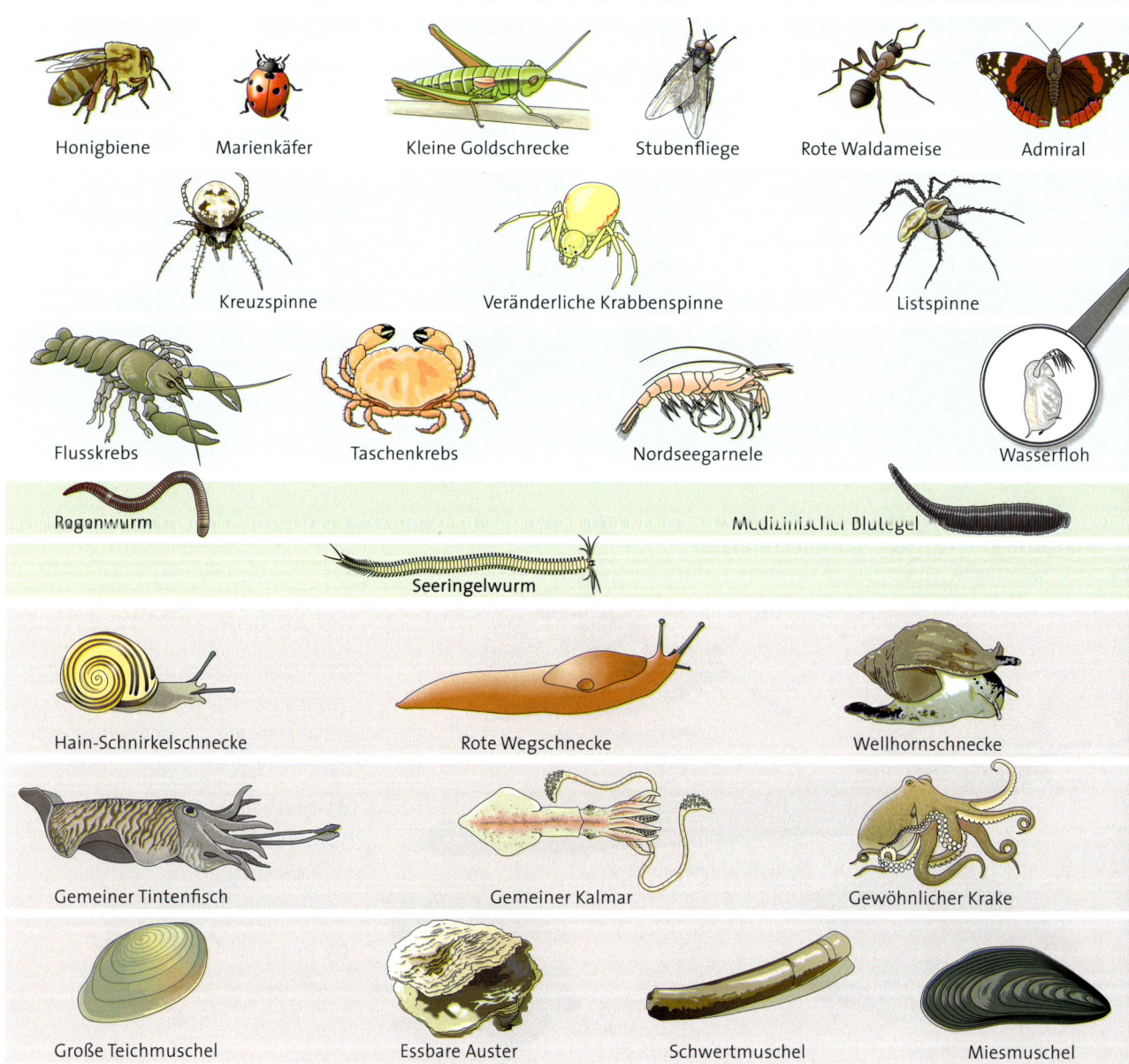

Honigbiene

Marienkäfer

Kleine Goldschrecke

Stubenfliege

Rote Waldameise

Admiral

Kreuzspinne

Veränderliche Krabbenspinne

Listspinne

Flusskrebs

Taschenkrebs

Nordseegarnele

Wasserfloh

Regenwurm

Medizinischer Blutegel

Seeringelwurm

Hain-Schnirkelschnecke

Rote Wegschnecke

Wellhornschnecke

Gemeiner Tintenfisch

Gemeiner Kalmar

Gewöhnlicher Krake

Große Teichmuschel

Essbare Auster

Schwertmuschel

Miesmuschel

schiedene Grundbaupläne auf. Hier werden *drei Stämme der Wirbellosen* mit ihren typischen gemeinsamen Merkmalen und einigen ihrer Vertreter vorgestellt.

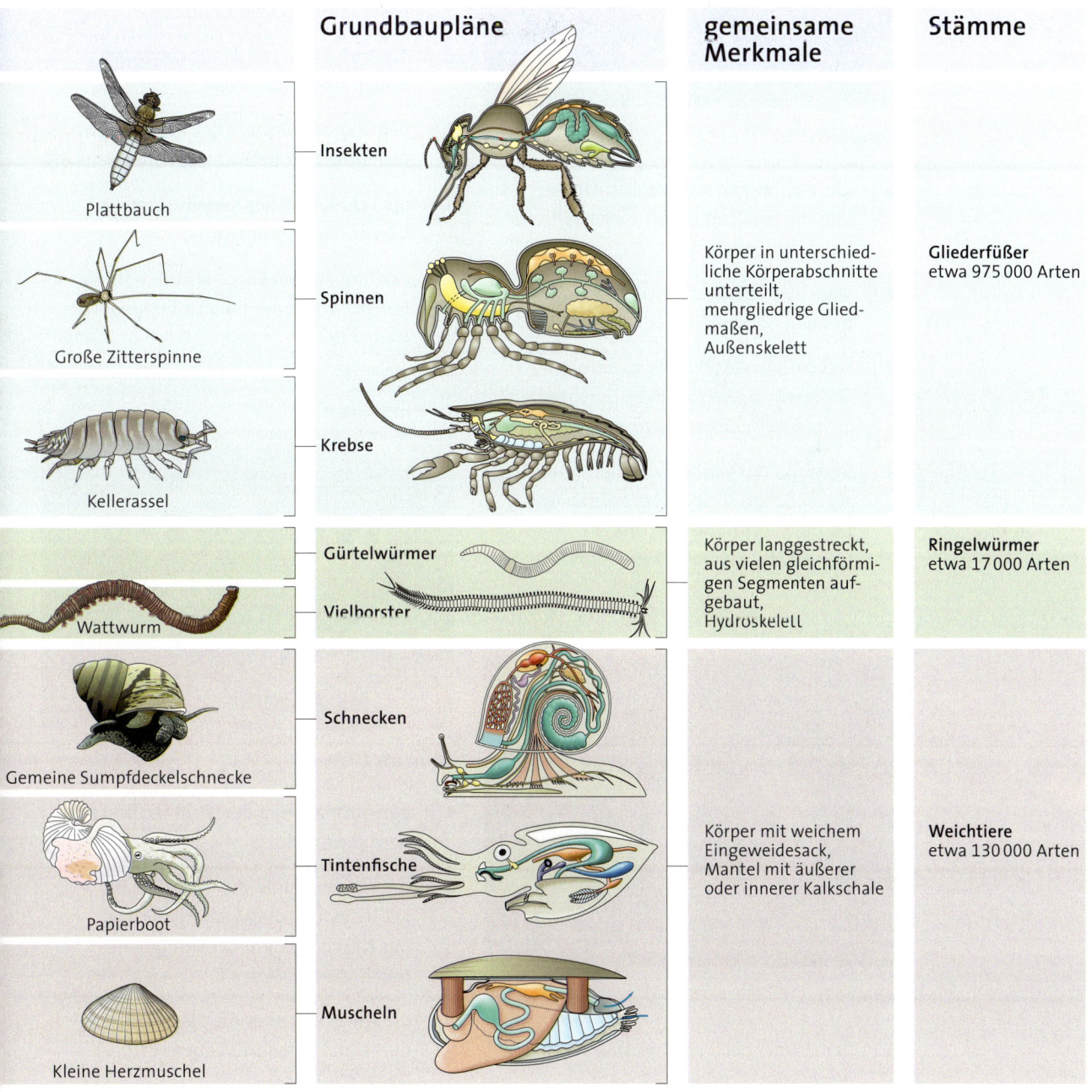

	Grundbaupläne	gemeinsame Merkmale	Stämme
Plattbauch	Insekten	Körper in unterschiedliche Körperabschnitte unterteilt, mehrgliedrige Gliedmaßen, Außenskelett	**Gliederfüßer** etwa 975 000 Arten
Große Zitterspinne	Spinnen		
Kellerassel	Krebse		
Wattwurm	Gürtelwürmer / Vielborster	Körper langgestreckt, aus vielen gleichförmigen Segmenten aufgebaut, Hydroskelett	**Ringelwürmer** etwa 17 000 Arten
Gemeine Sumpfdeckelschnecke	Schnecken	Körper mit weichem Eingeweidesack, Mantel mit äußerer oder innerer Kalkschale	**Weichtiere** etwa 130 000 Arten
Papierboot	Tintenfische		
Kleine Herzmuschel	Muscheln		

A ▸ Vielfalt der Wirbellosen

Kann ich ...

1 ⌡ die Vielfalt von wirbellosen Tieren anhand von Daten und ausgewählten Beispielen begründen? *(Seite 60 bis 62)*

2 ⌡ verschiedene Gruppen der Wirbellosen nennen? *(Seite 60 bis 62)*

3 ⌡ wesentliche Merkmale einzelner Gruppen von Wirbellosen beschreiben? *(Seite 60 bis 62 sowie Seite 98 und 99)*

4 ⌡ Vertreter der Wirbellosen den unterschiedlichen Gruppen zuordnen und meine Zuordnung begründen? *(Seite 60 bis 62 sowie Seite 98 und 99)*

B ▸ Ringelwürmer

Kann ich ...

1 ⌡ den Körper des Regenwurms beschreiben? *(Seite 64 und 65)*

2 ⌡ den Bau und die Arbeitsweise des Hautmuskelschlauchs eines Regenwurms beschreiben? *(Seite 64 und 65)*

3 ⌡ die Fortbewegung des Regenwurms erklären? *(Seite 65 und 66)*

4 ⌡ das Blutgefäßsystem, das Nervensystem und die Atmung des Regenwurms beschreiben? *(Seite 65 und 66)*

5 ⌡ die Fortpflanzung des Regenwurms beschreiben? *(Seite 66)*

6 ⌡ begründen, weshalb der Regenwurm als Feuchtlufttier bezeichnet wird? *(Seite 66)*

7 ⌡ die Ernährung des Regenwurms beschreiben? *(Seite 66)*

8 ⌡ erklären, wieso Regenwürmer die Fruchtbarkeit des Bodens verbessern? *(Seite 66)*

C ▸ Insekten

Kann ich ...

1 ⌡ den äußeren Bau der Insekten beschreiben? *(Seite 70)*

2 ⌡ die Sinnesorgane, das Herz, das Blutgefäßsystem, die Atemorgane und das Nervensystem der Honigbiene beschreiben? *(Seite 71)*

3 ⌡ die Aufgaben nennen, die eine Honigbiene im Laufe ihres Lebens erfüllt? *(Seite 72)*

4 beschreiben, wie die Honigbiene Nektar und Blütenstaub transportiert? *(Seite 72)*

5 erklären, wieso die Honigbiene ein Nutztier ist? *(Seite 72)*

6 die Entstehung, die Lebensdauer und die Aufgaben der drei Bienenwesen in einem Bienenvolk beschreiben? *(Seite 74 und 75)*

7 beschreiben, wie eine Biene anderen Bienen mitteilen kann, wo eine Futterquelle liegt? *(Seite 75)*

8 beschreiben, wie ein neues Bienenvolk entsteht? *(Seite 74 und 75)*

9 die Ernährung, die Fortpflanzung, die Entstehung eines neuen Staates und die Verständigung der Waldameise beschreiben? *(Seite 76)*

10 die Entwicklung eines Tagpfauenauges und eines Maikäfers beschreiben? *(Seite 78 und 79)*

11 die unvollständige Verwandlung mit der vollständigen vergleichen und Beispiele nennen? *(Seite 78 bis 80)*

12 den Bau der beißenden Mundwerkzeuge der Insekten beschreiben? *(Seite 82 und 83)*

13 die Angepasstheit der Mundwerkzeuge von Honigbienen, Schmetterlingen und Mücken erklären? *(Seite 83)*

14 vier Beispiele für die Angepasstheit von Insektenbeinen beschreiben? *(Seite 84)*

15 die Bedeutung der Insekten an ausgewählten Beispielen erläutern? *(Seite 86 bis 88)*

16 Möglichkeiten zum Schutz der Insekten erläutern? *(Seite 88)*

D ▶ Spinnen, Krebse und Schnecken

Kann ich ...

1 die Kreuzspinne mit einem Insekt vergleichen? *(Seite 70 und 71 sowie Seite 90 und 91)*

2 Bau und Aufgabe des Spinnennetzes beschreiben? *(Seite 90 und 91)*

3 Bau und Fortpflanzung des Flusskrebses beschreiben? *(Seite 92)*

4 die Fortbewegung einer Weinbergschnecke beschreiben? *(Seite 94 und 95)*

5 Sinnesorgane, Atmung, Blutkreislauf und Nahrungsaufnahme der Weinbergschnecke beschreiben? *(Seite 94 und 95)*

6 Paarung und frühe Entwicklung der Weinbergschnecke beschreiben? *(Seite 96)*

7 außer Schnecken zwei weitere Weichtiergruppen nennen? *(Seite 96)*

8 wichtigen Tierstämmen der Wirbellosen typische Baumerkmale zuordnen? *(Seite 98 und 99)*

9 den Tierstämmen der Wirbellosen Tierarten zuordnen? *(Seite 98 und 99)*

Der Mensch – Stoff- und Energiewechsel

In diesem Kapitel beschäftigst du dich mit

- ► der Ernährung. Du lernst die Inhaltsstoffe von Nahrungsmitteln sowie deren Bedeutung für unsere Ernährung kennen. Du erfährst, wie der Körper die Inhaltsstoffe der Nahrung nutzbar machen kann. Außerdem lernst du, wie man Nährstoffe nachweist.

- ► der Atmung. Du lernst den Bau und die Funktion der Lunge kennen und erfährst, wie der Gasaustausch erfolgt.

- ► der Energiebereitstellung durch Zellatmung. Du lernst, wie Organsysteme dabei zusammenwirken.

- ► der Ersten Hilfe. Du lernst lebensrettende Maßnahmen kennen.

01 Reisgericht

Nahrungsmittel und ihre Inhaltsstoffe

> *Bei der Zubereitung von Speisen werden häufig viele verschiedene Nahrungsmittel verwendet. In einem Reisgericht sind neben Reis oft auch Gemüse und Fleisch enthalten. Woraus bestehen die unterschiedlichen Nahrungsmittel?*

INHALTSSTOFFE · Fleisch, Gemüse, Reis und alle anderen Nahrungsmittel bestehen jeweils aus vielen verschiedenen Stoffen. Diese *Inhaltsstoffe* sind zum größten Teil *Kohlenhydrate, Fette* und *Eiweiße*. Sie liefern die lebensnotwendige Energie für den Körper und stellen Baustoffe für sein Wachstum und seine Entwicklung bereit. Weil Kohlenhydrate, Fette und Eiweiße über die Nahrung aufgenommen werden, nennt man sie **Nährstoffe.** Diese drei Nährstoffe sind in unterschiedlichen Mengen in den Nahrungsmitteln enthalten. Sie machen den größten Anteil der Inhaltsstoffe eines Nahrungsmittels aus. Für viele lebenswichtige Vorgänge im Körper sind noch weitere Inhaltsstoffe von großer Bedeutung. Dies sind *Vitamine, Mineralstoffe* und *Ballaststoffe*. Die Art und Menge der Inhaltsstoffe ist auf der Verpackung eines Lebensmittels angegeben.

KOHLENHYDRATE · Kohlenhydrate können in unterschiedlichen Zusammensetzungen in den verschiedenen Nahrungsmitteln vorkommen. Der kleinste Baustein eines Kohlenhydrats ist ein Einfachzucker, zum Beispiel Traubenzucker, die Glukose. Wenn sich zwei *Einfachzucker* zusammenlagern, entsteht ein *Zweifachzucker*. Der Malzzucker zum Beispiel, die Maltose, besteht aus zwei Traubenzuckerbausteinen. Lagern sich viele Zuckerbausteine zusammen, bilden sie einen *Vielfachzucker,* wie zum Beispiel die Stärke. Sie besteht aus Tausenden von Traubenzuckerbausteinen. Traubenzucker, Malzzucker und Stärke werden wie viele weitere Zuckerverbindungen als *Kohlenhydrate* bezeichnet.

Große Mengen an Kohlenhydraten sind vor allem in den meisten pflanzlichen Nahrungsmitteln enthalten. Hierzu zählen beispielsweise Getreideprodukte wie Nudeln, Brot und Haferflocken, aber auch Kartoffeln und viele Früchte. Kohlenhydrate können bei der Verdauung leicht abgebaut werden. Sie liefern dem Körper dadurch schnell Energie für alle Lebensvorgänge. Sie sind eine wichtige Energiequelle.

eizenvollkornmehl (66 %), Wei
ucker, pflanzliches Öl, Frischhefe
erstenmalzextrakt, Weizenprote
alciumcarbonat, jodiertes Speise
ißmolkenpulver, Invertzuckersi
nulgator (Sojalecithine), Backtr
atriumhydrogencarbonat), Säu

Analyse	je 100 g
Brennwert	1616 kJ
Eiweiß (Proteine)	14,0 g
Kohlenhydrate	64,0 g
davon Zucker	10,8 g
Fett	6,0 g
davon gesättigte Fettsäuren	3,1 g
Ballaststoffe	8,5 g
Natrium	0,5 g

02 Lebensmittelverpackung

FETTE · Fette sind Nährstoffe, die jeweils aus *Glycerin* und drei *Fettsäuren* zusammengesetzt sind. Sie können sowohl in pflanzlichen als auch in tierischen Nahrungsmitteln vorkommen. Große Mengen tierischer Fette sind zum Beispiel in Butter, Käse oder Wurst enthalten. Reich an pflanzlichen Fetten sind zum Beispiel Speiseöl oder Nüsse.

Fette liefern dem Körper hauptsächlich Energie und dienen als Energiespeicher. Sie stellen dem Körper doppelt so viel Energie zur Verfügung wie die gleiche Menge an Kohlenhydraten. Der Abbau der Fette bei der Verdauung und damit die Bereitstellung der Energie benötigt jedoch viel mehr Zeit als der Abbau der Kohlenhydrate. Pflanzliche Fette lassen sich leichter verdauen als tierische. Neben der Aufgabe als Energielieferanten und Energiespeicher haben Fette auch als Baustoffe eine Bedeutung für den Körper. Sie sind für den Aufbau von Membranen in Zellen und Fettgewebe als Speicher oder Polster wichtig. Außerdem benötigt der Körper Fette, um bestimmte Vitamine aufnehmen zu können.

EIWEISSE · Eiweiße, auch **Proteine** genannt, bestehen aus aneinandergereihten Eiweißbausteinen, den *Aminosäuren*. Der Sammelbegriff Eiweiße bezeichnet verschiedene Formen dieser Aminosäureketten. Sie unterscheiden sich in der Menge, der Art und der Reihenfolge der Aminosäuren, von denen es 20 verschiedene gibt. Man unterscheidet pflanzliche und tierische Eiweiße. Fleisch, Fisch und Eier enthalten zum Beispiel viel tierisches Eiweiß. Viel pflanzliches Eiweiß befindet sich in Erbsen und Bohnen, vor allem in Sojabohnen.

Eiweiße sind als Baustoffe wichtig für das Wachstum und die Entwicklung des Körpers. Die verschiedenen Eiweiße können vielfältige Aufgaben im Körper übernehmen. Sie regulieren Vorgänge im Körper oder spielen bei der Immunabwehr eine große Rolle. Sie können vom Körper aber auch zusätzlich als Energiequelle genutzt werden.

03 Kohlenhydratreiche Nahrungsmittel

04 Fettreiche Nahrungsmittel

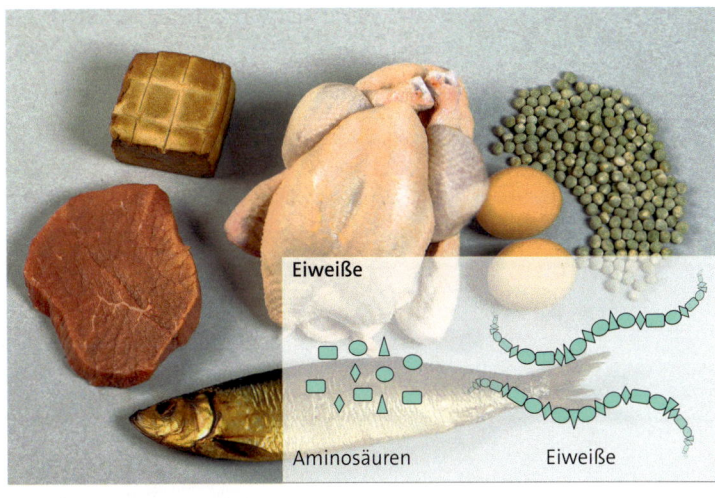

05 Eiweißreiche Nahrungsmittel

06 Obst und Gemüse

VITAMINE · Vitamine sind Inhaltsstoffe von Nahrungsmitteln, die der Mensch nicht selber herstellen kann. Man unterscheidet viele verschiedene Vitamine. Sie sind vor allem in frischem Obst und Gemüse enthalten, aber auch in anderen Nahrungsmitteln wie beispielsweise Vollkornprodukten.

Vitamine sind für viele lebenswichtige Vorgänge im Körper unbedingt erforderlich. Sie spielen zum Beispiel eine wichtige Rolle bei der Blutbildung, der Arbeit des Immunsystems und der Regulation von Vorgängen in den Zellen. Sie wirken schon in sehr geringen Mengen von nur wenigen Milligramm. Da Vitamine lebensnotwendig sind, müssen auch sie in der Nahrung enthalten sein. Ohne eine ausreichende Vitaminversorgung kommt es zu ernsthaften Krankheiten, die sogar tödlich sein können.

07 Bedeutung der Inhaltsstoffe von Lebensmitteln

MINERALSTOFFE · Mineralstoffe können ebenso wie Vitamine nicht selbst vom Körper gebildet werden. Auch wenn der Mensch sie nur in geringen Mengen benötigt, müssen sie über die Nahrung aufgenommen werden. Mineralstoffe sind in allen Lebensmitteln in unterschiedlichen Mengen vorhanden. Vor allem Gemüse, Milchprodukte und Getränke wie Obstsäfte oder Kräutertees sind reich an Mineralstoffen. Sie sind lebensnotwendig, weil sie vielfältige Aufgaben für das Wachstum und die Entwicklung des Körpers erfüllen. Auch bei der Aufnahme und der Umwandlung von Stoffen sind Mineralstoffe beteiligt.

Natrium sorgt beispielsweise für einen ausgewogenen Flüssigkeitshaushalt des Körpers. Kalzium ist unter anderem wichtig für die Knochen- und Zahnbildung.

In kleinsten Mengen benötigte Mineralstoffe werden als *Spurenelemente* bezeichnet. Hierzu zählen zum Beispiel Iod und Zink.

BALLASTSTOFFE · Neben den Nährstoffen, den Vitaminen und den Mineralstoffen gibt es weitere Inhaltsstoffe in Nahrungsmitteln. Diese kann der Körper nicht als Energie- oder Baustoffe nutzen. Sie werden fast unverändert ausgeschieden. Sie füllen den Darm und sind so von großer Bedeutung, weil sie die Darmtätigkeit zusätzlich anregen. Man nennt solche Inhaltsstoffe der Nahrungsmittel **Ballaststoffe.**

1 〗 Nenne die Bedeutung der Inhaltsstoffe von Lebensmitteln für den Menschen!

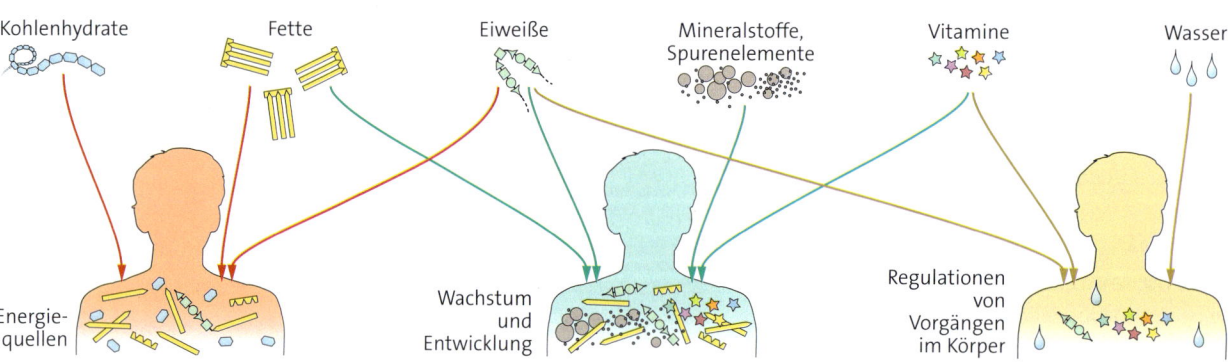

Kohlenhydrate   Fette   Eiweiße   Mineralstoffe, Spurenelemente   Vitamine   Wasser

Energiequellen   Wachstum und Entwicklung   Regulationen von Vorgängen im Körper

VERSUCH A ▸ Nachweis von Glukose mit Teststreifen

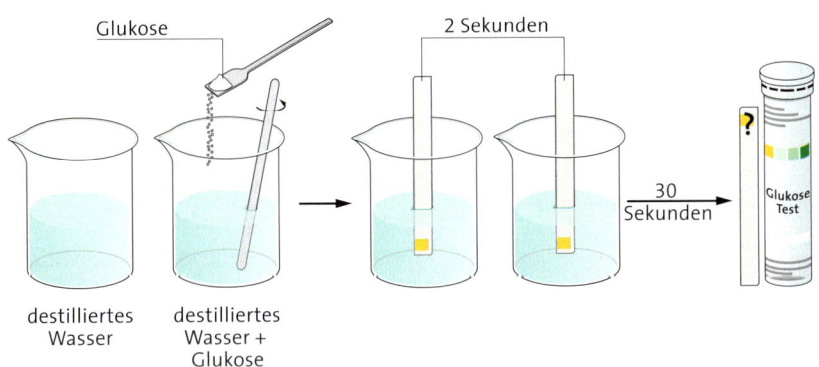

Glukose

2 Sekunden

30 Sekunden

destilliertes Wasser

destilliertes Wasser + Glukose

Tauche jeweils einen Glukose-Teststreifen 2 Sekunden in jedes Becherglas. Tupfe die Teststreifen mit der Kante auf einem Filterpapier ab und warte 30 Sekunden.

A1 Vergleiche sofort die Färbungen der Testfelder mit der Farbskala auf der Teststreifendose! Beschreibe deine Beobachtungen!

A2 Prüfe mit neuen Teststreifen, ob Traubensaft, Milch und 25 ml destilliertes Wasser, in dem ein Spatellöffel Honig gelöst wurde, Glukose enthalten!

Material:
5 Bechergläser (50 ml), Spatel, Glasstab, destilliertes Wasser, Glukose, Glukose-Teststreifen, Filterpapier, Honig, heller Traubensaft, Milch

Durchführung:
Fülle in 2 Bechergläser jeweils 25 ml destilliertes Wasser. Gib in eines der Bechergläser 1 Spatellöffel Glukose und rühre mit dem Glasstab um.

VERSUCH B ▸ Nachweis von Glukose mit der Fehling-Probe

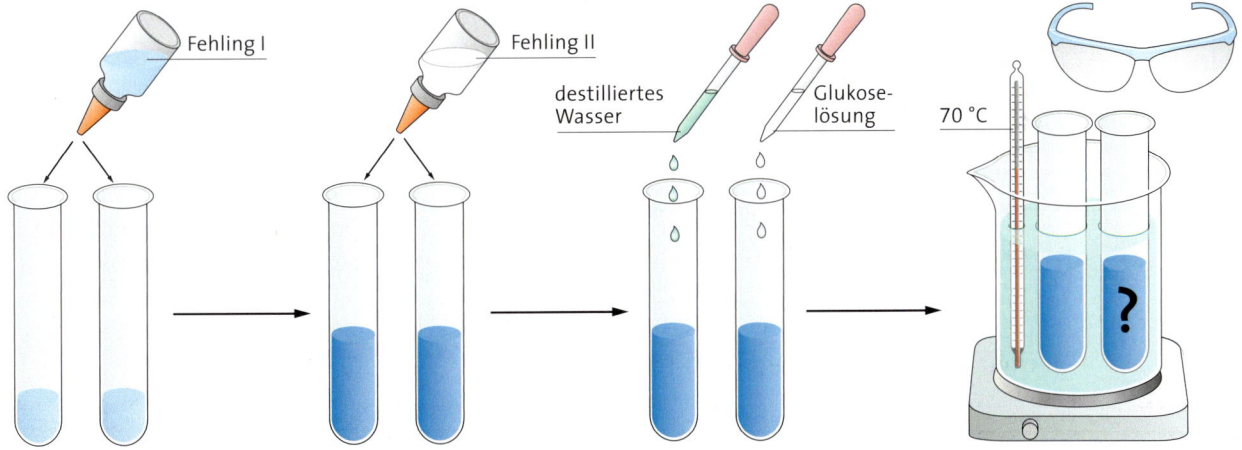

Fehling I

Fehling II

destilliertes Wasser

Glukoselösung

70 °C

Material:
Schutzbrille, Becherglas (250 ml), Heizplatte, Thermometer, Reagenzglasständer, 5 Reagenzgläser, Pipette (3 ml), Fehling-I- und Fehling-II-Lösung in Tropffläschchen, alle Lebensmittel aus Versuch A

Durchführung:
Trage während des gesamten Versuchs eine Schutzbrille!

Fülle das Becherglas zur Hälfte mit Leitungswasser und erhitze es auf der Heizplatte auf 70 °C. Gib in zwei Reagenzgläser jeweils zunächst 20 Tropfen Fehling-I-, dann 20 Tropfen Fehling-II-Lösung und schüttele vorsichtig. Gib dann in das erste Reagenzglas 3 ml destilliertes Wasser, in das zweite 3 ml Glukoselösung und schüttele vorsichtig. Stelle die beiden

Reagenzgläser in das heiße Wasserbad und beobachte einige Minuten.

B1 Beschreibe, woran man erkennt, dass das zweite Reagenzglas Glukose enthält!

B2 Untersuche mit dieser Methode die Lebensmittel aus Versuch A! Beschreibe deine Beobachtungen!

VERSUCH C ▸ Nachweis von Stärke mit Iod-Kaliumiodid-Lösung

Material:
6 kleine Petrischalen, Spatel, Iod-Kaliumiodid-Lösung in Tropffläschchen, Stärke;
verschiedene Lebensmittel, zum Beispiel Kartoffel, Apfel, Joghurt, Banane, Reis, Speck

Durchführung:
Gib in eine Petrischale einen Spatellöffel Stärke und in weitere Petrischalen jeweils kleine Proben verschiedener Lebensmittel.
Tropfe auf die Stärke und die Lebensmittel jeweils 3 Tropfen Iod-Kaliumiodid-Lösung.

C1 Beschreibe, woran man das Vorhandensein von Stärke erkennt!

C2 Nenne die Lebensmittel, die Stärke enthalten!

VERSUCH D ▸ Nachweis von Glukose mit Teststreifen

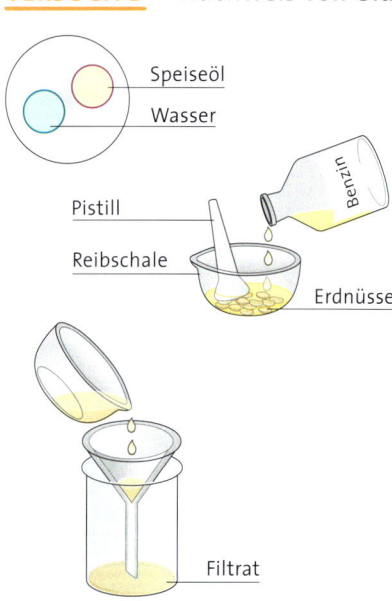

Material:
Rundfilterpapier, Pipetten, Reibschale mit Pistill, Speiseöl, Waschbenzin, kleiner Trichter mit Filterpapier, kleines Becherglas;
verschiedene Lebensmittel, zum Beispiel Milch, Erdnüsse, Äpfel, Käse

Durchführung:
Gib auf einen Rundfilter mit einer Pipette einen Tropfen Wasser und daneben einen Tropfen Speiseöl. Umrande die Tropfen mit verschiedenen Farbstiften. Lass das Filterpapier trocknen und halte es dann gegen das Licht.

D1 Beschreibe, woran man das Vorhandensein von Fett erkennt!

D2 Untersuche mit dieser Methode verschiedene Lebensmittel! Nenne die Lebensmittel, die Fett enthalten!

Hinweis: *Von festen Lebensmitteln müssen kleine Proben in der Reibschale unter Zugabe von etwas Waschbenzin zerkleinert werden. Das Gemisch wird mithilfe eines Trichters und eines Filterpapiers in ein Becherglas filtriert und ein Tropfen der filtrierten Flüssigkeit auf ein Filterpapier getropft.*

VERSUCH E ▸ Nachweis von Fett mit Sudan-III-Lösung

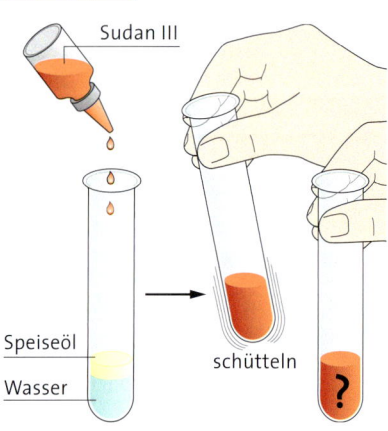

Material:
5 Reagenzgläser, Reagenzglasständer, Pipetten, Sudan-III-Lösung in Tropffläschchen; Speiseöl, Milch und filtrierte Flüssigkeiten aus Versuch D

Durchführung:
Fülle in ein Reagenzglas eine Daumenbreite hoch Wasser und gib etwa 2 ml Speiseöl dazu. Gib 3 Tropfen Sudan-III-Lösung dazu und schüttele vorsichtig.

E1 Beschreibe, woran man das Vorhandensein von Fett erkennt!

E2 Stelle mit dieser Methode fest, welche Lebensmittel aus Versuch D Fett enthalten! Vergleiche die Ergebnisse mit denen der Fettfleckprobe!

VERSUCH F ► Nachweis von Eiweiß mit Teststreifen

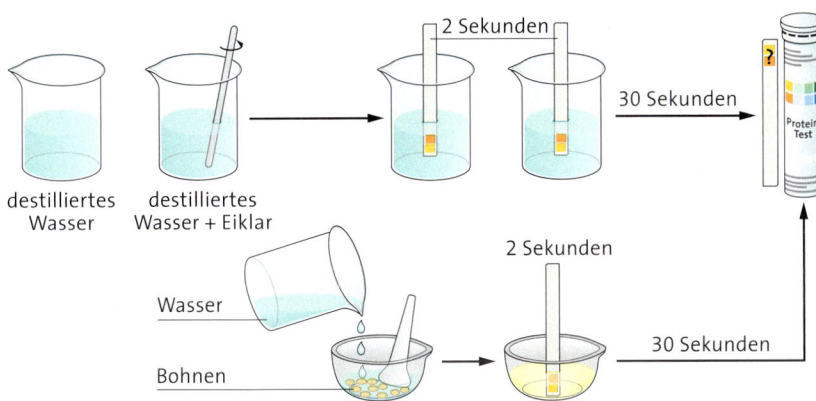

Material:
5 Bechergläser (50 ml), destilliertes Wasser, Eiklar, Glasstab, Eiweiß-Teststreifen, Reibschale mit Pistill; verschiedene Lebensmittel, zum Beispiel Milch, Orangensaft, Bohnen

Durchführung:
Fülle in 2 Bechergläser jeweils 25 ml destilliertes Wasser. Gib in eines der Bechergläser etwas Eiklar und rühre mit dem Glasstab um. Tauche jeweils einen Eiweiß-Teststreifen 2 Sekunden in jedes Becherglas. Tupfe die Teststreifen mit der seitlichen Kante auf einem Filterpapier ab und warte 30 Sekunden.

F1 Vergleiche sofort die Färbungen der Testfelder mit der Farbskala auf der Teststreifendose! Beschreibe deine Beobachtungen!

F2 Prüfe mit neuen Teststreifen das Vorkommen von Eiweiß in verschiedenen Lebensmitteln! Nenne die Lebensmittel, die Eiweiß enthalten!

Hinweis: *Feste Lebensmittel müssen vorher in der Reibschale zerrieben und mit Wasser aufgeschwemmt werden.*

VERSUCH G ► Nachweis von Eiweiß mit der Biuretprobe

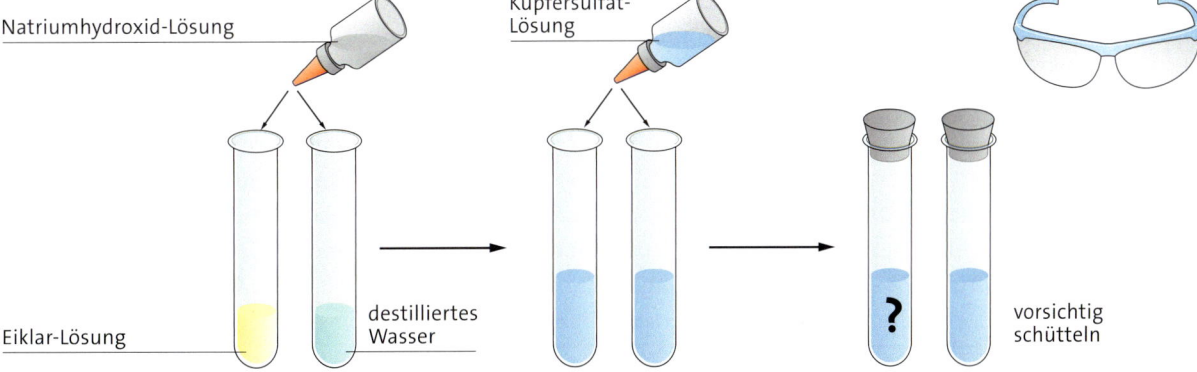

Material:
Schutzbrille, Reagenzgläser mit Stopfen, Reagenzglasständer, Pipetten, Eiklar-Lösung, 10%ige Natriumhydroxid-Lösung und 1%ige Kupfersulfat-Lösung in Tropffläschchen; Lebensmittel aus Versuch F

Durchführung:
Trage während des gesamten Versuchs eine Schutzbrille!

Verdünne etwas Eiklar mit destilliertem Wasser und gib etwa 2 ml der Eiklarlösung in ein Reagenzglas. Gib in ein zweites Reagenzglas etwa 2 ml destilliertes Wasser. Füge in beide Reagenzgläser jeweils 20 Tropfen Natriumhydroxid-Lösung und 5 Tropfen Kupfersulfat-Lösung dazu. Verschließe die Reagenzgläser mit Stopfen und schüttele vorsichtig.

G1 Beschreibe, woran man das Vorhandensein von Eiweiß erkennt!

G2 Untersuche in gleicher Weise die Lebensmittel aus Versuch F! Vergleiche die Ergebnisse mit denen aus Versuch F!

01 Kind beißt in einen Apfel

Gesunde Ernährung

„An apple a day keeps the doctor away" besagt: Wenn man jeden Tag einen Apfel isst, bleibt man gesund. Äpfel sind zwar sehr gesund, reichen jedoch für unsere Ernährung nicht aus. Wie aber kann man sich gesund ernähren?

ENERGIEBEDARF · Selbst wenn wir entspannt im Bett liegen, benötigt unser Körper ständig Energie, vor allem für die Atmung, die Herztätigkeit, die Verdauung, die Nerventätigkeit und für die Erzeugung der Körperwärme. Die innerhalb von 24 Stunden bei völliger Ruhe verbrauchte Energiemenge bezeichnet man als **Grundumsatz.**

Früher wurde die Energiemenge in *Kalorien* angegeben. Heute verwendet man die Maßeinheit *Joule*. Ein Joule Energie benötigt man zum Beispiel, um eine Tafel Schokolade mit 100 Gramm Masse einen Meter hochzuheben. 1000 Joule sind ein Kilojoule. Der Grundumsatz im Körper liegt im Durchschnitt bei 4,2 Kilojoule pro Kilogramm Körpermasse und

Stunde. Für einen Mann, der 70 Kilogramm wiegt, sind das 7056 Kilojoule pro Tag. Die Höhe des Grundumsatzes hängt auch von Geschlecht, Alter und Gesundheitszustand ab. Frauen haben einen etwas niedrigeren Grundumsatz, bei alten Menschen ist er ebenfalls niedriger und bei Kranken etwas höher. Die höchsten Anteile am Grundumsatz beanspruchen die Leber und die Muskulatur.

Sobald wir uns bewegen oder denken, benötigen wir mehr Energie. Diese zusätzlich erforderliche Energiemenge bezeichnet man als **Leistungsumsatz.** Dieser beträgt zum Beispiel beim Spazierengehen etwa 450 Kilojoule pro Stunde, beim Skilanglaufen dagegen 3200 Kilojoule pro Stunde. Die Summe von Grund- und Leistungsumsatz ist der **Gesamtumsatz.** Die täglich aufgenommene Energiemenge sollte den Gesamtumsatz decken, also den tatsächlichen Energiebedarf eines Tages. Wollte man dies allein mit Äpfeln tun, müsste man etwa vier Kilogramm täglich essen.

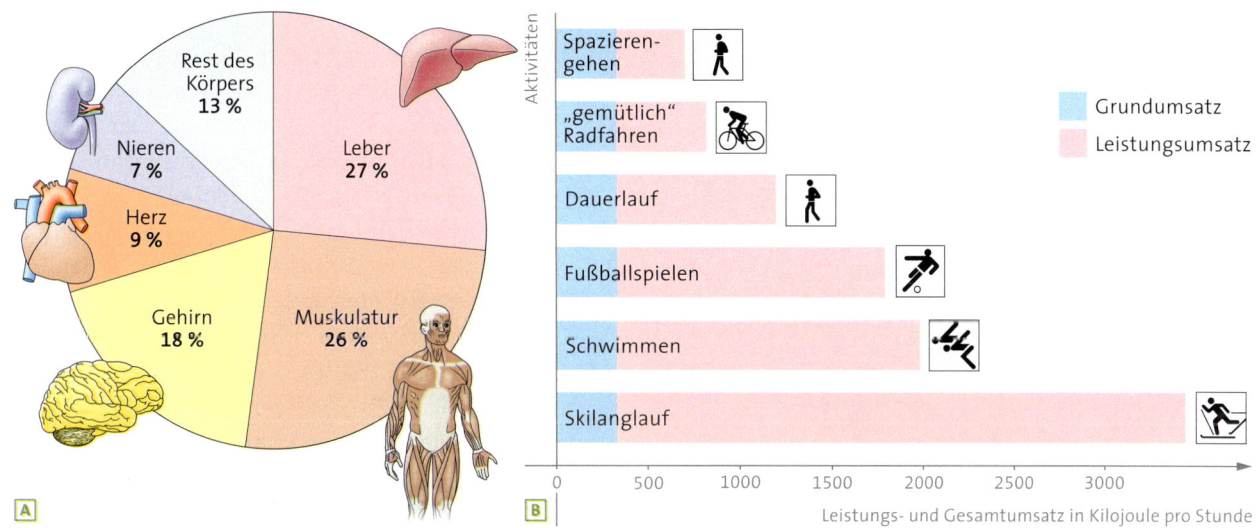

A

B · Leistungs- und Gesamtumsatz in Kilojoule pro Stunde

02 Energiebedarf: **A** Anteil verschiedener Organe am Grundumsatz, **B** Leistungs- und Gesamtumsatz bei verschiedenen Tätigkeiten

NÄHRSTOFFBEDARF · Die benötigte Energie wird vor allem aus Kohlenhydraten und Fetten gewonnen. Ein Gramm Kohlenhydrate liefert 17 Kilojoule und ein Gramm Fett 40 Kilojoule Energie. Die in Kohlenhydraten enthaltene Energie kann schneller freigesetzt werden. Deshalb kann man mit einem Stück Traubenzucker dem Körper sehr rasch Energie zuführen. Je nach Gesamtumsatz beträgt der tägliche Bedarf an Kohlenhydraten etwa 320 Gramm und an Fetten etwa 90 Gramm. Kohlenhydrate sind nur begrenzt in der Leber und den Muskeln speicherbar. Überschüssige Kohlenhydrate werden zu Fetten umgebaut. Diese können langfristig als Fettgewebe gespeichert werden und stellen so eine Energiereserve dar. Da beide Nährstoffe wichtige Energielieferanten sind, dienen sie vor allem als *Betriebsstoffe*.

Ein Gramm Eiweiß liefert 17 Kilojoule Energie. Eiweiße sind aber nicht wegen ihres Energiegehalts bedeutsam, sondern vor allem wegen ihrer Bausteine, der Aminosäuren. Diese werden zum Beispiel für den Aufbau von Zellen, etwa in Muskeln, aber auch für Haare und Nägel benötigt. Sie dienen daher vor allem als *Baustoffe*. Weil Jugendliche noch wachsen, benötigen sie mehr Baustoffe als Erwachsene. Der tägliche Eiweißbedarf von Jugendlichen beträgt ungefähr 1,2 Gramm pro Kilogramm Körpermasse. Erwachsene benötigen etwa 0,8 Gramm pro Kilogramm Körpermasse am Tag, da ständig Zellen erneuert und Gewebe umgebaut werden. Äpfel enthalten nur sehr wenig Eiweiß. Zur Deckung des täglichen Bedarfs wären 30 Kilogramm Äpfel erforderlich.

VITAMINE, MINERALSTOFFE UND BALLAST-STOFFE · Damit die Nährstoffe als Energie- und Baustofflieferanten richtig genutzt werden können, sind zusätzlich eine Reihe von Vitaminen und Mineralstoffen notwendig. Sie werden zwar nur in winzigen Mengen benötigt, müssen aber mit der Nahrung aufgenommen werden. Vitamine sorgen für einen geregelten Ablauf vieler Vorgänge im Körper. Mineralstoffe sind beispielsweise für die Blut- und Knochenbildung sowie die Nerven- und Muskeltätigkeit notwendig. Man sollte auch auf eine reichliche Aufnahme von Ballaststoffen achten. Sie sind für die Darmtätigkeit sehr wichtig. Ein Apfel pro Tag trägt zu einer gesunden Ernährung vor allem dadurch bei, dass er viele Vitamine, Mineral- und Ballaststoffe enthält.

1 Erkläre, was man unter Energiebedarf versteht!

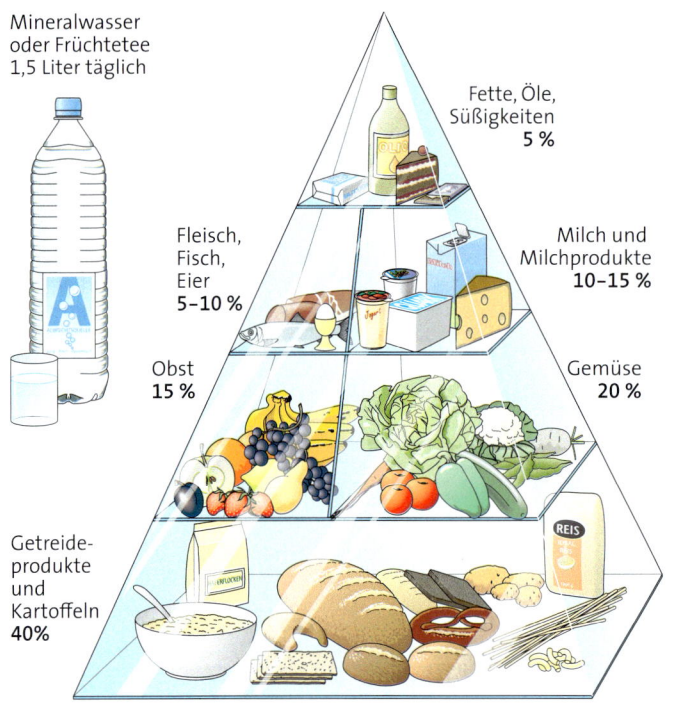

Mineralwasser oder Früchtetee 1,5 Liter täglich

Fette, Öle, Süßigkeiten 5 %

Fleisch, Fisch, Eier 5–10 %

Milch und Milchprodukte 10–15 %

Obst 15 %

Gemüse 20 %

Getreideprodukte und Kartoffeln 40%

03 Ernährungspyramide

AUSGEWOGENE ERNÄHRUNG · Alle Lebensprozesse laufen in Körperflüssigkeiten ab. Unser Körper besteht zu 70 Prozent aus Wasser. Die Aufnahme einer ausreichenden Menge von Wasser ist daher grundlegend für die Ernährung. Man sollte täglich zusätzlich zur Nahrung mindestens 1,5 Liter Wasser zu sich nehmen. Kohlenhydrate, Fette, Eiweiße, Vitamine, Mineralstoffe, Ballaststoffe und Wasser stellen die sieben Säulen der Ernährung dar. In Lebensmitteln sind diese Stoffe in unterschiedlichen Mengenanteilen enthalten. Für die verschiedenen Mahlzeiten sollten die Lebensmittel so zusammengestellt werden, dass der tägliche Bedarf an allen Stoffen gedeckt wird. So kann man eine **ausgewogene Ernährung** erreichen. Die für eine ausgewogene und deshalb gesunde Ernährung empfohlenen Anteile verschiedener Lebensmittel veranschaulicht eine *Ernährungspyramide*. Neben dem Wasser, das in Form von Mineralwasser, Kräutertees oder Saftschorle getrunken werden sollte, bilden *Getreideprodukte* und *Kartoffeln* mit etwa 40 Prozent der täglichen Nahrung die Basis. Die in ihnen enthaltenen Kohlenhydrate decken einen Großteil des Energiebedarfs und liefern auch einige Vitamine und viele Mineral- und Ballaststoffe. Die Anteile an *Obst* sollten mindestens 15 und an *Gemüse* 20 Prozent betragen. Damit werden sehr viele Vitamine, Mineral- und Ballaststoffe aufgenommen, bei Hülsenfrüchten außerdem Eiweiße. Als wichtige Eiweiß- und Fettlieferanten sollten *Fleisch*, *Fisch* und *Eier* etwa 5 bis 10 Prozent und *Milch*produkte 10 bis 15 Prozent betragen. Damit wird auch der Bedarf an Vitaminen, die nur zusammen mit Fett aufgenommen werden können, und an weiteren Mineralstoffen gedeckt. Fette, wie *Butter* und *Öl*, sowie *Süßigkeiten* mit einem hohen Gehalt an Zucker und Fett sollten höchstens 5 Prozent unserer täglichen Nahrung ausmachen.

GESUNDE LEBENSMITTEL · Voraussetzung für eine gesunde Ernährung sind Lebensmittel, die keine Schadstoffe enthalten. Reste von Pflanzenschutzmitteln und Tiermedikamenten in Lebensmitteln können den Menschen krank machen. Pflanzen, die auf schadstofffreien Böden ohne Insektengifte angebaut wurden, sowie Fleisch, das nicht von Tieren aus Massentierhaltung stammt, sind in der Regel unbelastet und deshalb gesünder. Einige Stoffe, die Lebensmittel haltbar machen, sogenannte Konservierungsstoffe, sowie die vor allem in Fertigprodukten enthaltenen Geschmacksverstärker können für einige Menschen schädlich sein. Frische Lebensmittel sind meistens gesünder. Lebensmittel, die in der nahen Umgebung erzeugt werden, erhält man auf Wochenmärkten meistens frisch. Damit die Inhaltsstoffe nicht bereits vor dem Verzehr zerstört werden und keine Schadstoffe entstehen, sollten die Lebensmittel rasch und schonend zubereitet werden.

2 Beschreibe, worauf man achten sollte, wenn man sich gesund ernähren möchte!

Material A ▸ Energiebedarf

Aktivität	Leistungsumsatz pro 30 Minuten in Kilojoule
Schlafen	0
Liegen	42
Sitzen, Essen, Lesen, Fernsehen	54
Stehen	92
Sitzend schreiben, Teilnahme am Unterricht	130
Zu Fuß gehen 5 km/h	393
Radfahren 10 km/h	352
Radfahren 20 km/h	976
Fußballtraining	971
Dauerlauf 15 km/h	1 616

Wie hoch der Grundumsatz pro Stunde ist, errechnet sich aus dem Wert der Körpermasse in Kilogramm multipliziert mit 4,2 Kilojoule (kJ).

Ein 50 Kilogramm schwerer Schüler hat folgenden Tagesablauf: 9 Stunden Schlaf, 6 Stunden Schule, 30 Minuten Radfahren zur Schule mit 10 km/h, 15 Minuten Heimfahrt mit 20 km/h, 2 Stunden Hausarbeiten, 2 Stunden Fußballtraining, die übrige Zeit Essen, Lesen und Fernsehen.

A1 Ermittle den täglichen Leistungsumsatz dieses Schülers!

A2 Ermittle den täglichen Gesamtumsatz dieses Schülers!

A3 Ermittle deinen ungefähren Gesamtumsatz pro Tag!

Material B ▸ Ausgewogene Ernährung

A

B

Nährwerttabelle – Die Angaben gelten für 100 g Lebensmittel

Eine ausgewogene Ernährung sollte ein Nährstoffverhältnis von etwa 55 Prozent Kohlenhydrate, 30 Prozent Fette und 15 Prozent Eiweiße haben. *Gericht A* enthält 120 g Spaghetti, 60 g Hackfleisch und 30 g Tomatensoße. *Gericht B* besteht aus 120 g Bratwurst, 70 g Pommes frites und 20 g Ketchup.

Lebensmittel	Energie (kJ)	Kohlenhydrate (g)	Fett (g)	Eiweiße (g)	Vitamine (mg)	Mineralstoffe (mg)	Ballaststoffe (g)
Hackfleisch	1 243	-	24,5	18,8	2,74	644	-
Bratwurst	1 436	-	36	12,7	3,7	666	-
Spaghetti	1 520	75,2	1,2	13	62,3	193,6	0,3
Pommes frites	1 351	36,0	15,5	4,3	23,77	1 272,2	1,5
Mayonnaise	3 058	3	80	2,0	6,3	109,2	-
Tomatensoße	1 428	67,5	4,0	8,5	-	-	-
Ketchup	436	24		2,0	-	-	-
Kopfsalat	71	2,2	0,2	1,4	11,09	270	0,8
Karotten	172	8,7	0,2	1,1		477	12,4
Cola	185	11	-	-	-	25	-
Apfelsaft	197	11,7	-	0,1	1,25	130,4	0,1
Eiskrem	815	21	11,1	4,5	-	-	-
Frische Erdbeeren	155	7,3	0,5	0,8	63	223	1,3

B1 Stelle die Menge der Inhaltsstoffe der beiden Gerichte in einer Tabelle gegenüber! Berechne die relativen Nährstoffanteile und trage sie ebenfalls in die Tabelle ein!

B2 Vergleiche die in B1 dargestellten Werte mit den Empfehlungen für ein ausgewogenes Nährstoffverhältnis!

B3 Ergänze die beiden Gerichte sinnvoll durch einen Salat oder Nachtisch! Begründe deine Wahl!

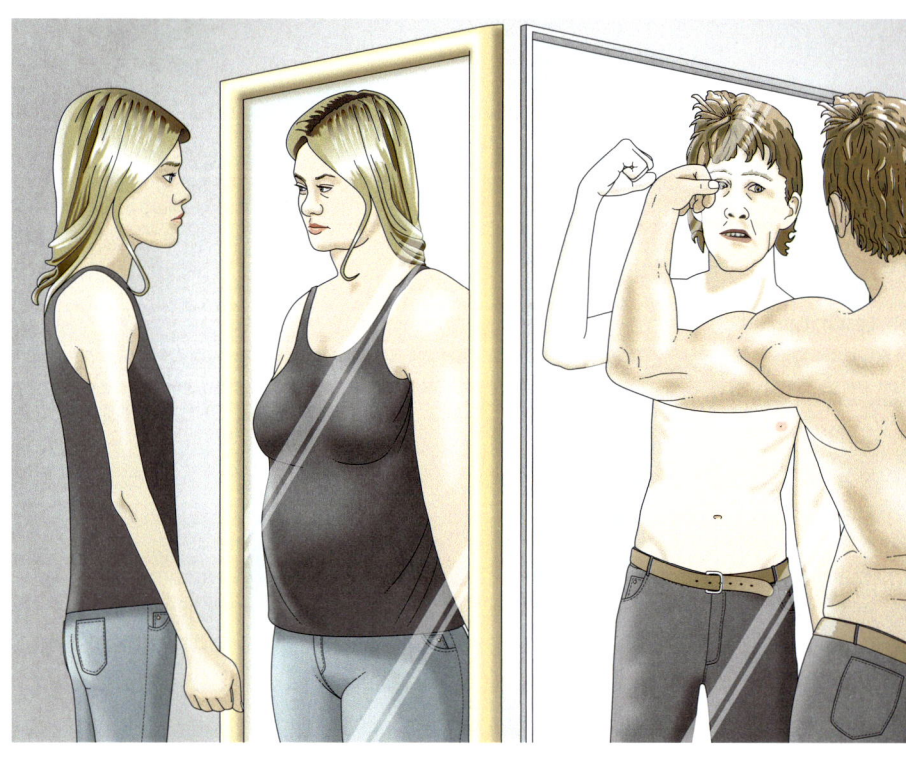

01 Gestörte
Körperwahrnehmung

Essstörungen

Die eigene Wahrnehmung kann täuschen, vor allem wenn sie sehr stark von Befürchtungen oder Wünschen bestimmt wird. Eine falsche Wahrnehmung des eigenen Körpers kann zu Essstörungen führen. Was sind Essstörungen?

ESSSTÖRUNGEN · Natürlicherweise signalisiert uns unser Körper durch Hunger und Appetit, wie viel und was wir essen sollen. Wenn wir genügend gegessen haben, stellt sich ein Sättigungsgefühl ein. Diese natürlichen Signale sind allerdings durch Essgewohnheiten überdeckt, zum Beispiel wenn wir regelmäßig drei Mahlzeiten täglich zu uns nehmen. Seelische Belastungen können das natürliche Hunger- oder Sättigungsgefühl unterdrücken. Bestimmen über längere Zeit Gefühle – wie zum Beispiel die Angst, zu dick zu werden, der dringende Wunsch nach einem perfekten Körper oder Frust – unser Essverhalten, kann es zu dauerhaften und krank machenden Gewohnheiten, zu **Essstörungen,** kommen. Essstörungen sind

seelische Erkrankungen, bei denen das Essverhalten nicht mehr den tatsächlichen körperlichen Bedürfnissen entspricht. Sie können sehr schwere bis lebensbedrohende Folgen haben.

MAGERSUCHT · Das weibliche Schönheitsideal in unserer Gesellschaft verkörpern sehr schlanke Topmodels. Vor allem Mädchen im Alter zwischen 13 und 18 Jahren, also in einem Lebensabschnitt, in dem sich der Körper rasch entwickelt, orientieren sich häufig ausschließlich an diesem Schönheitsideal. Um ihm zu entsprechen, vermeiden viele Mädchen eine Gewichtszunahme durch Diäten und verstärkte sportliche Aktivitäten. Wenn eine ständige Gewichtskontrolle und die Kontrolle der Ernährung in den Lebensmittelpunkt treten, besteht die Gefahr, an einer Essstörung zu erkranken. Weitere Auslöser dafür stellen seelische Probleme dar. Typisch für diese Erkrankung sind die Bedürfnisse, perfekt zu sein und die vollkommene Kontrolle über den eigenen

Körper zu haben. Dies verleiht ein Gefühl der Selbstständigkeit und stärkt scheinbar das Selbstwertgefühl. Schon geringe Gewichtszunahmen lösen panische Ängste aus und führen dazu, dass noch weniger gegessen wird. Da schließlich der Körper immer stärker abmagert, nennt man diese Essstörung **Magersucht** oder *Anorexia nervosa,* was nervlich bedingte Appetitlosigkeit bedeutet. Über 90 Prozent aller Magersüchtigen sind weiblich. Aber auch bei Männern tritt Magersucht auf. Folgen des starken Untergewichts sind neben Muskel- und Kreislaufschwäche auch Haarausfall und Störungen des Hormonhaushalts. Bei Frauen bleibt die monatliche Regelblutung aus. Da sich Magersüchtige auch in einem extrem abgemagerten Zustand noch als zu dick empfinden und deshalb noch weniger essen, können sie nur mit ärztlicher und psychologischer Hilfe den Teufelskreis durchbrechen, der zu weiterer Abmagerung und erneuter Fehlwahrnehmung führt. 5 bis 13 Prozent der an Magersucht Erkrankten sterben daran.

MUSKELSUCHT · Auch immer mehr junge Männer orientieren sich an Schönheitsidealen. Das männliche Schönheitsideal besteht vor allem in einem muskulösen Körper mit Waschbrettbauch. Um diesem Ideal zu entsprechen, betreiben einige Männer in Fitnessstudios Kraftsport. Zusätzlich fördern sie durch Diäten mit besonders hohen Eiweiß- und geringen Fettanteilen ihren Muskelaufbau. Trotzdem empfinden sie häufig ihren Körper immer noch als zu wenig muskulös. Mit übertriebenen sportlichen Aktivitäten und häufig auch der Einnahme von hormonhaltigen Medikamenten, die den Muskelaufbau fördern, versuchen sie, dieser falschen Körperwahrnehmung entgegenzuwirken. Wie bei der Magersucht kann sich dadurch ein Teufelskreis einstellen, der zu einer immer stärkeren Kontrolle der Ernährung und schließlich zu einer Essstörung führt. Da hier der Wunsch nach

02 Heutige Schönheitsideale: **A** bei Frauen, **B** bei Männern

immer kräftigeren Muskeln maßgebend ist, spricht man von **Muskelsucht** oder *Biggerexie.* Als Folgen dieser Sucht stellen sich Gefühlsschwankungen, Depressionen und hormonelle Störungen ein. Die krankhafte Sorge um das eigene Aussehen führt zu sozialer Isolation. Die Einnahme von Medikamenten kann Akne, hohen Blutdruck und Impotenz bewirken.

ESSSUCHT · Wir essen nicht nur, um uns zu ernähren, sondern pflegen dabei auch unsere sozialen Beziehungen, wie zum Beispiel beim gemeinsamen Essen in der Familie. Außerdem ist Essen mit Gefühlen verbunden. Man kann sich zum Beispiel mit Essen verwöhnen und auch Stress abbauen. Wenn dauerhaft nicht mehr aufgrund des Hungergefühls, sondern vor allem zum Ausgleich von Stress, unangenehmen Gefühlen oder seelischen Problemen gegessen wird, kann man an **Esssucht** erkranken. Esssucht ist durch Heißhungerattacken gekennzeichnet, die mehrmals täglich auftreten können. Pro Anfall können dabei bis zu 60 000 Kilojoule aufgenommen werden. Häufig werden aus Angst, dick zu werden, diese riesigen Nahrungsmengen durch Erbrechen oder Abführmittel wieder aus dem Körper entfernt. Man spricht dann von **Ess-Brech-**

03 Szenische Darstellung einer Essattacke

$$BMI = \frac{\text{Körpergewicht in Kilogramm}}{\text{(Körpergröße in Meter)}^2}$$

englisch binge = schlingen

Sucht oder *Bulimie.* Bulimie bedeutet übersetzt Stierhunger. Bulimiekranke haben in der Regel ein normales Gewicht, und ihr Essverhalten erscheint in der Öffentlichkeit auch als normal. Essanfälle finden heimlich statt und sind mit anschließenden Schuldgefühlen verbunden. Körperliche Folgen sind Kreislauf- und Verdauungsstörungen sowie Schädigungen der Magenschleimhaut und der Speiseröhre. Um aus dem Teufelskreis einer Bulimie herauszufinden, ist neben einem normalen Essverhalten wie bei allen Essstörungen vor allem die Lösung der seelischen Probleme erforderlich. Mit etwa ein- bis zweimal wöchentlich stattfindenden Essattacken ist eine weitere Form der Esssucht verbunden, bei der große Mengen an Nahrungsmitteln regelrecht verschlungen werden. Diese **Esssucht** bezeichnet man als *Binge Eating.* Auch beim Binge Eating dient das Essen als Ersatz für seelische Bedürfnisse. Das Sättigungsgefühl wird dabei weit überschritten, und es kommt zu Übelkeit und Bauchschmerzen. Im Unterschied zur Bulimie werden aber keine Maßnahmen zur Gewichtsregulierung ergriffen, sodass es langfristig zu einer Gewichtszunahme kommt. Wenn jemand zunimmt, weil er ständig aus Einsamkeit oder anderen Gefühlen zu große Mengen über den ganzen Tag verteilt isst, leidet er ebenfalls an einer Essstörung. Schuldgefühle wegen des Übergewichts können zu Depressionen führen, die wiederum Anlass geben, sich mit Essen zu trösten. Es entsteht ein Teufelskreis.

In Spezialkliniken können Menschen mit Essstörungen Hilfe finden.

FETTLEIBIGKEIT · Ob man Normalgewicht, Untergewicht oder Übergewicht hat, kann man mithilfe des Körpermassenanzeigers, des **Body-Mass-Index,** abgekürzt **BMI,** beurteilen. Erwachsene mit einem BMI zwischen 18 und 25 haben ein normales Gewicht. Kleinere BMI-Werte zeigen Untergewicht, größere Übergewicht an. Bei BMI-Werten von 30 und darüber spricht man von **Fettleibigkeit** oder *Adipositas.* Für Kinder und Jugendliche gelten etwas andere Werte. Fettleibigkeit kann verschiedene Ursachen haben, zum Beispiel erbliche Faktoren, Krankheiten, falsche Ernährung und Bewegungsmangel oder eine Essstörung. Die körperlichen Folgen können Bluthochdruck, Diabetes und Wirbelsäulenprobleme sein.

1 Erläutere den Begriff Essstörung!

Material A ▸ Essstörungen

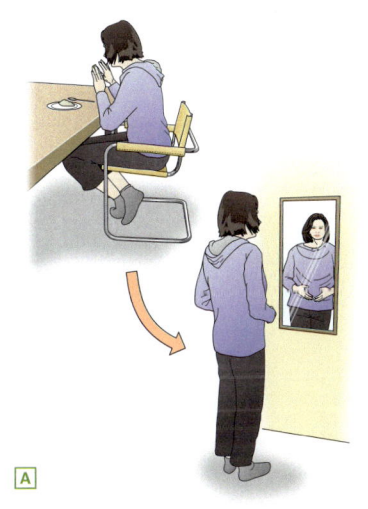

A

B

A1 Beschreibe die Szenen der Abbildungen A und B, und benenne die jeweils dargestellte Essstörung!

A2 Nenne mögliche Ursachen und Folgen dieser beiden Essstörungen!

A3 Stelle die Teufelskreise der beiden Essstörungen in Form eines kreisförmigen Pfeildiagramms dar!

Material B ▸ Body-Mass-Index

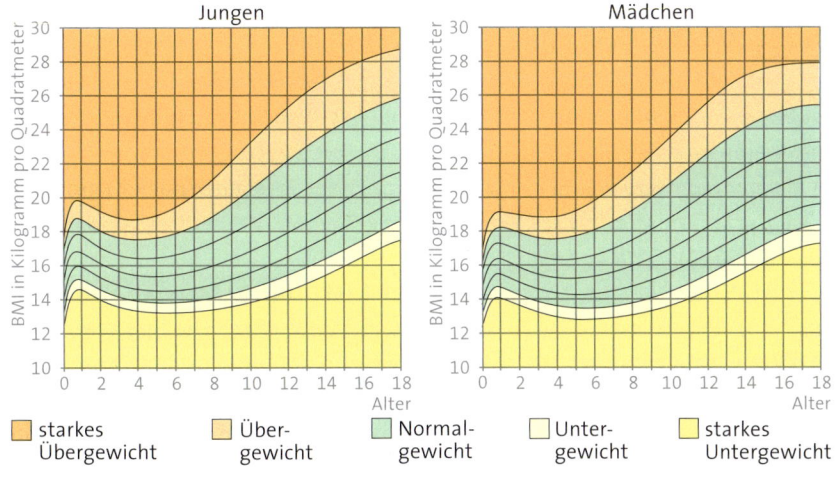

starkes Übergewicht · Übergewicht · Normalgewicht · Untergewicht · starkes Untergewicht

Den Body-Mass-Index, BMI, errechnet man aus dem Körpergewicht in Kilogramm geteilt durch das Quadrat der Körpergröße in Meter.

B1 Nenne mithilfe der beiden Diagramme die unteren und oberen BMI-Werte für das Normalgewicht eines neun- und vierzehnjährigen Jungen und Mädchens!

B2 Berechne deinen eigenen BMI-Wert und bewerte dein Gewicht!

Material C ▸ Fettleibigkeit

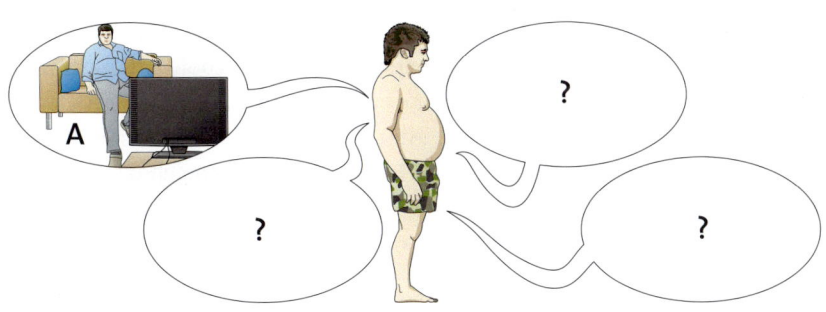

C1 Beschreibe die mit A gekennzeichnete Ursache für Fettleibigkeit! Nenne noch drei weitere Ursachen!

C2 Vergleiche die Fettleibigkeit mit der Bulimie!

01 Stärkung mit Weintrauben

Verdauung von Kohlenhydraten

Wenn wir Weintrauben essen, erhalten unsere Muskeln sehr schnell viel Energie. Der Traubensaft enthält große Mengen des energiereichen Kohlenhydrats Traubenzucker. Wie macht unser Körper Kohlenhydrate für die Muskeln und die übrigen Organe nutzbar?

VERDAUUNG IM MUND · Traubenzucker ist als Einfachzucker so klein, dass die Moleküle von den Schleimhäuten aufgenommen und mit dem Blut im Körper verteilt werden können. Kohlenhydrate, die größer als der Traubenzucker sind und aus mehreren zusammenhängenden Bausteinen, den Einfachzuckern, bestehen, müssen zunächst zerkleinert werden, damit sie ins Blut aufgenommen werden können. Die Vorgänge, durch die die Nährstoffe in kleinere Bestandteile zerlegt werden, nennt man **Verdauung.** Die Verdauung der langen Traubenzuckerketten der Stärke zum Beispiel beginnt im Mund. Die Speicheldrüsen bilden pro Tag etwa 1,5 Liter Speichel. Dieser zerlegt den Vielfachzucker Stärke in kleine Stücke, die

aus je zwei Traubenzuckerbausteinen bestehen. Dieser Zweifachzucker wird als **Malzzucker** bezeichnet. Er ist auch noch zu groß, um ins Blut zu gelangen.

VERDAUUNG IM DÜNNDARM · Der Malzzucker kommt vom Mund durch die Speiseröhre in den Magen und von dort in den Dünndarm. Die vom Dünndarm gebildete Flüssigkeit, der *Dünndarmsaft*, spaltet die Malzzucker. So entstehen einzelne Traubenzuckerbausteine. Diese wandern dann durch die Dünndarmoberfläche in die darunterliegenden zahlreichen Kapillaren. Die Stärke, die im Mund noch nicht abgebaut wurde, wird über die Speiseröhre und den Magen unverändert bis in den Anfangsteil des Dünndarms, den Zwölffingerdarm, transportiert. Hier mündet der Ausführgang einer großen Drüse, der Bauchspeicheldrüse. Ähnlich wie der Mundspeichel baut die von dieser Drüse abgegebene Flüssigkeit, der *Bauchspeichel*, die Stärke zu Malzzucker ab. Der Malzzucker wird anschließend zu Traubenzucker

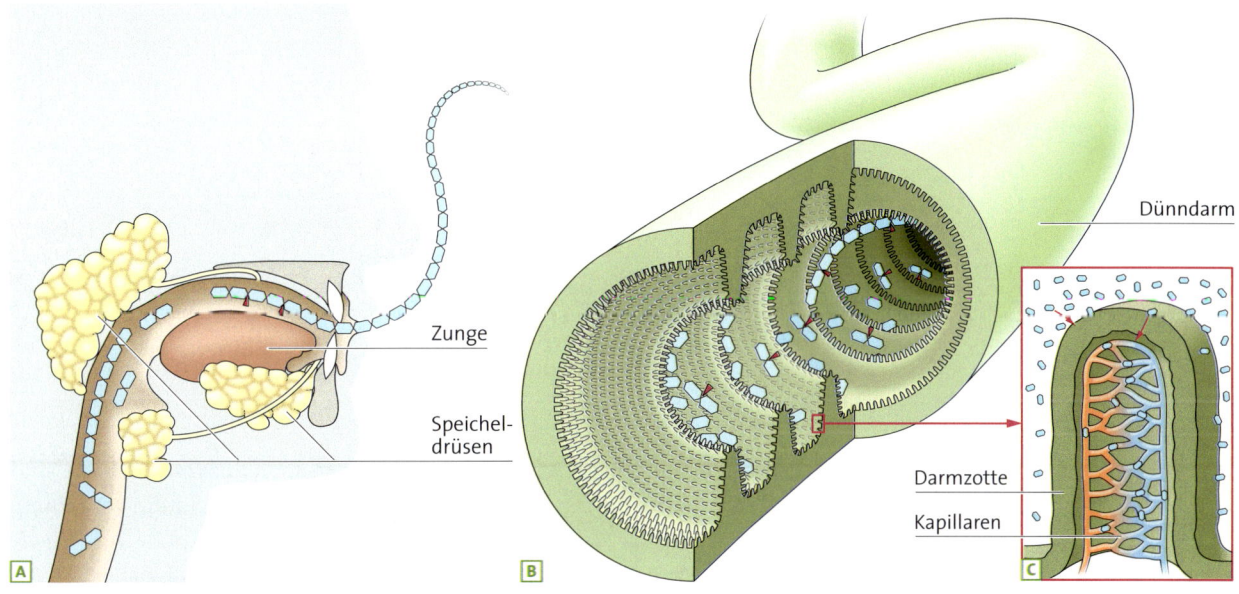

02 Verdauung der Stärke: **A** im Mund, **B** im Dünndarm, **C** Aufnahme von Traubenzucker in die Kapillaren einer Darmzotte

gespalten. Die Flüssigkeiten, die den Abbau der Nährstoffe besorgen, bezeichnet man als *Verdauungssäfte*.

Die Verdauungsvorgänge in unserem Körper benötigen eine gewisse Zeit. Der im Traubensaft enthaltene Traubenzucker jedoch bringt so schnell Energie, weil er nicht verdaut werden muss. Mit dem Blut erreicht der Traubenzucker in kurzer Zeit die Zellen, zum Beispiel die Muskelzellen, wo die in ihm enthaltene Energie durch die Zellatmung freigesetzt wird. Um in die Blutbahn übertreten zu können, müssen die Bausteine der Nährstoffe, zum Beispiel der Traubenzucker, Kontakt mit der Oberfläche der Verdauungsorgane bekommen. Die Wand des Dünndarms ist in Falten gelegt. Aus diesen *Dünndarmfalten* ragen wie winzige Finger viele kleine, dicht stehende Ausstülpungen nach innen in den Darm hinein. Man nennt sie *Darmzotten*. Die Oberfläche des Dünndarms ist daher sehr viel größer, als sein Durchmesser von etwa drei Zentimetern und seine Länge von drei bis vier Metern vermuten lassen. Diese **Oberflächenvergrößerung** wird durch den Bau der Zellen der Darmzotten noch weiter verstärkt. Sie tragen an der Seite, die

gegen den Darminnenraum gerichtet ist, zahlreiche sehr dünne Fortsätze, die *Mikrovilli*.

Die Dünndarmfalten, die Darmzotten und die Mikrovilli ergeben insgesamt eine Oberfläche der Darminnenwand von etwa 200 Quadratmetern. Das entspricht ungefähr der Fläche eines Tennisplatzes. Durch diese riesige Oberfläche kommen sehr viele Nährstoffbausteine zur gleichen Zeit mit der Darmwand in Kontakt. Die hohe Anzahl der Kapillaren in der Wand des Dünndarms bildet insgesamt ebenfalls eine sehr große Oberfläche. Die verdauten Nährstoffe, in dem Fall die Einfachzucker der Kohlenhydrate können so sehr schnell ins Blut aufgenommen werden.

Die Vorteile, die das Prinzip der Oberflächenvergrößerung bietet, treten auch beim Kauen auf. Wenn man dabei zum Beispiel ein Stück Brot zerteilt, wird seine Oberfläche größer. So hat der Speichel eine größere Fläche, über die er auf die im Brot enthaltene Stärke einwirken kann.

griechisch mikros = klein

lateinisch villus = Zottelhaar, Fransen

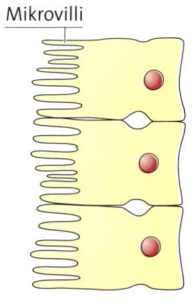

03 Dünndarmzelle mit Mikrovilli

1 Beschreibe, wie Stärke verdaut wird!

2 Erkläre, wie der Dünndarm im Bau seiner Funktion der Nährstoffaufnahme angepasst ist!

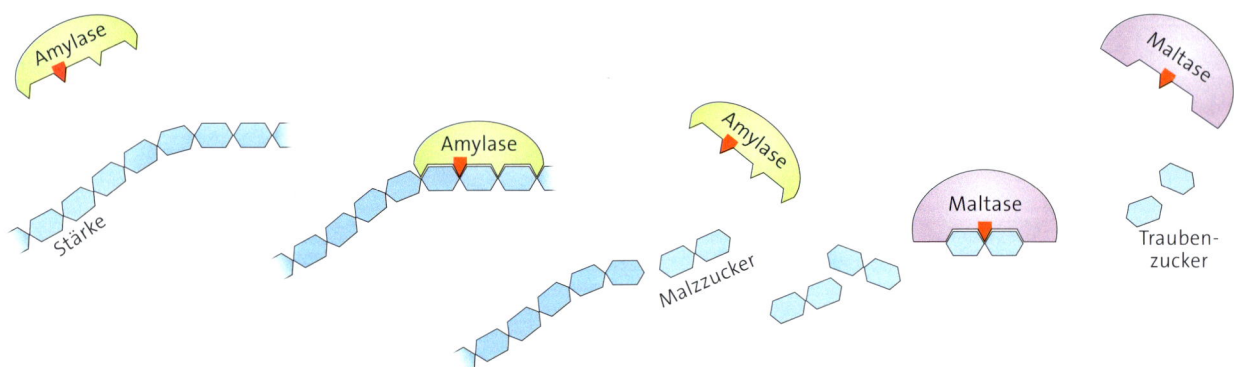

04 Abbau der Stärke durch Amylase und Maltase

ENZYME · Die Stärke, zum Beispiel im Brot, ist sehr stabil. Sie lässt sich nur in ihre Bestandteile auftrennen, wenn man sie stark erhitzt. Der Mundspeichel und der Bauchspeichel enthalten aber einen Stoff, der Stärke auch bei Körpertemperatur zerlegt. Dieser Stoff heißt *Amylase*. Dazu heftet sich die Amylase für sehr kurze Zeit an eine Stelle der Stärke und zerschneidet sie, sodass *Malzzucker* entsteht. Danach löst sich die Amylase wieder von der Stärke und heftet sich an eine andere Stelle eines Stärkemoleküls.

Die Amylase verändert sich durch ihre Tätigkeit nicht. Weil sie sich daher immer wieder in kurzen Zeitabständen für einen neuen Spaltungsvorgang einsetzen lässt, kann mit sehr wenig Amylase eine große Menge von Stärke abgebaut werden. Stoffe, die so wie die Amylase für die Umwandlung von Stoffen bei Körpertempera-

tur sorgen, nennt man **Enzyme.** Enzyme sind Eiweiße. Sie sind nicht nur für die Verdauung erforderlich, sondern für fast alle Lebensvorgänge innerhalb und außerhalb der Zellen.

Die Amylase kann nur Stärke spalten, nicht aber Malzzucker. Sie ist so gebaut, dass sie genau zur Stärke passt, nicht aber zum Malzzucker. Die Amylase kann daher nur Stärke spalten. Für die Zerlegung von Malzzucker in zwei Traubenzuckerbausteine ist ein anderes Enzym zuständig, die Maltase. Vergleichbar ist das mit einem Schlüssel, der nur in ein ganz bestimmtes Schloss passt. Bei allen Enzymen ist diese Passgenauigkeit die Voraussetzung dafür, dass sie wirken können. Man spricht daher vom **Schlüssel-Schloss-Prinzip.** Enzyme können also ihre Funktion, die Veränderung von Stoffen, nur erfüllen, wenn ihr Bau, ihre Struktur, zu der des Stoffes passt, der verändert werden soll. Alle Enzyme sind auf eine bestimmte Wirkung spezialisiert. Maltase zum Beispiel kann nur Verbindungen zwischen zwei Traubenzuckerbausteinen lösen, sie aber nicht miteinander verknüpfen.

Für alle Enzyme gilt: Sie bewirken die Umwandlung von Stoffen. Sie verändern sich bei den Umwandlungen der Stoffe selbst nicht. Jedes Enzym ist auf ganz bestimmte Stoffe und eine ganz bestimmte Wirkung spezialisiert.

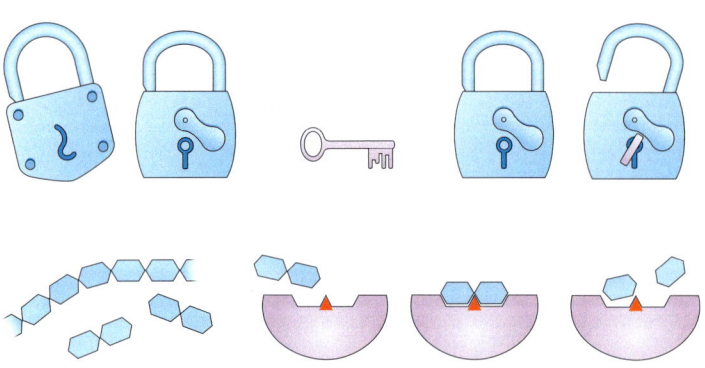

05 Schema des Schlüssel-Schloss-Prinzips der Enzymwirkung

3 Beschreibe die Arbeitsweise von Enzymen!

VERSUCH A ▸ Wirkung des Speichels auf Stärke

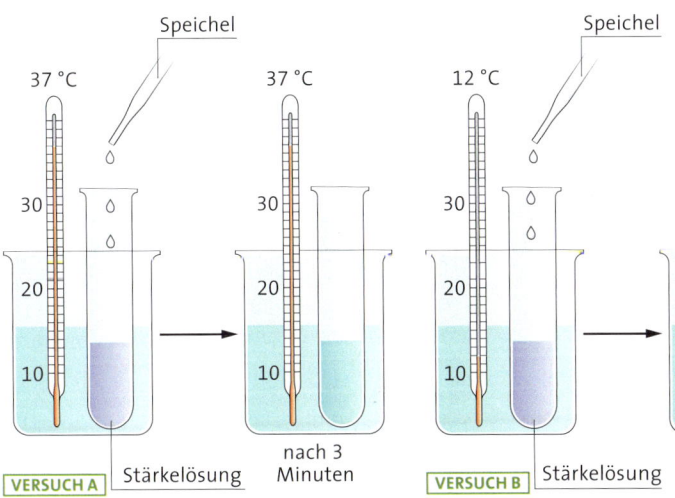

In den schematisch dargestellten Versuchen A und B wurde in Wasser gelöste Stärke mit Iod-Kaliumiodid-Lösung blau angefärbt. In beiden Versuchen waren alle Versuchsbedingungen, bis auf eine, gleich.

A1 Beschreibe den Versuchsaufbau und führe den Versuch durch!

A2 Erkläre das Ergebnis des Versuchs A!

A3 Stelle Vermutungen an, wie sich das Ergebnis des Versuchs B erklären ließe!

A4 Begründe, weshalb die Stärke angefärbt wurde!

A5 Begründe, weshalb in beiden Versuchen alle Versuchsbedingungen außer einer gleich sein mussten!

Material B ▸ Wirkung von Enzymen

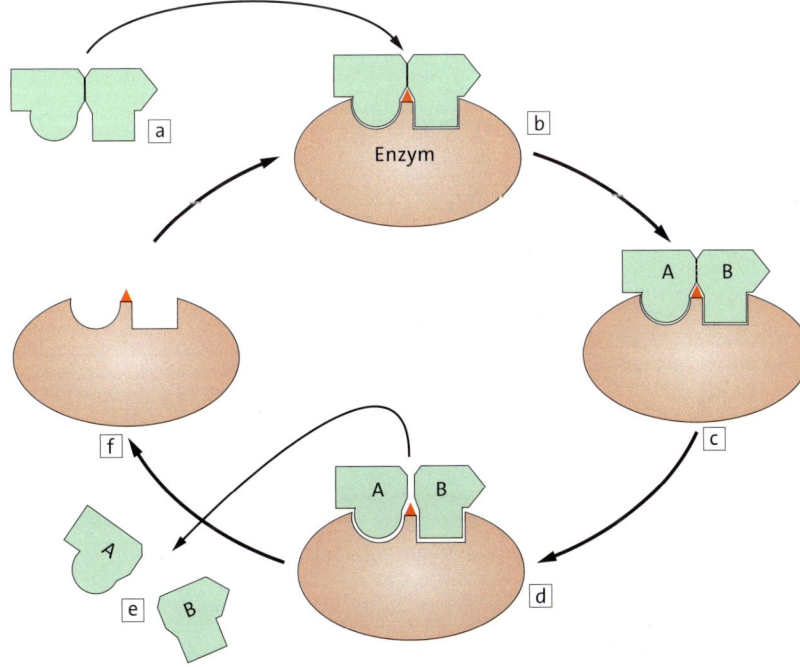

In der Abbildung ist die Wirkung von Enzymen am Beispiel der Spaltung eines Stoffes dargestellt. Das Schema gilt für alle Enzyme.

B1 Beschreibe die im Schema dargestellten Vorgänge, durch die ein Stoff mithilfe eines Enzyms gespalten wird!

B2 Begründe mithilfe des Schemas, weshalb nur eine geringe Menge von Enzymen für die Spaltung einer großen Stoffmenge erforderlich ist!

B3 Fertige ein ähnliches Schema an, in dem dargestellt ist, dass ein Enzym nur einen bestimmten Stoff spalten kann!

B4 Erläutere am Beispiel des bei B3 angefertigten Schemas den Zusammenhang zwischen Struktur und Funktion!

Ein Protokoll erstellen

Naturwissenschaftler führen häufig Experimente durch, um Phänomene zu erklären. Um diese Versuche festzuhalten, werden Protokolle angefertigt. Sie dienen der Dokumentation von Durchführung und Ergebnissen.

Aufgabenstellung

Die Aufgabenstellung ergibt sich aus der Beobachtung eines Phänomens.

Vorbetrachtung, Vermutung

Um die Aufgabenstellung zu untersuchen, werden begründete Vermutungen zu ihrer Beantwortung aufgestellt. Dazu werden auch Überlegungen formuliert, wie die Aufgabenstellung gelöst werden kann. Die Vermutungen werden auf ihren Wahrheitswert geprüft.

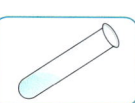

Materialien

Hier werden alle Materialien, die für den Versuch benötigt werden, aufgezählt. Dazu gehören Laborgeräte, Chemikalien sowie alle weiteren Materialien wie zum Beispiel Pflanzen oder Lebensmittelproben.

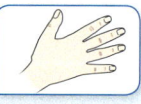

Durchführung

Um den Aufbau des Experimentes anschaulich zu machen, können Zeichnungen angefertigt werden. Die Durchführung beschreibt, was man bei dem Experiment macht. Wichtig ist, dass alles so beschrieben wird, dass auch jemand, der das Experiment nicht kennt, dieses nachvollziehen kann.

Beobachtungen

Hier werden alle Beobachtungen und Messwerte notiert, die man während des Experimentes wahrnehmen oder messen kann. Wichtig ist, dass die Beobachtungen hier noch nicht gedeutet werden. Messwerte werden zum Beispiel in Form einer Tabelle zusammengefasst.

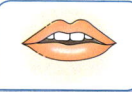

Auswertung und Deutung

Um die Aufgabenstellung zu beantworten, werden die Beobachtungen und Ergebnisse hier ausgewertet. Dafür werden die Beobachtungen erklärt und allgemeine Schlussfolgerungen daraus gezogen. Weiterhin wird ein Bezug zu den anfangs aufgestellten Vermutungen hergestellt. Sie sind entweder wahr oder falsch.

Fehlerbetrachtung

Bei Experimenten kommt es oft zu Problemen in der Durchführung, die man bei der Planung nicht bedacht hat. Dadurch entstehen Fehler und nicht auswertbare Ergebnisse. Diese Fehler werden hier genannt und Änderungsvorschläge für die Durchführung entwickelt.

Protokoll

Aufgabenstellung: Überprüfe die Verdauung von Stärke durch Mundspeichel!

Vorbetrachtung/Vermutungen: Stärke wird durch Iod-Kaliumiodid-Lösung nachgewiesen. Ein Rückgang der Blaufärbung zeigt eine Verringerung der Stärkekonzentration an.

Vermutung 1: Speichel verdaut Stärke.

Vermutung 2: Stärke zersetzt sich in wässriger Lösung von selbst.

Materialien: zwei Reagenzgläser, Reagenzglasständer, zwei 50-Milliliter-Becherglässer, Tropfpipette, Spatel, Stärke, Iod-Kaliumiodid-Lösung

Durchführung:

In einem Becherglas werden zehn Milliliter Speichel gesammelt.

In dem anderen Becherglas wird die Stärkelösung aus 20 Millilitern lauwarmem Wasser und einer Spatelspitze Stärke hergestellt. Zu diesem Gemisch gibt man fünf Tropfen Iod-Kaliumiodid-Lösung. Die beiden Reagenzgläser werden etwa zwei Zentimeter hoch mit dem Ausgangsgemisch gefüllt.

> Dadurch, dass das Ausgangsgemisch in einem einzigen Becherglas hergestellt wird, ist sichergestellt, dass in jedem Reagenzglas die gleiche Konzentration enthalten ist.

In Reagenzglas A werden zwei Milliliter Speichel gegeben. In Reagenzglas B werden zwei Milliliter Wasser gegeben.

> Der Versuchsansatz ohne Speichel dient in diesem Fall als Kontrollansatz. Darüber hinaus führt das Hinzufügen von Wasser dazu, dass beide Gemische auf gleiche Weise verdünnt werden und in beiden Reagenzgläsern das gleiche Volumen an Flüssigkeit enthalten ist. Somit ist sichergestellt, dass Farbänderungen nicht durch unterschiedliche Konzentrationen hervorgerufen werden.

Beide Proben werden 15 Minuten stehen gelassen.

> In beiden Ansätzen kann die Reaktion über den gleichen Zeitraum ablaufen.

Die Farbintensität der Proben wird gleichzeitig bestimmt.

> Der verbleibende Stärkegehalt, also die Messgröße, wird nach gleicher Einwirkzeit erfasst.

Die Farbintensitäten der Proben werden verglichen.

> Durch den Vergleich der Farbintensität können die Unterschiede der noch enthaltenen Stärkemengen festgestellt werden.

Beobachtungen: Zu Beginn des Versuchs sind die Lösungen in beiden Versuchsansätzen blauviolett gefärbt. Nach 15 Minuten konnte man beobachten, dass das Gemisch in Reagenzglas A gelblich und das Gemisch in Reagenzglas B blauviolett ist.

Auswertung: Die blauviolette Färbung zu Beginn des Versuchs zeigt an, dass Stärke vorhanden ist. In Reagenzglas A ist die Blaufärbung verschwunden. Daraus kann man schließen, dass der Speichel für den Abbau der Stärke verantwortlich ist. In Reagenzglas B konnte keine Farbänderung beobachtet werden. Das ist darauf zurückzuführen, dass keine Zersetzung der Stärke stattgefunden hat. Die Hypothese 1 konnte im Experiment zunächst bestätigt werden. Hypothese 2 wurde widerlegt.

01 Bratwurst
vom Grill

Verdauung von Eiweißen und Fetten

Mit der Nahrung müssen wir auch Eiweiße und Fette aufnehmen, zum Beispiel in Form von Fleisch oder fett- und eiweißreichen pflanzlichen Nahrungsmitteln. Wie verdaut und verwertet der Körper diese Nährstoffe?

VERDAUUNG VON EIWEISSEN · Die in der Nahrung, zum Beispiel in einer Bratwurst, enthaltenen Eiweiße gelangen nach dem Kauen und Schlucken fast unverändert in den Magen. Die Magenschleimhaut bildet pro Tag etwa zwei Liter Verdauungssaft. Dieser enthält ein Enzym, das Eiweiße in kürzere Ketten von Aminosäuren zerlegt. Man nennt solche Enzyme, die Eiweiße spalten, *Proteasen*. Das eiweißspaltende Enzym des Magensafts **Pepsin** wirkt nur in einer salzsauren Umgebung. Dafür sorgt eine sehr starke Säure, die besondere Zellen der Magenwand abgeben, die *Salzsäure*. Diese Magensäure hat aber noch weitere Wirkungen. Sie lässt die in Flüssigkeiten, zum Beispiel in der Milch, gelösten Eiweiße gerinnen. Dabei

entsteht eine weiche Masse aus Eiweißen, die länger im Magen verweilt und somit länger dem eiweißspaltenden Enzym Pepsin ausgesetzt ist.

Außerdem tötet die Magensäure die in der Nahrung enthaltenen meisten Krankheitserreger ab, zum Beispiel Bakterien. Die Muskeln der Magenwand sorgen durch knetende Bewegungen dafür, dass der Mageninhalt mit dem Magensaft gründlich durchmischt wird.

Die schon in kurze Aminosäureketten zerlegten Eiweiße verlassen den Magen und gelangen in den Dünndarm. Dort wirken Verdauungssäfte auf sie ein, die von der Bauchspeicheldrüse und der Dünndarmwand gebildet werden. Die Bauchspeicheldrüse bildet pro Tag etwa 1,5 Liter Bauchspeichel, der durch einen Ausführgang in den vorderen Abschnitt des Dünndarms, den *Zwölffingerdarm*, fließt. Die Dünndarmwand scheidet pro Tag etwa drei Liter Dünndarmsaft ab. Diese beiden Verdauungssäfte enthalten eiweißspaltende Enzyme, die die kurzen Aminosäureketten weiter abbauen, bis die ursprünglich in der Nahrung enthaltenen Eiweiße vollständig in ihre Einzelbausteine, die Aminosäuren, zerlegt sind. Auch die Dünndarmwand ist von Muskeln durchzogen. Sie treiben den Darminhalt weiter und durchmischen ihn mit dem Verdauungssaft.

VERWENDUNG VON EIWEISSEN · Aminosäuren sind so klein, dass sie durch die Oberfläche der Dünndarmzotten und durch die Wand der darin liegenden Kapillaren ins Blut aufgenommen werden können. Das Blut transportiert sie zu den Zellen. Die Zellen verwenden die Aminosäuren, um sie zu eigenen, menschlichen Eiweißen wieder zusammenzusetzen. Die Reihenfolge der Aminosäuren der nun menschlichen Eiweiße ist aber anders als die der Eiweiße in der Nahrung. Die Eiweiße in der Bratwurst unterscheiden sich deutlich von denen in den Zellen des Menschen.

Die Zellen des Menschen bestehen vorwiegend aus Eiweißen. Diese haben nur eine begrenzte Lebensdauer und müssen daher ständig ersetzt werden.

Wenn die Eiweißverdauung gestört ist oder wenn die Nahrung zu wenige Eiweiße enthält, kommt es daher zu sehr ernsthaften gesundheitlichen Störungen. Nicht alle Aminosäuren sind gleich wichtig. Diejenigen, die auf jeden Fall in der Nahrung enthalten sein müssen, bezeichnet man als *essenzielle Aminosäuren*. Für Kinder ist der Eiweißmangel besonders gefährlich, denn sie benötigen für ihr Körperwachstum ständig große Mengen an Eiweißen, um neue Zellen bilden zu können.

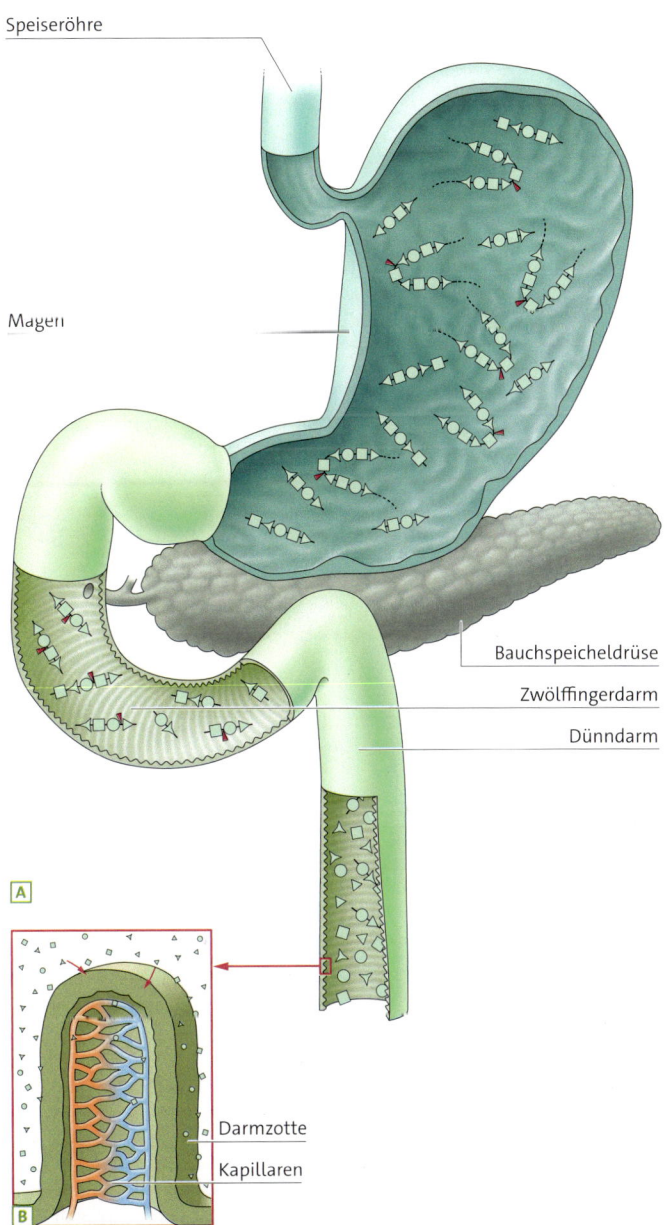

02 Verdauung von Eiweißen: **A** im Magen und Dünndarm, **B** Aufnahme von Aminosäuren in die Kapillaren einer Dünndarmzotte

1 ꜀ Beschreibe, wie Eiweiße verdaut werden!

2 ꜀ Begründe den unterschiedlichen Aufbau der Eiweiße der Nahrung und der Eiweiße der Zellen des Menschen!

3 ꜀ Beschreibe die Aufgaben der Magensäure!

4 ꜀ Begründe, weshalb ein Eiweißmangel besonders gefährlich ist!

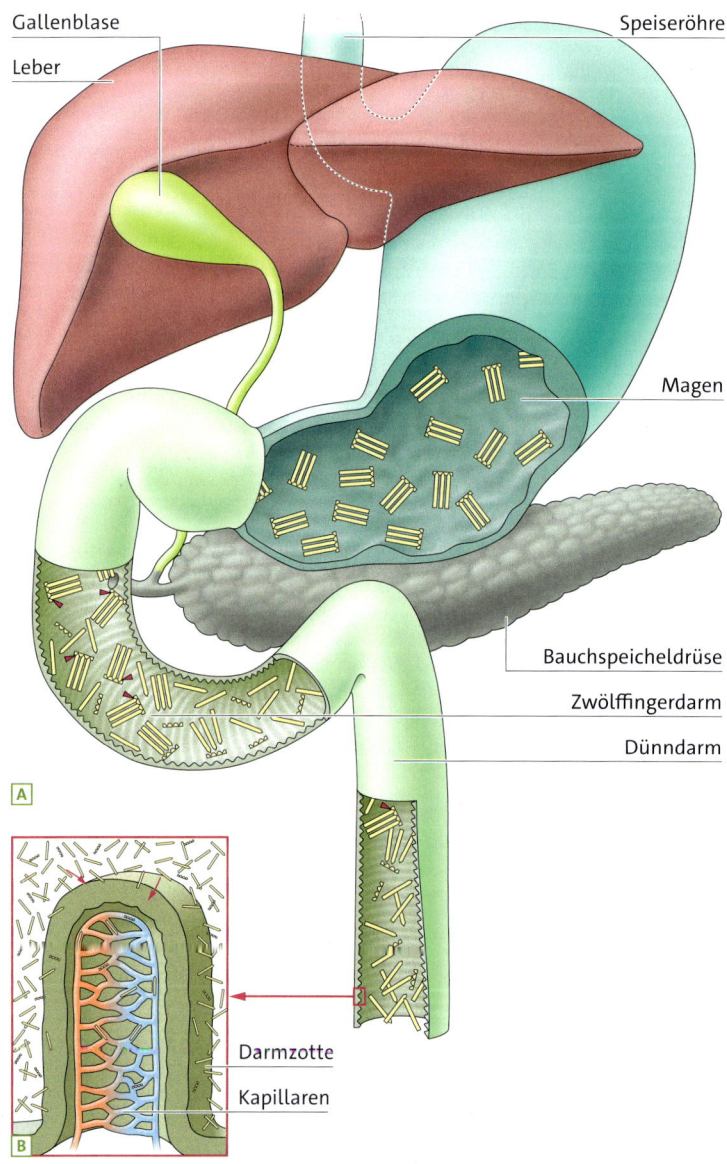

03 Verdauung von Fetten: **A** im Zwölffingerdarm und Dünndarm,
B Aufnahme von Fettbestandteilen in die Kapillaren einer Dünndarmzotte

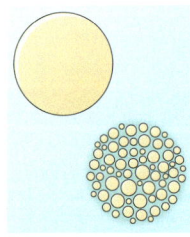

04 Verteilung von Fett durch Galle

5 Nenne Verdauungsorgane, die am Abbau der Fette beteiligt sind!

6 Erläutere das Prinzip der Oberflächenvergrößerung am Beispiel der Wirkung von Galle!

7 Begründe, weshalb die Galle in einigen Fachbüchern nicht als Verdauungssaft bezeichnet wird!

VERDAUUNG VON FETTEN · Die in der Nahrung, zum Beispiel in einer Bratwurst, enthaltenen Fette werden auf ihrem Weg vom Mund durch die Speiseröhre und den Magen kaum verändert. Ihre Verdauung beginnt erst im vorderen Abschnitt des Dünndarms, dem *Zwölffingerdarm*. Dort mündet ein Gang, durch den die Bauchspeicheldrüse ihren Verdauungssaft abgibt. Der Bauchspeichel enthält außer den Amylasen und den Proteasen auch Enzyme, die die Fette in ihre Bestandteile, Glycerin und Fettsäuren, zerlegt. Weil man Fette in der Fachsprache als Lipide bezeichnet, nennt man Fett abbauende Enzyme *Lipasen*. Auch der von der Dünndarmwand gebildete Verdauungssaft enthält Lipasen.

In den Zwölffingerdarm mündet noch ein weiterer Ausführgang. Er geht von der *Gallenblase* aus. In der Gallenblase wird eine Flüssigkeit gespeichert, der Gallensaft, der auch *Galle* genannt wird. Die Galle wird in der Leber gebildet. Etwa einen halben Liter dieser gelbgrünen Flüssigkeit gibt die Gallenblase pro Tag in den Zwölffingerdarm ab. Die Galle zerteilt große Fetttropfen in viele kleine. Dadurch vergrößert sie die Oberfläche des Fetts sehr stark. Auf diese Weise kann viel Lipase des Bauchspeichels und des Dünndarmsaftes gleichzeitig an vielen Stellen mit viel Fett in Kontakt treten. So kann in kurzer Zeit eine große Fettmenge abgebaut werden. In Fetten ist sehr viel Energie enthalten. Ohne Galle könnte diese wertvolle Energiequelle nur sehr unvollständig genutzt werden.

Die Bestandteile der Fette, Glycerin und Fettsäuren, können durch die Zotten der Dünndarmwand in die darin liegenden Gefäße eindringen. Ein Teil der Fettbestandteile kommt so direkt in die Kapillaren, ein anderer Teil aber wird zunächst in Lymphgefäße aufgenommen und gelangt von dort in das Blutgefäßsystem. Dafür sorgt ein Gang, der im oberen Brustbereich das Lymphgefäßsystem mit dem Blutgefäßsystem verbindet.

Material A ▸ Verdauung von Nährstoffen

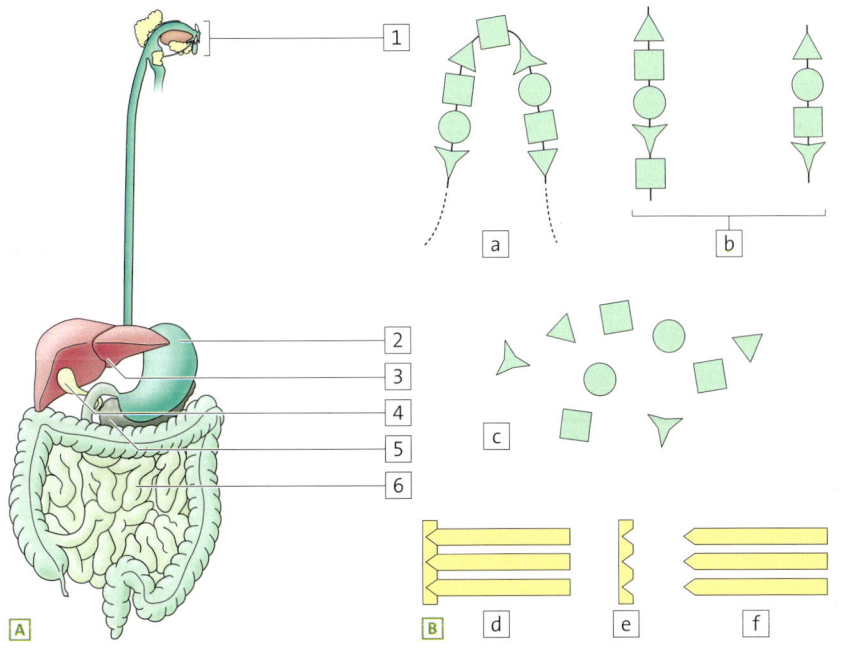

A1 Benenne die mit Zahlen gekennzeichneten Bereiche!

A2 Nenne die Fachbegriffe für die in der Abbildung B dargestellten Symbole und ordne sie den passenden Stellen des Schemas A zu! Dabei sind Mehrfachnennungen möglich.

A3 Ordne die Enzyme Proteasen, Lipasen, Maltase, Amylasen den Stellen der Abbildung A zu, an denen sie gebildet werden!

A4 Nenne die Organe, die an der Bildung und Speicherung der Flüssigkeit beteiligt sind, die Fett in kleine Tropfen verteilt!

A5 Nenne den Ort, an dem die Nährstoffe oder ihre Bestandteile in das Blut aufgenommen werden!

Abbildung A zeigt ein Schema der Verdauungsorgane des Menschen. In der Abbildung B sind Symbole für die Nährstoffe und ihre Bestandteile dargestellt, in die sie durch die Verdauung zerlegt werden.

VERSUCH B ▸ Wirkung von Pepsin

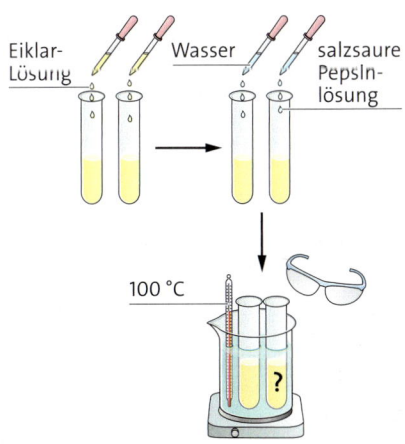

Wird Eiklar gekocht, gerinnen die darin enthaltenen, langkettigen Eiweiße und es entsteht eine feste, weiße Masse. Kürzere Eiweißketten können nicht gerinnen.

Material:
2 Reagenzgläser, siedendes Wasserbad, Eiklar-Lösung, salzsaure Pepsin-Lösung, Wasser, Pipetten

Durchführung:
Gib in zwei Reagenzgläser je 5 ml Eiklar-Lösung. Das Reagenzglas A wird anschließend mit 3 ml Wasser und Reagenzglas B mit 3 ml salzsaurer Pepsin-Lösung gefüllt. Erwärme beide Reagenzgläser nach mindestens 30 Minuten in einem siedenden Wasserbad.

B1 Stelle Vermutungen an, welches Ergebnis das Experiment zeigen wird!

B2 Beschreibe deine Beobachtungen beim gleichzeitigen Erhitzen beider Reagenzgläser im Wasserbad!

B3 Erkläre die erhaltenen Ergebnisse!

Unterscheiden sich die Reagenzgläser nach dem Erhitzen nicht, war das Experiment erfolglos.

B4 Begründe mögliche Fehler, die aufgetreten sein könnten!

Verdauung im Überblick

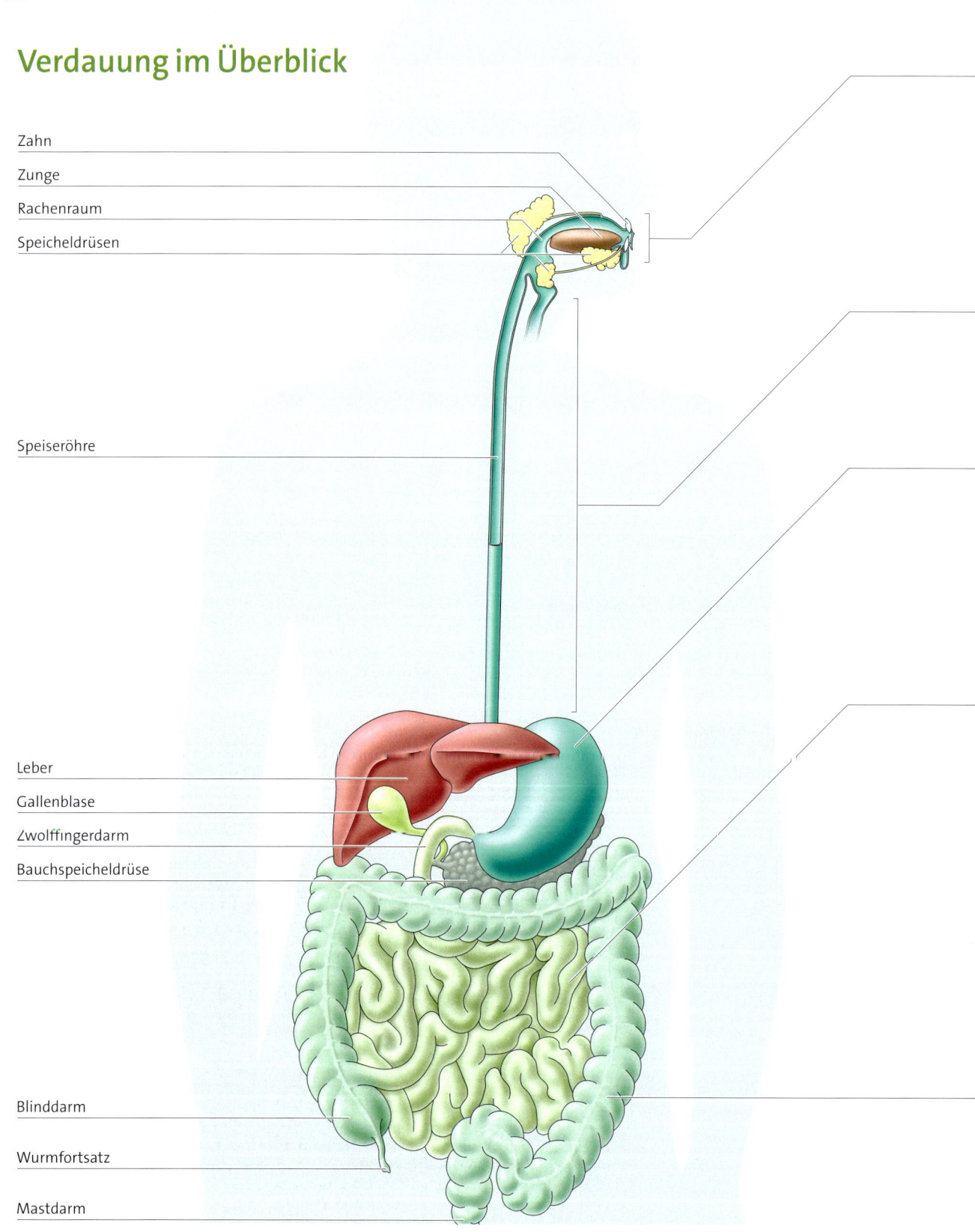

Zahn

Zunge

Rachenraum

Speicheldrüsen

Speiseröhre

Leber

Gallenblase

Zwölffingerdarm

Bauchspeicheldrüse

Blinddarm

Wurmfortsatz

Mastdarm

Mundhöhle:

- Mündung der Ausführgänge der Speicheldrüsen
- Speichelproduktion: etwa 1,5 Liter pro Tag
- Zerkleinerung der Nahrung durch Zähne und Zunge

Der Speichel enthält das Enzym Amylase. Dieses zerlegt einen Teil der in der Nahrung enthaltenen Stärke in Malzzucker. Fette, Proteine und Ballaststoffe werden im Mund nicht abgebaut.
Der Nahrungsbrei wird durch den Schluckvorgang in die Speiseröhre befördert.

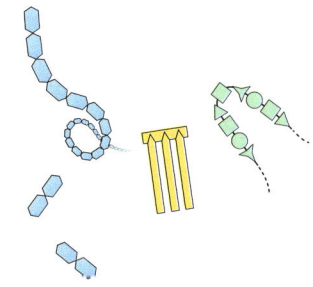

Speiseröhre:

- Länge: etwa 25 Zentimeter
- Durchmesser: etwa 1,5 Zentimeter

Die Speiseröhre dient dem Weitertransport der Nahrung. Verdauungsvorgänge finden nicht statt.

Magen:

- Fassungsvermögen: etwa 1,5 Liter
- Verweildauer der Nahrung: 1 bis 5 Stunden
- Magensaftproduktion: 2 bis 3 Liter pro Tag
- Magensäure: Abtöten von Keimen

Das Pepsin des Magensaftes zerlegt die Eiweiße in kürzere Aminosäureketten. Kohlenhydrate, Fette und Ballaststoffe werden nicht weiter abgebaut.

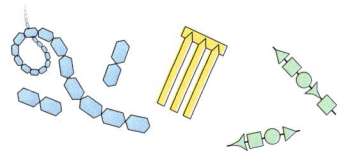

Dünndarm:

- Gesamtinnenfläche: etwa 200 Quadratmeter
- Länge: zwischen 3 und 4 Meter
- Verweildauer des Nahrungsbreis: 2 bis 4 Stunden
- Mündung der Ausführgänge von Bauchspeicheldrüse und Gallenblase in den Zwölffingerdarm
- Leber: Produktion von etwa 650 Milliliter Gallensaft pro Tag
- Gallensaft: Zerteilung großer Fetttropfen in viele kleine
- Bauchspeicheldrüse: Produktion von 700 bis 2500 Milliliter Bauchspeichel pro Tag

Der Dünndarmsaft und der Bauchspeichel enthalten Verdauungsenzyme. Amylasen und Maltasen spalten die Kohlenhydrate in Traubenzucker. Proteasen zerlegen die Aminosäureketten in Aminosäuren. Lipasen spalten die Fette in Glycerin und Fettsäuren. Kohlenhydrate und Aminosäuren werden durch die Zellen der Darmwand ins Blut aufgenommen, Glycerin und Fettsäuren gelangen durch die Zellen der Darmwand in Blut und Lymphe. Ballaststoffe können nicht abgebaut und aufgenommen werden. Ein großer Teil des Wassers wird dem Nahrungsbrei entzogen.

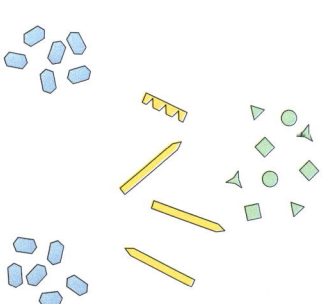

Dickdarm:

- Länge: etwa 1,6 Meter
- Verweildauer der Nahrungsreste: zwischen 5 und 70 Stunden

Durch Wasserentzug werden die Bestandteile, die vom Körper nicht verdaut und aufgenommen werden können, eingedickt und schließlich über den Mastdarm ausgeschieden.

01 Auftauchen, um Luft zu holen

Lunge – Atmung und Gasaustausch

Der Mensch kann nur kurze Zeit unter Wasser bleiben. Dann muss er auftauchen, um zu atmen. Was geschieht bei der Atmung?

ATMUNGSORGANE · Sobald ein Schwimmer den Kopf über Wasser hat, kann er atmen. Mit jedem Atemzug strömt Luft durch den Mund und die Nase in seinen Körper.

Die Nase prüft, ob gefährliche oder unangenehme Stoffe in der Luft sind. Sie ist gut durchblutet und von einer Schleimhaut ausgekleidet, der *Nasenschleimhaut.* Dadurch wird die Luft vorgewärmt und angefeuchtet. Im Nasenschleim bleiben Staub und Krankheitserreger hängen. Beim Naseputzen werden sie aus dem Körper entfernt. Die Nasenschleimhaut ist von dicht stehenden, feinen Härchen, den *Flimmerhärchen,* besetzt. Sie schlagen ständig und transportieren so den Nasenschleim nach hinten in den **Rachen.** Dort wird er verschluckt. Am Ende des Rachens trennen sich die Transportwege von Luft und Nahrung. Dort liegt der **Kehlkopf.** Sein Klappenmechanismus sorgt dafür, dass die Nahrung in die Speiseröhre gelangt und die Luft in eine durch Knorpelringe versteifte Röhre, die **Luftröhre.** Am unteren Ende verzweigt sich die Luftröhre in zwei Äste, die **Bronchien.** Die Luftröhre und die Bronchien sind wie die Nase von einer

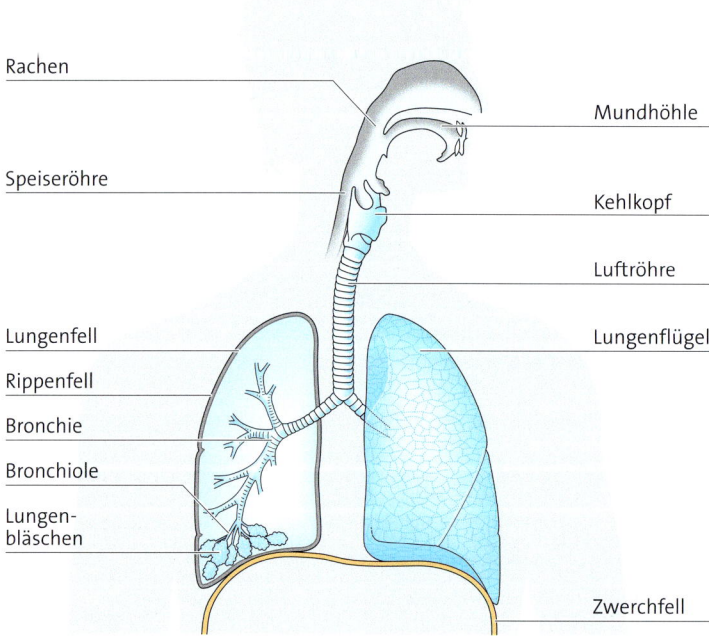

Rachen
Mundhöhle
Speiseröhre
Kehlkopf
Luftröhre
Lungenfell
Lungenflügel
Rippenfell
Bronchie
Bronchiole
Lungen-bläschen
Zwerchfell

02 Atmungsorgane

Schleimhaut ausgekleidet, die Flimmerhärchen trägt. Durch die Bronchien strömt die Luft in die **Lunge,** die rechts und links vom Herzen fast den ganzen Brustraum ausfüllt. Sie ist in zwei Hälften, die *Lungenflügel,* geteilt. Die Lungenflügel bestehen aus zartem und sehr empfindlichem Gewebe. Die Lunge ist von einer Art Korb eingeschlossen, dem *Brustkorb.* Die Seiten des Brustkorbs sind die Rippen. Den Boden bildet eine kuppelförmige Fläche, das **Zwerchfell.** Es besteht aus Muskeln und Sehnen.

ATEMBEWEGUNGEN · Obwohl die Lunge keine Muskeln hat, kann sie ihre Form verändern. Dafür sind viele kleine Muskeln zuständig, die zwischen den Rippen liegen. Wenn sich diese *Zwischenrippenmuskulatur* zusammenzieht, heben sich die schräg nach unten gerichteten Rippen. Dadurch wird der Brustraum größer. Die äußere Begrenzung der Lunge, das *Lungenfell,* liegt der Innenauskleidung des Brustraums, dem *Rippenfell,* sehr eng an. Der sich vergrößernde Brustkorb zieht die Lunge deshalb mit und erweitert sie so ebenfalls. Dadurch saugt sie Luft an. Diese Form der Atmung bezeichnet man als **Brustatmung.** Die Verbindung zwischen Lungen- und Rippenfell kommt dadurch zustande, dass beide Häute sehr glatt sind und zwischen ihnen ein dünner Feuchtigkeitsfilm liegt. Daher haften sie fest aneinander, ähnlich wie zwei feuchte Glasplatten.

An einer weiteren Atembewegung ist das *Zwerchfell* beteiligt. Wenn sich seine Muskulatur zusammenzieht, wird seine nach oben gewölbte Form flacher. Dadurch senkt sich das Zwerchfell, drückt auf die Bauchorgane und erweitert so den Brustraum nach unten hin. Die Lunge folgt dieser Bewegung, erweitert sich ebenfalls und saugt so Luft an. Diese Form der Atmung nennt man **Bauchatmung.**

Nach dem Einatmen erschlaffen die Zwischenrippenmuskulatur und das Zwerchfell. Damit beginnt das Ausatmen der Luft. Da der Brustkorb elastisch ist, sinken die Rippen wieder

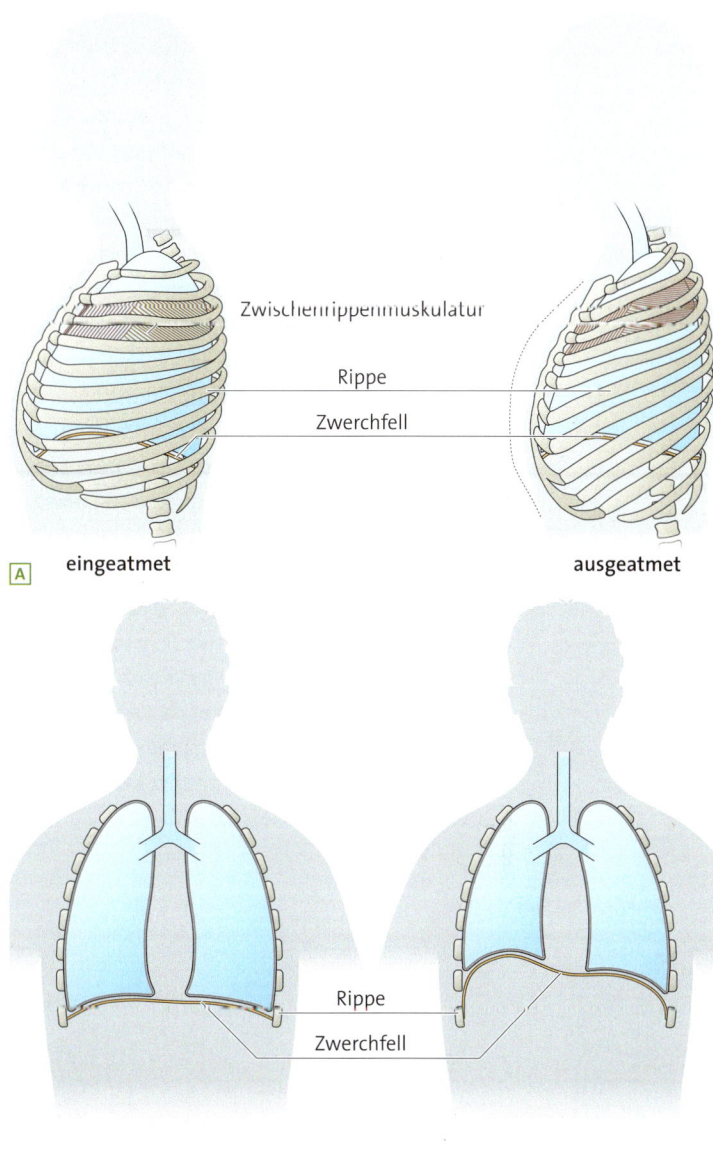

Zwischenrippenmuskulatur

Rippe

Zwerchfell

A   eingeatmet   ausgeatmet

Rippe

Zwerchfell

B   eingeatmet   ausgeatmet

03 Atembewegungen: **A** Brustatmung, **B** Bauchatmung

schräg nach unten, und die Bauchorgane drücken das Zwerchfell zurück in die gewölbte Stellung. Dadurch verkleinern sich der Brustraum und infolgedessen auch die Lunge, sodass die Luft ausströmt. Der Mensch atmet meistens gleichzeitig durch Brust- und Bauchatmung.

1 Beschreibe die Bewegungen bei der Brust- und Bauchatmung!

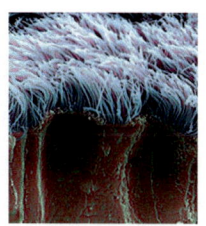

04 Flimmerhärchen auf der Innenwand der Bronchien

Diffusion: physikalischer Prozess, der zur gleichmäßigen Verteilung von Teilchen in Flüssigkeiten und Gasen führt

GASAUSTAUSCH · In der Lunge verzweigen sich die Bronchien sehr stark, bis feinste Luftkanälchen entstehen, die **Bronchiolen.** Jede Bronchiole endet in kleinen, traubenförmig angeordneten Bläschen, den **Lungenbläschen.** Die Lungenbläschen sind von einem eng anliegenden dichten Netz aus feinsten Blutgefäßen umhüllt, den **Lungenkapillaren.** Das Blut ist von der Atemluft in der Lunge nur durch die sehr dünnen Wände der Kapillaren und Lungenbläschen getrennt. Diese Wände sind für Sauerstoff und Kohlenstoffdioxid durchlässig. Das Blut, das vom Herzen in die Lunge gepumpt wird, enthält weniger Sauerstoff und mehr Kohlenstoffdioxid als die Luft in den Lungenbläschen. Dieser Unterschied gleicht sich durch den Prozess der Diffusion teilweise aus, sodass im Blut der Sauerstoffgehalt steigt und der Kohlenstoffdioxidgehalt sinkt. Da es so scheint, als ob diese beiden Gase getauscht würden, spricht man vom **Gasaustausch.** Dieser ist die Ursache dafür, dass die ausgeatmete Luft weniger Sauerstoff und mehr Kohlenstoffdioxid enthält als die eingeatmete.

Die Struktur der Lunge, ihr Bau, steht in Zusammenhang mit ihrer Funktion. Sie ist so gebaut, dass in kurzer Zeit sehr viel Gas ausgetauscht werden kann. Dafür sorgt erstens die sehr hohe Anzahl der Lungenbläschen, sodass eine Gesamtoberfläche der Lunge von etwa 200 Quadratmetern entsteht. Diese große Oberfläche ermöglicht einen intensiven Stoffaustausch zwischen der eingeatmeten Luft und dem Blut. Zweitens ist das Blut in den fein verzweigten Kapillaren nur durch dünne Häutchen von der eingeatmeten Luft in den Lungenbläschen getrennt. Diese dünnen Häutchen sind nur eine geringe Hürde für den Stoffübertritt, sodass auch hierdurch der Stoffaustausch erhöht ist.

2) Stelle in einem Fließschema den Weg eines Sauerstoffmoleküls von der Luft in die Nase bis ins Blut dar!

3) Beschreibe den Zusammenhang von Struktur und Funktion am Beispiel der Lunge!

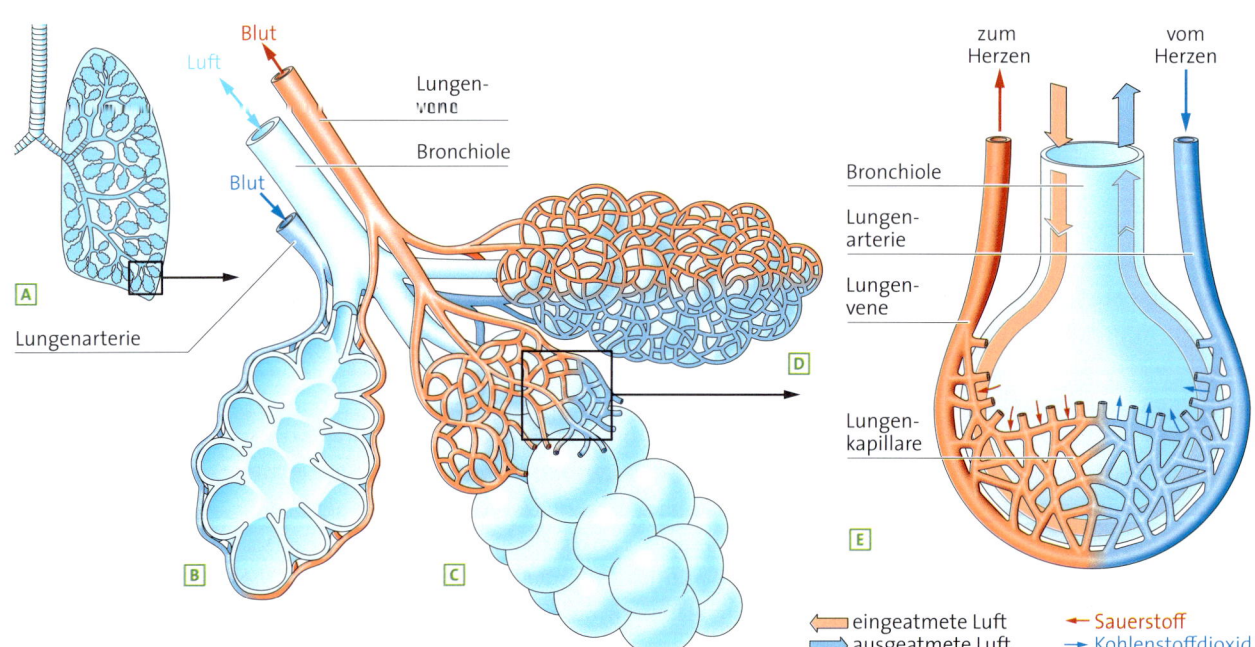

eingeatmete Luft — Sauerstoff
ausgeatmete Luft — Kohlenstoffdioxid

05 Lunge: **A** Lungenflügel, **B** Lungenbläschen im Längsschnitt, **C** Lungenbläschen, Kapillaren teilweise entfernt, **D** Lungenbläschen mit Kapillaren, **E** Gasaustausch am Lungenbläschen (Schema)

GESUNDERHALTUNG DER ATMUNGSORGANE ·
Etwa 100-mal größer als unsere Hautoberfläche ist die Oberfläche unserer Atmungsorgane. Sie sind komplett mit Schleimhäuten bedeckt und deshalb auch sehr empfindlich. Trotzdem stehen sie mit der Umwelt in engem Kontakt, da sie für den Gasaustausch sorgen müssen. Alles, was in der Luft schweben kann, wird beim Einatmen in die Lunge aufgenommen und wirkt auf die Schleimhäute ein. Neben den Atemgasen sind das auch Viren, Mikroben, Pilzsporen, Pollen, Staub- und Rauchpartikel, gasförmige Stoffe wie Gifte oder Lösungsmittel sowie vieles andere mehr. Durch unsere Immunabwehr, aber auch durch die große Erneuerungsfähigkeit des Lungengewebes, ist die Lunge diesen Belastungen relativ gut gewachsen. Krankheitserreger werden durch das Immunsystem und Medikamente abgewehrt. Partikel auf den Schleimhäuten werden durch die Flimmerhärchen aus der Lunge transportiert. Gasförmige Chemikalien können wieder ausgeatmet werden.

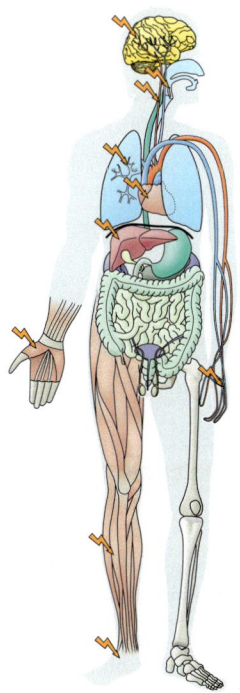

Jedoch schädigen all diese Dinge immer das Lungengewebe und können sogar vom Körper aufgenommen werden und dort zu Erkrankungen führen. Je häufiger unser Atmungssystem also diesen schädlichen Faktoren ausgesetzt ist, umso größer wird das Erkrankungsrisiko. Vorbeugend kann nur das Meiden belasteter Luft helfen.

RAUCHEN · Beim Rauchen von Zigaretten werden freiwillig hochgiftige und krebserregende Verbrennungsprodukte des Tabaks und des Zigarettenpapiers inhaliert. Die meisten der etwa 600 Inhaltsstoffe des Rauches werden auch vom Körper aufgenommen und sorgen für die Gesundheitsprobleme, die Raucher bekommen können. Das Nikotin, ein sehr starkes Nervengift der Tabakpflanze, bewirkt, dass sich Blutgefäße verengen, wodurch die Hauttemperatur sinkt, der Blutdruck und der Puls steigen. Nach vielen Jahren kommt es zu Durchblutungsstörungen, weil Arterien sich zusetzen. Das zu versorgende Gewebe kann absterben. Die Haut altert vorzeitig. Rauchen macht süchtig. Verursacht wird dies durch das Nikotin, welches im Gehirn sehr schnell zu Veränderung führt. Die körperliche Abhängigkeit von Nikotin äußert sich durch Entzugserscheinungen, beispielweise Gereiztheit, Konzentrationsstörungen, Nervosität und im Extremfall zitternde Hände. Die inhalierten Teerstoffe, Verbrennungsprodukte des Tabaks, behindern zunehmend die Atmung. Sie lagern sich in der Lunge ab, verkleben die Flimmerhärchen und verhindern die Selbstreinigung der Lunge. Raucherhusten entsteht und die körperliche Leistungsfähigkeit nimmt ab. Da die Teerstoffe krebserregend sind, kann in allen Organen, mit denen sie Kontakt hatten, nach einiger Zeit Krebs entstehen. Das sind neben den Organen des Atmungstraktes wie Nasenhöhle, Kehlkopf, Luftröhre und Lunge auch Lippen, Zunge, Speiseröhre und Magen.

4 Erläutere mithilfe der Abbildung 06 die Wirkung des Rauchens!

Material A ▸ Atembewegungen

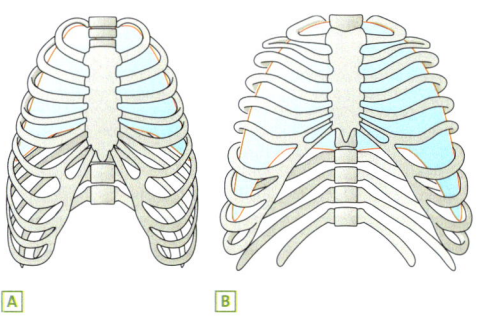

A

B

Tabelle 1	
Stickstoff	78 %
Sauerstoff	17 %
Kohlenstoffdioxid	4 %
andere Gase	1 %

Tabelle 2	
Stickstoff	78 %
Sauerstoff	21 %
Kohlenstoffdioxid	0,03 %
andere Gase	1 %

A1 Vergleiche den Zustand des Brustkorbs bei A und B! Erkläre, wie sich A in den bei B dargestellten Zustand ändert!

A2 Vergleiche die beiden Tabellen! Ordne die Tabellen den Abbildungen des Brustkorbs zu! Begründe die Zuordnung!

A3 Erkläre die Vorgänge, die zu den in den Tabellen dargestellten Unterschieden führen!

In den Tabellen ist die ungefähre Zusammensetzung der Luft dargestellt, die sich beim Ein- oder Ausatmen in der Luftröhre befindet.

Material B ▸ Luftvolumen in der Lunge

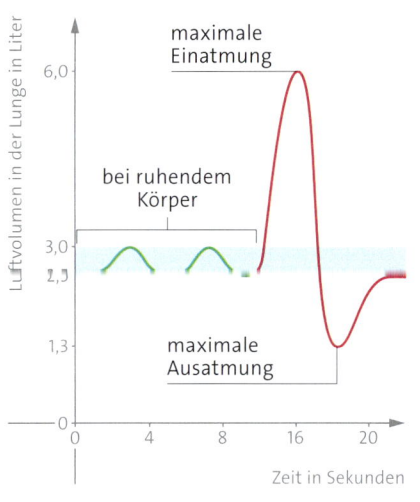

Luftvolumen in der Lunge in Liter

maximale Einatmung

bei ruhendem Körper

maximale Ausatmung

6,0

3,0

2,5

1,3

0

0   4   8   16   20

Zeit in Sekunden

In der Grafik sind die Luftvolumina dargestellt, die die Lunge eines bestimmten Menschen enthalten kann.

B1 Stelle mithilfe der Grafik das Luftvolumen fest, das bei ruhendem Körper mit einem Atemzug aufgenommen wird, und das Luftvolumen, das maximal aufgenommen werden kann!

B2 Berechne das Luftvolumen, das bei ruhendem Körper in die Lunge aufgenommen wird: pro Minute, pro Stunde und pro Tag!

B3 Ein Schwimmer benötigt etwa 45 Liter Luft pro Minute. Beschreibe, wie sich die Grafik ändert, wenn die Atmung eines Schwimmers dargestellt wird!

B4 Die Leistungsfähigkeit einer Lunge kann als das Luftvolumen angegeben werden, die ein Mensch maximal bei einem Atemzug ausatmen kann. Ermittle diesen Wert mithilfe der Grafik!

Material C ▸ Kehlkopf

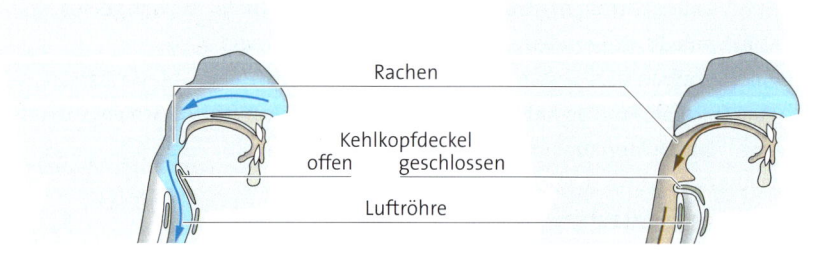

Rachen

Kehlkopfdeckel
offen   geschlossen

Luftröhre

C1 Beschreibe die Aufgabe des Kehlkopfdeckels!

C2 Um die Laute beim Sprechen zu erzeugen, muss Luft durch die Stimmbänder im Kehlkopf strömen. Erkläre mithilfe der Abbildung, weshalb man beim Essen nicht reden sollte!

Material D ▸ Teer im Zigarettenrauch

A zeigt das Ergebnis, bei dem der Rauch nur in die Mundhöhle eingeatmet und dann wieder ausgeatmet wurde. Bei B wurde der Rauch bis in die Lunge gezogen.

D1 Werte die Abbildungen aus!

D2 Erläutere die Wirkung des Teers!

D3 Entwickle eine Apparatur mit der man das Experiment zur Abbildung A auch ohne eine Versuchsperson durchführen könnte!

In einem Experiment raucht eine Versuchsperson eine Zigarette und atmet den eingezogenen Rauch durch ein Papiertaschentuch wieder aus. Das

Experiment, das zur Abbildung A führt, kann aus Gründen des Gesundheitsschutzes bestimmt auch ohne Versuchsperson durchgeführt werden.

Material E ▸ Hauttemperatur und Puls beim Rauchen

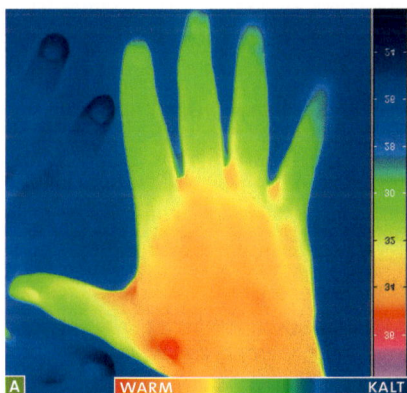

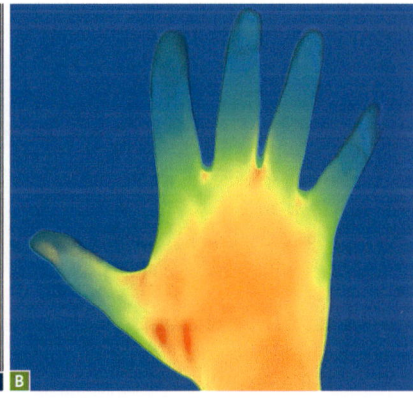

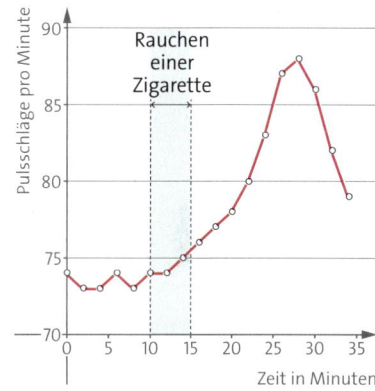

Bild A zeigt das Wärmebild der Hand eines Rauchers vor dem Rauchen, Bild B nach dem Rauchen. Während des Rauchens wurde sein Puls

gemessen. Nikotin führt zur Verengung der Gefäße.

E1 Werte die Wärmebilder aus!

E2 Werte das Diagramm aus!

E3 Erkläre, welche Folgen aus den Ergebnissen für den Kreislauf abgeleitet werden können!

Material F ▸ Warnhinweise auf Zigarettenpackungen

Seit dem Jahr 2003 ist vorgeschrieben, das auf Tabakwarenpackungen Warnhinweise stehen:

- Rauchen führt zur Verstopfung der Arterien und verursacht Herzinfarkte und Schlaganfälle.
- Rauchen verursacht tödlichen Lungenkrebs.

- Rauchen in der Schwangerschaft schadet Ihrem Kind.
- Schützen Sie Kinder – lassen Sie sie nicht Ihren Tabakrauch einatmen!

F1 Begründe die Berechtigung der einzelnen Warnhinweise!

Arbeiten mit Modellen

Glas-rohr

Gummi-haut

Glas-glocke

Luft-ballon

01 Modell zur Bauchatmung

Modelle entwickeln

Um biologische Strukturen oder Funktionsweisen zu verstehen, entwickeln Biologen häufig Modelle. Diese Modellentwicklung kann man gut an einem Modell zur Bauchatmung nachvollziehen. Die Modellentwicklung beginnt mit einer Fragestellung (Wie gelangt Luft in die Lunge?) und einer oder mehreren Ideen (Durch das Senken des Zwerchfells wird das Lungenvolumen vergrößert; durch die Volumenvergrößerung strömt Luft in die Lunge.).

Geleitet von diesen Ideen kann man mit geeigneten Materialien ein Modell bauen. Die Teile des Lungenaufbaus, die man für die Funktion des Einatmens für wesentlich hält, baut man dann im Modell so nach, dass sich der Vorgang des Lufteinströmens beim Testen des Modells zeigt. Ist dies erreicht, muss in weiteren Überprüfungen gezeigt werden, dass das entworfene Modell auch tatsächlich der realen Funktionsweise der Lunge entspricht. Hierzu leitet man aus dem Modell Vorhersagen ab.

*So funktioniert beispielsweise das Modell nur dann, wenn der Raum zwischen Luftballon und Glasglocke luftdicht verschlossen ist. Hieraus kann man die Vorhersage ableiten, dass auch die reale Bauchatmung nur dann funktioniert, wenn der Raum zwischen Rippenfell und Lungenfell abgeschlossen ist. Der **Vergleich zwischen Vorhersage und Original** beziehungsweise der Realität gibt Aufschluss darüber, ob die Vorhersage zutrifft.*

In dem Beispiel der Bauchatmung kann sie bestätigt werden: Kommt es beispielsweise durch eine Brustverletzung zu einer Öffnung des Spalts zwischen Rippenfell und Lungenfell, funktioniert die Atmung nicht mehr. Die Vorhersage aus dem Modell stimmt also mit dem Original beziehungsweise der Realität überein. Solange ein Modell durch derartige Überprüfungen bestätigt wird, kann es als (vorläufig) gültig beurteilt werden. Trifft die Vorhersage nicht zu, muss das Modell weiterentwickelt und erneut überprüft werden.

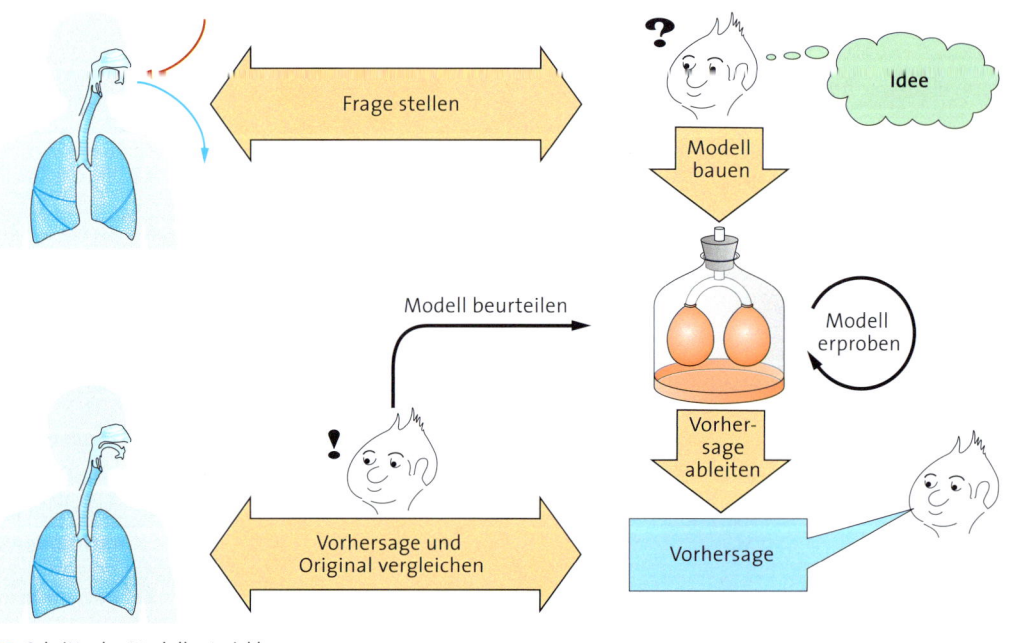

02 Schritte der Modellentwicklung

Struktur- und Funktionsmodelle

Das Modell eines Torsos zeigt den wesentlichen Aufbau der Organe im menschlichen Rumpf, ihre Größenverhältnisse und Lagebeziehungen. So werden beispielsweise Form und Lage der beiden Lungenflügel sowie ihre Verbindung mit den Atemwegen deutlich. Modelle wie diese, die biologische Strukturen darstellen, werden als **Strukturmodelle** bezeichnet. Sie weisen häufig schon auf den ersten Blick eine hohe Ähnlichkeit mit den Originalen auf. Dies beruht meistens darauf, dass sie die Form, Oberfläche, Farbgebung oder auch Größe originalnah darstellen. Im Gegensatz zum Torso zeigt das auf

Seite 136 beschriebene Glasglocken-Modell den Mechanismus auf, der auch für das Einströmen der Luft in die Lunge verantwortlich ist. Zieht man die elastische Membran an der Unterseite der Glasglocke nach unten, so strömt Luft in die mit der Außenluft verbundenen Luftballons.

Modelle, die wie dieses eine Funktionsweise darstellen, werden als **Funktionsmodelle** bezeichnet. Sie weisen im Vergleich zu Strukturmodellen meistens eine geringere Ähnlichkeit zu den Originalen auf, da Merkmale wie Form oder Farbe von nachgeordneter Bedeutung sind.

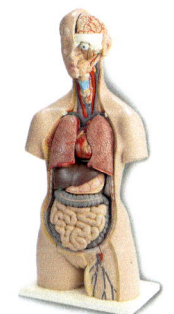

03 Strukturmodell des menschlichen Torsos

Modelle und Originale analogisieren

Die Luft innerhalb der Glasglocke des Funktionsmodells zur Bauchatmung entspricht in der Realität dem mit Flüssigkeit gefüllten Spalt zwischen Lungenfell und Rippenfell. Aufgrund der geringen Ähnlichkeit dieses Teils des Modells mit den originalen Strukturen kann es leicht zu Missverständnissen kommen. Daher ist es wichtig, die Teile eines Modells den entsprechenden Elementen des Originals zuzuordnen; dies bezeichnet man als **Analogisieren.**

Teile des Modells	Entsprechung im Original
Glasglocke	Brustkorb
Luftballons	Lungenflügel
elastische Unterseite	Zwerchfell
Glasrohr nach außen	Luftröhre, Bronchien und Bronchiolen
luftgefüllter Raum zwischen Glasglocke und Luftballons	mit Flüssigkeit gefüllter Raum zwischen Lungenfell und Rippenfell

Modelle kritisieren

Bei der Entwicklung von Modellen steht meistens eine spezielle Darstellungsabsicht im Vordergrund. Das Glasglocken-Modell stellt beispielsweise den Mechanismus des Lufteinstroms durch Druckunterschiede zwischen Glockeninnenraum und Außenluft dar. Diese Druckunterschiede werden im Modell dadurch erzeugt, dass die elastische Unterseite der Glasglocke nach unten gezogen wird, sodass sich das Volumen im Inneren der Glasglocke vergrößert. Würde man diesen Teil des Modells direkt auf die Realität übertragen, müsste man annehmen, dass ein Muskel am Zwerchfell ansetzt und diesen nach unten zieht. Dies trifft jedoch nicht zu. Vielmehr ist das Zwerchfell selbst ein Muskel, der sich beim Einatmen

zusammenzieht. Da das Zwerchfell im entspannten Zustand nach oben gewölbt ist, flacht es sich durch das Zusammenziehen des Muskels nach unten ab. Hierdurch vergrößert sich das Lungenvolumen und die Luft strömt ein. Dieser Teilprozess der Bauchatmung wird also durch das Funktionsmodell falsch dargestellt und muss entsprechend kritisch diskutiert werden. Diese **Modellkritik** bedeutet jedoch nicht, dass es sich um ein „schlechtes Modell" handelt. Vielmehr werden zugunsten einer bestimmten Darstellungsabsicht andere Eigenschaften sinnvollerweise vernachlässigt oder vereinfacht im Modell umgesetzt.

01 Blutende Wunde

Blut – Zusammensetzung und Aufgaben

Ein Stich in die Fingerkuppe ist schmerzhaft. Aus der Wunde tritt Blut aus. Für das bloße Auge erscheint das Blut als einheitlich rot gefärbte Flüssigkeit. Woraus besteht Blut?

BESTANDTEILE DES BLUTES · Ein erwachsener Mensch besitzt etwa sechs Liter Blut. Lässt man Blut einige Zeit in einem Reagenzglas stehen, so trennt es sich in zwei Schichten auf. Die obere Schicht ist gelblich. Dies sind die *flüssigen Bestandteile* des Blutes, das sogenannte **Blutplasma.** Es besteht überwiegend aus Wasser. Darin sind neben Glukose, Fetten und Proteinen auch Hormone, Mineralstoffe und Vitamine gelöst. Außerdem werden Abfallstoffe und Kohlenstoffdioxid im Blutplasma transportiert.

In der unteren, roten Schicht sammeln sich die *festen Bestandteile* des Blutes.

ROTE BLUTZELLEN · Wenn man die festen Bestandteile des Blutes mit dem Mikroskop untersucht, lassen sich verschiedene Zellen erkennen. Die meisten Zellen haben die Form einer Scheibe, die in der Mitte eingedellt ist. Das sind die **roten Blutzellen,** auch rote Blutkörperchen genannt. In einem Milliliter Blut sind etwa fünf Milliarden von ihnen enthalten. Ihr Durchmesser beträgt nur sieben Mikrometer, das sind sieben tausendstel Millimeter. Sie sind also winzig klein. Rote Blutzellen sind mit einer roten Substanz gefüllt, die Sauerstoff aufnehmen und wieder abgeben kann. Der *rote Blutfarbstoff* heißt **Hämoglobin.** Es verleiht dem Blut seine einheitlich rote Farbe. Mithilfe des Hämoglobins sind die roten Blutzellen in der Lage, Sauerstoff zu transportieren. Daneben sind sie auch am Transport von Kohlenstoffdioxid beteiligt.

56 Prozent flüssige Blutbestandteile

44 Prozent feste Blutbestandteile

02 Zusammensetzung des Blutes

Rote Blutzellen besitzen keinen Zellkern. Sie haben daher nur eine kurze Lebensdauer von etwa 110 Tagen. Deshalb müssen sie laufend neu gebildet werden. Dies geschieht im Inneren einiger Knochen, im *roten Knochenmark.* Der Bau einer roten Blutzelle, ihre Struktur, bietet Vorteile für ihre Funktion, vor allem für die Aufgabe, Sauerstoff zu transportieren. Durch die eingedellte Form wird die Oberfläche der Zelle größer. An der vergrößerten Fläche kann die Zelle mehr Sauerstoff aufnehmen und abgeben. Der Platz, der durch den fehlenden Zellkern frei wird, ist mit Hämoglobin gefüllt. Je mehr Hämoglobin die Zelle enthält, desto mehr Sauerstoff kann sie aufnehmen und transportieren.

WEISSE BLUTZELLEN · Viel seltener als die roten Blutzellen findet man in den festen Bestandteilen des Blutes Zellen mit einem Durchmesser von etwa einem bis zwei hundertstel Millimetern. Damit sind sie zwar deutlich größer als die roten Blutzellen, man erkennt sie unter dem Mikroskop aber erst, wenn man sie anfärbt. In einem Milliliter Blut gibt es nur fünf bis acht Millionen dieser **weißen Blutzellen,** die auch weiße Blutkörperchen genannt werden. Im Gegensatz zu den roten Blutzellen enthalten sie kein Hämoglobin. Sie haben aber einen Zellkern.

Im Körper des Menschen kommen verschiedene weiße Blutzellen vor. Ihre Bildung beginnt im roten Knochenmark. In vielen Fällen wird sie an verschiedenen anderen Stellen des Körpers fortgesetzt. Aufgabe der weißen Blutzellen ist die Abwehr von Krankheitserregern und Fremdkörpern. Während rote Blutzellen nur passiv vom Blutstrom transportiert werden, können sich einige weiße Blutzellen aktiv kriechend fortbewegen. Das ist möglich, weil sie ihre Gestalt stark verändern können. Sie sind sogar in der Lage, die Blutgefäße zu verlassen und sich zwischen den Zellen aufzuhalten. Auch dort nehmen sie den Kampf gegen eingedrungene Krankheitserreger auf, unter ande-

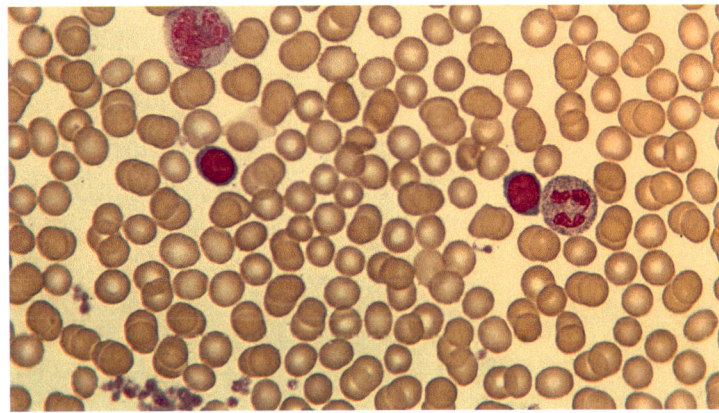

03 Blutausstrich (mikroskopische Aufnahme)

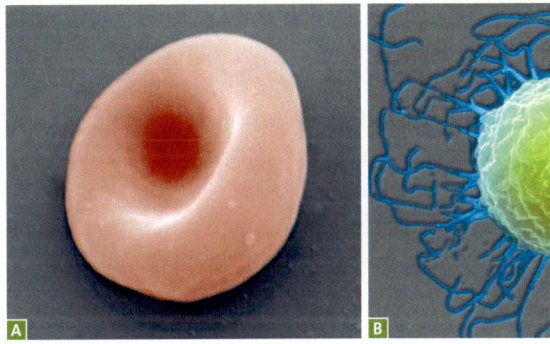

04 Blutzellen (elektronenmikroskopische Aufnahme): **A** rote Blutzelle, **B** weiße Blutzelle

rem dadurch, dass sie diese auffressen. Häufig sterben sie dabei ab. Eiter besteht überwiegend aus abgestorbenen weißen Blutzellen.

1 ⌋ Nenne die festen und flüssigen Bestandteile des Blutes!

2 ⌋ Berechne die Anzahl der roten Blutzellen, die in fünf Litern Blut enthalten sind!

3 ⌋ Beschreibe den Zusammenhang zwischen Struktur und Funktion der roten Blutzellen!

4 ⌋ Stelle die Unterschiede zwischen roten und weißen Blutzellen in Form einer Tabelle dar! Berücksichtige dabei ihre Form, Größe, Anzahl und Aufgabe!

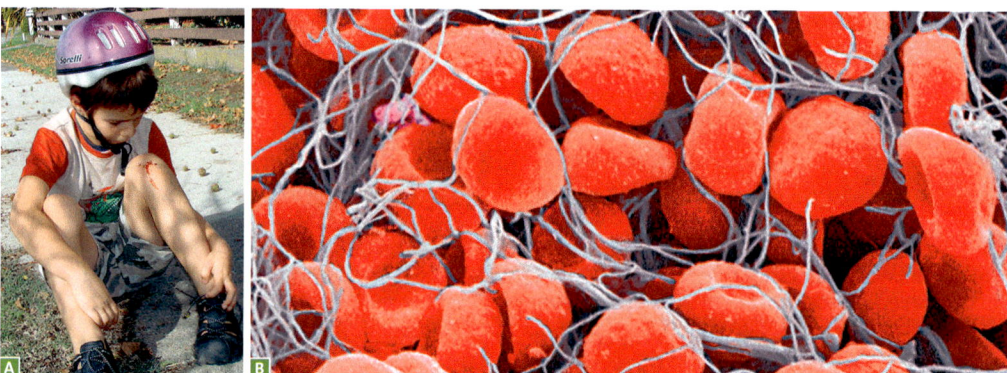

05 Wundverschluss:

A Schürfwunde,

B rote Blutzellen in einem Netz aus Fibrinfäden

BLUTPLÄTTCHEN · Zu den festen Bestandteilen des Blutes gehören auch Bruchstücke besonderer Zellen. Sie haben einen Durchmesser von zwei bis drei tausendstel Millimetern und sind somit sehr viel kleiner als rote Blutzellen. Mit einer Anzahl von 200 bis 300 Millionen pro Milliliter Blut ist ihre Menge deutlich größer als die der weißen Blutzellen. Diese Zellbruchstücke, die Blutplättchen, enthalten keinen Zellkern. Sie sterben daher schnell ab. Ihre Lebensdauer von nur acht bis vierzehn Tagen ist noch kürzer als die der roten Blutzellen. Im Knochenmark werden sie ständig nachgebildet. Blutplättchen sind erforderlich, um Wunden verschließen zu können. Sie reißen leicht auf, zum Beispiel bei Verletzungen. Dabei werden Stoffe freigesetzt, die sich im Inneren der Blutplättchen befinden. Diese Stoffe wandeln ein bestimmtes Protein des Blutplasmas um. So entstehen winzige Proteinfäden, das *Fibrin*. Die Fibrinfäden bilden ein engmaschiges schleimiges Netz, in dem rote Blutzellen hängen bleiben. Auf diese Weise entsteht eine Art Blutpfropf, der die Wunde verschließt. Man bezeichnet diese Bildung eines Blutpfropfes als **Blutgerinnung.** Das getrocknete Fibrin bildet mit den darin gefangenen Blutzellen später den *Schorf* der Wunde.

Blutplasma, dem das Protein entzogen wurde, welches für die Bildung von Fibrin notwendig ist, nennt man **Blutserum.**

Wenn keine Blutgerinnung möglich ist, lassen sich Wunden nur schwer schließen. Dadurch kann es zu großen Blutverlusten kommen. Wenn mehr als ein Liter Blut verloren geht, besteht Lebensgefahr.

5 」 Stelle den Vorgang der Blutgerinnung als Pfeildiagramm dar!

6 」 Erläutere die Bedeutung der Blutgerinnung!

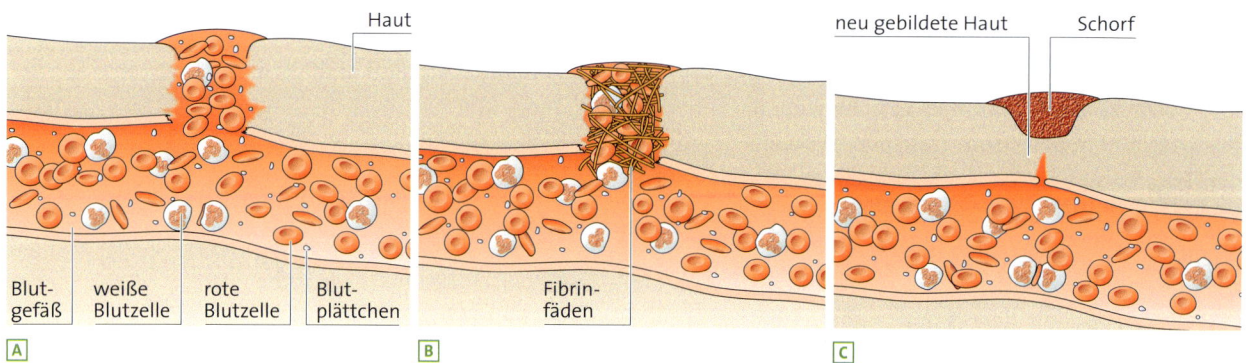

06 Wundverschluss (Schema): **A** Austreten von roten Blutzellen und Blutplättchen, **B** Bildung des Fibrinnetzes, **C** Schorfbildung

Material A ▸ Blutspende

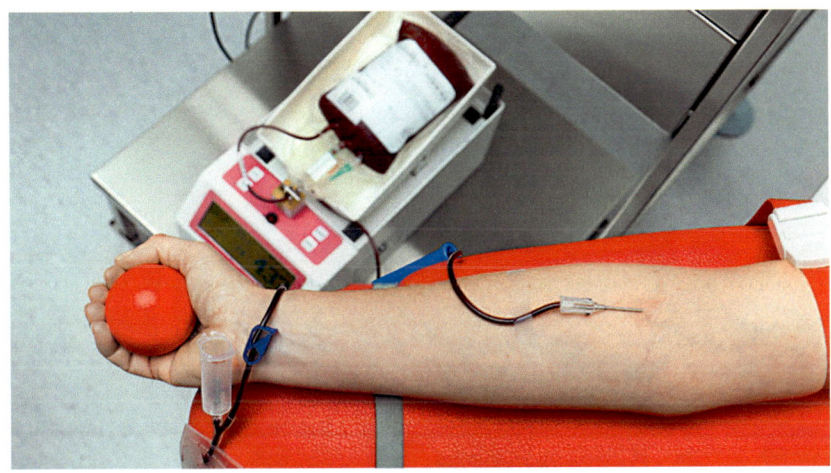

Bei einer Blutspende wird etwa ein halber Liter Blut entnommen.

A1 Begründe, weshalb zwei Blutspenden nicht zu dicht aufeinanderfolgen dürfen!

A2 Stelle Vermutungen an, weshalb nicht jeder Mensch Blut spenden kann!

A3 Begründe, weshalb die körperliche Leistungsfähigkeit kurz nach einer Blutspende herabgesetzt ist!

Material B ▸ Blutbestandteile

	Anzahl der festen Bestandteile des Blutes in Millionen pro Milliliter		
	weiße Blutzellen	rote Blutzellen	Blutplättchen
normale Werte	5,0 bis 8,0	4 000 bis 6 000	200 bis 300
Person A	6,0	5 200	240
Person B	2,6	4 900	290
Person C	5,2	3 200	225
Person D	7,8	5 800	91

Die Tabelle zeigt die Anzahl von Blutzellen und Blutplättchen von vier Personen. Außerdem sind die Werte angegeben, die für gesunde Menschen normal sind.

B1 Nenne für jede Person den Bestandteil des Blutes, dessen Wert vom normalen Zustand abweicht!

B2 Beschreibe die Schwierigkeiten, mit denen die Personen B, C und D zu kämpfen haben! Begründe jeweils mithilfe der Tabelle!

Material C ▸ Bluterkrankheit

Das Blut von Menschen, die an der Bluterkrankheit leiden, kann nicht gerinnen. Oft müssen sie Schutzvorrichtungen gegen Stöße tragen, um innere Blutungen zu verhindern.

C1 Nenne Bestandteile des Blutes, die an der Blutgerinnung beteiligt sind!

C2 Begründe, weshalb diese Krankheit so gefährlich ist!

C3 Begründe, weshalb Bluterkranke schon nach kleinen Stößen große, blutunterlaufene blaue Flecke unter der Haut haben!

01 Bewusstloser Wachsoldat

Blutkreislauf

> *Nachdem ein Wachsoldat lange Zeit still stehen musste, wurde er bewusstlos und fiel um. Wie kam es zu dieser Bewusstlosigkeit?*

DURCHBLUTUNG · Kurz bevor der Soldat zu Boden fiel, wurde sein Gesicht blass. Das lag daran, dass sein Kopf nicht ausreichend mit Blut versorgt wurde. Gefährlich war der Blutmangel, weil auch das Gehirn nicht mehr genügend Blut erhielt. Daher konnte das Gehirn seine Aufgabe, den Körper zu steuern, nicht mehr vollständig erfüllen. Der Soldat wurde bewusstlos und fiel zu Boden. Wie schafft es der Körper, alle Bereiche mit genügend Blut zu versorgen?

Das Blut fließt in Röhren, die in alle Bereiche des Körpers ziehen. Man nennt sie **Blutgefäße** oder Adern. Das Herz pumpt das Blut stoßweise in die große *Körperschlagader*, die *Aorta*. Von dort abzweigende Blutgefäße versorgen den Kopf, die Arme, die inneren Organe und die Beine mit sauerstoffreichem Blut. Solche Blutgefäße, die Blut vom Herzen wegführen, nennt man **Arterien.** Die Blutgefäße verzweigen sich im weiteren Verlauf zu immer kleiner werdenden Ästen. Durch die Verästelung entsteht schließlich eine sehr große Anzahl kleinster Blutgefäße, die einen Durchmesser von nur etwa einem Zehntel eines Haares haben. Sie heißen daher Haargefäße oder **Kapillaren.** Alle Organe des Körpers werden durch dichte Geflechte aus Haargefäßen, den *Kapillarnetzen*, mit Blut versorgt. In den Kapillarnetzen des Körpers nimmt das Blut Kohlenstoffdioxid und Abfallstoffe aus den Zellen auf und gibt Sauerstoff und Nährstoffe an sie ab. Diese Nährstoffe wurden zuvor in den Kapillarnetzen der Dünndarmwand ins Blut aufgenommen. Auf dem Weg zurück zum Herzen vereinigen sich die Kapillaren und die daran anschließenden Gefäße wieder. So entstehen immer größer werdende Blutgefäße, die sauerstoffarmes und kohlenstoffdioxidreiches Blut transportieren. Solche Gefäße, in denen das Blut zum Herzen hin fließt, nennt man **Venen.** Die Vene, die in der Nähe des Herzens das vom Kopf und Oberkörper kommende Blut sammelt, ist die *obere Hohlvene.* Das von den inneren Organen, dem Rumpf und den Beinen kommende Blut gelangt über die *untere Hohlvene* ins Herz zurück.

Weil das Blut immer wieder zum Herzen zurückkehrt, spricht man von einem **Blutkreislauf.** Da es die Blutgefäße dabei nie verlässt, von einem **geschlossenen Blutkreislauf.** Das Blut, das im Körper seinen Sauerstoff abgegeben und Kohlenstoffdioxid aufgenommen hat, kehrt über die Hohlvenen ins Herz zurück. Das Herz pumpt dieses Blut dann nicht wieder in den Körper, sondern zunächst in einen zweiten Kreislauf. In diesem Kreislauf führt eine große Arterie vom Herzen weg zur Lunge, die *Lungenarterie.* Sie verzweigt sich sehr stark, bis in feine Kapillarnetze. In diesen Lungenkapillaren gibt das Blut Kohlenstoffdioxid an die Luft ab und nimmt Sauerstoff aus der Luft auf. Das nun kohlenstoffdioxidarm und sauerstoffreich gewordene Blut fließt in sich wieder vereinigenden Gefäßen und dann durch die *Lungenvenen* ins Herz zurück. Von dort aus wird es schließlich wieder in die Aorta gepumpt.

Bei einem Herzschlag wird also gleichzeitig Blut in zwei Kreisläufe gepumpt: in einen größeren *Körperkreislauf* und einen deutlich kleineren *Lungenkreislauf.* Man spricht daher von einem **doppelten Blutkreislauf.** Die Trennung in zwei gesonderte Kreisläufe sorgt dafür, dass das Herz nicht nur den Körper, sondern auch die Lunge mit voller Kraft durchblutet.

1 Nenne die zwei Blutgefäße, die an das Herz anschließen und sauerstoffreiches Blut transportieren!

2 Beschreibe den Vorteil eines doppelten Blutkreislaufs!

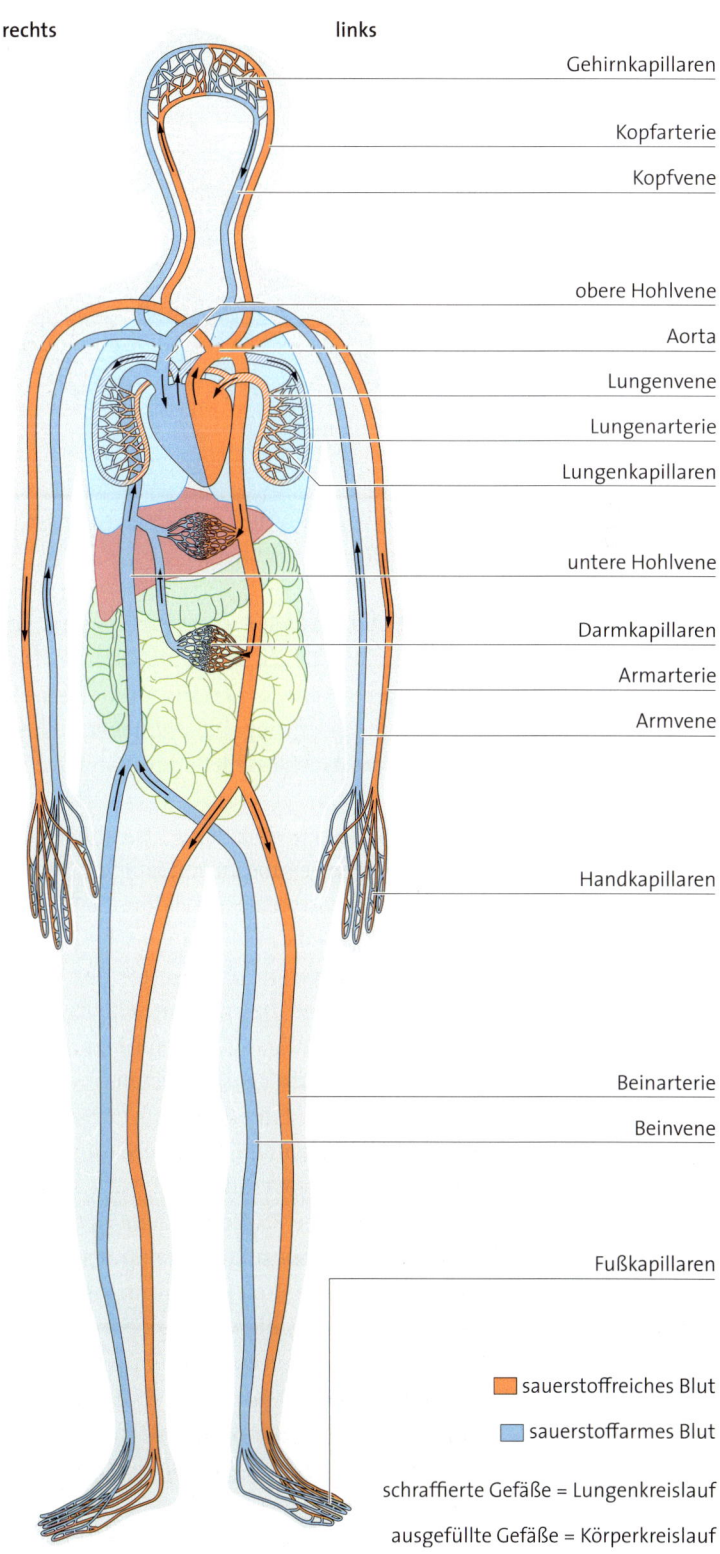

rechts links

Gehirnkapillaren
Kopfarterie
Kopfvene
obere Hohlvene
Aorta
Lungenvene
Lungenarterie
Lungenkapillaren
untere Hohlvene
Darmkapillaren
Armarterie
Armvene
Handkapillaren
Beinarterie
Beinvene
Fußkapillaren

■ sauerstoffreiches Blut
■ sauerstoffarmes Blut

schraffierte Gefäße = Lungenkreislauf
ausgefüllte Gefäße = Körperkreislauf

02 Schema des Blutkreislaufs von vorne gesehen

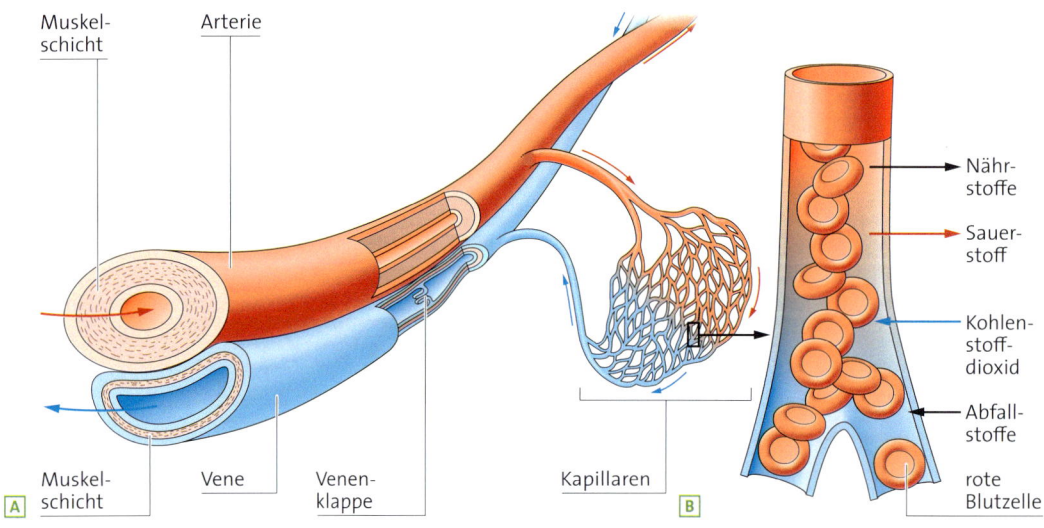

Muskel-
schicht

Arterie

Nähr-
stoffe

Sauer-
stoff

Kohlen-
stoff-
dioxid

Abfall-
stoffe

rote
Blutzelle

Muskel-
schicht

Vene

Venen-
klappe

Kapillaren

A

B

03 Blutgefäße: **A** Bau, **B** Stoffaustausch an den Kapillaren

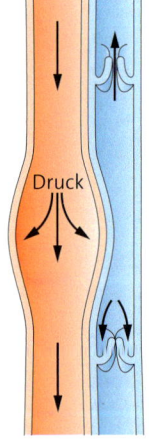

Druck

04 Arterienpumpe

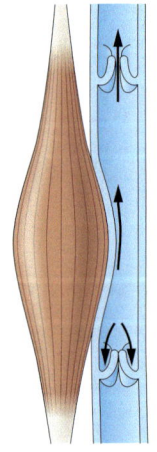

05 Muskelpumpe

BAU DER BLUTGEFÄSSE · Das Herz pumpt das Blut mit hohem Druck durch die Arterien. Die Wand einer Arterie ist kräftig und elastisch und kann so diesem hohen *Blutdruck* standhalten. Die dicke Muskelschicht der Wand unterstützt den Bluttransport und kann die Öffnungsweite der Arterien verändern. Das stoßweise aus dem Herzen gepumpte Blut läuft als Druckwelle durch die Arterien. Sie dehnt die Wände der Arterien zu einer kleinen Verdickung aus. Dort, wo die Arterien dicht unter der Oberfläche liegen, zum Beispiel am Handgelenk und am Hals, kann man die vom Herzen kommende Druckwelle als *Puls* ertasten.

In den Kapillaren ist der Blutdruck nur sehr gering. Ihre Wände können daher sehr dünn sein. Dünne Gefäßwände sind erforderlich, weil in den Kapillarnetzen Stoffe aus dem Blut in das umliegende Gewebe abgegeben und aus ihm aufgenommen werden. Kapillaren sind in so großer Anzahl vorhanden, dass sie insgesamt eine Oberfläche von etwa der Größe eines Fußballfeldes bilden. So kann das Blut in kurzer Zeit viel Sauerstoff und Nährstoffe abgeben sowie Kohlenstoffdioxid und Abfallstoffe aufnehmen.

In den Venen bleibt der Blutdruck sehr gering. Das erklärt, weshalb die Wand einer Vene viel dünner ist als die einer Arterie. Die Muskulatur der Wand ist ebenfalls sehr dünn, sodass sie den Rücktransport des Blutes zum Herzen kaum unterstützen kann. Daher liegen Venen oft eng neben Arterien oder Skelettmuskeln. Wenn sich die Arterie durch die Druckwelle des Pulses ausdehnt oder der Skelettmuskel durch die Kontraktion dicker wird, drückt er auf die Venen und presst das Blut darin weiter. Damit das Blut dabei in die richtige Richtung fließt, liegen in Abständen von wenigen Zentimetern Klappen in den Venen, die *Venenklappen*. Sie wirken wie Ventile und verhindern so den Rückstrom des Blutes in Richtung der Kapillarnetze. Man bezeichnet diesen Mechanismus des Bluttransports in den Venen als *Arterienpumpe* beziehungsweise *Muskelpumpe*. Bewegung, zum Beispiel beim Sport, unterstützt daher den Bluttransport in den Venen und damit den gesamten Blutkreislauf. Bei langem unbeweglichem Stehen kann soviel Blut in den Beinen bleiben, dass das Herz zu wenig für die Versorgung des Gehirns zur Verfügung hat. Bewusstlosigkeit kann dann die Folge sein.

3 〕 Erläutere den Zusammenhang von Struktur und Funktion am Beispiel der Kapillarwände!

Material A ▸ Blutkreislauf

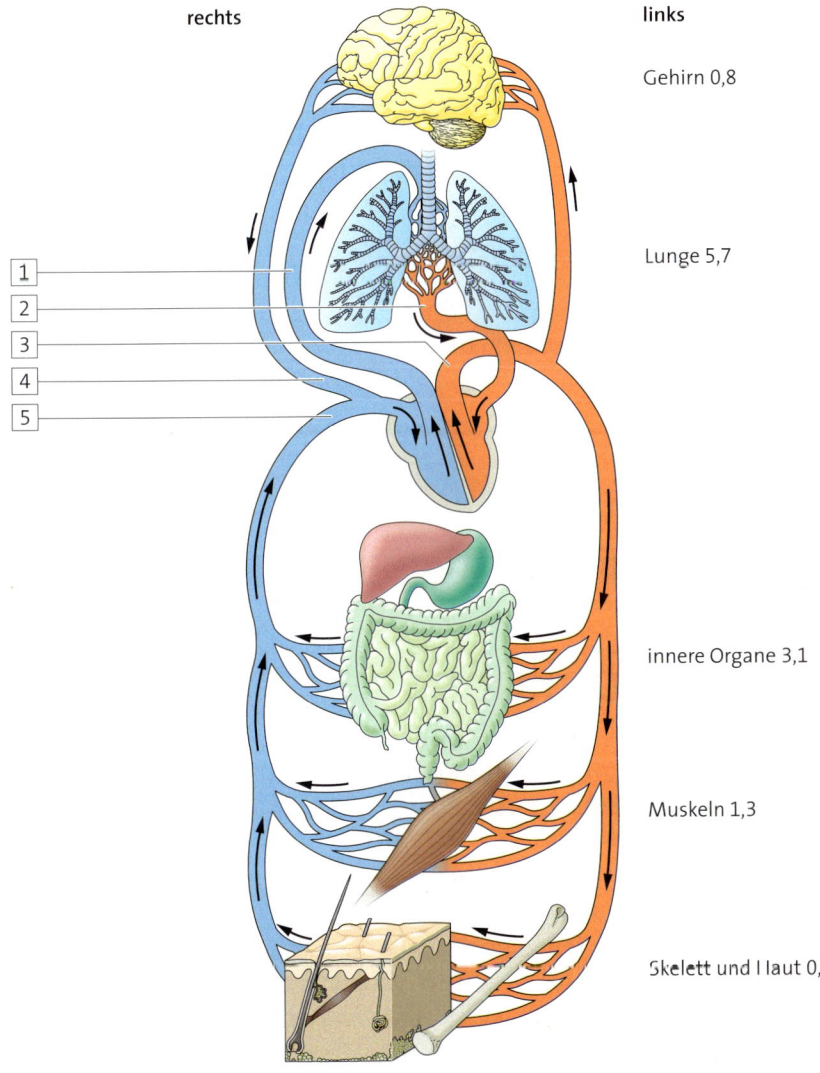

rechts   links

Gehirn 0,8

Lunge 5,7

1
2
3
4
5

innere Organe 3,1

Muskeln 1,3

Skelett und I laut 0,5

Im Schema ist die durchschnittliche Durchblutung einiger Organe in Litern pro Minute bei ruhendem Körper dargestellt.

A1 Nenne die Fachbegriffe für die mit Zahlen gekennzeichneten Blutgefäße!

A2 Beschreibe zwei Wege, die eine Blutzelle nehmen kann, wenn sie von der Aorta aus durch den Kreislauf transportiert wird, bis sie die Aorta wieder erreicht hat! Fertige dazu jeweils ein Pfeildiagramm an!

A3 Stelle die Durchblutungsmenge der im Schema angegebenen Organe als Säulendiagramm dar!

A4 Während eines Marathonlaufs, einer Klassenarbeit oder der Zeit nach einem reichhaltigen Mittagessen ändert sich die Durchblutung der Organe gegenüber dem Ruhezustand. Stelle Vermutungen an, in welchen Organen die Durchblutung während der oben genannten Tätigkeiten jeweils besonders stark ansteigt!

Material B ▸ Durchblutung der Haut

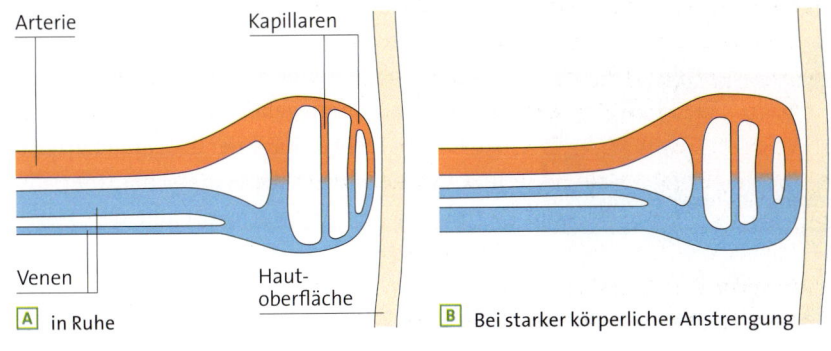

Arterie   Kapillaren

Venen   Hautoberfläche

A in Ruhe

B Bei starker körperlicher Anstrengung

Das Schema zeigt Blutgefäße der Haut.

B1 Vergleiche den Durchmesser der Blutgefäße in Schema A und B!

B2 Erläutere den Vorteil, den die Veränderungen der Durchmesser im Schema B mit sich bringen!

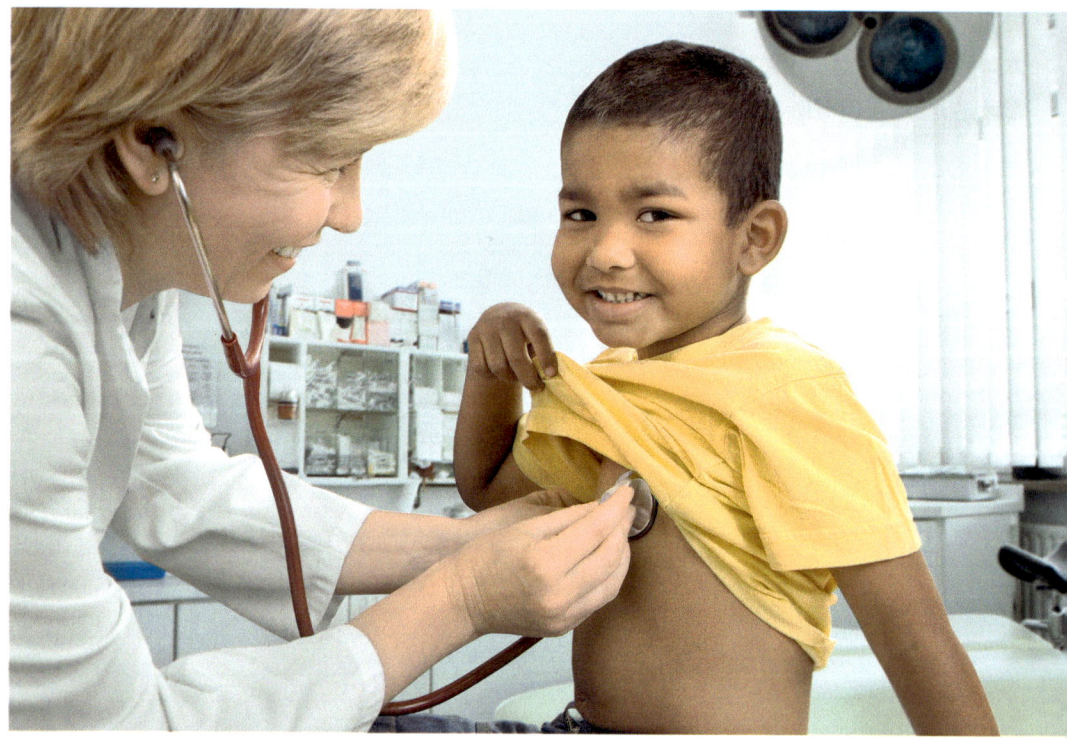

01 Abhören der Herztöne

Herz – Bau und Funktion

Bei der körperlichen Untersuchung horcht der Arzt auch das Herz ab. Dabei hört er Herztöne. Wie arbeitet das Herz?

BAU DES HERZENS · Das Herz liegt gut geschützt in der Mitte des Brustkorbs unter dem Brustbein. Es ist eingebettet in den *Herzbeutel.* Die Innenwand des Herzbeutels ist mit einer Schleimschicht ausgekleidet. Dadurch erfolgen die Pumpbewegungen des Herzmuskels fast reibungsfrei. Die Herzspitze zeigt leicht nach links.

Das Herz ist ein etwa faustgroßer Muskel, der Hohlraume umschließt. Einen solchen Muskel bezeichnet man als *Hohlmuskel.* Die beiden vom Herzmuskel umschlossenen großen Räume nennt man **Herzkammern.** Diese sind durch die **Herzscheidewand** voneinander getrennt. Über der linken und rechten Herzkammer liegt jeweils ein deutlich kleinerer **Vorhof.** Auf jeder Seite besteht zwischen dem Vorhof und der Herzkammer eine Verbindung, die durch Klappen geöffnet und geschlossen werden kann. Diese Klappen nennt man **Segelklappen.** Von den Herzkammern gehen zwei große Arterien ab, von der rechten Kammer die Lungenarterie und von der linken die Hauptschlagader, die Aorta. Die Verbindung zwischen den Herzkammern und den abgehenden Arterien lässt sich durch die **Taschenklappen** öffnen und schließen.

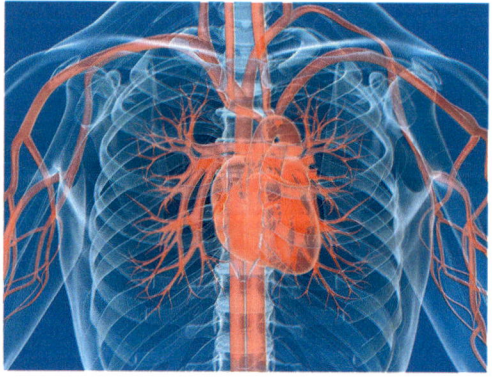

02 Lage des Herzens im Brustkorb

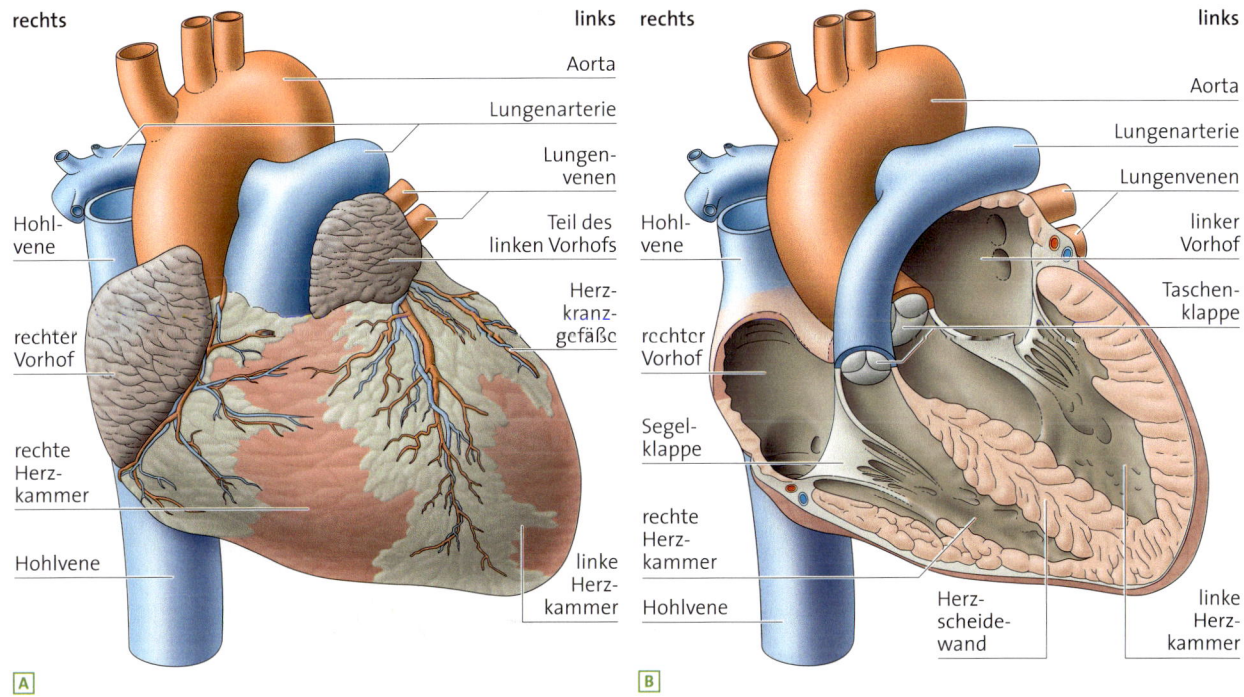

rechts · links · rechts · links

Aorta

Lungenarterie

Lungen-venen

Teil des linken Vorhofs

Herz-kranz-gefäße

linke Herz-kammer

Hohl-vene

rechter Vorhof

rechte Herz-kammer

Hohlvene

Aorta

Lungenarterie

Lungenvenen

linker Vorhof

Taschen-klappe

linke Herz-kammer

Hohl-vene

rechter Vorhof

Segel-klappe

rechte Herz-kammer

Hohlvene

Herz-scheide-wand

A   **B**

03 Bau des Herzens: **A** Aufsicht, **B** Längsschnitt
■ Gefäße, die sauerstoffreiches Blut transportieren   ■ Gefäße, die sauerstoffarmes Blut transportieren

AUFGABEN DES HERZENS · Das Herz ist der Motor des Blutkreislaufs. Ein Herzstillstand hat immer auch einen Kreislaufstillstand zur Folge. Das ist lebensgefährlich. Ein Mensch, dessen Gehirn nur sechs bis zehn Sekunden keinen Sauerstoff erhält, wird bewusstlos. Nach einigen Minuten ohne Sauerstoff erleidet das Gehirn nicht behebbare Schäden. Fällt die Sauerstoffversorgung des Körpers noch länger aus, stirbt der Mensch. Deshalb muss das Herz das ganze Leben lang ununterbrochen arbeiten und darf nicht ausfallen. Auch bei Bewusst-losigkeit schlägt das Herz weiter. Die Steuerung des Herzschlags geschieht nämlich unabhängig vom Gehirn und vom übrigen Nervensystem durch ein Zentrum im Herzen selbst.

Das Herz schlägt bei einem Erwachsenen in Ruhe etwa siebzig Mal pro Minute. Damit werden jeden Tag etwa 14 000 Liter Blut durch die beiden Herzkammern bewegt.
Für den Körperkreislauf ist ein höherer Druck

erforderlich als für den Lungenkreislauf. Daher ist der Herzmuskel auf der linken Seite, von der aus das Blut über die Aorta in den Körper ge-pumpt wird, wesentlich kräftiger als auf der rechten Seite.
Jeder Muskel benötigt Energie, um seine Arbeit zu verrichten. Dies gilt auch für den Herz-muskel. Deshalb wird er von Blutgefäßen ver-sorgt. Die Durchblutung des Herzens erfolgt nicht von innen her, sondern dafür sorgt ein Geflecht aus Blutgefäßen, das an der Herzober-fläche zu sehen ist. Diese Gefäße heißen *Herz-kranzgefäße*. Sie transportieren Sauerstoff und Nährstoffe, vor allem Glukose, an das Herz heran und führen Kohlenstoffdioxid und Ab-fallstoffe ab.

1) Beschreibe die Lage der Segelklappen und der Taschenklappen!

2) Begründe, weshalb die Herzkranzgefäße so wichtig für das Herz sind!

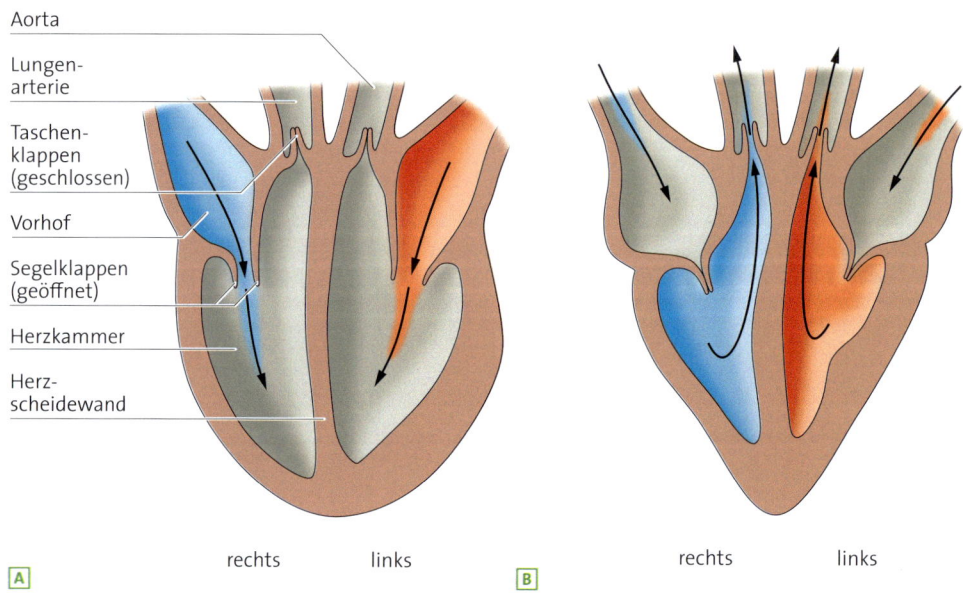

Aorta

Lungen-
arterie

Taschen-
klappen
(geschlossen)

Vorhof

Segelklappen
(geöffnet)

Herzkammer

Herz-
scheidewand

rechts   links

rechts   links

A   **B**

04 Pumpbewegungen des Herzens: **A** Diastole, **B** Systole

FUNKTION DES HERZENS · Das Herz arbeitet wie eine Pumpe. In ständigem Wechsel saugt es Blut aus den Venen an und drückt es danach in die Arterien. Die rhythmische Tätigkeit lässt sich in zwei Abschnitte unterteilen.

Zu Beginn der Herztätigkeit strömt Blut aus den Vorhöfen in die Herzkammern. Diesen Zeitabschnitt, in dem der Herzmuskel entspannt ist und die Herzkammern sich mit Blut füllen, nennt man **Diastole**.

Im Anschluss an die Diastole zieht sich die Muskulatur der Herzkammern zusammen. Dadurch verringert sich der Raum in den Kammern, sodass das darin enthaltene Blut unter Druck gerät. Infolgedessen wird Blut aus der rechten Herzkammer in die Lungenarterie und aus der linken Herzkammer in die große Körperarterie, die Aorta, gepumpt. Diesen Abschnitt der Herztätigkeit, bei dem der Herzmuskel sich zusammenzieht und Blut in die Arterien drückt, nennt man **Systole.** Inzwischen ist Blut aus den Hohlvenen in den rechten und aus den Lungenvenen in den linken Vorhof geströmt. Nur während der Systole zieht sich also der Herzmuskel zusammen. In der übrigen Zeit erschlafft der Herzmuskel.

Beim Abhören des Herzens kann man zwei rhythmisch aufeinanderfolgende Herztöne wahrnehmen. Den ersten Ton hört man, wenn sich die Muskulatur der Herzkammern zusammenzieht und die Segelklappen sich schließen. Der zweite Ton tritt am Ende der Systole auf, wenn sich die Taschenklappen schließen.

Durch Bewegungen der beiden Vorhöfe öffnen sich die Segelklappen, sodass das Blut in die Herzkammern strömen kann. Zu Beginn der Systole sorgt der steigende Druck in den Herzkammern dafür, dass sich die Segelklappen schließen. Dies verhindert, dass das Blut in die Vorhöfe zurückfließt. Bei weiter steigendem Druck gegen Ende der Systole öffnen sich die Taschenklappen und lassen das Blut in die Arterien fließen, schließen sich aber sofort wieder, damit das Blut nicht in die Herzkammern zurückließt

3 Beschreibe die Vorgänge während der Diastole und während der Systole!

4 Erkläre, wodurch die Segelklappen geschlossen und die Taschenklappen geöffnet werden!

Material A ▸ Bau des Herzens

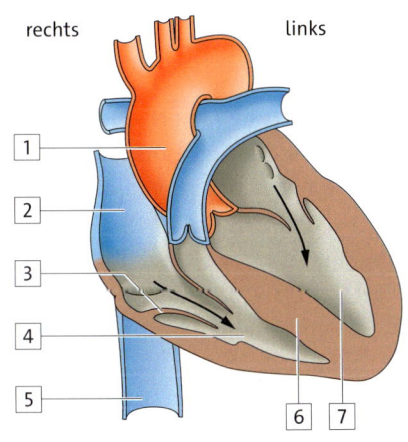

rechts · links

A1 Benenne die mit Zahlen gekennzeichneten Teile des Herzens mit Fachbegriffen!

A2 Begründe, ob sich das Herz in der Diastole oder der Systole befindet!

A3 Beschreibe die Fließrichtung des Blutes in den Gefäßen 1 und 5!

A4 Stelle Vermutungen an, welche Folgen es hätte, wenn die beiden Bereiche 4 und 7 durch ein Loch im Bereich 6 nicht vollständig voneinander getrennt wären!

Material B ▸ Sportlerherz

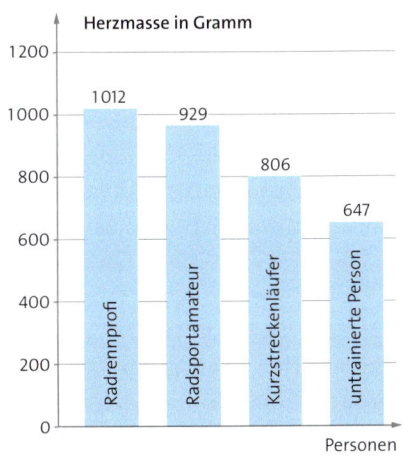

Aus dem Säulendiagramm kann die Größe des Herzens bei verschiedenen Personen abgeleitet werden. Je größer die Masse des Herzens ist, desto größer ist auch der Raum der Herzkammer.

B1 Berechne die Unterschiede der Herzmassen in Prozent zwischen der untrainierten Person und den Sportlern!

B2 Stelle Vermutungen an, wie es zu den dargestellten Unterschieden gekommen sein könnte!

B3 Erkläre, weshalb das Herz eines trainierten Sportlers unter anderem dafür verantwortlich ist, dass seine Körperleistung höher ist als die einer untrainierten Person!

B4 Erkläre, weshalb das Herz von Radrennprofis bei ruhendem Körper weniger häufig pro Minute schlägt als das Herz einer untrainierten Person!

Material C ▸ Leistungen des Herzens

	ruhend	belastet
Von einer Herzkammer bei einem Schlag gepumptes Blut	70 ml	70 ml
Herzschläge pro Minute	70	130
Gesamte Blutmenge im Körper	6 l	6 l

In der Tabelle sind Daten zu Tätigkeit und Leistung des Herzens bei ruhendem Körper und bei einer bestimmten körperlichen Anstrengung angegeben. Sie gelten für ein und dieselbe Person.

C1 Berechne jeweils für den ruhenden und den belasteten Körper, wie viel Liter Blut in einer halben Stunde in die Aorta gepumpt wird!

C2 Erkläre die Unterschiede, die sich für den ruhenden und den belasteten Körper ergeben!

C3 Berechne, wie oft pro Tag bei ruhendem Körper das gesamte Blut durch das Herz fließt!

C4 Begründe, weshalb die aus beiden Herzkammern in die Blutgefäße ausströmenden Blutmengen gleich groß sein müssen!

Herz-Kreislauf-Erkrankungen

Fast die Hälfte aller Menschen in Deutschland stirbt infolge von Krankheiten des Herz-Kreislauf-Systems. Häufig sind die Ursachen mangelnde Bewegung, falsche Ernährung, hoher Blutdruck oder Rauchen. Solche Bedingungen, die Krankheiten begünstigen, heißen *Risikofaktoren.*

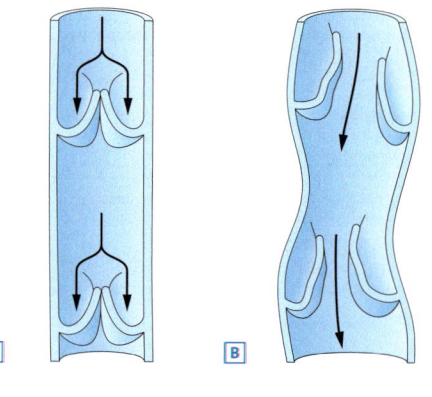

01 Krampfader:

A gesunde Vene,

B Krampfader mit nicht mehr schließenden Venenklappen

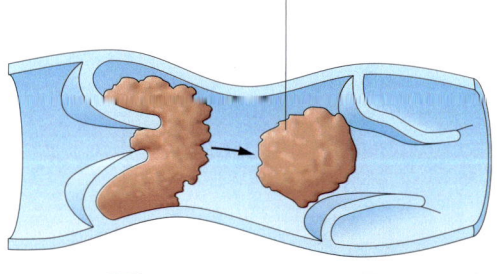

Blutgerinnsel

02 Thrombose mit sich lösendem Teil des Blutgerinnsels

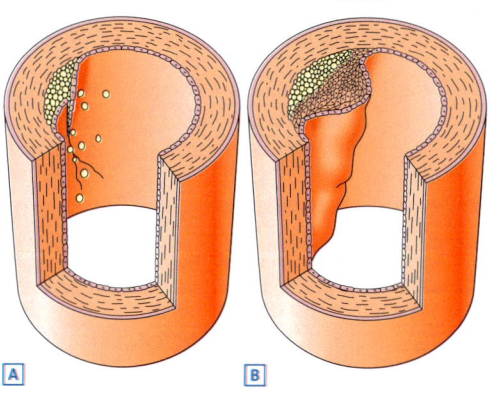

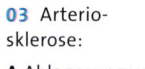

03 Arteriosklerose:

A Ablagerung von Fetten und Kalk,

B Wucherung der Arterienwand

ERKRANKUNGEN DER VENEN · Bei Bewegungsmangel kann der Bluttransport in den Venen so gering sein, dass vor allem im Unterschenkel viel Blut unbewegt in den Venen bleibt. Häufig können die dünnen Wände der Venen der ständigen Belastung durch den Blutstau nicht standhalten. Die Venen erweitern sich dann so stark, dass die Venenklappen nicht mehr dicht schließen. Dadurch staut sich immer mehr Blut in den Venen. Wenn die geschädigten Venen als dicke, bläuliche, geschlängelte Adern durch die Haut schimmern, spricht man von **Krampfadern.** Das gestaute Blut bildet in den Krampfadern leicht feste Blutgerinnsel, die zur Verstopfung der Vene, zu einer *Thrombose,* führen können. Wenn sich Teile eines solchen Blutgerinnsels ablösen und mit dem Blutstrom in ein Kapillarnetz gelangen, kann es zu lebensgefährlichen Durchblutungsstörungen kommen, zum Beispiel in der Lunge.

ERKRANKUNGEN DER ARTERIEN · An den Wänden der Arterien kann es zu Fett- und Kalkablagerungen kommen. Das geschieht vor allem dann, wenn die Gefäßwände schon vorgeschädigt sind, zum Beispiel bei Rauchern oder durch zu hohen Blutdruck. Die Ablagerungen verengen und verhärten die Arterien. Der durch die Verengung gestiegene Blutdruck schädigt die spröden und wenig elastischen Arterienwände weiter. Das kann zu Wucherungen führen, die die Arterien immer enger machen. Eine solche Erkrankung der Arterienwände nennt man Arterienverkalkung oder **Arteriosklerose.** Bei Arteriosklerose steigt die Gefahr, dass die Arterien platzen oder dass sich Blutgerinnsel bilden, die die Arterien vollständig verschließen.

HERZINFARKT UND SCHLAGANFALL · Besonders gefährlich sind Arteriosklerosen in Gefäßen, die das Herz und das Gehirn mit Blut versorgen. Wenn ein Herzkranzgefäß verstopft wird, erhält der von ihm versorgte Teil des Herzmuskels kein Blut und damit auch keinen Sauerstoff mehr. Nach kurzer Zeit sterben die betroffenen Muskelzellen. Man spricht dann von einem **Herzinfarkt.** Wenn zu große Bereiche des Herzens betroffen sind, ist das lebensgefährlich, weil das Herz aufhört zu schlagen. Eine Verengung oder Verstopfung von Blutgefäßen im Gehirn führt dazu, dass Nervenzellen nicht mehr ausreichend mit Sauerstoff versorgt werden. Sie können dann ihre Aufgaben nicht mehr erfüllen. Es kommt zu einem lebensbedrohenden **Schlaganfall.** Welche Folgen ein Schlaganfall hat, hängt davon ab, welche Bereiche des Gehirns betroffen sind, wie groß der nicht mehr durchblutete Teil des Gehirns ist und wie lange der Hirnbereich von der Blutzufuhr abgeschnitten wurde. Häufig führt ein Schlaganfall zu schwerwiegenden Behinderungen, zum Beispiel Lähmungen, Sprachstörungen oder Beeinträchtigungen des Sehens. Nicht selten ist er tödlich.

VORBEUGUNG · Die meisten Risikofaktoren für die Erkrankungen des Herz-Kreislauf-Systems mit ihren oft tödlichen Folgen lassen sich durch eine gesunde Lebensweise vermeiden. Menschen, die sich viel bewegen, zum Beispiel regelmäßig Sport treiben, auf eine ausgewogene Ernährung mit wenig Fett und Zucker achten und nicht rauchen, können das Risiko eines Herzinfarkts oder Schlaganfalls deutlich senken.

1 Beschreibe die Vorgänge im Herz-Kreislauf-System, die zu einer Verstopfung von Blutgefäßen des Gehirns oder des Herzens führen können!

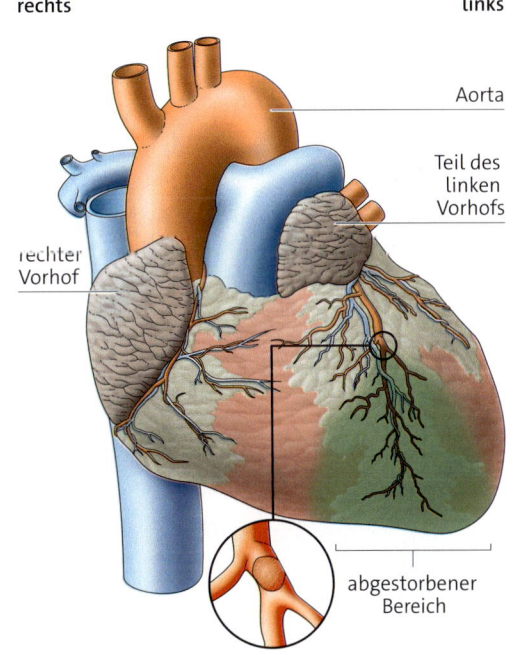

rechts · links

Aorta

Teil des linken Vorhofs

rechter Vorhof

abgestorbener Bereich

04 Herzinfarkt (Schema)

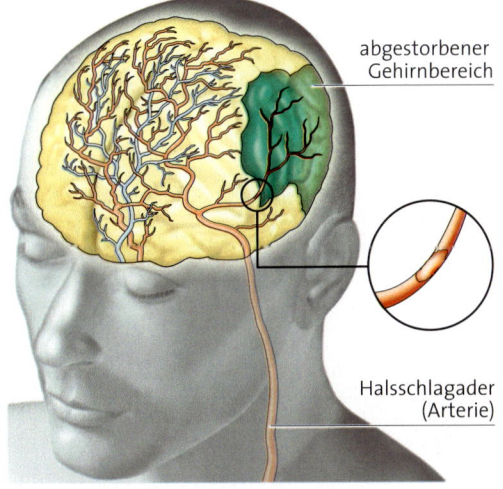

abgestorbener Gehirnbereich

Halsschlagader (Arterie)

05 Schlaganfall (Schema)

2 Erkläre, weshalb ein Herzinfarkt und ein Schlaganfall tödlich sein können!

3 Recherchiere im Internet, wie man erkennen kann, ob jemand einen Schlaganfall erlitten hat!

01 Kinder beim Fußballspielen

Energiebereitstellung durch Zellatmung

Beim Fußballspielen merkst du körperliche Veränderungen: Du schwitzt, bist aus der Puste und schließlich erschöpft. Was haben diese körperlichen Reaktionen mit der Zellatmung zu tun?

CO_2 = Formel für Kohlenstoffdioxid

O_2 = Formel für Sauerstoff

H_2O = Formel für Wasser

$C_6H_{12}O_6$ = Formel für Glukose

ATEMFREQUENZ UND PULS · Kurz nach Beginn des Fußballspiels wird die Atmung schneller. Die Anzahl der Atemzüge pro Minute nennt man *Atemfrequenz*. Sie steigt von 16 bis 19 im Ruhezustand auf bis zu 50 an. Zusätzlich vergrößert sich das Volumen der pro Atemzug eingeatmeten und ausgeatmeten Luft. Am Handgelenk oder an der Halsschlagader lässt sich leicht ertasten, mit welchem Rhythmus das Blut durch die Blutgefäße gepumpt wird. Dies bezeichnet man als *Puls*. Während des Fußballspiels wird er schneller und kräftiger. Dies zeigt an, dass das Herz mit jeder Kontraktion mehr Blut in die Blutgefäße pumpt als in Ruhe. Der Rhythmus des Pulses entspricht dabei der Anzahl der Herzschläge. Bei völliger körperlicher Ruhe beträgt der Puls eines gesunden Jugendlichen 60 bis 85 Schläge pro Minute. Dies ist sein **Ruhepuls**. Bei körperlicher Belastung kann der Puls Werte von bis zu 190 Schlägen pro Minute erreichen. Dies nennt man den Be-

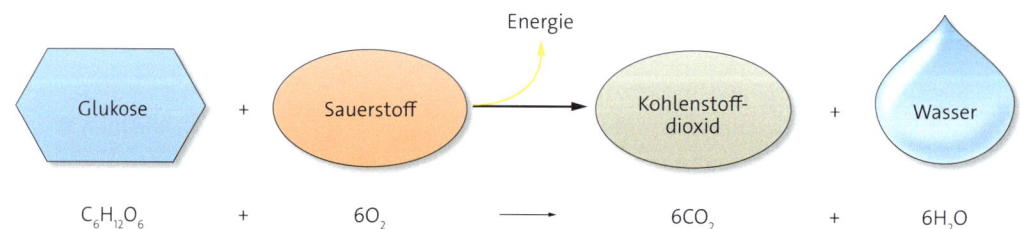

02 Ablaufschema und Bruttogleichung der Zellatmung

lastungspuls. Erst einige Zeit nach Ende des Fußballspiels nähern sich Atemfrequenz und Puls wieder den Ruhewerten an.

ENERGIEBEREITSTELLUNG · Bei einem Fußballspiel müssen die Beinmuskeln viel Arbeit verrichten. Dafür benötigen die Muskelzellen Glukose und Sauerstoff. Glukose wird bei der Zellatmung in den Mitochondrien unter Sauerstoffverbrauch in Kohlenstoffdioxid und Wasser umgewandelt. Dabei wird Energie für den Körper nutzbar. Ein Teil dieser Energie kann von den Muskelzellen für die Kontraktion verwendet werden. In den Muskeln wird die chemische Energie in Bewegungsenergie umgewandelt. Ein anderer Teil der Energie, die bei der Zellatmung entsteht, wird als Wärme abgegeben. Zellatmung findet ständig in den Mitochondrien statt. Bei erhöhter Muskeltätigkeit, wie beim Fußballspielen, ist der Energiebedarf größer. Der Umsatz der Zellatmung ist höher als in Ruhe. Hierdurch benötigen die Muskelzellen mehr Glukose und mehr Sauerstoff als in Ruhe. Durch die Erhöhung der Atemfrequenz und durch tiefere Atemzüge gelangt über die Lunge

mehr Sauerstoff ins Blut. Gleichzeitig schlägt das Herz pro Minute häufiger, wodurch das Blut schneller durch die Blutgefäße fließt. So erreichen Sauerstoff und Glukose schneller die Muskelzellen.

Das bei der Zellatmung entstehende Kohlenstoffdioxid wird beim Ausatmen aus dem Körper abgegeben. Es kann durch die größere Fließgeschwindigkeit des Blutes schneller zur Lunge transportiert werden.

Während des Fußballspiels ist die Rate der Zellatmung erhöht, wodurch mehr Wärme entsteht. Die Körpertemperatur steigt und der Körper beginnt zu schwitzen. Der Schweiß an der Körperoberfläche verdunstet, sodass Wärme aus dem Innern des Körpers nach außen transportiert und abgegeben wird. Auf diese Weise wird die Körpertemperatur wieder normalisiert.

1 Erläutere die körperlichen Folgen des erhöhten Sauerstoffbedarfs in den Muskelzellen!

2 Erläutere anhand des Schemas in der Abbildung 03 die Prozesse zur Energiebereitstellung für die Muskeln!

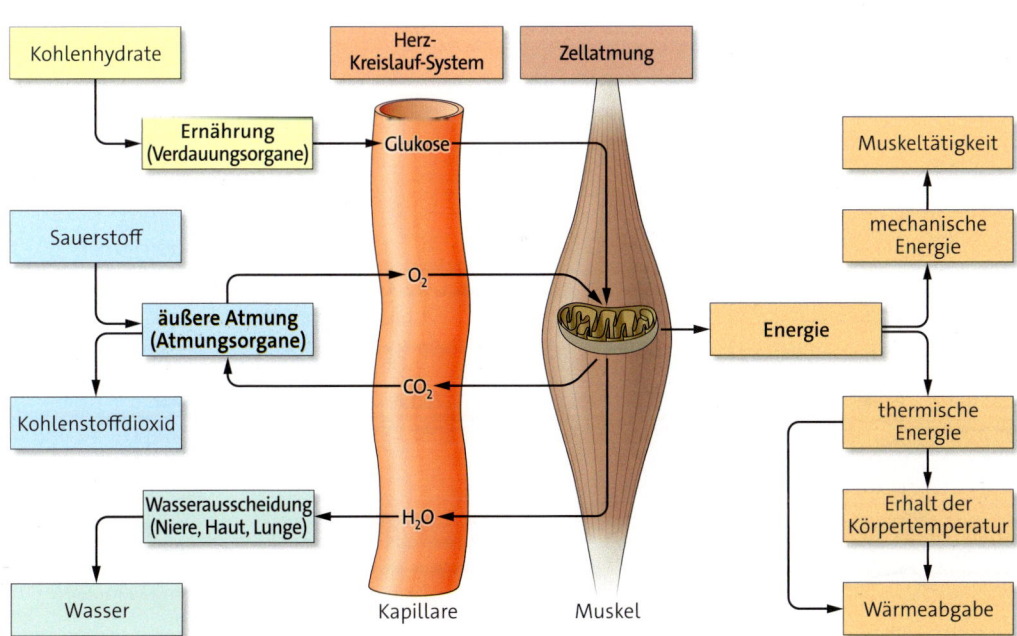

03 Schema zur Energiebereitstellung durch Zellatmung

Zusammenhänge im Stoff- und Energiewechsel von Pflanzen und Tieren

Alle Lebewesen sind aus Stoffen aufgebaut. Sie müssen aus der Umgebung Stoffe aufnehmen, diese umwandeln und Stoffwechselendprodukte abgeben. Der Stoffwechsel ist immer mit der Aufnahme, Umwandlung und Abgabe von Energie, also mit einem Energiewechsel, verbunden.

Autotrophe Lebewesen wie Pflanzen sind in der Lage, durch die Fotosynthese aus den energiearmen Stoffen Kohlenstoffdioxid und Wasser den energiereichen Stoff Glukose herzustellen. Die dafür notwendige Energie erhält die Pflanze durch die Aufnahme der Lichtenergie, die sie mithilfe von Chlorophyll in chemische Energie der Glukose umwandelt.
Ein Teil der Glukose aus der Fotosynthese dient der Pflanze als Ausgangsstoff für die Herstellung aller anderen Stoffe, aus denen sie besteht. Die Energie für die Stoffumwandlungen stammt aus der Zellatmung. Als Energiequelle dient ebenfalls Glukose aus der Fotosynthese. Sie wird in den Mitochondrien der Pflanzenzellen wieder vollständig zu Kohlenstoffdioxid und Wasser abgebaut. Die chemische Energie wird dabei

beispielsweise auf den Energieträger Adenosintriphosphat, kurz ATP, übertragen und so für alle Prozesse zur Lebenserhaltung und zur Stoffumwandlung nutzbar.

Bei allen heterotrophen Lebewesen wie den Tieren und dem Menschen laufen ebenfalls Prozesse des Stoff- und Energiewechsels ab. Allerdings sind solche Lebewesen im Gegensatz zu Pflanzen auf die Aufnahme energiereicher organischer Stoffe, der Nährstoffe, angewiesen. Diese werden durch die autotrophen Organismen hergestellt und über die Nahrungsketten weitergegeben.
Ein Teil der aufgenommenen Nährstoffe wird in körpereigene Baustoffe umgewandelt. Ein weiterer Teil dient als Energieträger. Auch in Mitochondrien der tierischen Zellen wird bei der Zellatmung Glukose abgebaut. Die chemische Energie wird ebenfalls im ATP gespeichert, welches anschließend für alle lebenserhaltenden Prozesse und den Umbau von Stoffen zur Verfügung steht. Bei Tieren und dem Menschen wird ein Teil des ATPs in den Muskeln in mechanische Energie umgewandelt und ermöglicht so die Bewegung.

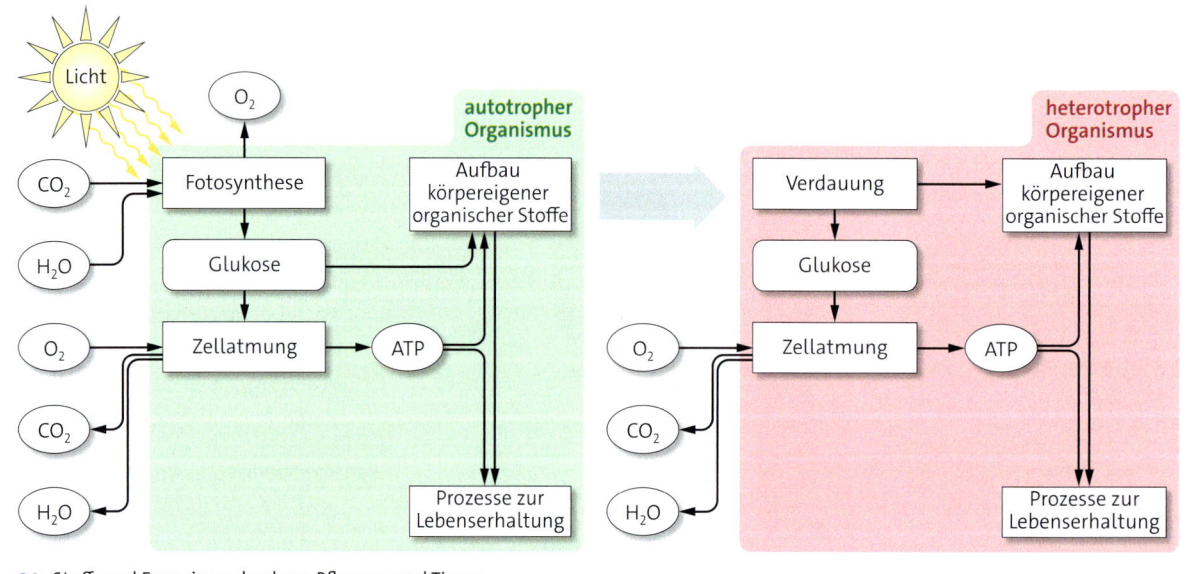

01 Stoff- und Energiewechsel von Pflanzen und Tieren

Material A ▸ Zusammenwirken von Organsystemen

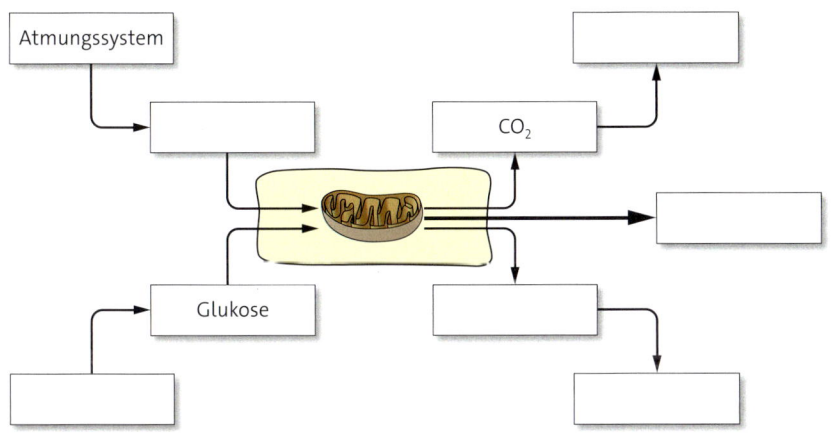

A1 Übertrage das Schema in deinen Hefter, ergänze folgende Begriffe:

Energie, Verdauung, Sauerstoff, Niere, Atmung, Wasser!

A2 Im Sportunterricht steht ein 1000 m Lauf an. Die Muskeln unseres Bewegungssystems benötigen dafür viel Energie. Benenne und erläutere den Prozess, der dafür zuständig ist!

A3 Begründe, warum die unterschiedlichen Organsysteme bei körperlicher Anstrengung ihre Aktivität steigern müssen!

A4 Nach längerer körperlicher Aktivität benötigt unser Körper neue „Energie" durch Nahrung. Begründe!

VERSUCH B ▸ Fitness

Zeit in Minuten	Herzschläge pro Minute		
	Jugendlicher 1	Jugendlicher 2	Jugendlicher 3
Zeitpunkt „0" (Ruhepuls)	75	56	85
nach 3 min Belastung (Belastungspuls)	120	100	140
nach 3 min Pause (Erholungspuls)	95	65	120

Bei Steigerung der körperlichen Aktivität schlägt das Herz schneller. Dies lässt sich feststellen, wenn man den Puls fühlt. Die Anzahl der Herzschläge pro Minute wird als *Herzfrequenz* bezeichnet. Bei körperlichem Ruhezustand spricht man von *Ruhepuls*, während einer körperlichen Belastung von *Belastungspuls*. Nach Beendigung einer körperlichen Belastung sinkt die Herzfrequenz wieder. Sie wird als Erholungspuls bezeichnet. Die Differenz zwischen dem Belastungspuls und dem Erholungspuls gibt an, wie schnell sich das Herz von der Belastung wieder erholt.

Dazu misst man den Erholungspuls zu einer bestimmten Zeit nach Ende der Belastung. Je größer die Differenz ist, desto besser ist das Herz-Kreislauf-System an körperliche Belastungen angepasst und desto besser ist die Fitness.

Auch die *Atmung* ändert sich in Abhängigkeit von der körperlichen Aktivität.

Durch das Zusammenwirken von Organen und Organsystemen kann unser Körper auf veränderte Belastungen reagieren.

B1 Stelle die Messwerte der Jugendlichen mit unterschiedlichen Farben in einem Liniendiagramm dar!

B2 Beschreibe das Diagramm und die Kurvenverläufe!

B3 Begründe, welche der Kurven für einen trainierten und welche für einen untrainierten Jugendlichen gilt!

B4 Miss deinen Ruhepuls und mache dann in schneller Folge drei Minuten lang Kniebeugen! Miss unmittelbar danach deinen Belastungspuls und nach drei Minuten Pause deinen Erholungspuls! Trage deine Daten in das Diagramm von Aufgabe B1 ein und beurteile deinen Trainingszustand!

B5 Beobachte parallel zu den Messungen in Aufgabe B4 deine Atmung und erkläre die registrierten Veränderungen!

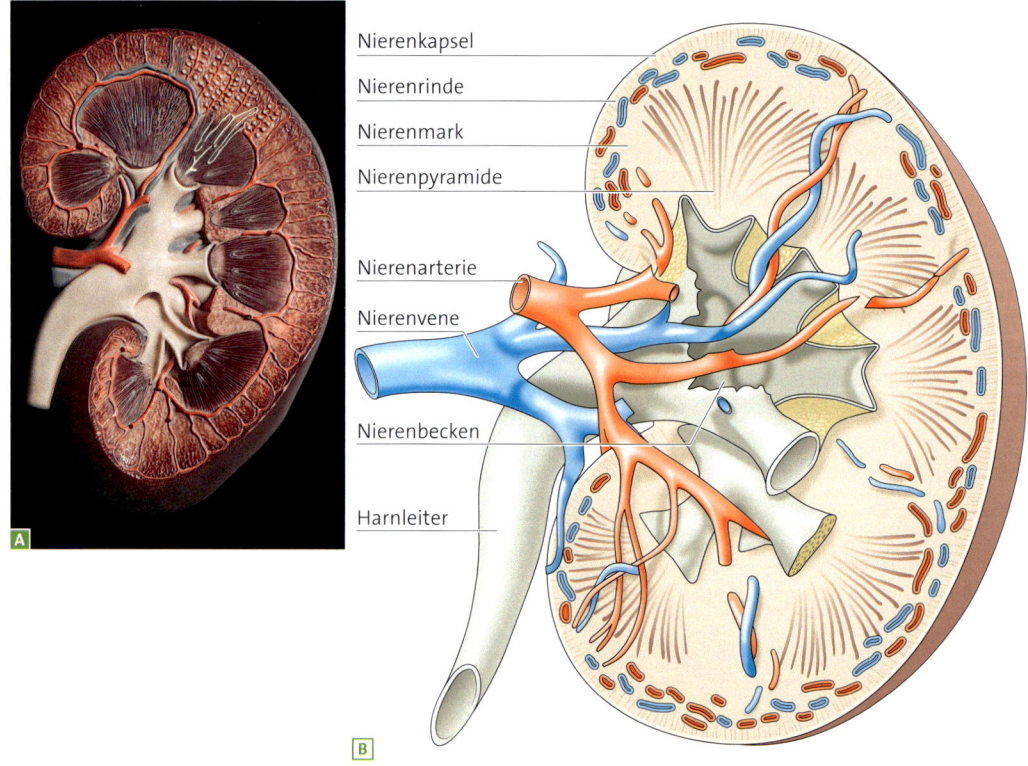

Nierenkapsel
Nierenrinde
Nierenmark
Nierenpyramide

Nierenarterie
Nierenvene

Nierenbecken

Harnleiter

01 Die Niere
A Modell
B Schema

Die Niere – ein Ausscheidungsorgan

> *Jeder Mensch besitzt zwei Nieren. Die etwa faustgroßen, bohnenförmigen Organe liegen im oberen Lendenbereich beiderseits der Wirbelsäule. Täglich wird die gesamte Blutmenge ungefähr 300 mal durch die Nieren geleitet. Dabei wird das Blut gereinigt. Wie geschieht das?*

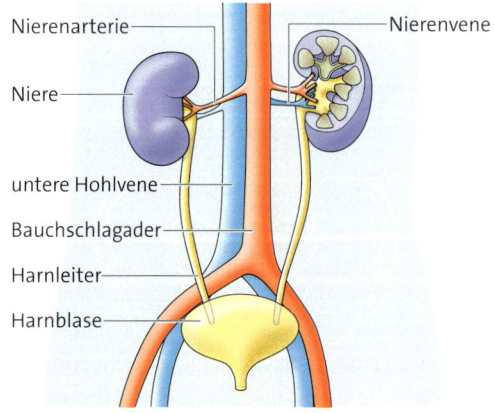

Nierenarterie
Nierenvene
Niere
untere Hohlvene
Bauchschlagader
Harnleiter
Harnblase

02 Lage der Nieren im Körper

BAU DER NIERE · Nieren sind etwa elf Zentimeter lang, fünf Zentimeter breit und drei Zentimeter dick. Sie zeigen im Längsschnitt einen schichtartigen Aufbau: Die dunklere **Nierenrinde** umschließt das hellere **Nierenmark.** Sie ist insgesamt von einer Bindegewebshaut umgeben. Nierenrinde und Nierenmark sind durch pyramidenförmige Strukturen miteinander verzahnt. Diese enden in einem Hohlraum, dem **Nierenbecken.** Hier hat der *Harnleiter* seinen Ursprung. In diesen Bereich führt auch die Nierenarterie in die Niere hinein und die Nierenvene aus der Niere heraus.

FUNKTIONEN DER NIERE · Die Hauptaufgabe der Niere besteht in der **Ausscheidung** von Abfallprodukten des Stoffwechsels. Dazu gehören unter anderem Harnstoff und Harnsäure. Da diese Stoffe über den Blutkreislauf in die Nieren transportiert werden, spricht man auch davon, dass die Nieren das Blut reinigen. Die ausgeschiedenen Stoffe werden mit dem Harn über die Harnblase entsorgt.

Durch Zurückhaltung oder Abgabe von Wasser und darin gelösten Mineralstoffen regulieren die Nieren auch den **Wasser- und Mineralstoffhaushalt** des Körpers. Dies beeinflusst die Zusammensetzung der Blutflüssigkeit, was sich indirekt auch auf den Blutdruck auswirkt. Außerdem produzieren die Nieren **Hormone.** Sie sind unter anderem für die Blutdruckregulation oder die Blutzellbildung wichtig.

DAS NEPHRON · Die Reinigung des Blutes in den Nieren erfolgt in mehr als einer Million gleichen Bauteilen, den **Nephronen.** Ein Nephron setzt sich aus dem **Nierenkörperchen,** das in der Nierenrinde liegt, und dem **Nierenkanälchen,** das sich zu großen Teilen im Nierenmark befindet, zusammen. Das Nierenkörperchen besteht aus einem etwa 0,25 Millimeter großen Säckchen. In dieses führt eine kleine Arterie hinein und gliedert sich in viele kleine Kapillaren auf. Die Kapillaren vereinigen sich zu einer herausführenden Arterie. An den Kapillaren tritt Wasser mit allen darin gelösten Stoffen aus dem Blut in das Nierenkörperchen aus. Blutzellen und Bluteiweiß bleiben in den Kapillaren. Dadurch ist die Blutmenge in der abführenden Arterie kleiner als in der zuführenden. Der Vorgang heißt **Filtration.** Diese winzigen Arterien gliedern sich dann nochmals in Kapillaren auf, die die Zellen der Niere mit allem Nötigem versorgen und vereinigen sich letztendlich zur Nierenvene.

Bei der Filtration entsteht Primärharn, der neben Abfallprodukten auch viel Wasser, Mineralstoffe, Vitamine und Traubenzucker enthält. Diese Stoffe werden von den Nierenkanälchen wieder zurück in das Blut transportiert. Durch den **Rücktransport** entstehen aus täglich etwa 170 Litern Primärharn ein bis zwei Liter Endharn.

Die Nierenkanälchen leiten den Endharn über *Sammelröhrchen* in das Nierenbecken. Von dort gelangt er über den Harnleiter in die Harnblase.

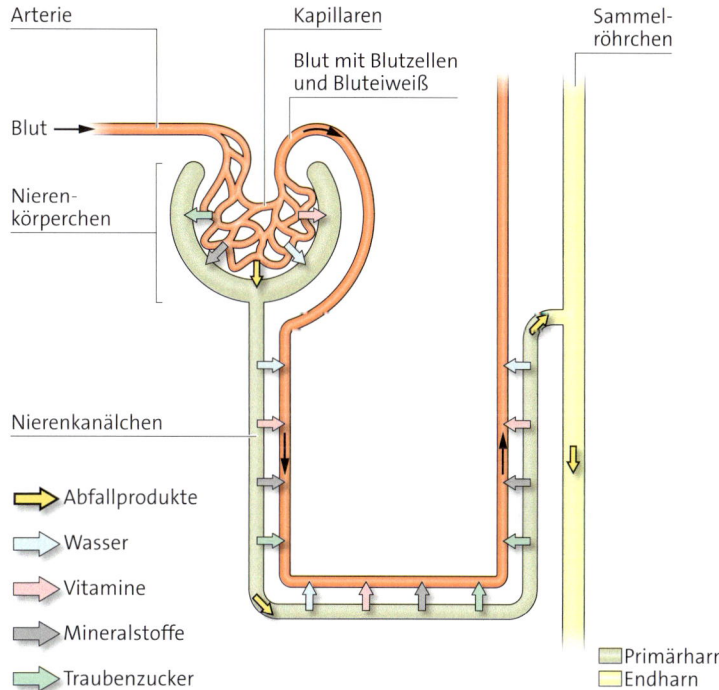

03 Funktionsweise des Nephrons

NIERENERKRANKUNGEN · Wenn im Harn gelöste Stoffe auskristallisieren, entstehen **Nierensteine.** Werden die Kristalle so groß, dass sie den Harnleiter verstopfen, können sie zu Harnstau führen, was mit stechenden Schmerzen verbunden ist. Die wichtigste Vorbeugungsmaßnahme besteht darin, ausreichend viel zu trinken.

Krankheitserreger, die über Harnröhre, Harnblase und Harnleiter in das Nierenbecken gelangen, können dort eine Entzündung hervorrufen. Eine solche **Nierenbeckenentzündung** kann die Nierenfunktion beeinträchtigen.

Zum Leben reicht die Leistung einer Niere völlig aus. Sollten jedoch beide erkrankt sein oder gar versagen, kommt es zu schweren Erkrankungen, die lebensbedrohlich sein können.

1 | Beschreibe den Aufbau der Niere und nenne Funktionen ihrer Teile!

2 | Erkläre den Begriff Ausscheidung mithilfe der Begriffe Filtration und Rücktransport!

Dialyse und Organtransplantation

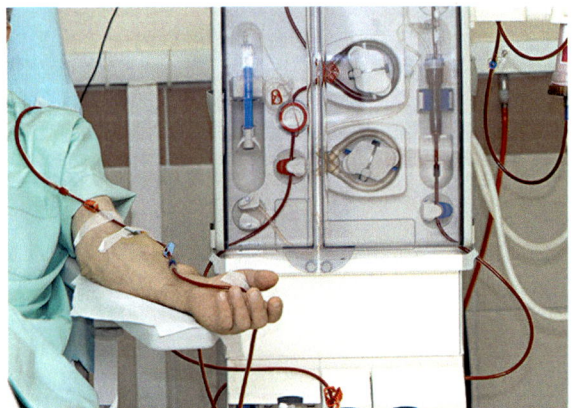

01 Dialysegerät

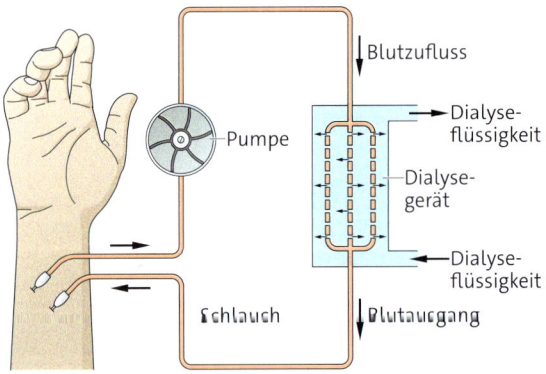

Blutzufluss

Pumpe

Dialyse-
flüssigkeit

Dialyse-
gerät

Dialyse-
flüssigkeit

Schlauch

Blutausgang

02 Dialyse (schematisch)

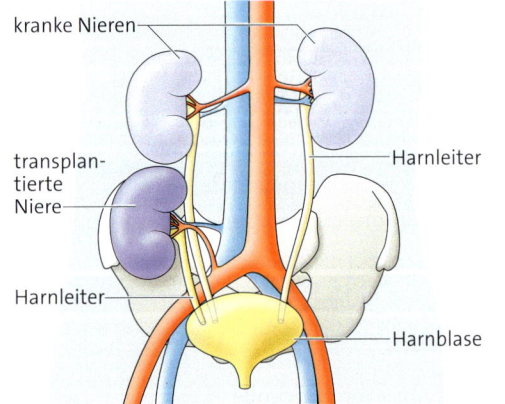

kranke Nieren

transplan-
tierte
Niere

Harnleiter

Harnleiter

Harnblase

03 Transplantierte Niere

DIALYSE · Bei einem Nierenversagen ist die Niere nicht mehr in der Lage, die Abfallprodukte des Stoffwechsels, zum Beispiel Harnstoff, mit dem Urin aus dem Körper auszuscheiden. Es kommt zu Vergiftungen des Körpers. Dies kann ohne medizinische Behandlung zum Tod des Patienten führen.

Ärzte versuchen daher, durch eine künstliche Blutwäsche, die Dialyse, sozusagen das Blut von den Abfallstoffen zu reinigen. Das Dialysegerät ist am Blutkreislauf des Patienten angeschlossen und entzieht dem Blut die Abfallstoffe. Der Patient muss dafür mehrmals in der Woche in mehrstündigen Sitzungen mit dem Gerät verbunden werden.

TRANSPLANTATIONSMEDIZIN · Oft reicht die Dialyse bei fortgeschrittenem Nierenversagen nicht aus, um das Leben der Patienten zu retten. Nur eine gesunde Niere kann helfen.

Die Verpflanzung von Zellen, Geweben, Organen oder Körperteilen in den Körper eines Empfängers nennt man **Transplantation.** In Deutschland gibt es Transplantationszentren, in denen speziell ausgebildete Ärztinnen und Ärzte Transplantationen häufig ausführen. Das Verfahren ist dort inzwischen medizinischer Alltag. Nach Angabe der Deutschen Stiftung für Organtransplantation werden pro Jahr etwa 4000 Organe übertragen. Davon bilden Nierentransplantationen mit rund 65 Prozent den Hauptanteil.

ORGANSPENDE · Im Jahr 2015 warteten in Deutschland etwa 10 200 Menschen auf ein Organ, davon 7530 auf eine Niere. Hat ein Spender eine schriftliche Genehmigung zur Organspende abgegeben, dürfen seine Organe erst nach eindeutig festgestelltem Hirntod entnommen werden. Eine Alternative zu dieser Organspende nach dem Tod ist die Lebendspende einer Niere.

1〕 Finde Argumente für und gegen einen Organspendeausweis!

Material A ▸ Gesunderhaltung des Nieren- und Harnsystems

A1 Ordne die in den Abbildungen 1 bis 7 dargestellten Stoffe und Verhaltensweisen nach ihrer positiven oder negativen Wirkung auf unsere Ausscheidungsorgane!

A2 Begründe deine Zuordnung!

A3 Leite Regeln zum Schutz deines Nieren- und Harnsystems ab!

Material B ▸ Leistungen der Nieren

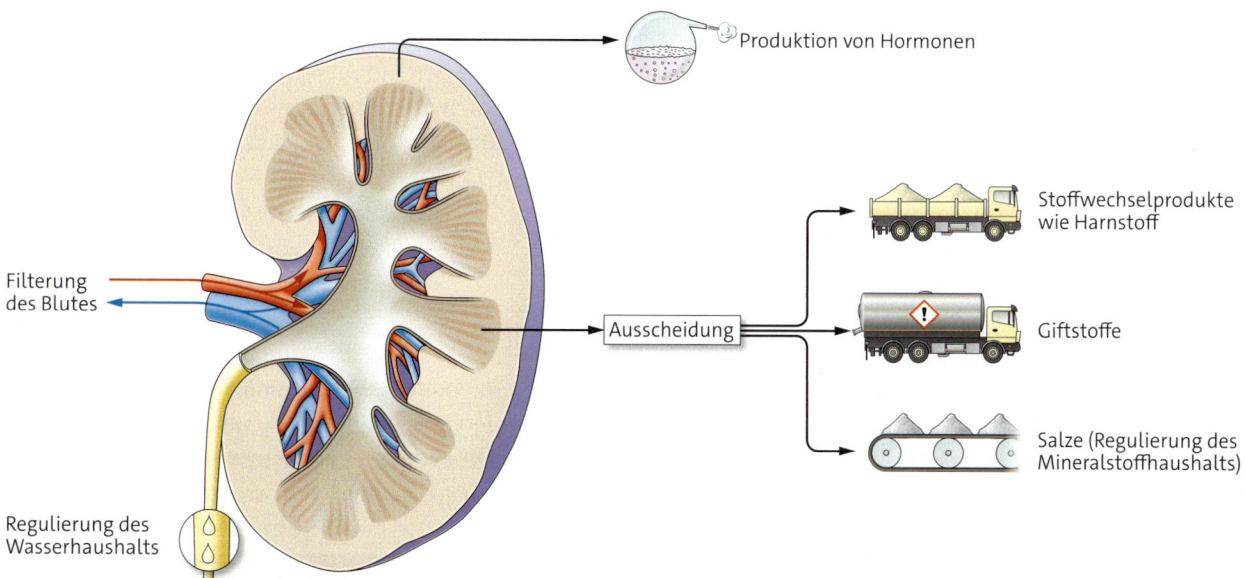

Produktion von Hormonen

Filterung des Blutes

Ausscheidung

Stoffwechselprodukte wie Harnstoff

Giftstoffe

Salze (Regulierung des Mineralstoffhaushalts)

Regulierung des Wasserhaushalts

B1 Fasse alle in der Abbildung dargestellten Aufgaben der Niere zusammen!

B2 Erläutere mögliche Folgen für den Organismus bei einer Störung der Nierentätigkeit!

B3 Begründe, warum eine Dialyse eine gesunde Niere nicht vollständig ersetzen kann!

160

Erste Hilfe bedeutet Leben retten

Ferienzeit ist Reisezeit. Viele Menschen sind auf verkehrsreichen Autobahnen unterwegs. Leider ereignen sich trotz zunehmend sicherer Fahrzeuge schwere Unfälle, bei denen Personen zu Schaden kommen. Helfen ist in diesen Situationen eine der wichtigsten Aufgaben. Doch wie helfe ich richtig?

RICHTIGES VERHALTEN AN DER UNFALLSTELLE · Jeder Jugendliche und Erwachsene sollte in der Lage sein, an einer Unglücksstelle **Erste Hilfe** zu leisten. Dabei müssen jedoch Grundsätze eingehalten werden, um nicht sich selbst oder Betroffene zu gefährden. Es muss also zunächst auf ausreichenden Eigenschutz geachtet werden.
Das Tragen einer reflektierenden Warnweste ist deshalb an der Unglücksstelle vorgeschrie-

ben. Ganz wichtig: Zuerst wird die Unfallstelle gesichert, zum Beispiel durch das *Aufstellen des Warndreiecks*. In Abhängigkeit der Geschwindigkeit des Verkehrs soll es in der Stadt 50 Meter, auf der Landstraße 100 Meter und auf der Autobahn 200 Meter vom Unfallort entfernt aufgestellt werden. Von enormer Bedeutung ist das Absetzen eines *Notrufs* über Handy oder an einer Notrufsäule. So können schnell Rettungskräfte wie Notarzt oder Feuerwehr zu einer Unfallstelle gerufen werden.

Sofern Verletzte aus dem Gefahrenbereich gerettet werden müssen, können dabei auch mehrere Helfer zusammenwirken.
Jetzt gilt es die *Basismaßnahmen* der Ersten Hilfe einzuleiten, zum Beispiel Maßnahmen zur Wiederbelebung oder zur Wundversorgung.

Polizeilich erfasste Unfälle 2014 (Quelle: Statistisches Bundesamt)				
Unfälle insgesamt	Verunglückte Personen			
	Gesamt	Leicht verletzte	Schwerverletzte	Getötete
2 406 685	392 912	321 803	67 732	3 377

BASISMASSNAHMEN DER ERSTEN HILFE · Dazu gehören die Kontrolle der wichtigsten Lebensfunktionen Bewusstsein, Atmung und Herz-Kreislauf-System, die man *Vitalfunktionen* nennt. Bereits nach drei Minuten Herzstillstand wird das Gehirn nicht mehr ausreichend mit lebenswichtigem Sauerstoff versorgt, was zu schweren Hirnschäden führen kann.

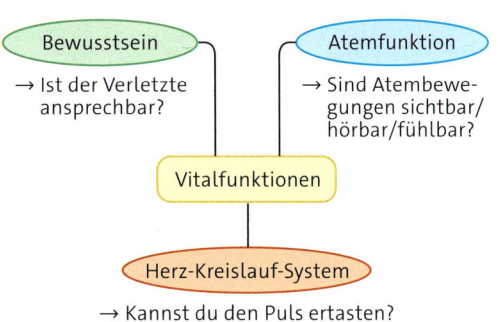

03 Vitalfunktionen des Körpers

HERZ-LUNGEN-WIEDERBELEBUNG · Ist die verunglückte Person bewusstlos und ist auch keine regelmäßige, selbstständige Atmung feststellbar, beginnen die Ersthelfer nach dem Notruf sofort mit der Herz-Lungen-Wiederbelebung. Dreißig kräftige **Herzdruckmassagen** wechseln mit zwei Atemspenden, bis der Rettungsdienst eintrifft. Dadurch wird die Sauerstoffversorgung gewährleistet.

04 Herzdruckmassage

ERWEITERTE MASSNAHMEN DER WIEDERBELEBUNG · Unterstützt werden kann die Herz-Lungen-Wiederbelebung durch den Einsatz eines *Automatisierten Externen Defibrillators (AED)*. Das automatische Menü weist den Helfer in den Gebrauch ein und unterstützt den Erfolg der Herz-Lungen-Wiederbelebung. In vielen öffentlichen Gebäuden sind bereits AED verfügbar.

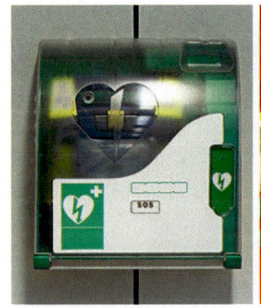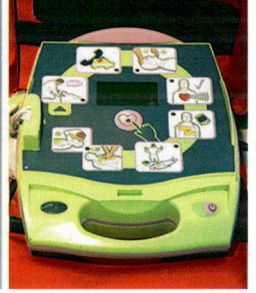

05 AED

UNTERLASSENE HILFELEISTUNG · Ersthelfer kann jeder sein, denn schon der Notruf kann Leben retten. Nur *unterlassene Hilfeleistung* ist strafbar. Das Bilden einer *Rettungsgasse* auf Autobahnen hilft, dass die Rettungskräfte den Unfallort schnell erreichen. Zunehmend gefährden aber auch Schaulustige die Rettungsmaßnahmen an den Unfallstellen, was zu weiteren Unfällen führen kann.

06 Unfallstelle mit Schaulustigen

1 Beschreibe das Zusammenwirken der Rettungskräfte in Abbildung 01. Begründe, weshalb ein korrekter Notruf entscheidend für die Rettung der Verunglückten ist!

2 Werte die Unfallstatistik der Abbildung 02 aus! Erläutere, warum Kenntnisse der Ersten Hilfe Voraussetzung für den Führerscheinerwerb sind!

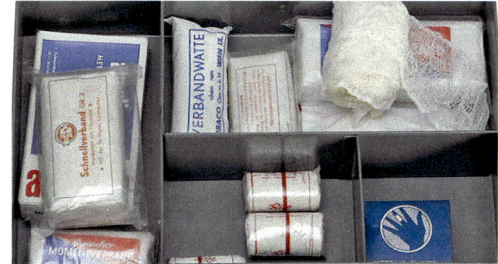

07 Inhalt eines Erste-Hilfe-Kastens

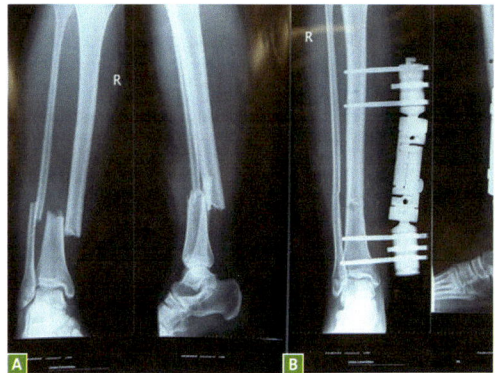

08 Knochenbruch:
A Bruch des Unterschenkels,
B mit Schiene

Verbrennungen der menschlichen Haut	
1. Grades	Rötung und Schwellung der Haut, Schmerzen, Haut heilt vollständig
2. Grades	Blasenbildung und starke Schmerzen, Haut heilt, aber Narbenbildung möglich
3. und 4. Grades	große Blasen und Nekrosen, keine Schmerzen, keine Selbstheilung, Transplantationen

09 Verbrennungen der menschlichen Haut

griechisch:
nekrosis
= abgestorbenes
Gewebe
lateinisch:
transplantare
= verpflanzen

10 Gefahrensymbol (GHS) ätzender Stoffe

VERSORGUNG OFFENER WUNDEN · Offene Wunden bergen das Risiko des Blutverlustes sowie der Infektion mit Krankheitserregern. Blutende Wunden sollen durch keimfreie Verbände versorgt werden. Bei stark blutenden Wunden helfen Druckverbände. **Erste-Hilfe-Kästen** enthalten die wichtigsten Verbandsmaterialien.

VERSTAUCHUNGEN UND KNOCHENBRÜCHE · Werden Gelenke extrem überdehnt, kann es zu **Verstauchungen** mit starken Schmerzen und Bewegungseinschränkungen kommen. Gleiches gilt für **Knochenbrüche.** Stützverbände und Bandagen bei Verstauchungen sowie Schienen bei Knochenbrüchen sorgen als Maßnahmen der Ersten Hilfe für die Ruhigstellung der Verletzungen. Bei komplizierten Verletzungen ist oft auch eine Operation erforderlich.

ERSTE HILFE BEI VERBRENNUNGEN · Leichte **Verbrennungen** oder Verbrühungen können unter fließendem, nicht zu kaltem Wasser gekühlt werden. Bei großflächigen, schweren Verbrennungen besteht Lebensgefahr. Der Notarzt muss alarmiert werden. Die betroffene Person muss vor Unterkühlung geschützt werden. Dazu kann eine Rettungsdecke verwendet werden.

VORSICHT ÄTZEND! · Der Umgang mit ätzenden Stoffen wie Säuren und Basen birgt Risiken. Trotz sorgfältiger Handhabung kann es zu Unfällen kommen. Bei **Verätzungen** müssen die betroffenen Hautabschnitte mit klarem Wasser gründlich gespült werden. Sollten die Augen betroffen sein, wird ebenfalls ausgiebig gespült. Anschließend wird ein keimfreier Verband angelegt.

3 Beschreibe den Inhalt eines Erste-Hilfe-Kastens! Begründe, weshalb blutende Wunden durch keimfreie Verbände gestoppt werden müssen!

Material A ▸ Situationsgerechtes Handeln – Stabile Seitenlage

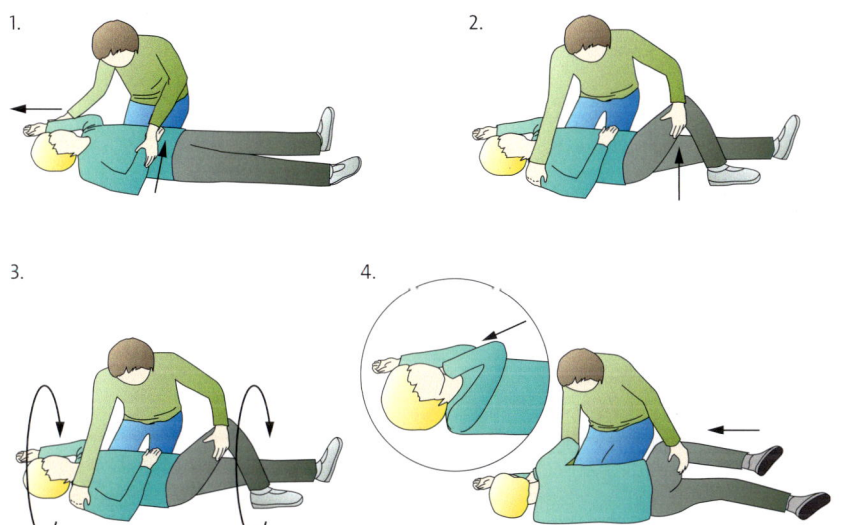

1.

2.

3.

4.

Der Ersthelfer überprüft am Unfallort die lebenswichtigen Funktionen, das Bewusstsein, die Atemfunktion sowie die Herz-Kreislauf-Funktion. Ist ein

Verletzter ohne Bewusstsein, verfügt aber über eine eigenständige, ausreichende Atmung, wird er in der stabilen Seitenlage gelagert.

Die Abbildung zeigt das schrittweise Vorgehen des Helfers und die Endposition. Anschließend kontrolliert der Helfer fortlaufend die Atemfunktion des Verletzten. Durch den Einsatz einer Rettungsdecke kann der Verletzte vor Unterkühlung geschützt werden.

A1 Beschreibe das Vorgehen des Helfers beim Lagern des Verletzten. Notiere wichtige Stichpunkte!

A2 Wendet eure Beschreibung in einer Partnerübung an, um die Lagerung in der stabilen Seitenlage zu üben!

A3 Erkläre die notwendigen Handlungen des Helfers, falls die Atmung beim Verletzten unregelmäßig wird oder ausfällt!

Material B ▸ Der Notruf 112

A

B

C

D

Angabe der 5 W:

- **W**O?
- **W**AS?
- **W**ELCHE (Art der Verletzungen)?
- **WI**EVIEL?
- **W**ARTEN!

Unter der Notrufnummer 112 erreicht man in Deutschland die integrierten Rettungsleitstellen für den Rettungs-

dienst und die Feuerwehr. Nach eingegangenem Notruf entscheiden die Mitarbeiter der Leitstelle, in welchem

Umfang Rettungskräfte an die Unfallstelle geschickt werden. Gleichzeitig wird immer auch die Polizei informiert.

Die Rufnummer 112 soll künftig europaweit einheitlich als Notrufnummer gelten.

B1 Erläutere, welche Informationen sich hinter den einzelnen „W" des Notrufs verbergen!

B2 Begründe, warum das Warten auf Rückfragen der Rettungsleitstelle sehr wichtig ist!

B3 Positioniere dich zum immer wieder stattfindenden Missbrauch der Notrufnummer 112!

A ▸ Aufnahme von Stoffen

Kann ich ...

1 J den Bau von Fetten, Eiweißen und verschiedenen Kohlenhydraten beschreiben und modellhaft zeichnen? *(Seite 104 und 105)*

2 J beschreiben, welche Aufgaben Kohlenhydrate, Fette und Eiweiße im Körper des Menschen haben? *(Seite 104 und 105)*

3 J die Funktion von Vitaminen, Mineralstoffen und Ballaststoffen beschreiben? *(Seite 106)*

4 J je einen Versuch erläutern, mit dem man Glukose, Stärke, Fette und Eiweiße nachweisen kann? *(Seite 107 bis 109)*

5 J erläutern, wie man eine ausgewogene Ernährung erreichen kann? *(Seite 110 bis 112)*

6 J die Begriffe Grund- und Leistungsumsatz erläutern? *(Seite 110)*

7 J verschiedene Formen der Essstörungen beschreiben? *(Seite 114 bis 116)*

8 J die Verdauung von Kohlenhydraten im Mund und im Dünndarm miteinander vergleichen? *(Seite 118 und 119)*

9 J das Prinzip der Oberflächenvergrößerung am Beispiel des Dünndarms erklären? *(Seite 119)*

10 J die Arbeitsweise eines Enzyms am Beispiel der Amylase erläutern? *(Seite 120)*

11 J das Schlüssel-Schloss-Prinzip am Beispiel der Maltase mithilfe einer beschrifteten Skizze beschreiben? *(Seite 120)*

12 J ein Versuchsprotokoll zur Wirkungsweise von Enzymen erstellen? *(Seite 120 sowie Seite 122 und 123)*

13 J die Verdauung von Eiweißen und Fetten erläutern? *(Seite 124 bis 126)*

14 J die Funktion und den Wirkungsort der verschiedenen Verdauungsenzyme nennen? *(Seite 128 und 129)*

15 J den Weg der Luft beim Einatmen beschreiben? *(Seite 130 und 131)*

16 J den Bau der Lunge beschreiben? *(Seite 131 und 132)*

17 J die Vorgänge bei der Brust- und Bauchatmung erklären? *(Seite 131 sowie Seite 136 und 137)*

18 J den Gasaustausch in der Lunge erläutern? *(Seite 132)*

19 J Maßnahmen zur Gesunderhaltung der Atmungsorgane begründen? *(Seite 133)*

20 J am Beispiel der Lunge die Arbeit mit Modellen erläutern? *(Seite 136 und 137)*

B ▸ Stofftransport im Körper

Kann ich ...

1 J die Zusammensetzung des Blutes beschreiben und den Blutbestandteilen Funktionen zuordnen? *(Seite 138 bis 140)*

2 den Vorgang der Blutgerinnung beschreiben? *(Seite 140)*

3 ein vereinfachtes Schema des Blutkreislaufs skizzieren und beschriften? *(Seite 142 und 143)*

4 Unterschiede in Bau und Funktion von Venen, Arterien und Kapillaren beschreiben? *(Seite 144)*

5 den Bau des Herzens als beschriftete Schemazeichnung darstellen? *(Seite 148)*

6 die Tätigkeit des Herzens erläutern? *(Seite 146 bis 148)*

7 Beispiele für Herz-Kreislauf-Erkrankungen nennen und erläutern? *(Seite 150 und 151)*

C ▸ Energiebereitstellung

Kann ich …

1 das Prinzip der Zellatmung beschreiben? *(Seite 153)*

2 die Veränderung von Puls und Atmung bei sportlicher Tätigkeit beschreiben? *(Seite 152 und 153)*

3 anhand eines Schemas die Energiebereitstellung durch Zellatmung beschreiben? *(Seite 153)*

4 Anpassungen von Atmung und Herzfrequenz beim Sport begründen? *(Seite 153)*

5 Zusammenhänge im Stoff- und Energiewechsel von Pflanzen und Tieren erläutern? *(Seite 154)*

D ▸ Ausscheidung von Stoffen

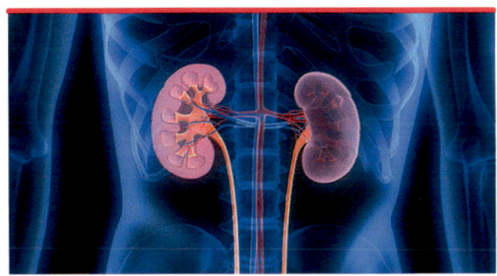

Kann Ich …

1 den Bau der Niere beschreiben und die Teile und ihre Funktion nennen? *(Seite 156 und 157)*

2 die Aufgaben der Nieren nennen und daraus ableiten, welche Folgen eine eingeschränkte Nierentätigkeit hat? *(Seite 156 bis 158)*

3 Maßnahmen zur Gesunderhaltung der Nieren erläutern? *(Seite 157)*

E ▸ Erste Hilfe

Kann ich …

1 das richtige Verhalten an einer Unfallstelle beschreiben und begründen? *(Seite 160)*

2 Basismaßnahmen der Ersten Hilfe nennen und beschreiben? *(Seite 161 und 162)*

3 Unfallstatistiken auswerten und unter Nutzung der Zahlen begründen, dass Kenntnisse der Ersten Hilfe Voraussetzungen zum Erwerb des Führerscheins sind? *(Seite 160 und 161)*

Der Mensch – Immunbiologie

In diesem Kapitel beschäftigst du dich mit

- Viren als Krankheitserreger. Du erfährst anhand von Beispielen etwas über den Bau und die Vermehrung von Viren. Du lernst verschiedene Viruserkrankungen kennen. Dabei erfährst du auch, welche Ansteckungsgefahren es gibt und wie man sich davor schützen kann.

- dem Verlauf von Infektionskrankheiten. Du erfährst etwas über die Vorgänge, die sich in den einzelnen Phasen in deinem Körper abspielen.

- der Immunabwehr. Du erfährst etwas über Organe und Zellen des Immunsystems und lernst Vorgänge kennen, durch die der Körper Krankheitserreger bekämpfen kann.

- der Immunisierung. Du erfährst, wie Impfungen vor Infektionskrankheiten schützen können und wie man Impfstoffe zur Behandlung von Infektionskrankheiten einsetzen kann.

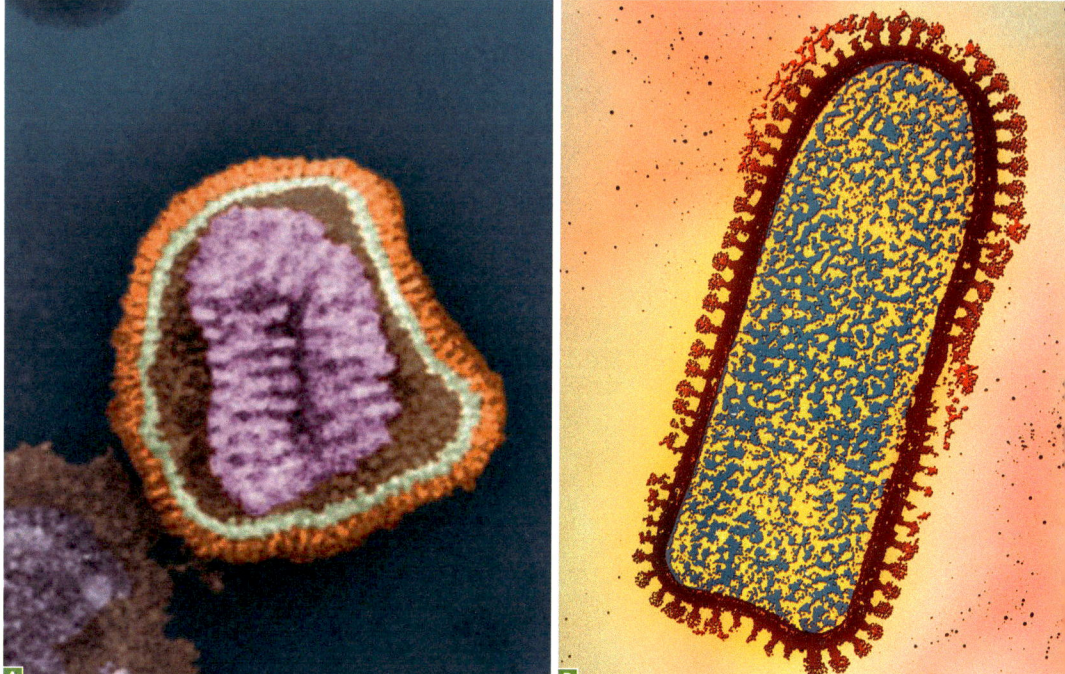

01 Viren im Elektronenmikroskop, gefärbt:
A Grippevirus,
B Tollwutvirus

Viren als Krankheitserreger

Früher glaubte man, dass viele Krankheiten, für die man keine Erreger nachweisen konnte, durch Giftstoffe verursacht wurden. Diese Stoffe bezeichnete man daher als Virus – dem lateinischen Wort für Gift. Erst mit dem Elektronenmikroskop konnte man Viren sichtbar machen und ihre Vielfalt aufzeigen. Was sind Viren?

BAU VON VIREN · Um 1900 fand man heraus, dass Viren noch kleiner sein müssen als Bakterien. Ließ man nämlich eine Flüssigkeit mit

Viren durch einen Filter laufen, der Bakterien zurückhält, konnte man die Viren damit nicht auffangen. Heute ist bekannt, dass Viren nur etwa ein zehntausendstel Millimeter Durchmesser haben und deshalb nur im Elektronenmikroskop sichtbar sind.

Viren bestehen meist aus einer **Proteinhülle** und darin eingeschlossener **Erbsubstanz.** Bei manchen findet man noch zusätzlich eine membranartige Hülle. Die äußere Hülle besitzt zahlreiche kleine Proteinfortsätze. Es gibt eine Vielzahl verschiedener Viren, die sich in der Größe, dem Bau der Proteinhülle sowie der Art und Menge der Erbsubstanz unterscheiden.

VERMEHRUNG · Viren besitzen keinen eigenen Stoffwechsel, wachsen nicht und können sich nicht selbst bewegen und vermehren. Viren sind daher keine Lebewesen. Zur Vermehrung sind sie auf lebende Zellen angewiesen, auf die *Wirtszellen.* Kommt ein Virus in Kontakt mit einer Wirtszelle, wird es von der Membran umschlossen und in einem Membranbläschen in

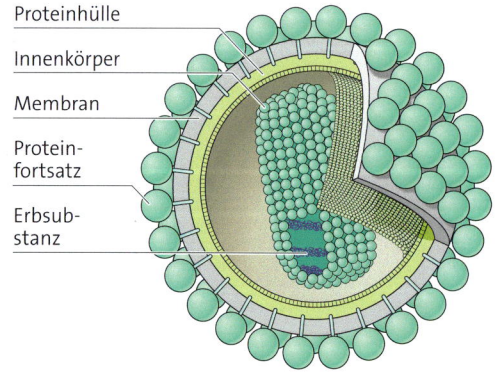

Proteinhülle
Innenkörper
Membran
Proteinfortsatz
Erbsubstanz

02 Bau eines Virus

die Zelle aufgenommen. Dort bricht die Proteinhülle auf, und die Erbsubstanz des Virus gelangt in die Wirtszelle. Diese Erbsubstanz stellt den Stoffwechsel der Wirtszelle so um, dass nun Virusbausteine hergestellt werden können. Die Bausteine fügen sich zu zahlreichen neuen Viren zusammen. Dann platzt die Wirtszelle und setzt damit eine große Anzahl von Viren frei, die weitere Zellen befallen können. Jeder Virustyp vermehrt sich nur in ganz bestimmten Wirtszellen. So befallen zum Beispiel Viren, die Kinderlähmung verursachen, die Nervenzellen.

VIRUSERKRANKUNGEN · Viren können viele Krankheiten verursachen. Beim Menschen sind das zum Beispiel Grippe, Herpes, Masern, Pocken, Windpocken, Röteln, Mumps, Kinderlähmung und Tollwut. Die Unterschiede der Krankheiten sind darauf zurückzuführen, dass jeweils unterschiedliche Wirtszellen zerstört werden. Bei Grippe sind vor allem die Schleimhautzellen der Atemwege betroffen. Nach einer Infektion treten zunächst *Symptome* wie Niesen und Husten auf. Dadurch werden die Grippeviren, in feinste Schleimtröpfchen verpackt, in die Luft geschleudert und können andere Personen beim Einatmen infizieren. Man nennt diese Übertragungsweise eine *Tröpfcheninfektion*. Krankheitssymptome treten ein bis drei Tage später auf. Die Zeitspanne zwischen Infektion und Ausbruch der Krankheit nennt man *Inkubationszeit*. Tollwut wird direkt, zum Beispiel durch den Biss eines infizierten Fuchses, übertragen. Diese Übertragungsweise heißt *Kontaktinfektion*. Die Inkubationszeit beträgt in diesem Fall ein bis sechs Monate. Das Tollwutvirus schädigt Nervenzellen. Ohne Behandlung endet die Erkrankung tödlich.

1) Beschreibe Bau und Vermehrung eines Virus!

2) Stelle den Verlauf einer Infektionskrankheit in einem Fließschema dar!

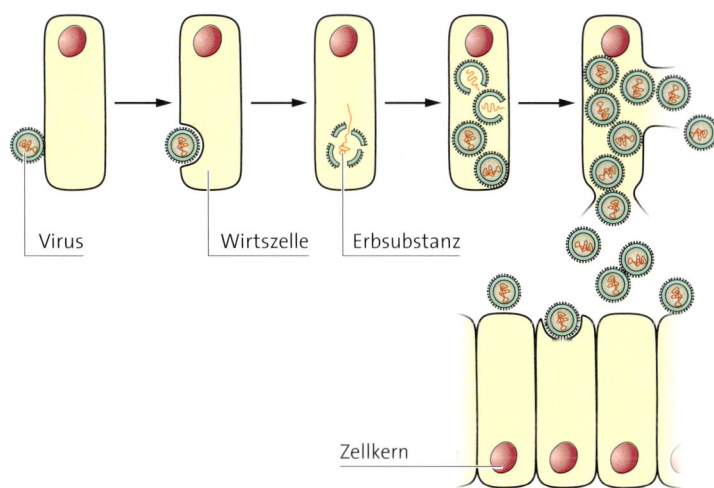

03 Vermehrung von Viren

Virus Wirtszelle Erbsubstanz Zellkern

/// **STECKBRIEF** ////////////////////////////////

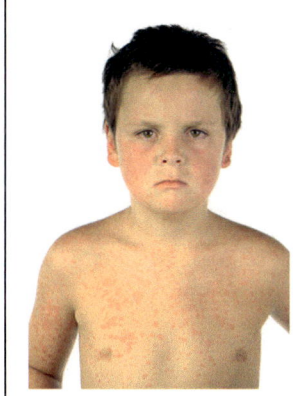

Masern
Übertragung: *Tröpfcheninfektion*
Inkubationszeit: *8–14 Tage*
Symptome: *Schnupfen, Husten und Fieber; nach vier Tagen rote Flecken am Körper, der Masernausschlag; Rückgang des Fiebers am 7. bis 8. Tag. Seltene Folge kann eine Hirnhautentzündung sein.*
Behandlung: *Schutzimpfung; bei Erkrankung: fiebersenkende Maßnahmen.*

/// **STECKBRIEF** ////////////////////////////////

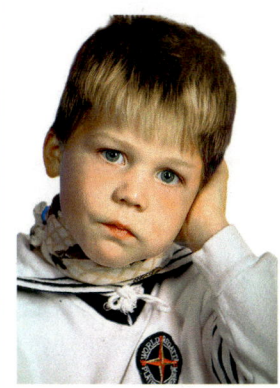

Mumps
Übertragung: *Tröpfchen- oder Kontaktinfektion*
Inkubationszeit: *12–25 Tage*
Symptome: *Fieber, Kopfschmerzen, Erbrechen; Schwellung der Ohrspeicheldrüsen, „Hamsterbacken". Seltene Folge bei Jungen kann eine Hodenentzündung sein.*
Behandlung: *Schutzimpfung; bei Erkrankung: fiebersenkende Maßnahmen.*

Influenza

Zum Ende des Ersten Weltkrieges, zwischen 1918 und 1920, wütete auf der Welt die Spanische Grippe. Mindestens 25 Millionen Menschen von etwa einer Milliarde Weltbevölkerung sind an dieser Virusgrippe gestorben.

Tritt eine Krankheit mit so vielen Opfern in vielen Ländern gleichzeitig und sogar Kontinente übergreifend auf, wird sie als *Pandemie* bezeichnet. Eine *Epidemie* bleibt im Gegensatz dazu auf ein Land oder eine geografische Region begrenzt. Gerade unter dem Aspekt der Globalisierung gilt es, den Ausbruch größerer Grippe-Epidemien oder gar einer Pandemie zu verhindern, denn die Auswirkungen wären bei einer Weltbevölkerung von heute 7,8 Milliarden Menschen verheerend.

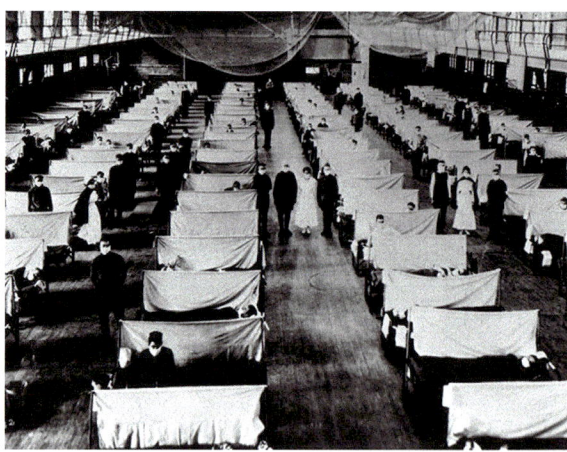

01 Behandlung der Opfer der Spanischen Grippe

Die **Influenza** oder **Virusgrippe** ist eine schwere Infektionskrankheit der Schleimhäute des Atmungstraktes. Sie wird beim Menschen und bei Tieren durch *Influenzaviren* ausgelöst. Erkältungen, häufig auch als grippaler Infekt bezeichnet, werden hingegen nicht durch Influenzaviren, sondern durch verschiedene andere Virusarten verursacht.

Influenzaviren bestehen aus einer Eiweißhülle, welche die Erbsubstanz umgibt. Die Erbsubstanz liegt in einzelnen Stücken vor. Die Eiweißhülle selbst ist noch von einer membranartigen Hülle umgeben. Auf deren Oberfläche befinden sich Proteinstrukturen, sogenannte Antigene, die eine Immunreaktion auslösen können. Beim häufigsten Virustyp, dem Typ A, werden das Antigen H und das Antigen N unterschieden.

Die *Infektion* mit den Viren erfolgt meist über kleinste Flüssigkeitströpfchen, die beim Atmen, Husten, Niesen oder Sprechen entstehen und in der Luft schweben. Eingeatmete Tröpfchen transportieren die Viren in den Atmungstrakt. Hier infizieren sie Schleimhautzellen, vermehren sich in ihnen, werden freigesetzt und befallen neue Zellen. Die *Inkubationszeit* dauert zwischen ein und vier Tagen. Mit plötzlichen *Symptomen,* wie hohem Fieber, Schüttelfrost, Gliederschmerzen und

Husten bricht die Krankheit aus. Gleichzeitig reagiert das *Immunsystem* auf die eingedrungenen Erreger und bekämpft sie. Bei Menschen mit chronischen Erkrankungen wird der Prozess durch antivirale Medikamente unterstützt. Nur wenn es zu zusätzlichen bakteriellen Infektionen kommt, werden Antibiotika eingesetzt. Bei geschwächten Menschen oder bei Kindern sind die Wirkungen der Behandlung und die Leistung des Immunsystems manchmal zu gering. Sie können an der Influenza sterben.

Eine Infektion mit Influenzaviren kann man durch regelmäßiges, gründliches Händewaschen verhindern und, indem man ausreichenden Abstand zu Kranken hält. Die Stärkung des eigenen Immunsystems beugt der Erkrankung ebenfalls vor. Eine Schutzimpfung oder eine überstandene Influenza wirken jedoch nur bei einer erneuten Infektion mit dem gleichen Virusstamm immunisierend, da sich die Antigene auf der Oberfläche der Influenzaviren immer wieder ändern. Deshalb ist jedes Jahr eine neue Schutzimpfung notwendig. Je mehr Menschen durch Impfung geschützt sind, umso weniger kann sich die Grippe ausbreiten.

1 ⌡ Stelle Vermutungen an, warum die Spanische Grippe zu ihrer Zeit viele Opfer forderte!

Material A ▸ Lebewesen oder nicht?

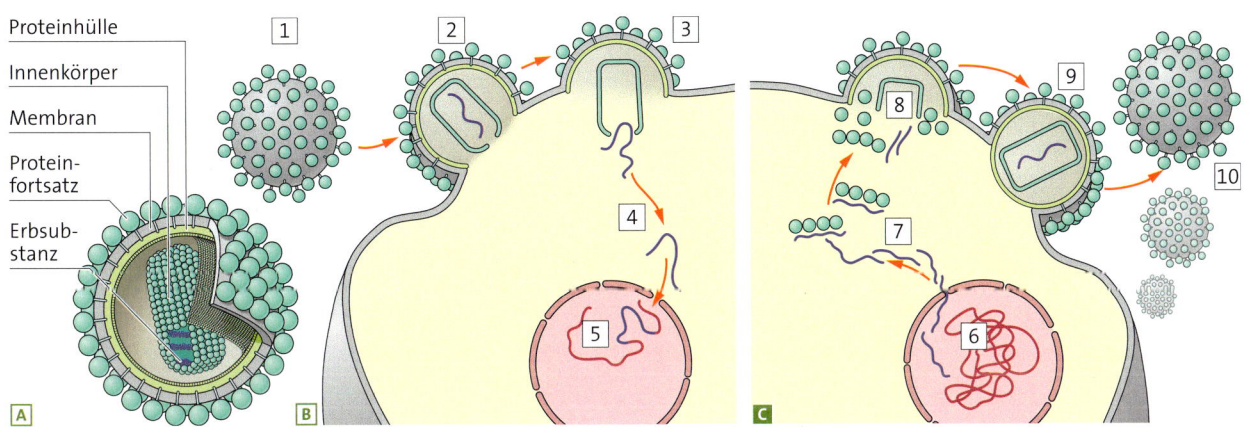

Proteinhülle
Innenkörper
Membran
Protein-
fortsatz
Erbsub-
stanz

Die Abbildung zeigt den Bau (A), die Infektion (B, 1–5) und die Vermehrung (C, 6–10) des HI-Virus.

A1 Beschreibe mithilfe der Grafik die Vermehrung von Viren am Beispiel der HI-Viren!

A2 Viele Wissenschaftler halten Viren nicht für Lebewesen. Begründe diese Ansicht!

Material B ▸ Alle Jahre wieder?

In jedem Jahr gibt es mindestens eine Grippewelle. Dann steigt die Zahl der Erkrankten stark an.

In dieser Zeit sollte man sich durch geeignete Maßnahmen vor einer Infektion schützen.

B1 Erstelle nach dem Vorbild auf Seite 169 einen Steckbrief zur Virusgrippe!

B2 Erläutere Maßnahmen, durch die das Risiko, an Grippe zu erkranken, gemindert wird!

B3 Recherchiere im Internet nach zwei weiteren Viruserkrankungen und erstelle jeweils einen Steckbrief!

B4 Präsentiere dein Ergebnis in der Klasse!

Material C ▸ Statistik

Infektionskrankheit	Fallzahlen Deutschland 2011*	Fallzahlen Deutschland 2012*
Erkrankung durch Noroviren	102.834	103.795
Masern	1.606	165
Virusgrippe	43.720	10.764

Quelle: Robert-Koch-Institut
* Die Fallzahlen beziehen sich jeweils auf die 1.–49. Woche des Jahres.

C1 Stelle die Daten in einem geeigneten Diagramm dar und vergleiche sie!

C2 Stelle Vermutungen an, wie die Unterschiede in der jeweiligen Anzahl der Erkrankungen erklärt werden können!

01 Krank im Bett

Immunabwehr

Bei jeder Gelegenheit kommen wir in Kontakt mit Bakterien und Viren. Unter ihnen befinden sich zahlreiche Krankheitserreger, die vor allem über unsere Mund- und Nasenöffnung in den Körper eindringen können. Dennoch werden wir nur selten krank. Wie wehrt sich unser Körper gegen die ungebetenen Eindringlinge?

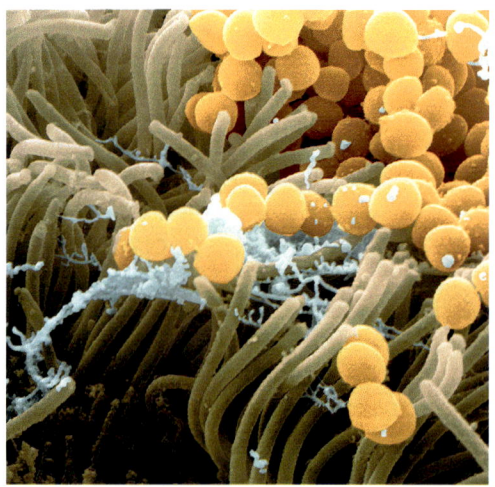

02 Schleimhaut mit Flimmerhärchen und Bakterien

SCHUTZBARRIEREN · In unserer Haut liegen die Zellen eng beieinander und erschweren den Krankheitserregern das Eindringen. Zudem scheiden Drüsen in der Haut ständig Stoffe aus, die einen natürlichen und für viele Erreger lebensfeindlichen *Säureschutzmantel* bilden. Die Haut ist also eine **Schutzbarriere.** Unsere Körperöffnungen, vor allem Mund, Nase und die Geschlechtsöffnungen, bieten einen leichteren Zugang für die Eindringlinge. Diese offenen Körperbereiche sind durch ein Abschlussgewebe, die *Schleimhäute,* ausgekleidet. Sie sind zwar dünn und leicht verletzbar, produzieren aber eine feuchte Schutzschicht, die Abwehrstoffe enthält. Zum Beispiel können der Speichel, der Nasenschleim oder der feuchte Belag der Vagina viele Krankheitserreger vernichten. Bakterien, die über die Speiseröhre in den Magen gelangen, werden normalerweise von der Magensäure abgetötet. Was geschieht jedoch in unserem Körper, wenn die Haut durch Verletzungen für Bakterien oder

Viren durchlässig wird oder andere Schutzbarrieren überwunden werden?

FRESSZELLEN · Unter den weißen Blutzellen gibt es Zellen, die sich kriechend fortbewegen können. Sie schieben dazu Teile ihres Zellplasmas als kleine Ausstülpungen vor. Durch diese Art der Fortbewegung können sie auch eingedrungene Krankheitserreger oder Fremdkörper umfließen und so in ihren Zellinnenraum aufnehmen und zerstören. Man nennt diese Zellen **Fresszellen** oder Makrophagen. Sie gehören zu den Abwehrmechanismen, die bereits in den Körper eingedrungene Erreger unschädlich machen. Alle Abwehrmechanismen zusammen bezeichnet man als **Immunsystem,** seine Zellen als **Immunzellen.** Weil die Fresszellen nicht auf bestimmte Erreger spezialisiert sind, bezeichnet man ihre Form der Abwehr als unspezifische Immunabwehr.

In die verletzte Haut oder in die Schleimhäute eingedrungene Krankheitserreger führen fast immer dazu, dass die dort liegenden Blutgefäße für Fresszellen stärker durchlässig werden. Fresszellen können so leichter in das umliegende Gewebe gelangen und den Kampf gegen die Erreger aufnehmen. Verletzte Stellen werden durch erweiterte Blutgefäße besser mit Blut versorgt. Sie schwellen an, röten und erwärmen sich. Häufig schmerzen sie auch.

Aus abgestorbenen Fresszellen, zerstörten körpereigenen Zellen und den Krankheitserregern kann sich eine gelbliche Flüssigkeit bilden, der *Eiter.* Wenn sich Krankheitserreger in unserem Körper stark vermehrt haben, reagiert er häufig mit einer länger andauernden Erhöhung der Körpertemperatur, dem *Fieber.* Die hohe Temperatur beschleunigt den Stoffwechsel in den Zellen und führt so dazu, dass die Immunabwehr stärker verläuft.

LYMPHGEFÄSSSYSTEM · Außer im Blut und im Gewebe findet man die Immunzellen vor allem in einem System von kleinen Röhren, das wie das Blutgefäßsystem den gesamten Körper durchzieht. Dieses **Lymphgefäßsystem** ist mit einer Flüssigkeit gefüllt, der *Lymphe,* die an frischen Schürfwunden austritt. Im oberen Brustbereich sind Blut- und Lymphgefäßsystem miteinander verbunden. In besonderen Bereichen des Lymphgefäßsystems, den **Lymphknoten,** gibt es sehr viele Immunzellen. Bei einer Infektion schwellen die Lymphknoten im Halsbereich, unter den Achseln und in der Leistengegend an und schmerzen dann häufig. Wenn ein Arzt die Schwellung der Lymphknoten feststellt, weiß er, dass der Patient an einer Infektion leidet.

1 J Beschreibe die unspezifische Immunabwehr!

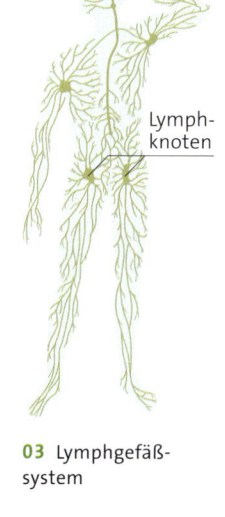

Lymphknoten

03 Lymphgefäßsystem

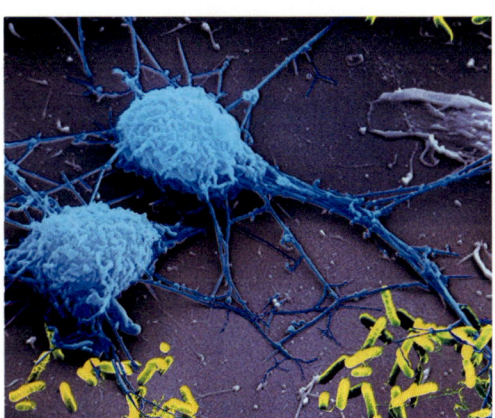

04 Fresszellen greifen Bakterien an.

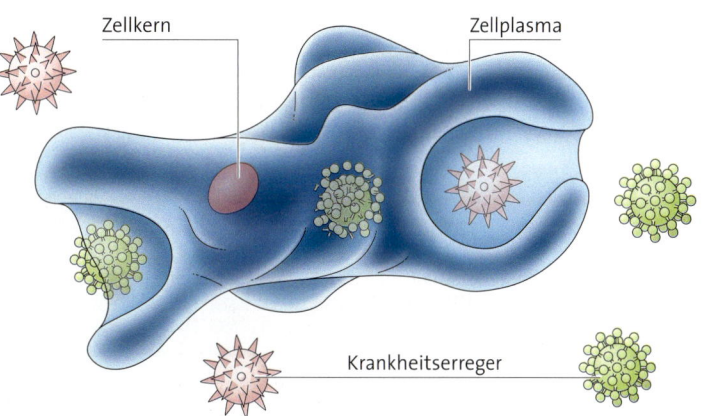

Zellkern   Zellplasma

Krankheitserreger

05 Fresszelle vernichtet Krankheitserreger.

SPEZIFISCHE IMMUNABWEHR · Manchmal reicht die unspezifische Immunabwehr nicht aus, um die eingedrungenen Erreger daran zu hindern, sich stark zu vermehren. Dann setzt eine gezielte Bekämpfung der jeweiligen Krankheitserreger ein.

Jeder Krankheitserreger besitzt auf seiner Oberfläche charakteristische Strukturen, die **Antigene.** Er unterscheidet sich dadurch von allen anderen Krankheitserregern. Wenn Erreger, zum Beispiel Grippeviren, ins Blut eingedrungen sind, beginnen bestimmte weiße Blutzellen, die **Plasmazellen,** mit der Produktion spezifischer Abwehrstoffe, der **Antikörper.** Die Antikörper passen zu den Antigenen dieser Grippeviren wie ein *„Schlüssel zu seinem Schloss".* Jeder Antikörper hat mindestens zwei Bindungsstellen für die Antigene. So kann er zwei Grippeviren miteinander verbinden. Mithilfe mehrerer Antikörper werden viele Grippeviren zu größeren Klumpen verbunden, den **Antigen-Antikörper-Komplexen.** So können Fresszellen durch einen einzigen Fressvorgang viele Erreger vernichten.

Grippeviren, die durch Antikörper und Fresszellen nicht vernichtet wurden, dringen in Körperzellen ein und lassen sich dort vermehren. Diese Viren werden durch weitere weiße Blutzellen bekämpft. Sie können von Viren befallene Körperzellen erkennen und töten. Man nennt solche Zellen daher **Killerzellen.** In toten Zellen ist die Vermehrung von Viren nicht mehr möglich.

Weil die gebildeten Antikörper und die Killerzellen nur gezielt eine bestimmte Form von Krankheitserregern abwehren können, bezeichnet man diese Immunantwort als **spezifische Immunabwehr.** Erst wenn durch die Immunabwehr alle Erreger zerstört wurden, kann der Körper wieder gesund werden.

2 ⌡ Beschreibe den Teil der spezifischen Immunabwehr, der in Abbildung 06 dargestellt ist!

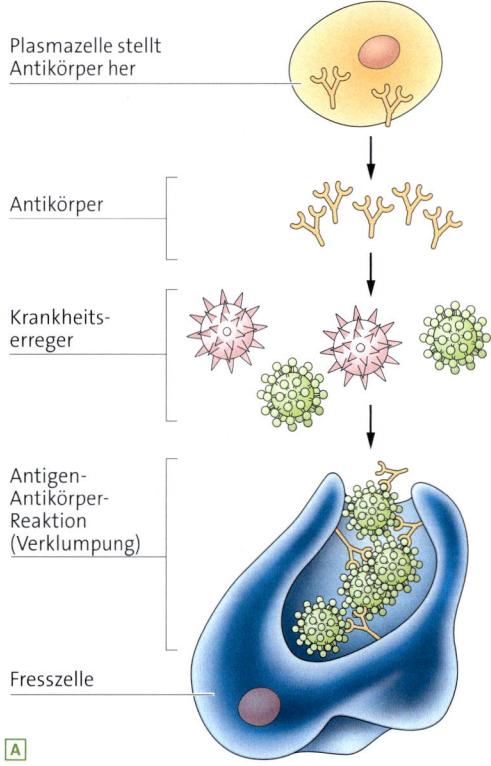

Plasmazelle stellt Antikörper her

Antikörper

Krankheitserreger

Antigen-Antikörper-Reaktion (Verklumpung)

Fresszelle

06 Spezifische Immunabwehr:

A durch Antikörper

B durch Killerzellen

A

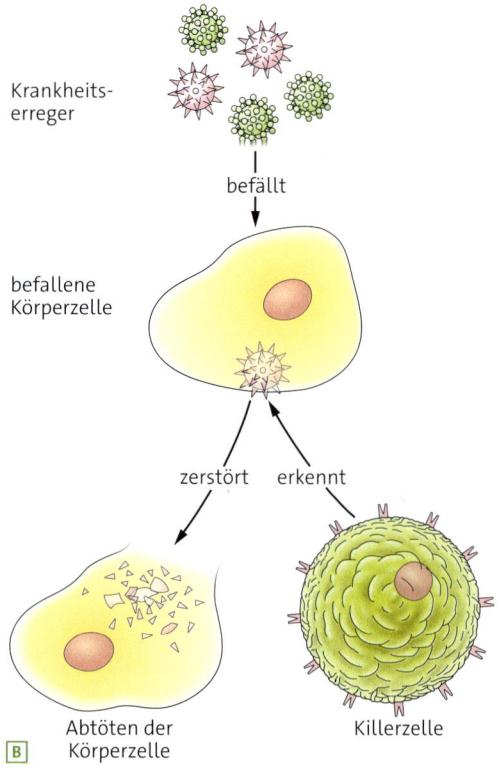

Krankheitserreger

befällt

befallene Körperzelle

zerstört   erkennt

Abtöten der Körperzelle

Killerzelle

B

Material A ▶ Übertragungswege von Krankheitserregern

A1 Beschreibe die in den Abbildungen dargestellten Übertragungswege von Krankheitserregern!

A2 Nenne weitere Möglichkeiten der Übertragung von Krankheitserregern aus deinem Schulalltag!

A3 Beschreibe, wie man sich vor Infektionen mit Krankheitserregern schützen kann!

Material B ▶ Die Entzündungsreaktion

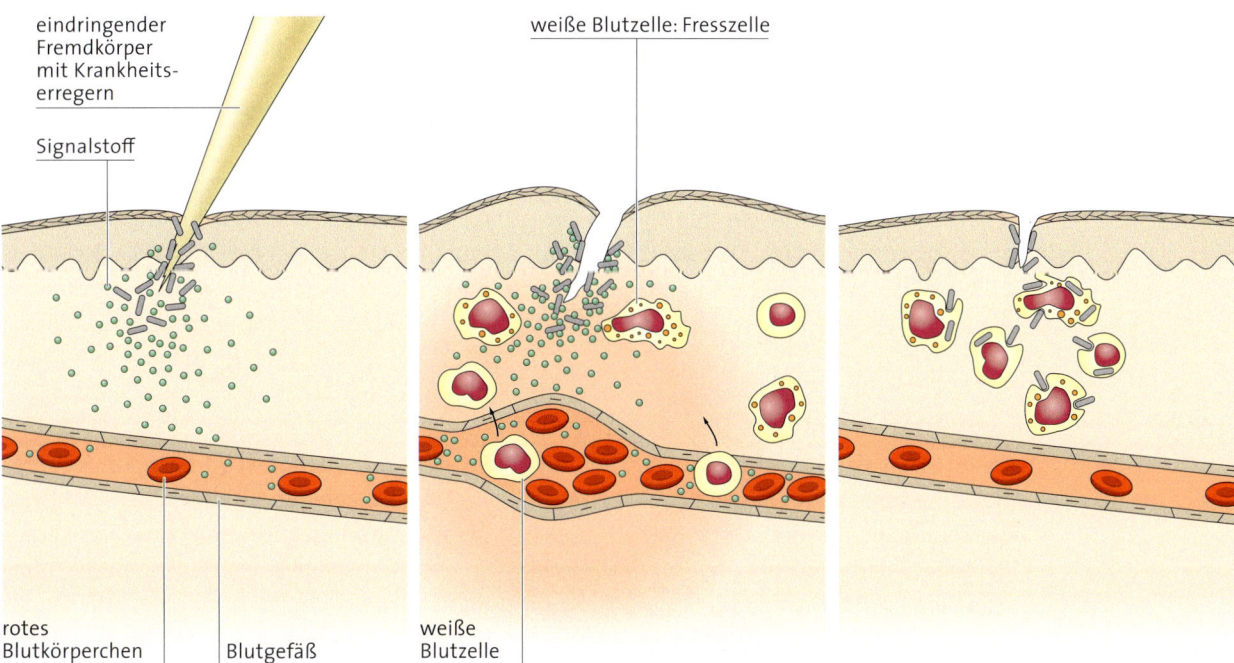

B1 Stelle den Ablauf einer Entzündungsreaktion mithilfe eines Flussdiagramms dar! Orientiere dich an der Grafik!

B2 Erläutere, durch welche Prozesse die Symptome wie Rötung, Schmerz, Schwellung und Erwärmung entstehen!

B3 Begründe, dass bei größeren Infektionen die Erhöhung der Körpertemperatur hilfreich ist!

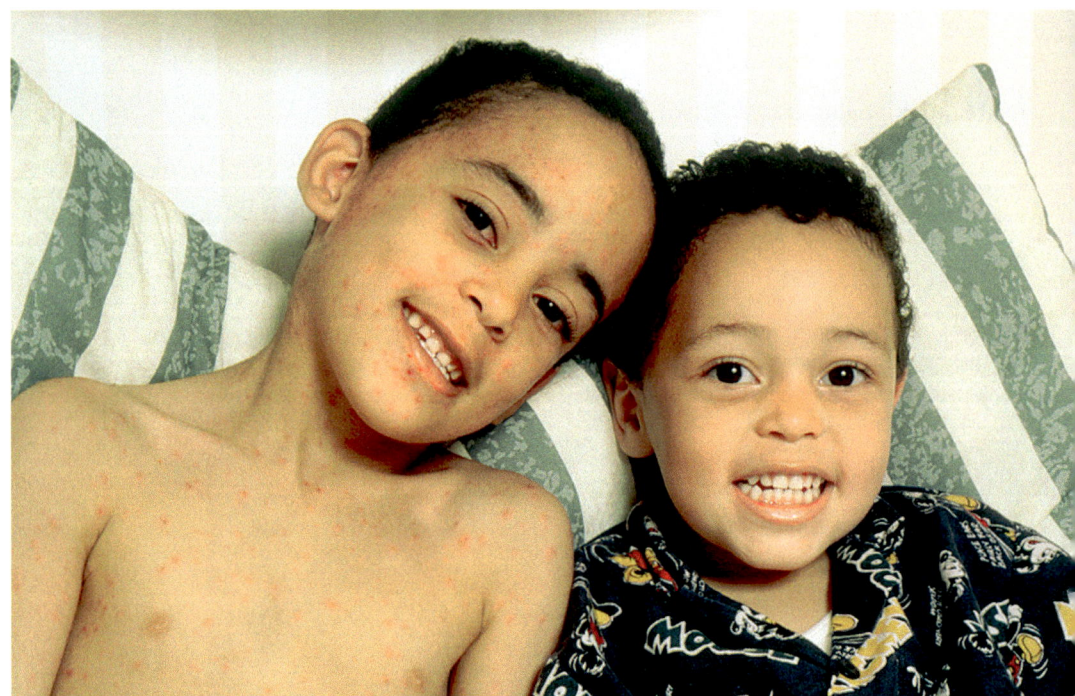

01 Junge mit
Windpocken und
sein Bruder

Immunisierung

Ein Junge leidet unter Windpocken, die auf seiner Haut einen Juckreiz verursachen. Der Name Windpocken leitet sich von der hohen Ansteckungswahrscheinlichkeit ab, da die Viren mehrere Meter über die Luft verbreitet werden und somit auch ohne direkten Kontakt übertragen werden können. Dennoch erkrankt der Bruder des Jungen nicht, obwohl sich beide häufig in denselben Räumen aufhalten. Wie ist das zu erklären?

IMMUNITÄT · Wenn die Windpockenviren zum ersten Mal in den Körper eindringen, nehmen die Immunzellen ihre Tätigkeit auf. Fresszellen vernichten die Erreger und antikörperproduzierende Zellen werden aktiviert. Sie vermehren sich und bilden Antikörper gegen die Antigene der Windpockenviren. Allmählich werden dadurch immer mehr Windpockenviren verklumpt und vernichtet. Die Windpockenviren, die durch die Antikörper nicht abgefangen werden, können bestimmte Körperzellen befallen. Hier greifen jedoch die Killerzellen an.

Sie zerstören die befallenen Zellen und verhindern so die Vermehrung der Windpockenviren. Bei dieser **Erstinfektion** läuft die Immunabwehr nicht schnell genug ab, sodass sich die Windpockenerreger trotzdem stark vermehren können. Wie bei dem Jungen kann das Immunsystem daher den Ausbruch der Windpocken nicht verhindern. Vor einigen Jahren ging es seinem Bruder genauso. Weshalb erkrankt der Bruder aber nicht erneut an dieser Kinderkrankheit?

Bei der Erstinfektion wird noch ein weiterer Vorgang eingeleitet: Es bilden sich nicht nur die Plasmazellen, die sofort viele Antikörper produzieren, sondern auch Zellen, die die Information speichern, dass es sich um Windpocken-Antigene handelt. Sie heißen daher **Gedächtniszellen.** Wenn Jahre später bei einer **Zweitinfektion** die Windpockenviren wieder in den Körper eindringen, sorgen die zahlreich vorhandenen Gedächtniszellen dafür, dass in kürzester Zeit eine große Anzahl an Antikörpern entsteht. Die Windpockenviren werden dadurch schnell bekämpft, bevor sie sich stark vermehren können. Der Körper ist gegen diesen Krankheitserreger **immun** geworden. Der Bruder des Jungen ist also nach der Erstinfektion vor Windpocken geschützt.

AKTIVE IMMUNISIERUNG · Neben den vergleichsweise harmlosen Symptomen können bei einer Windpockenerkrankung aber auch schwere Krankheitserscheinungen auftreten, zum Beispiel eine Hirnhautentzündung mit bleibenden Ausfällen von Gehirnfunktionen. Ärzte empfehlen daher schon für das frühe Kleinkindesalter eine vorbeugende Behandlung, die vor Windpocken schützt. Wie kann eine solche Maßnahme aussehen?

Der Arzt spritzt einem Kleinkind abgeschwächte Windpockenviren in den Oberarm, er **impft** das Kind. Bei anderen gefährlichen Infektionskrankheiten kommen auch abgetötete Erreger oder sogar nur Bruchstücke des Erregers als Impfstoff zum Einsatz. Wie bei einer Erstinfektion bildet das Immunsystem des Kindes nun nicht nur spezifische Antikörper gegen die Antigene der geimpften Erreger, sondern auch die entsprechenden Gedächtniszellen. Die Krankheit bricht nicht aus, weil die Krankheitserreger abgeschwächt oder unvollständig sind, sodass sie sich nicht vermehren können. Gelangen Jahre später vermehrungsfähige, krank machende Erreger in den Körper, können die Gedächtniszellen sofort und in kürzester Zeit dafür sorgen, dass eine große Anzahl von Antikörpern bereitsteht. Diese verhindern den Ausbruch der Krankheit. Nach einer Windpockenimpfung ist das Kind gegen die Windpockenviren immun. Da der Körper bei dieser Impfung selbst einen Schutz gegen eine bestimmte Infektionskrankheit aufbaut, spricht man von **aktiver Immunisierung.** Bei Kleinkindern verwendet man bei solchen *Schutzimpfungen* in der Regel Mehrfachimpfstoffe, die gegen verschiedene Krankheiten vorbeugen. So lässt sich bei der Vielfalt der möglichen

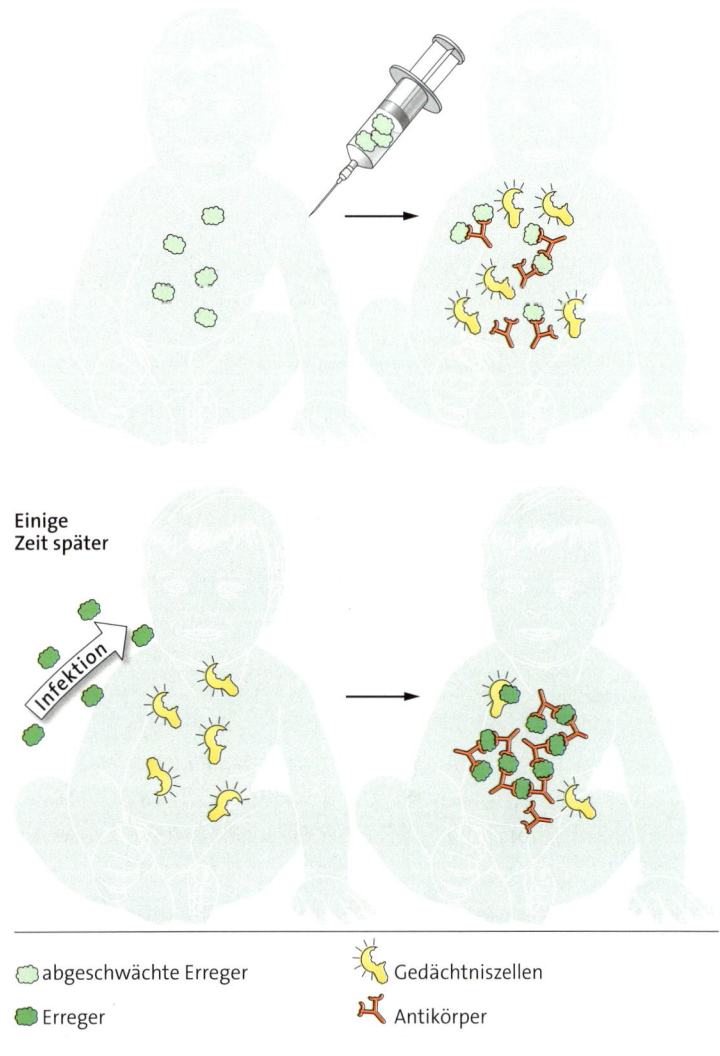

Einige
Zeit später

Infektion

🌫 abgeschwächte Erreger	🦴 Gedächtniszellen
🟢 Erreger	⊥ Antikörper

02 Aktive Immunisierung

Krankheitserreger die Anzahl der erforderlichen Impfungen verringern.

Die Immunität geht jedoch häufig nach einigen Jahren verloren, weil die bei der aktiven Immunisierung gebildeten Gedächtniszellen nicht lebenslang erhalten bleiben. In solchen Fällen muss der Impfstoff durch eine *Auffrischungsimpfung* erneut gespritzt werden.

Die Impfstoffe für die aktive Immunisierung werden gewonnen, indem man Bakterien oder Viren vermehrt und diese so behandelt, dass sie ihre Fähigkeit zur Vermehrung verlieren.

PASSIVE IMMUNISIERUNG · Wenn die Windpockenviren sich stark vermehrt haben, bricht die Krankheit aus. In einem solchen Fall kann man spezifische Antikörper gegen Windpockenviren spritzen. Diese Impfung verkürzt deutlich den Heilungsprozess einer bereits erkrankten Person und wird daher als *Heilimpfung* bezeichnet. Da die eingespritzten Antikörper nach einiger Zeit verbraucht oder abgebaut sind, erlischt der vorübergehende Impfschutz. Der Körper ist nicht dauerhaft immun, da die eigene spezifische Immunabwehr durch die schnelle Heilung nicht oder zumindest nicht ausreichend aktiviert wurde. Bei einer Zweitinfektion fehlen die notwendigen Gedächtniszellen für die schnelle Bekämpfung der Windpockenviren. Da der Körper die Krankheitserreger nicht selbst abwehrt, sondern die Heilwirkung auf den gespritzten spezifischen Antikörpern beruht, bezeichnet man diese Art der Impfung als **passive Immunisierung.**

Diese Impfmethode entwickelte 1890 der deutsche Arzt Emil VON BEHRING. Um den Impfstoff zu erhalten, spritzt man Säugetieren, wie zum Beispiel Pferden oder Schafen, abgeschwächte Krankheitserreger. Die Tiere bilden spezifische Antikörper gegen den jeweiligen Krankheitserreger. Diese Antikörper werden anschließend aus dem Blut gewonnen und zur Herstellung von sogenanntem *Heilserum* zur Behandlung erkrankter Personen verwendet.

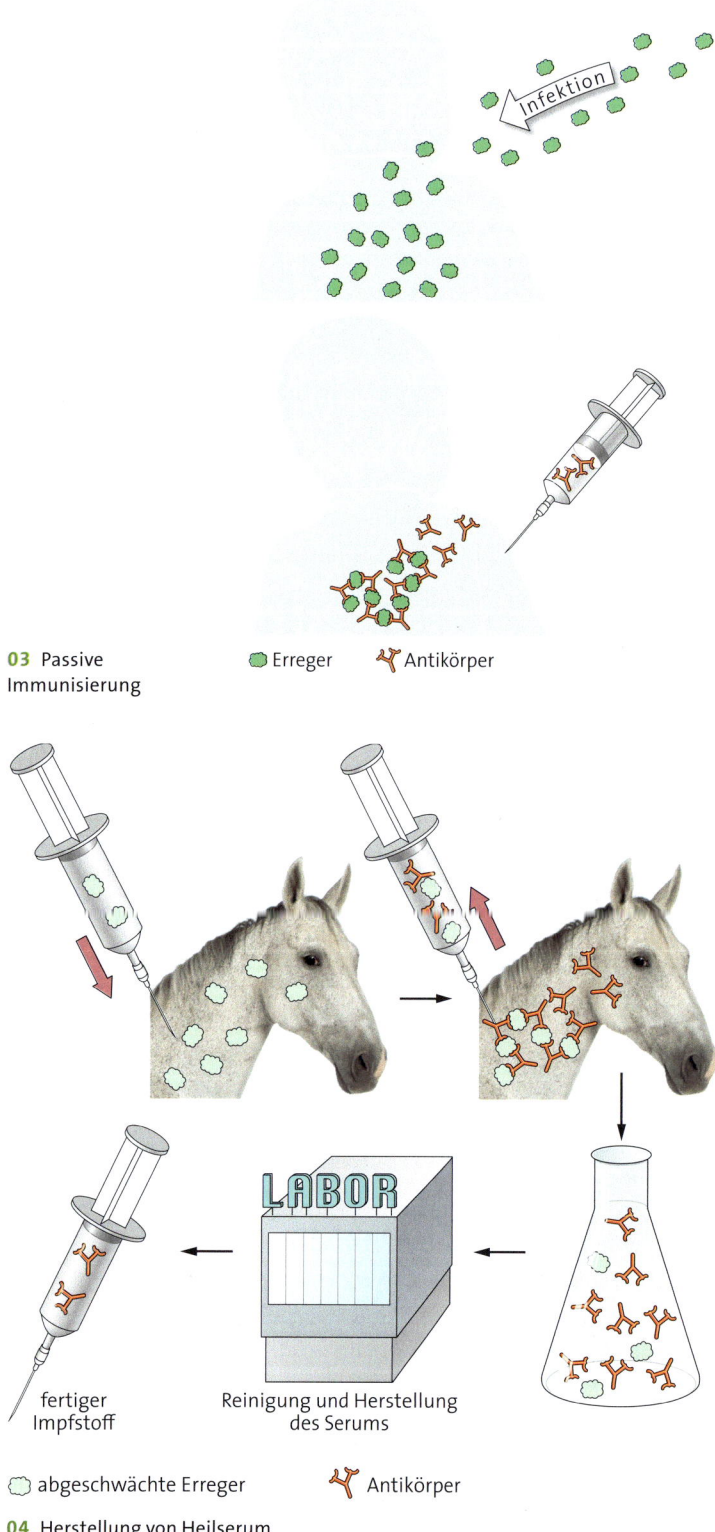

03 Passive Immunisierung

🟢 Erreger   ⪥ Antikörper

⬡ abgeschwächte Erreger   ⪥ Antikörper

fertiger Impfstoff   Reinigung und Herstellung des Serums

04 Herstellung von Heilserum

1〉 Erkläre, weshalb die aktive Immunisierung als Schutzimpfung bezeichnet wird!

2〉 Nenne die Unterschiede zwischen aktiver und passiver Immunisierung! Fertige dazu eine Tabelle an!

3〉 Erläutere, weshalb die aktive Immunisierung auch als „erworbene Immunität" bezeichnet werden kann!

Material A ▸ Verlauf einer Infektion

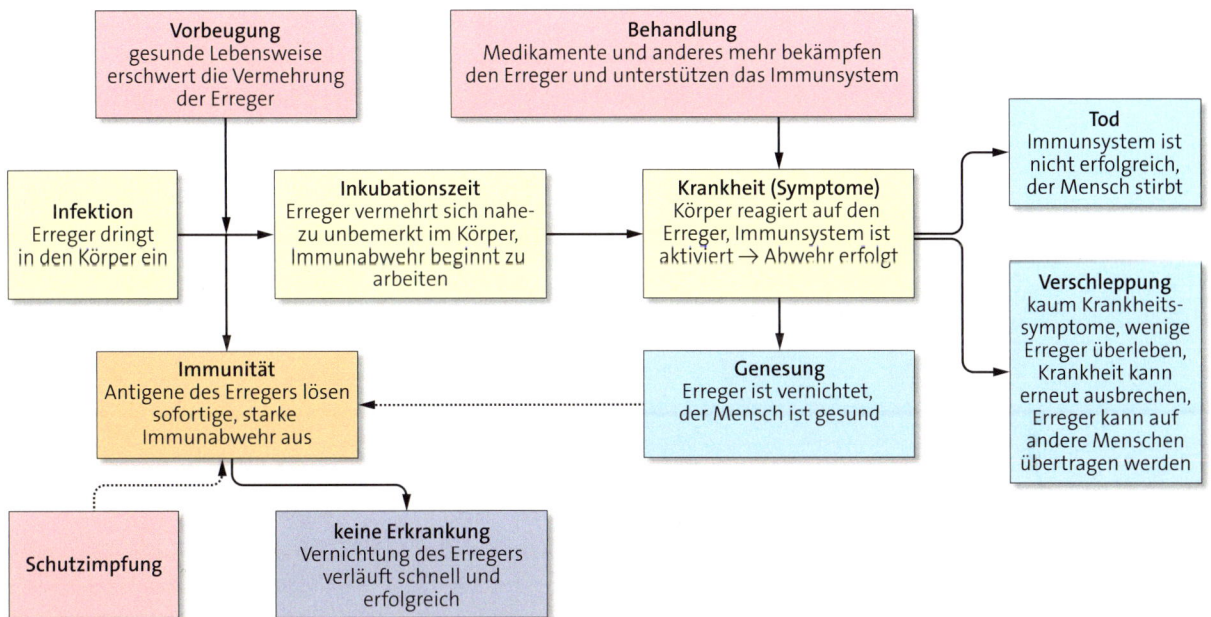

A1 Beschreibe und erläutere drei mögliche Szenarien einer Infektion am selbst gewählten Beispiel!

A2 Vergleiche die aktive und die passive Immunisierung! Ordne die beiden Impfungen in das Schema ein!

A3 Stelle eine Vermutung auf, inwiefern die Dauer der Inkubationszeit die Verbreitung einer Infektionskrankheit beeinflusst!

Material B ▸ Impfbuch

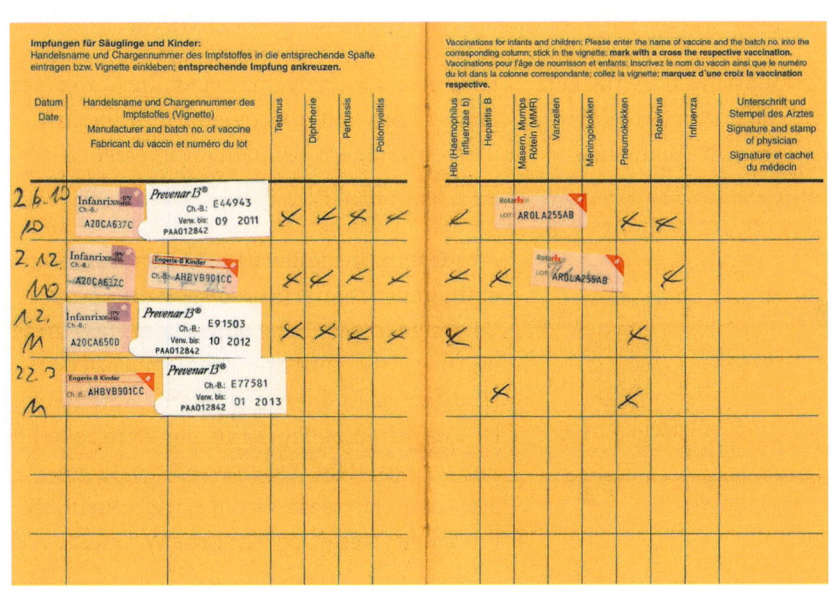

B1 Nenne fünf Krankheitserreger oder Krankheiten, gegen die das einjährige Kleinkind bereits geimpft wurde! Informiere dich dazu in Nachschlagewerken oder im Internet!

B2 Erläutere, weshalb Auffrischungsimpfungen erforderlich sind!

B3 „Impflücken", wie zum Beispiel bei Diphtherie, entstehen, wenn man die Auffrischungsimpfungen unterlässt. Die Diphterie kann sich dann in der Bevölkerung wieder stark ausbreiten. Erkläre diesen Sachverhalt!

HI-Virus und Aids

01 Plakat zum Welt-Aids-Tag

englisch: acquired immuno-deficiency syndrome = erworbenes Immunschwäche-syndrom

englisch: human immuno-deficiency virus = menschliches Immun-schwächevirus

ÜBERTRAGUNG VON HIV · Am Welt-Aids-Tag wird in jedem Jahr an die Krankheit **Aids** erinnert. Dabei handelt es sich um eine erworbene Immunschwächekrankheit, die 1981 erstmals in den USA entdeckt wurde. Erreger der Krankheit ist das menschliche Immunschwächevirus, kurz **HIV**. Das HI-Virus wird über infizierte Körperflüssigkeiten wie Blut, Spermien- und Scheidenflüssigkeit übertragen. Geschlechtsverkehr ohne Kondom gilt als häufigster Übertragungsweg.

VERMEHRUNG VON HIV UND KRANKHEITS-VERLAUF · Wie alle Viren benötigt auch das HI-Virus für seine Vermehrung Wirtszellen. Es befällt die Helferzellen, die eine Schlüsselrolle in der Immunabwehr einnehmen: Sie aktivieren zum einen die Plasmazellen, die Antikörper produzieren, und zum anderen die Killerzellen, die von Erregern befallene Körperzellen vernichten. Das Virus heftet sich an die Zellmembran der Helferzelle und entlässt seine Erbsubstanz in die Zelle. Die in der Erbsubstanz enthaltene Erbinformation stellt die normalen Vorgänge in der Helferzelle so um, dass diese nun neue HIV-Bausteine herstellt und zu neuen HI-Viren zusammensetzt. Werden die neuen HI-Viren freigesetzt, stirbt die Wirtszelle ab und weitere Helferzellen werden befallen. Etwa zwei bis sechs Wochen nach einer HIV-Infektion treten grippeähnliche Symptome wie

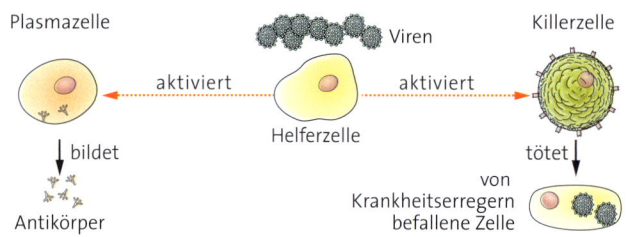

02 Aufgaben der Helferzellen im Immunsystem

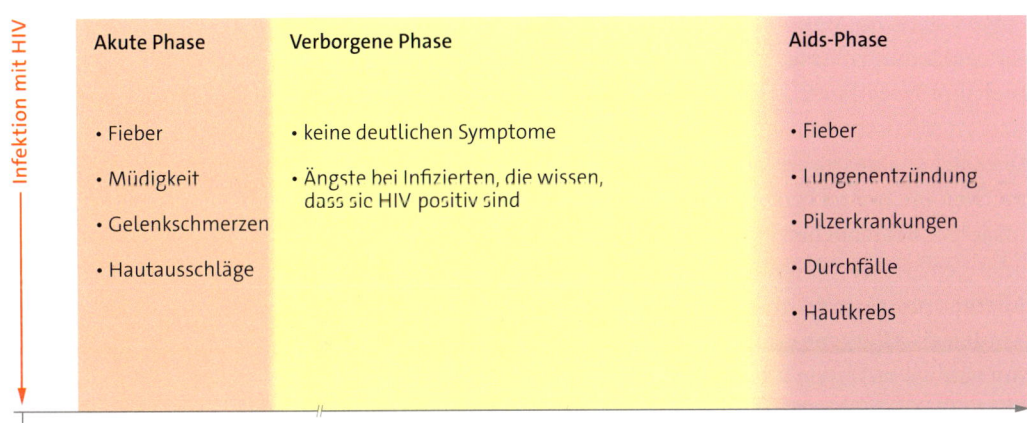

Infektion mit HIV

Akute Phase	Verborgene Phase	Aids-Phase
• Fieber	• keine deutlichen Symptome	• Fieber
• Müdigkeit	• Ängste bei Infizierten, die wissen, dass sie HIV positiv sind	• Lungenentzündung
• Gelenkschmerzen		• Pilzerkrankungen
• Hautausschläge		• Durchfälle
		• Hautkrebs

Zeit in Wochen · Zeit in Jahren

03 Krankheitsverlauf

Fieber und Gelenkschmerzen sowie Hautausschläge auf, die nach etwa zwei Wochen wieder abklingen. In dieser *akuten Phase* werden Antikörper gegen die Viren produziert. Diese Antikörper sind etwa zwölf Wochen nach der Infektion im Aids-Test nachweisbar. Sind HIV-Antikörper vorhanden, spricht man von HIV-positiv, fehlen sie, von HIV-negativ. Die gebildeten Antikörper reichen jedoch nicht aus, um die Viren vollständig zu bekämpfen. Danach können viele Jahre ohne deutliche Symptome vergehen. In dieser *verborgenen* Phase steigt die Anzahl an HI-Viren weiter und die Anzahl an Helferzellen sinkt. Die weitere Abnahme der Anzahl an Helferzellen schwächt das Immunsystem so stark, dass selbst gewöhnlich harmlose Krankheitserreger nicht mehr bekämpft werden und unterschiedliche Krankheiten wie Pilzinfektionen, Lungenentzündung oder Hautkrebs durchbrechen können. Aidskranke sterben schließlich an den Folgen dieser nicht mehr heilbaren Erkrankungen. Die Aidstherapie besteht darin, durch Medikamente die Vermehrung der Viren einzudämmen und das Auftreten lebensbedrohlicher Krankheiten zu verhindern.

HIV-TEST · Obwohl bei einer HIV-Infektion die für die Aktivierung der Immunantwort verantwortlichen Helferzellen allmählich zerstört werden, findet trotzdem eine Immunantwort gegen die HI-Viren statt. Es werden Antikörper gebildet, die die HI-Viren verklumpen. Diese Immunantwort kann aber die Vermehrung von HI-Viren nicht ausreichend stoppen. Infolge dieser Immunantwort können HIV-Antikörper zwölf Wochen nach der Infektion im Blut nachgewiesen werden. Auf diesem Nachweis beruht der HIV-Test. Sind HIV-Antikörper vorhanden, spricht man von *HIV-positiv*, fehlen sie, von *HIV-negativ*.

SCHUTZ VOR HIV · Da Aids noch nicht heilbar ist, ist es umso wichtiger, sich davor zu schützen, zum Beispiel durch die Benutzung von Kondomen beim Geschlechtsverkehr oder das Tragen von Handschuhen bei Erste-Hilfe-Maßnahmen. Da HI-Viren nur über Körperflüssigkeiten und nicht über die Haut oder über Tröpfcheninfektion beim Anniesen übertragen werden, besteht bei Berührungen und im Umgang mit HIV-Infizierten keine Gefahr, sich anzustecken.

Allergien

Sobald manche Menschen in Kontakt mit Katzenhaaren kommen, tränen ihre Augen und ihre Nase läuft. Auch Kopfschmerzen und Atembeschwerden können auftreten. Die Katzenhaare tragen Antigene, die bei den meisten Menschen keine Beschwerden verursachen. Bei manchen jedoch lösen sie eine unangemessene Immunantwort aus, eine **Allergie.** Antigene, die eine Allergie auslösen, werden als **Allergene** bezeichnet.

Am häufigsten tragen die Pollen von Blütenpflanzen Allergene. Diese Allergene können beispielsweise *Heuschnupfen* auslösen. Die Nasenschleimhaut schwillt an und bildet sehr viel Schleim. Die Augen jucken, tränen und die Atemwege verengen sich. Bei besonders heftigen Allergien tritt schwere Atemnot, das allergische Asthma, auf. Solche allergischen Symptome können auch durch den Kot von Hausstaubmilben hervorgerufen werden. Allergische Hautausschläge entstehen oft durch den Kontakt mit bestimmten Metallen,

zum Beispiel Nickel im Schmuck. Weitere Allergene können auch in Nahrungsmitteln, der Kleidung, Kosmetika, Medikamenten, Insektengiften, Reinigungs- und Waschmitteln vorkommen. Bei manchen Allergenen setzt die allergische Reaktion sofort nach dem Kontakt mit der Haut oder der Schleimhaut ein, bei anderen erst nach Tagen oder Wochen.

Um herauszufinden, welche Allergene für eine allergische Reaktion infrage kommen, führt der Arzt einen *Allergietest* durch. Dazu tropft der Arzt verschiedene Testsubstanzen mit jeweils einem anderen Allergen auf die Haut. Danach sticht er mit einer Nadel durch die Tropfen hindurch in die Haut. Durch eine Rötung und Schwellung der Haut lässt sich das auslösende Allergen erkennen. Zur Milderung der allergischen Symptome kann man Medikamente einsetzen. Allerdings wirken sie nur kurze Zeit. Ganz ohne Beschwerden bleiben Allergiker nur, wenn sie den Kontakt mit dem Allergen vermeiden.

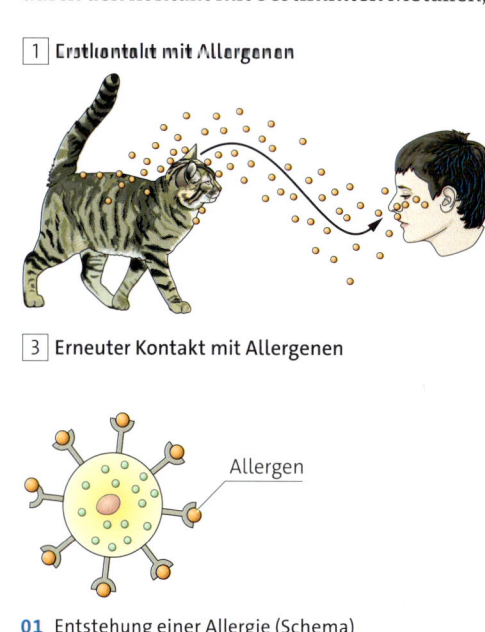

1 Erstkontakt mit Allergenen

3 Erneuter Kontakt mit Allergenen

Allergen

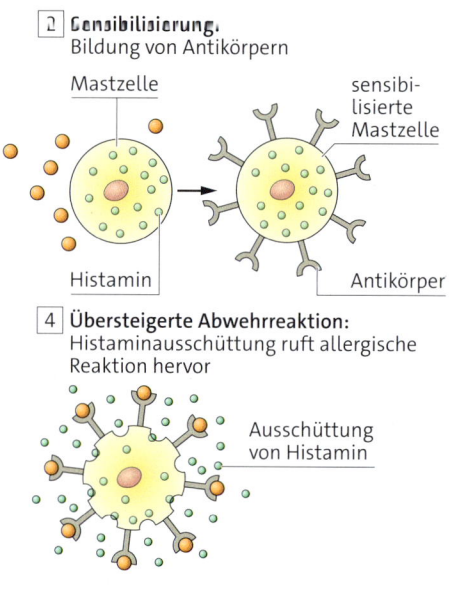

2 Sensibilisierung:
Bildung von Antikörpern

Mastzelle — sensibilisierte Mastzelle

Histamin — Antikörper

4 Übersteigerte Abwehrreaktion:
Histaminausschüttung ruft allergische Reaktion hervor

Ausschüttung von Histamin

01 Entstehung einer Allergie (Schema)

A ▸ Viren als Krankheitserreger

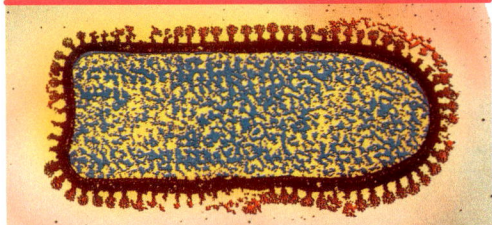

Kann ich ...

1 den Bau und die Vermehrung von Viren beschreiben? *(Seite 168 und 169)*

2 Beispiele für Viruserkrankungen und Möglichkeiten der Übertragung von Viren nennen? *(Seite 169)*

3 den Verlauf einer Infektionskrankheit am selbst gewählten Beispiel beschreiben? *(Seite 169 und 170)*

4 entscheiden, ob es sich bei Viren um Lebewesen handelt oder nicht, und diese Entscheidung begründen? *(Seite 168 und 169 sowie Seite 171)*

B ▸ Immunabwehr

Kann ich ...

1 Krankheitserreger nennen und angeben, über welchen Weg sie in den Körper gelangen? *(Seite 172)*

2 beschreiben, wie sich der Körper gegen das Eindringen von Krankheitserregern schützt? *(Seite 172)*

3 die Aufgabe von Fresszellen erläutern? *(Seite 173)*

4 den Verlauf einer Entzündungsreaktion beschreiben und die Ursache einer Entzündung nennen? *(Seite 173)*

5 die Bestandteile des Lymphgefäßsystems nennen? *(Seite 173)*

6 mithilfe eines Schemas die Immunabwehr durch Antikörper erläutern? *(Seite 174)*

7 mithilfe eines Schemas die Immunabwehr durch Killerzellen erläutern? *(Seite 174)*

8 die unspezifische und die spezifische Immunabwehr miteinander vergleichen? *(Seite 173 und 174)*

C ▸ Immunisierung

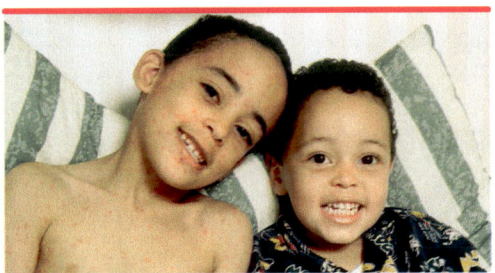

Kann ich ...

1 die Vorgänge beschreiben, die bei einer Windpockeninfektion ablaufen? *(Seite 176 und 177)*

2 beschreiben, wie es zur Bildung von Gedächtniszellen kommt? *(Seite 176)*

3 beschreiben, wie eine aktive Immunisierung verläuft? *(Seite 177)*

4 erklären, weshalb eine aktive Immunisierung vor Infektionskrankheiten schützen kann? *(Seite 177)*

5 das Prinzip der passiven Immunisierung erläutern? *(Seite 178)*

6 die aktive und die passive Immunisierung hinsichtlich ihrer Impfstoffe, ihrer Einsatzmöglichkeiten und ihrer Wirkungsdauer vergleichen? *(Seite 177 und 178)*

Der Mensch – Individualentwicklung

In diesem Kapitel beschäftigst du dich mit

► der Pubertät. Du lernst, wie Geschlechtshormone die Veränderungen deines Körpers und des Verhaltens bewirken.

► der Fortpflanzung. Hierbei lernst du etwas über die weiblichen und männlichen Geschlechtsorgane und die Bildung von Geschlechtszellen. Außerdem lernst du die Vorgänge während eines Menstruationszyklus und einer Schwangerschaft kennen.

► der Sexualität des Menschen. Du lernst dabei etwas über Liebe und Partnerschaft und befasst dich mit verschiedenen Formen der Sexualität. Außerdem lernst du unterschiedliche Verhütungsmethoden kennen.

► den Phasen der Individualentwicklung. Du lernst kennzeichnende Merkmale der einzelnen Phasen kennen.

01 Erwachsenwerden:
A Kindheit,
B Pubertät,
C Erwachsenenalter

Zeit des Erwachsenwerdens

Auf dem Weg vom Kind zum Erwachsenen, der Pubertät, durchleben Jungen und Mädchen zahlreiche körperliche Veränderungen. Auch ihr Verhalten ändert sich. Was ist die Ursache dieser Veränderungen?

lateinisch pubertas = Geschlechtsreife

KÖRPERLICHE VERÄNDERUNGEN · Jungen und Mädchen unterscheiden sich während der ersten Lebensjahre in ihrem Körperbau vor allem durch ihre **primären Geschlechtsmerkmale.** Äußerlich sind dies der Penis und der Hodensack beim Jungen und die Schamlippen beim Mädchen.

Die Pubertät beginnt meistens mit einem Wachstumsschub. Dieser erfolgt bei Mädchen etwa im Alter von zehn bis zwölf Jahren, bei Jungen etwa zwei Jahre später. Zusätzlich finden weitere körperliche Veränderungen statt, an denen man Frauen und Männer schließlich deutlich unterscheiden kann: Die **sekundären Geschlechtsmerkmale** entwickeln sich. Beim Jungen beginnen *Schamhaare*, *Achselhaare* und *Barthaare* zu wachsen. Auch die restliche Körperbehaarung wird oft stärker. Die Schultern werden breiter, die *Muskulatur* wird *kräftiger,* das Becken dagegen bleibt schmal. Der Kehlkopf mit den darin liegenden Stimmbändern vergrößert sich, wodurch die Stimme während des *Stimmbruchs* tiefer wird. Beim Mädchen entwickeln sich ebenfalls *Scham-* und *Achselhaare.* Die *Brüste* mit den Milchdrüsen wachsen, und durch die Einlagerung von *Fettpolstern* in die unteren Hautschichten wird die Körperform weicher. Vor allem das *Becken* wird *runder* und *breiter,* während die Schultern schmal bleiben.

Die bedeutendste Veränderung aber findet in den Geschlechtsorganen statt: Sie wachsen, und in den Hoden beginnen sich reife *Spermienzellen* zu bilden. Ab diesem Moment ist der Junge fähig, Kinder zu zeugen. Wenn sich viele reife Spermienzellen angesammelt haben, kann es im Schlaf zu einem ungewollten Samenerguss, der *Pollution,* kommen. Auch beim Mädchen ist die wichtigste Veränderung von außen kaum sichtbar: In den reifenden Geschlechtsorganen wird die erste *reife Eizelle* gebildet. Danach setzt die erste Monatsblutung ein, die *Menstruation*. Das Mädchen kann ab jetzt schwanger werden. Die Pubertät führt also schrittweise zu der Fähigkeit, eigene Kinder zu bekommen, zur **Geschlechtsreife.**

Mit der Pubertät beginnen bei Jungen und Mädchen die *Schweißdrüsen* verstärkt zu arbeiten sowie Drüsen, die Haut und Haare fetten, die *Talgdrüsen*. Deshalb wird die tägliche Körperpflege wichtiger als je zuvor. Wenn die Talgdrüsen der einzelnen Härchen mehr Talg bilden, kann es zur Verstopfung der dünnen Ausfuhrkanäle kommen. Der Talg staut sich nun unter der Haut, ein *Mitesser* ist entstanden. Wenn der Mitesser sich durch das Eindringen von Bakterien entzündet, entsteht Eiter. Dadurch vergrößert sich der Mitesser weiter und wird zum *Pickel*. Treten solche Pickel gehäuft auf, spricht man von **Akne.** Sie kommt vor allem im Gesicht, aber auch an Hals und Rücken vor. Wer unter Akne leidet, sollte zu einem Hautarzt gehen. Mit dem Ende der Pubertät klingt die Akne meistens von selbst wieder ab.

GESCHLECHTSHORMONE · Ursache aller Veränderungen in der Pubertät sind körpereigene Botenstoffe, die bereits in winzigen Mengen wirken, die **Hormone.** Dabei bildet zunächst eine Drüse im Gehirn, die *Hypophyse*, bestimmte Hormone. Diese werden in den Blutkreislauf abgegeben und dadurch im ganzen Körper verteilt. Kommen sie in den Geschlechtsdrüsen an, bewirken sie dort die Bildung von weiteren Hormonen, den **Geschlechtshormonen.** In den Hoden wird vor allem *Testosteron*, in den Eierstöcken *Östrogen* gebildet. Diese werden in die Blutbahn abgegeben und bewirken die Reifung der Geschlechtsorgane und die Ausbildung der sekundären Geschlechtsmerkmale. Beginn und Ende dieser Entwicklung sind individuell sehr unterschiedlich und durch den Willen nicht zu beeinflussen.

Die Menge der Geschlechtshormone im Blut wird ständig im Gehirn kontrolliert: Wenn viele Geschlechtshormone im Blut vorhanden sind, bildet die Hypophyse weniger Hypophysenhormone. Daraufhin stellen die Geschlechtsdrüsen weniger Hormone her. Wenn die Menge der Geschlechtshormone im Blut abnimmt, werden wieder mehr Hypophysenhormone produziert.

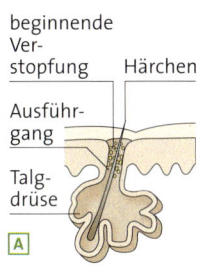

beginnende Verstopfung · Härchen

Ausführgang

Talgdrüse

A

Pfropf aus Talg und Bakterien

B

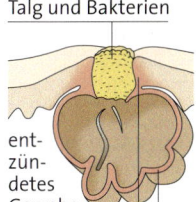

eitriger Pfropf aus Talg und Bakterien

entzündetes Gewebe

C

02 Aknebildung

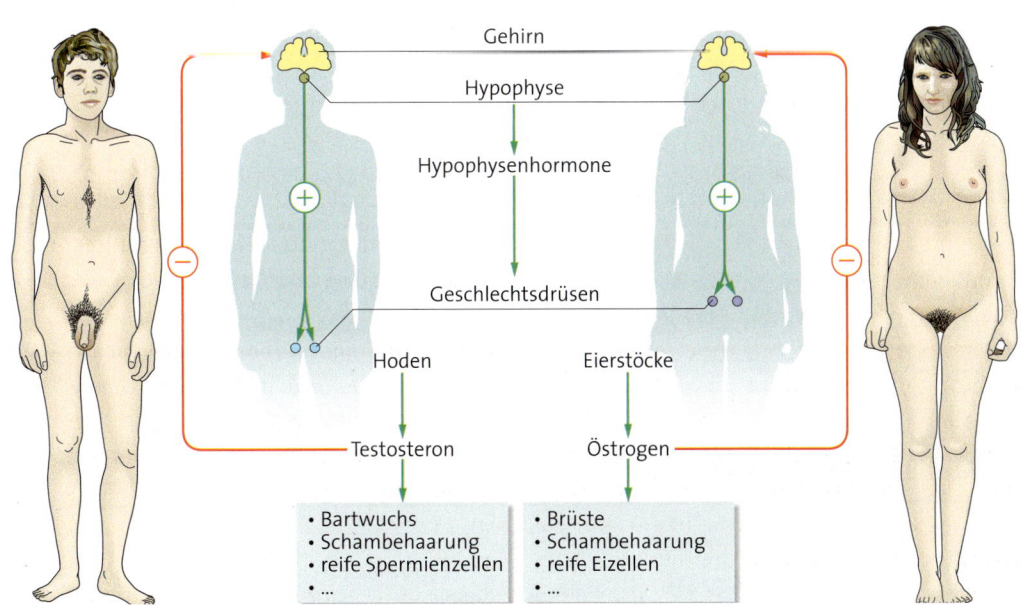

Gehirn
Hypophyse
Hypophysenhormone
Geschlechtsdrüsen
Hoden   Eierstöcke
Testosteron   Östrogen

- Bartwuchs
- Schambehaarung
- reife Spermienzellen
- ...

- Brüste
- Schambehaarung
- reife Eizellen
- ...

03 Hormonelle Steuerung der Pubertät

VERÄNDERUNGEN IM VERHALTEN · Nicht nur der Körper verändert sich während der Pubertät, sondern auch das Gefühlsleben. Die Umwelt und vor allem das andere Geschlecht werden plötzlich mit anderen Augen betrachtet. Neue Gedanken und Gefühle, die mit der Sexualität zu tun haben, erwachen: Verliebt sein, Sehnsucht oder auch starke Abneigung gegen andere Menschen. Diese Gefühle sind oft irritierend und beunruhigend.

Es ist ganz natürlich, dass man sich in der Pubertät viel mit seinem Körper und dessen Veränderungen beschäftigt. So kann allein der Gedanke an einen attraktiven Partner schon zu sexueller Erregung führen. Die Reizung der eigenen Geschlechtsorgane kann lustvolle Gefühle bis hin zum Orgasmus herbeiführen. Diese Selbstbefriedigung dient dem Vertrautwerden mit dem eigenen Körper und ist kein unnormales oder gesundheitsschädliches Verhalten.

Die Entwicklung der sekundären Geschlechtsmerkmale zeigt die Geschlechtsreife an. Sie kann dazu führen, dass man für einen Menschen des anderen Geschlechtes attraktiv wird. Auch das Hineinfinden in diese *Geschlechterrolle* ist nicht immer einfach. Und erst mit der Zeit erhält man ein Gefühl dafür, wie man durch Kleidung, Mimik und Gestik die Aufmerksamkeit eines möglichen Partners gewinnen kann. Will man durch sein Verhalten Interesse an einem möglichen Partner signalisieren, so *flirtet* man. Dabei verwendet man oft unbewusst Signale, die vom anderen Geschlecht ebenso unbewusst verstanden werden, die **Flirtsignale.** Flirten ist zwar eine erregende Tätigkeit, aber wenn sie zum Verführen eingesetzt wird, können auch die Rechte eines Menschen missachtet werden. Ebenso kann unbedachtes Flirten missverstanden werden. Daher muss man lernen, in allen Situationen miteinander zu reden. Nur so kann man Klarheit herstellen.

Die neue Geschlechterrolle hat auch problematische Seiten. Dazu gehören zum Beispiel das Abweisen eines unerwünschten Verehrers oder auch die Abwehr einer möglichen sexuellen Belästigung. Hinzu kommt die Angst, selbst zurückgewiesen zu werden. Daher kann es zu Konflikten zwischen den Geschlechtern, aber auch in der Familie oder der Schule kommen. Manche Mädchen und Jungen fühlen sich missverstanden und ziehen sich zurück. Andere schließen sich in Gruppen zusammen, in denen sie von Freunden oder Freundinnen umgeben sind, mit denen sie gerne Zeit verbringen und denen sie vertrauen. Im Laufe der Pubertät lassen die Streitigkeiten aber nach und die meisten jungen Menschen werden selbstsicherer.

1 ⌡ Erläutere die Ursachen der seelischen Veränderungen in der Pubertät!

04 Flirten

Hier erhältst du Hilfe bei sexueller Belästigung und Gewalt:

- *Menschen, zu denen du Vertrauen hast*
- *Kinder- und Jugendtelefon „Nummer gegen Kummer" des Kinderschutzbundes (0800) 1110333*
- *Telefonseelsorge (0800) 1110111*
- *Jugendamt deiner Stadt*

05 Ansprechpartner bei sexueller Belästigung und Gewalt

Material A ▸ Träume sind Schäume

A1 Beschreibe körperliche Veränderungen von Jungen und Mädchen in der Pubertät!

A2 Interpretiere die Karikatur!

A3 Nimm Stellung zu der Aussage: „Die Ausprägung der sekundären Geschlechtsmerkmale kann man durch den Willen beeinflussen."!

A4 Beurteile, ob die dargestellten Formen von Mann und Frau erstrebenswert sind!

Material B ▸ Geschlechtshormone

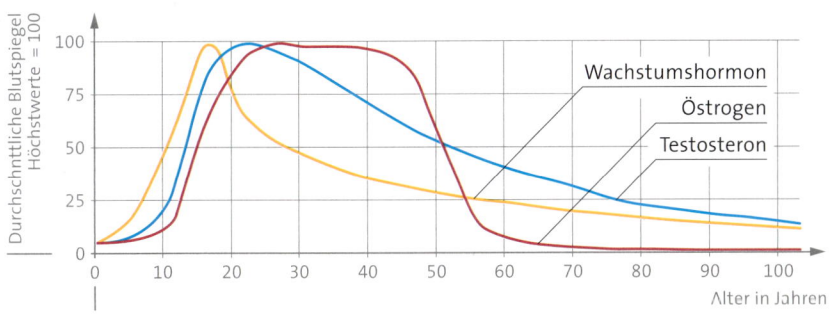

B1 Nenne die Geschlechtshormone von Mann und Frau und beschreibe ihre Wirkung!

B2 Beschreibe die Messwerte in der Grafik!

B3 Erläutere die Messwerte mit Bezug auf die Individualentwicklung des Menschen!

Material C ▸ Pubertät – Vorsicht Baustelle

Mark hat immer wieder Streit mit seinen Eltern, da er seine Freizeit lieber mit Freunden und weniger mit der Familie verbringen möchte. Er spricht mit seinem Freund Tom über dieses Problem.

C1 Nenne Verhaltensweisen, die sich mit Beginn der Pubertät bei Jungen und Mädchen zeigen!

C2 Formuliere Tipps, die Tom Mark geben könnte!

C3 Schreibe einen Dialog zwischen Tom und seinen Eltern, in der sie die Streitereien klären!

C4 Formuliere eine Vermutung zur Erklärung der Aussage in der Abbildung!

Sexueller Missbrauch

DEFINITION · Sexueller Missbrauch bezeichnet jede sexuelle Handlung, die an Jungen oder Mädchen gegen ihren Willen vorgenommen wird. Auch wenn ein Kind oder Jugendlicher – aufgrund körperlicher, seelischer, geistiger oder sprachlicher Unterlegenheit – einer sexuellen Handlung nicht willentlich zustimmen kann, ist das sexueller Missbrauch. Der Täter beziehungsweise die Täterin nutzt dabei seine oder ihre Machtposition aus, um die eigenen Bedürfnisse auf Kosten des Kindes zu befriedigen.

RECHTSLAGE · In Deutschland ist sexueller Missbrauch von Kindern laut Paragraf 176 und den folgenden Paragrafen des Strafgesetzbuchs strafbar. Je nach Ausmaß und Folgen des Missbrauchs kann eine Freiheitsstrafe von bis zu 15 Jahren verhängt werden.

TÄTERGRUPPEN · Sexueller Missbrauch findet meist im sozialen Umfeld des Betroffenen statt. Das heißt: In den allermeisten Fällen kennt das Mädchen oder der Junge den Täter. Oft besteht ein Vertrauens-, Macht- oder Abhängigkeitsverhältnis zwischen Täter beziehungsweise Täterin und dem betroffenen Kind. Das erleichtert dem Täter die Annäherung. Etwa 50 Prozent der Täter sexuellen Missbrauchs stammen aus dem Bekanntenkreis oder der Familie des Kindes, 30 Prozent der Täter sind selbst Familienmitglieder. Ist der Täter zudem eine Vertrauens- oder Respektsperson der Eltern, fürchten betroffene Jungen oder Mädchen schnell, dass ihnen nicht geglaubt wird. Bei jedem zweiten Fall sexuellen Missbrauchs sind die Täter oder Täterinnen allerdings völlig unbekannte Personen. Du solltest daher, besonders im Dunkeln und wenn du allein unterwegs bist, auf öffentlichen Plätzen und Straßen sehr achtsam sein! Es ist sicherlich sehr spannend, in deinem Alter Clubs oder Bars zu besuchen. Jedoch regelt das Jugendschutzgesetz für Kinder und Jugendliche den Besuch dieser Einrichtungen nicht ohne Grund sehr genau. Ohne Begleitung von erwachsenen Personen wie deinen Eltern oder von ihnen beauftragte Personen dürfen Kinder und Jugendliche unter 16 Jahren Clubs und Bars nicht besuchen, ab 16 Jahren bis 24 Uhr. Gerade in deinem Alter besteht hier ein großes Gefährdungspotenzial für sexuellen Missbrauch. Dieses wird noch erhöht, wenn unberechtigter Weise und zu viel Alkohol getrunken wird.

KINDER UND JUGENDLICHE HABEN RECHTE · Die Vereinten Nationen (englisch: *United Nations*, kurz UN) sind ein Zusammenschluss von fast 200 Staaten der Erde. Sie setzen sich gemeinsam für die Sicherung des Weltfriedens, die Einhaltung des Völkerrechts und den Schutz der Menschenrechte ein. Auch Kinder und Jugendliche haben Rechte. Zum Schutz deiner

01 Deprimierte Schülerin

Rechte haben alle Staaten der Vereinigten Nationen die sogenannte *UN-Kinderrechts-konvention* vereinbart. Damit du geschützt aufwachsen kannst, sind alle Erwachsenen verpflichtet, diese Rechte einzuhalten. Das gilt überall: im Kindergarten und in der Schule, im Sportverein und auf der Jugendreise, im Musikunterricht, in der Gemeinde und natürlich zu Hause. Allerdings gibt es Erwachsene und auch Jugendliche und Kinder, die deine Rechte nicht achten. Wichtig ist deshalb: Wenn jemand deine Rechte verletzt, dann müssen die anderen Erwachsenen dir helfen.

HILFE · Wenn jemand deine Rechte oder Gefühle verletzt, hast du ein Recht auf Hilfe. Diese kannst du beim Kinder- und Jugendtelefon, der „Nummer gegen Kummer", in Anspruch nehmen. Dort kannst du montags bis samstags von 14 – 20 Uhr anonym und kostenlos über deine Sorgen und Probleme sprechen. Bei sexueller Belästigung oder sexuellem Missbrauch in der Schule durch eine Mitschülerin oder einen Mitschüler, eine Lehrerin oder einen Lehrer, ist der Vertrauenslehrer dein erster Ansprechpartner. Wie bei der „Nummer gegen Kummer" kannst du auch hier sicher sein, dass dein Anliegen vertraulich behandelt wird.

1) Erläutere, was man unter sexuellem Missbrauch versteht!

2) Beschreibe Möglichkeiten der Inanspruchnahme von Hilfe bei Anzeichen von sexuellem Missbrauch!

3) Bildet Gruppen und lest die Aussagen auf dem Plakat in der rechten Spalte! Diskutiert, in welchen Situationen ihr euch wohlfühlen würdet und in welchen ihr besser „Nein!" sagt!

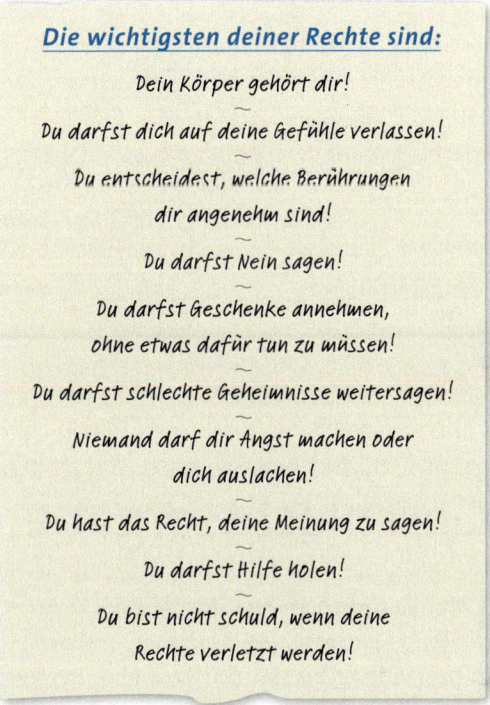

Die wichtigsten deiner Rechte sind:

Dein Körper gehört dir!

Du darfst dich auf deine Gefühle verlassen!

Du entscheidest, welche Berührungen dir angenehm sind!

Du darfst Nein sagen!

Du darfst Geschenke annehmen, ohne etwas dafür tun zu müssen!

Du darfst schlechte Geheimnisse weitersagen!

Niemand darf dir Angst machen oder dich auslachen!

Du hast das Recht, deine Meinung zu sagen!

Du darfst Hilfe holen!

Du bist nicht schuld, wenn deine Rechte verletzt werden!

02 Rechte von Kindern und Jugendlichen

Ansprechpartner bei sexueller Belästigung oder Gewalt siehe Seite 188

1. Dein Freund will dich auf den Mund küssen.
2. Ein fremder Mann fasst dich an, obwohl du das nicht willst.
3. Dein Handballtrainer gibt dir einen Klaps auf den Hintern direkt vorm Spiel.
4. Beim Tanzen im Club greift man dir an die Hüfte.
5. Ein Arzt will deinen nackten Oberkörper abtasten.
6. Im Schwimmbad zieht sich jemand vor dir aus, ohne sich mit einem Handtuch zu bedecken.

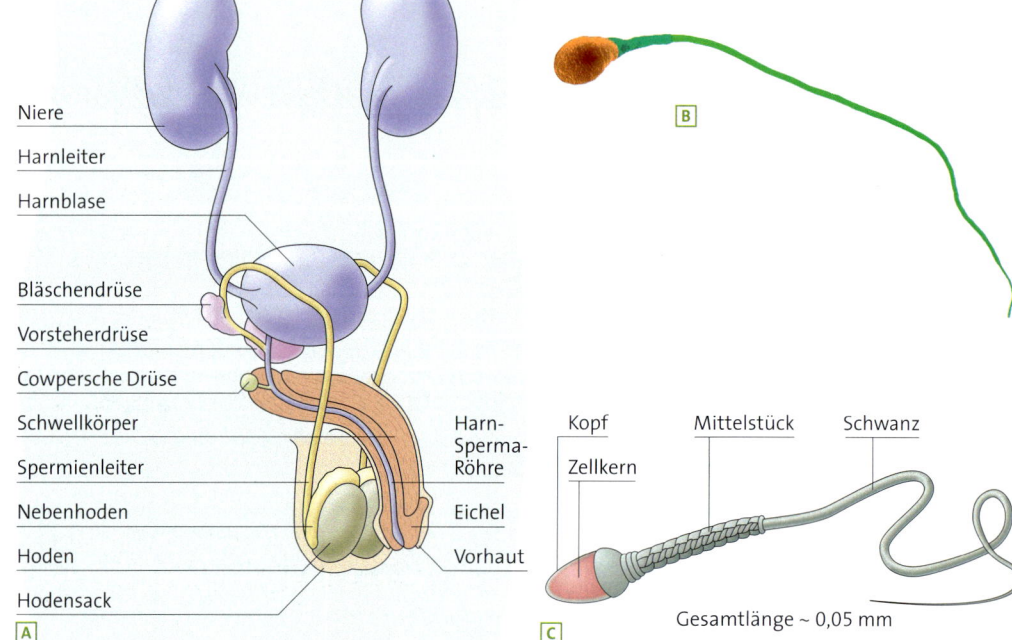

Niere
Harnleiter
Harnblase
Bläschendrüse
Vorsteherdrüse
Cowpersche Drüse
Schwellkörper
Spermienleiter
Nebenhoden
Hoden
Hodensack

Harn-Sperma-Röhre
Eichel
Vorhaut

01 Männliche Geschlechtsorgane:
A Bau,
B Spermienzelle (Foto, gefärbt),
C Spermienzelle (Schema)

Kopf
Zellkern
Mittelstück
Schwanz

Gesamtlänge ~ 0,05 mm

Geschlechtsorgane

> Die Geschlechtszellen, aus denen ein neuer Mensch entsteht, und die Organe, in denen sie gebildet werden, sind bei Mann und Frau sehr unterschiedlich gebaut. Worin bestehen diese Unterschiede?

MÄNNLICHE GESCHLECHTSORGANE · Die äußerlich sichtbaren Geschlechtsorgane bestehen beim Jungen aus dem *Penis* und dem *Hodensack.* Der Hodensack enthält zwei eiförmige, meistens etwas ungleich große *Hoden,* auf denen je ein *Nebenhoden* sitzt. Die Hoden sind die männlichen Geschlechtsdrüsen, in denen ab der Pubertät reife männliche Geschlechtszellen, die **Spermienzellen,** gebildet werden. Sie werden in den Nebenhoden gespeichert. Von den Nebenhoden führt jeweils ein Gang, der *Spermienleiter,* Richtung Penis. Die Spermienzellen können über diesen Gang nach außen transportiert werden. Dabei passieren sie die *Bläschendrüsen* und die *Vorsteherdrüse,* die *Prostata.* Diese Drüsen geben eine weißlich trübe Flüssigkeit ab, in der sich die Spermienzellen bewegen und einige Tage über-

leben können. Die Spermienzellen und die Flüssigkeit werden zusammen als **Sperma** bezeichnet.

Kurz vor dem Penis vereinigen sich die Spermienleiter mit dem Harnleiter, der von der Harnblase kommt. Dieser gemeinsame Gang, die *Harn-Sperma-Röhre,* ist im Penis von *Schwellkörpern* umgeben. Das sind keine Muskeln, sondern Hohlräume. Bei sexueller Erregung füllen sie sich mit Blut. Dadurch wird der Penis dicker, länger und steif. Das etwas verdickte, vordere Ende des Penis, die *Eichel,* ist sehr berührungsempfindlich und durch die Vorhaut geschützt, die sich bei einer Versteifung des Penis zurückzieht.

BAU DER SPERMIENZELLE · Eine einzelne männliche Geschlechtszelle, die Spermienzelle, ist sehr klein und besteht aus drei Teilen: einem ovalen Vorderteil, dem *Kopf,* der den Zellkern mit der Erbsubstanz enthält, einem *Mittelstück,* das die Energie für die Fortbewegung bereitstellt, und einem fadenförmigen *Schwanz,* zur Fortbewegung.

WEIBLICHE GESCHLECHTSORGANE · Im Unterschied zum Jungen befinden sich beim Mädchen die meisten Geschlechtsorgane im Inneren des Körpers. Die beiden weiblichen Geschlechtsdrüsen, die *Eierstöcke,* liegen in der Bauchhöhle und sind etwa so groß wie die Hoden des Mannes. Sie enthalten bis zu 400 000 unreife **Eizellen.**

Von jedem Eierstock führt ein Gang, der *Eileiter,* zur *Gebärmutter,* die man auch *Uterus* nennt. Der trichterförmige Beginn des Eileiters nimmt die reife Eizelle auf, und der Eileiter transportiert sie weiter in die Gebärmutter. Diese besteht aus einem Muskel und ist mit einer gut durchbluteten Schleimhaut ausgekleidet. Die *Gebärmutterschleimhaut* kann eine befruchtete Eizelle aufnehmen und versorgen. Der Ausgang der Gebärmutter, der *Muttermund,* ist eng und meistens durch einen Schleimpfropfen verschlossen.

Vom Muttermund führt ein muskulöser Gang, die *Scheide* oder *Vagina,* nach außen. Ihr Eingang ist von Geburt an von einer dünnen Haut, dem *Jungfernhäutchen,* verschlossen. Es reißt leicht, zum Beispiel beim ersten Geschlechtsverkehr. Über den Eingang legen sich zwei dünne und darüber zwei dickere Hautfalten, die *kleinen* und die *großen Schamlippen.* Schamlippen, Jungfernhäutchen und Schleimpfropfen verhindern das Eindringen von Krankheitserregern.

Zwischen den Schamlippen befinden sich neben der Öffnung der Vagina auch der Ausgang der *Harnröhre* sowie der *Kitzler,* der auch Klitoris heißt. Die Klitoris besteht aus einem kleinen *Schwellkörper* und einem von einer Hautkappe bedeckten *Kopf,* der sehr berührungsempfindlich ist. Kitzler und Schamlippen füllen sich bei sexueller Erregung mit Blut und vergrößern sich.

BAU DER EIZELLE · Eine weibliche Geschlechtszelle, die **Eizelle,** entsteht im Eierstock in einem mit Flüssigkeit gefüllten Bläschen, dem *Follikel.* Die Eizelle kann sich nicht selbst fortbewegen.

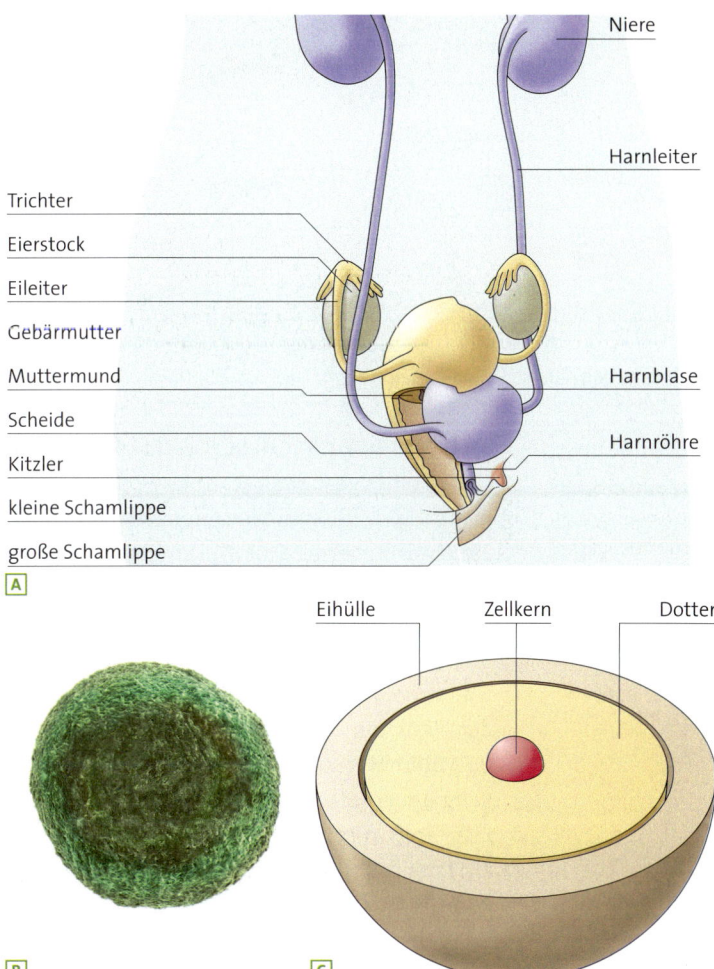

Trichter
Eierstock
Eileiter
Gebärmutter
Muttermund
Scheide
Kitzler
kleine Schamlippe
große Schamlippe

Niere
Harnleiter
Harnblase
Harnröhre

A

Eihülle · Zellkern · Dotter

B · C

02 Weibliche Geschlechtsorgane: **A** Bau, **B** Eizelle (Foto, gefärbt), **C** Eizelle (Schema)

Sie ist von einer *Eihülle* umgeben und enthält einen *Zellkern* mit der Erbsubstanz. Während der Reifung wird ihr Zellplasma mit Nährstoffen, dem *Dotter,* gefüllt und ist schließlich so groß, dass man sie mit bloßem Auge gerade noch sehen kann. Hat sie ihre endgültige Größe erreicht, platzt der Follikel. Dadurch gelangt die Eizelle in den Trichter des Eileiters. Diesen Vorgang nennt man **Eisprung.** Der Eileiter transportiert die Eizelle dann weiter in Richtung Gebärmutter.

1 Vergleiche Größe und Bau von Spermienzelle und Eizelle! Erstelle dazu eine Tabelle!

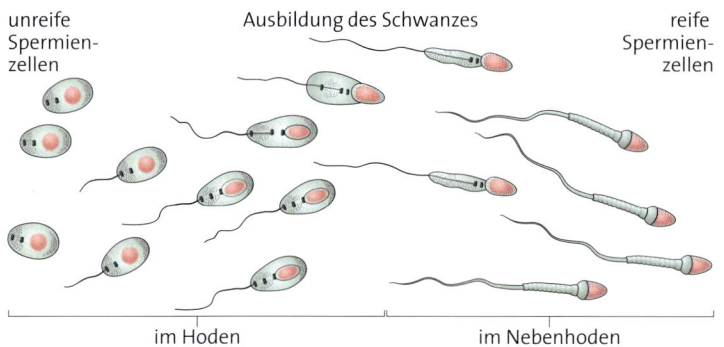

unreife
Spermienzellen

Ausbildung des Schwanzes

reife
Spermienzellen

im Hoden

im Nebenhoden

03 Bildung von reifen Spermienzellen

GESCHLECHTSVERKEHR · Wird der Mann sexuell erregt, vergrößert und versteift sich der Penis, er richtet sich auf, und die Vorhaut zieht sich zurück. Der Mann hat eine **Erektion.** Drüsen, die in die Harn-Sperma-Röhre münden, die *Cowperschen Drüsen,* erzeugen ein Gleitmittel, das aus dem Penis austritt. Nun kann der Mann seinen Penis in die Vagina der Frau einführen.

Bei sexueller Erregung der Frau vergrößert sich ihr Kitzler, und auch die Schamlippen füllen sich mit Blut. Sie geben dadurch die Öffnung der Vagina frei. Drüsen in der Nähe der kleinen Schamlippen erzeugen zusätzlich ein Gleitmittel, das das Einführen des Penis erleichtert. Der Mann bewegt seinen Penis in der Vagina hin und her. Dadurch reizt er sowohl seine Eichel als auch den Kitzler und die Vagina der Frau. Beide empfinden durch diese Reizungen große Lust. Wird dieses Lustempfinden bei der Frau sehr stark, können sich die Muskeln im Unterleib rhythmisch zusammenziehen: Es kommt zum **Orgasmus.**

Auch beim Mann kann es zum Orgasmus kommen. Dabei wird das Sperma durch rhythmische Kontraktionen der Muskeln der Spermienleiter und der Harn-Sperma-Röhre aus dem Penis geschleudert. Diesen Vorgang nennt man **Ejakulation.** Ein Mann ejakuliert normalerweise zwei bis fünf Milliliter Sperma. Befindet sich eine reife Eizelle im Eileiter der Frau, kann diese nun von einer Spermienzelle befruchtet werden.

BILDUNG DER GESCHLECHTSZELLEN · In den Hoden eines gesunden Mannes werden täglich bis zu 200 Millionen Spermienzellen gebildet. Sie sind nur etwa 0,05 Millimeter groß und noch unreif. Erst wenn sie in die Nebenhoden gelangen, reifen sie zu ihrer typischen Gestalt mit Mittelstück und Schwanz heran.

Nur einmal im Monat reift in einem Eierstock der Frau ein Follikel und darin eine etwa 0,1 Millimeter große Eizelle heran. Dieser Vorgang dauert etwa 14 Tage und endet mit dem Eisprung. In seltenen Fällen wird auch mehr als eine reife Eizelle gleichzeitig gebildet. So können aus zwei zur selben Zeit gereiften Eizellen zweieiige Zwillinge hervorgehen.

2 ᒓ Beschreibe die Unterschiede zwischen unreifen und reifen Geschlechtszellen!

1. – 4. Tag unreife Eizelle 5. – 10. Tag reifende Eizelle

Follikelhöhle

11. – 12. Tag

13. – 15. Tag

Follikel Gelbkörper Eisprung Trichter Eileiter

04 Bildung einer reifen Eizelle

Material A ▸ Eizelle und Spermienzelle

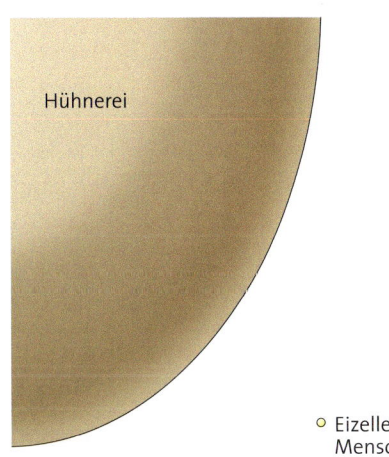

Hühnerei

○ Eizelle Mensch

In dem bei einer Ejakulation abgegebenen Sperma des Mannes befinden sich bis zu 200 Millionen reife Spermienzellen, von denen nur einige 100 bis zur Eizelle im Eileiter gelangen.

A1 Erläutere die Funktion von Spermienzellen und Eizelle, die sich aus ihrem jeweiligen Bau ergibt!

A2 Stelle Vermutungen an, weshalb so viele Spermienzellen auf die Reise geschickt werden und am Ende so wenige bei der Eizelle ankommen!

A3 Hühnereier sind sehr viel größer als die Eizelle des Menschen. Erläutere diesen Unterschied!

A4 Pflanzen bilden Samen. Begründe, weshalb man den Begriff „Samenzellen" für die Spermien nicht verwendet!

Material B ▸ Durch Geschlechtsverkehr übertragbare Krankheiten

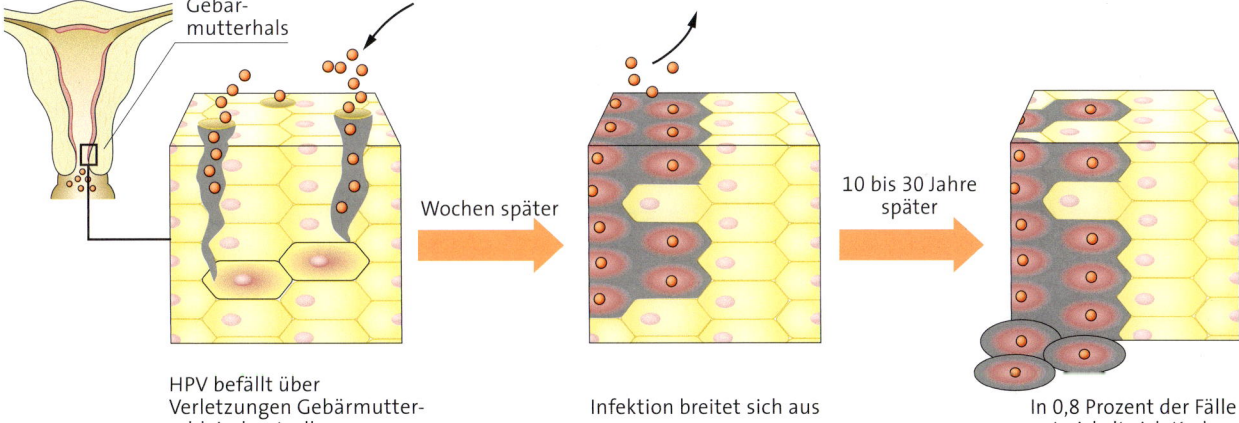

Gebär-mutterhals

Wochen später

10 bis 30 Jahre später

HPV befällt über Verletzungen Gebärmutter-schleimhautzellen

Infektion breitet sich aus

In 0,8 Prozent der Fälle entwickelt sich Krebs

Durch ungeschützten Geschlechtsverkehr können leicht Krankheitserreger übertragen werden. Zu diesen sexuell übertragbaren Krankheiten gehören auch Infektionen mit dem *humanen Papillomavirus* (HPV). Die Infektion führt im Anfangsstadium zu kleinen, spitzen Warzen, im Bereich der Geschlechtsorgane oder am Gesäß.

Diese verursachen keine Schmerzen, können aber zu juckenden Entzündungen der umliegenden Hautbereiche führen.

Eine Infektion mit dem HPV ist ansteckend und muss behandelt werden. In seltenen Fällen kann sich aus infizierten Zellen Krebs, zum Beispiel Gebärmutterhalskrebs, entwickeln.

Impfungen gegen eine Infektion mit dem HPV bieten einen guten Schutz.

B1 Beschreibe anhand der Abbildung den Verlauf einer HPV-Infektion bis zur Bildung von Krebsvorstufen!

B2 Nenne Möglichkeiten, wie man sich zuverlässig vor einer Infektion mit dem HP-Virus schützen kann!

B3 Recherchiere Informationen zu einer HPV-Impfung und erstelle ein Plakat zur Aufklärung in der Schule!

B4 Recherchiere zwei weitere Beispiele sexuell übertragbarer Krankheiten und notiere Informationen zu Übertragungswegen, Symptomen, Behandlung und Schutz!

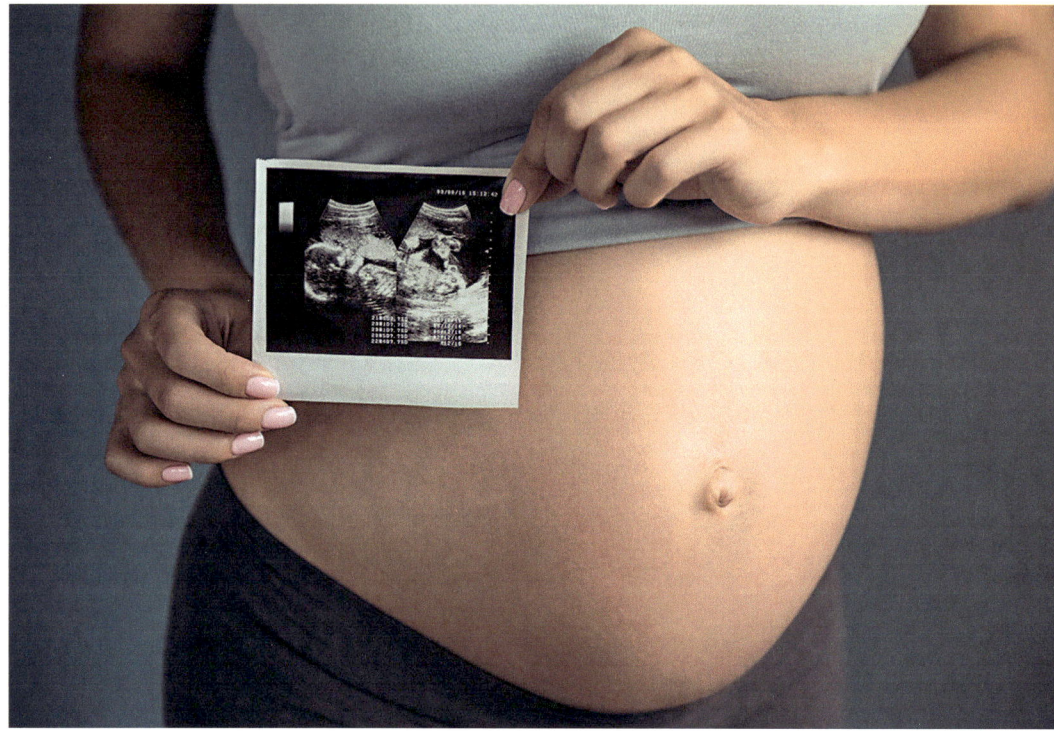

01 Ultraschallbild
eines Fetus

Menstruationszyklus und Schwangerschaft

In der Pubertät reifen die Geschlechtsorgane. Mädchen bekommen ihre erste Monatsblutung und können schwanger werden. Wie hängen diese Vorgange zusammen?

MENSTRUATIONSZYKLUS · Ursache aller Veränderungen in der Pubertät sind körpereigene Botenstoffe, die bereits in winzigen Mengen wirken, die **Hormone.** Die meisten Hormone werden in Drüsen produziert und in die Blutbahn abgegeben. Mit dem Blut gelangen sie zu allen Organen, entfalten aber nur in bestimmten Zielorganen ihre Wirkung. Ab dem Beginn der Pubertät wird im Gehirn des Mädchens ein Hormon freigesetzt, das die *Hirnanhangsdrüse,* auch *Hypophyse* genannt, beeinflusst. Zwei verschiedene Hormone der Hypophyse bewirken daraufhin die Reifung der Eierstöcke. In den Eierstöcken entstehen infolgedessen weibliche Geschlechtshormone, die **Östrogene.** Diese bewirken ihrerseits die Reifung der Ge-

schlechtsorgane und die Ausbildung der sekundären Geschlechtsmerkmale des Mädchens.

Von nun an wird monatlich eine reife Eizelle freigesetzt. Das wird von dem ersten der beiden Hormone der Hypophyse ausgelöst: Dieses Hormon führt dazu, dass in einem der beiden Eierstöcke ein Follikel und darin eine Eizelle heranreifen. Die Hülle des reifenden Follikels bildet ein *Östrogen,* das seinerseits dazu führt, dass sich in der Gebärmutter die Schleimhaut verdickt. Das Östrogen regt außerdem die Hypophyse dazu an, das zweite Hormon zu produzieren. Dies löst am 14. Tag den Eisprung aus, bei dem die reife Eizelle in den Eileiter abgegeben wird. Der Follikel wird danach gelblich und deshalb nun Gelbkörper genannt. Der *Gelbkörper* bildet kein Östrogen mehr, sondern das **Gelbkörperhormon.** Dieses bewirkt, dass die verdickte Gebärmutterschleimhaut nun gut durchblutet wird und eine befruchtete Eizelle

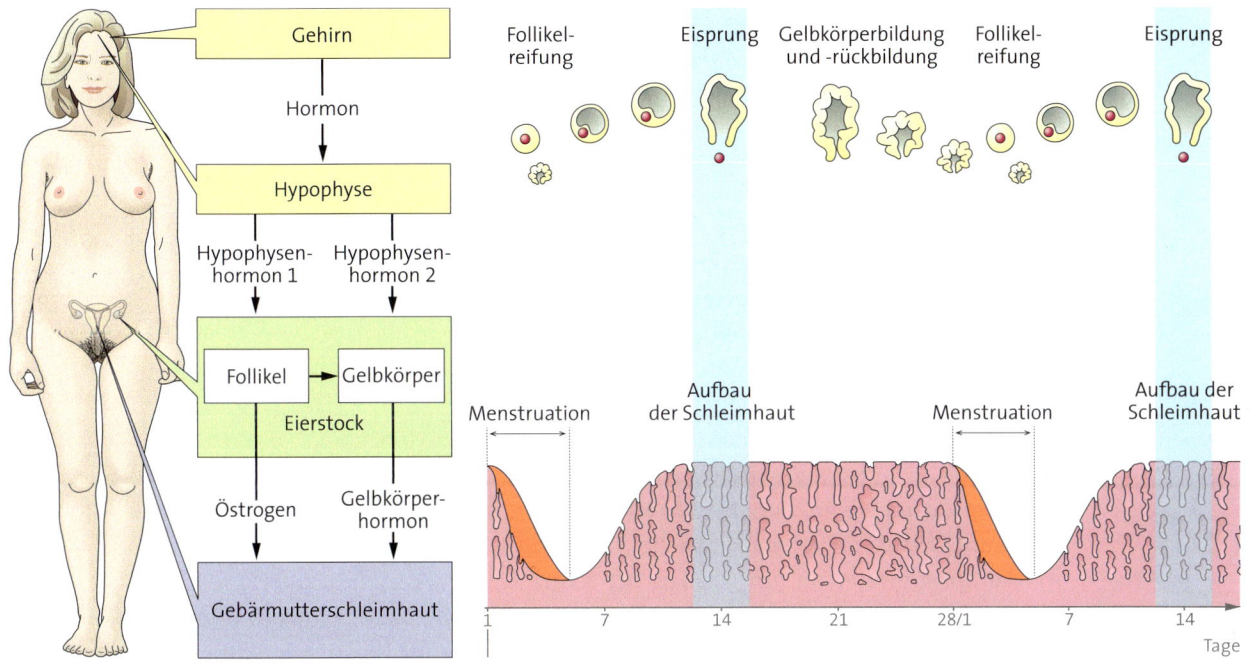

02 Menstruationszyklus und seine Steuerung

aufnehmen könnte. Daher kann ein Mädchen schon ab dem ersten Eisprung schwanger werden.

Wird die Eizelle nicht befruchtet, schrumpft der Gelbkörper zusammen und bildet immer weniger Gelbkörperhormon. Daraufhin löst sich der größte Teil der stark durchbluteten Gebärmutterschleimhaut ab und wird durch die Scheide nach außen abgegeben. Um das zu ermöglichen, wird auch der Schleimpfropf aufgelöst, der sonst den Muttermund verschließt. Diesen Vorgang nennt man *Monatsblutung, Periode, Regel, Tage* oder **Menstruation.** Sie dauert meistens vier bis fünf Tage, und die dabei abgegebene Blutmenge beträgt 50 bis 150 Milliliter.

Die abnehmende Menge des Gelbkörperhormons führt außerdem dazu, dass die Hypophyse wieder mehr von dem ersten Hormon produziert, woraufhin ein neuer Follikel in einem Eierstock zu reifen beginnt.

Weil sich diese Vorgänge immer wiederholen, spricht man von einem *Zyklus*. Die Zeitspanne vom Beginn einer Blutung bis zum Beginn der nächsten Blutung bezeichnet man als *weiblichen Zyklus* oder **Menstruationszyklus.** Die erste Menstruation bekommt ein Mädchen meistens im Alter zwischen 11 und 14 Jahren. Die Länge des Zyklus ist anfangs sehr unterschiedlich. Mit der Zeit pendelt er sich auf eine Länge von etwa 26 bis 30 Tagen ein. Die Dauer des Zyklus kann sich auch noch bei erwachsenen Frauen durch seelische oder körperliche Belastungen stark verkürzen oder verlängern, zum Beispiel durch Stress, Krankheit oder Reisen.

Oft geht die Menstruation mit Übelkeit, Bauch-, Kopf- oder anderen Schmerzen einher. Bei ungewöhnlich starken Beschwerden sollte man einen Frauenarzt um Rat fragen. Auch ist während der Menstruation besonders auf die *Hygiene* der Geschlechtsorgane zu achten. Im Muttermund fehlt der schützende Schleimpfropf, sodass Krankheitserreger besonders leicht eindringen können. *Binden* oder *Tampons* fangen das austretende Blut auf.

Was geschieht aber, wenn die Eizelle nach dem Eisprung befruchtet wird?

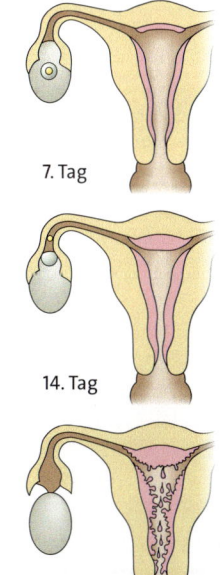

7. Tag

14. Tag

28. Tag

03 Phasen des Zyklus

lateinisch cyclus = Kreis, Kreislauf

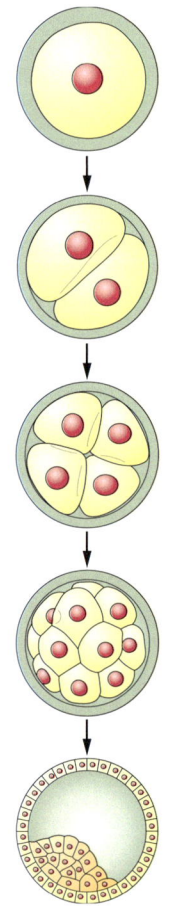

04 Entwicklung der Zygote vor der Einnistung

SCHWANGERSCHAFT · Die Eizelle hat nach dem Eisprung eine sehr kurze Lebensdauer von 12 bis 24 Stunden. Nur in dieser Zeit kann der Kopf einer Spermienzelle, die den Weg in den Eileiter geschafft hat, in die Eizelle eindringen. In der so befruchteten Eizelle, der **Zygote,** haben sich nun die Erbsubstanz des Vaters und der Mutter vereinigt. Die Zygote beginnt sich daraufhin zu teilen. Aus dieser einen Zelle werden zwei, aus den zwei Zellen vier, und so geht es weiter.

Die Flimmerhärchen im Eileiter transportieren das werdende Zellhäufchen in Richtung Gebärmutter. Es nimmt allmählich eine kugelige Form an und wird nun **Maulbeerkeim** genannt. Dieser kommt nach etwa vier Tagen in der Gebärmutter an. Im Inneren der Kugel sammelt sich Flüssigkeit, der Maulbeerkeim wird zum **Bläschenkeim.** Wenn dieser Kontakt zur Gebärmutterschleimhaut bekommt, wachsen seine äußeren Zellen in die Schleimhaut hinein, die **Einnistung** erfolgt. Die Zellen im Inneren des Bläschenkeims entwickeln sich zum **Embryo** weiter. Er wird von der Gebärmutterschleimhaut, in der sich ein fein verzweigtes Geflecht von Blutgefäßen der Mutter und des Embryos entwickelt, über die *Nabelschnur* mit Nährstoffen und Sauerstoff versorgt. Diese Versorgungsschicht wächst ebenfalls und wird zum *Mutterkuchen,* der **Plazenta.** Über Plazen-

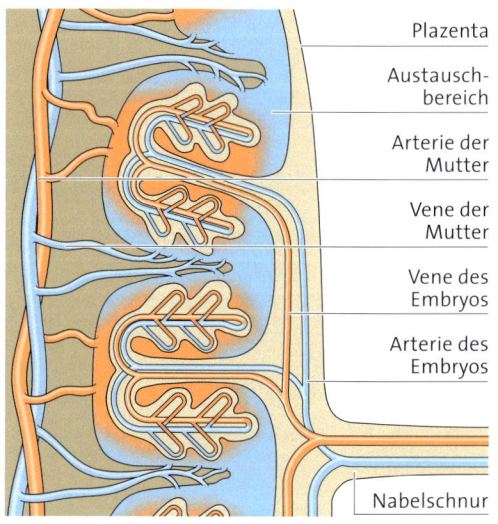

06 Schema der Plazenta

Plazenta
Austauschbereich
Arterie der Mutter
Vene der Mutter
Vene des Embryos
Arterie des Embryos
Nabelschnur

ta und Nabelschnur können auch Giftstoffe wie Alkohol, Nikotin und Medikamente zum Embryo gelangen und ihn schwer schädigen. Etwa acht Wochen nach der Befruchtung hat der Embryo bereits alle inneren Organe angelegt. Er wird nun **Fetus** genannt. Bei der Geburt ist er meistens etwa 50 Zentimeter groß und drei bis vier Kilogramm schwer.

Einen Sonderfall stellen Zwillinge dar. Zerfällt das Zellhäufchen, das sich aus der Zygote entwickelt, zufällig in zwei Teile, entstehen *eineiige Zwillinge. Zweieiige Zwillinge* wachsen dagegen aus zwei verschiedenen Zygoten heran.

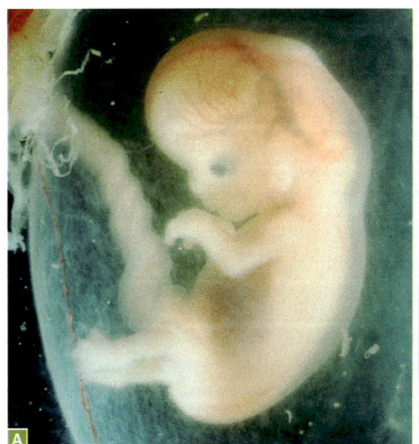
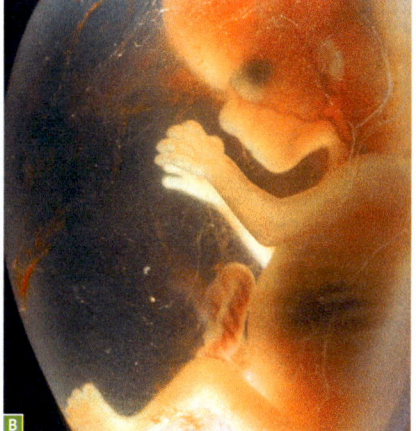
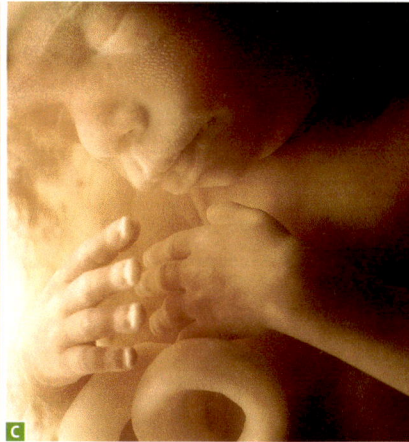

05 Entwicklung des Bläschenkeims nach der Einnistung: **A** 2. Monat, **B** 3. Monat, **C** 5. Monat

Material A ▸ Menstruationszyklus

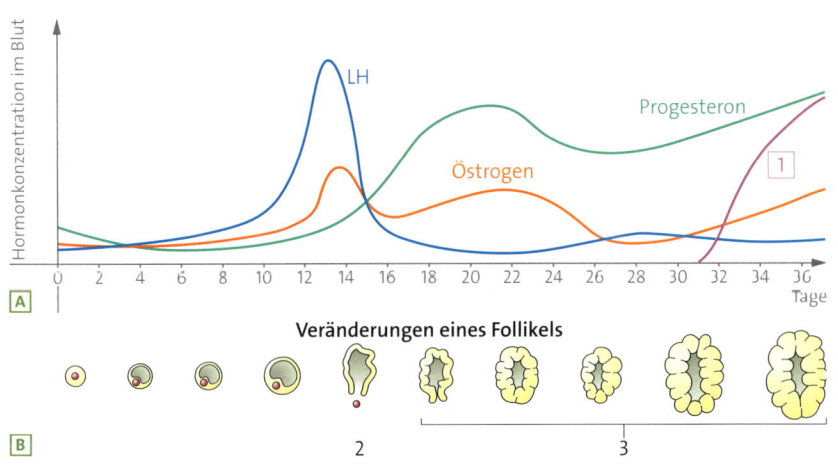

Veränderungen eines Follikels

A1 Beschreibe die Veränderungen der Hormonkonzentrationen!

A2 Nenne die Bezeichnung des Hormons der Kurve 1!

A3 Begründe, ob an den in der Grafik dargestellten Tagen eine Befruchtung stattfand!

A4 Beschreibe die Veränderungen eines Follikels in 2 und 3!

A5 Ordne die Vorgänge 2 und 3 dem Zeitraum des Diagramms zu in dem sie ablaufen! Begründe die Zuordnung!

A6 Erkläre, weshalb man in der Gerichtsmedizin aus der Anzahl der Gelbkörper im Eierstock erschließen kann, wie häufig eine Frau schwanger war!

Material B ▸ Veränderungen in der Schwangerschaft

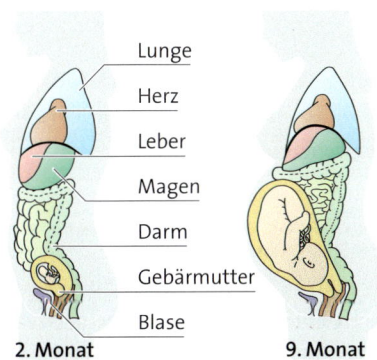

2. Monat   9. Monat

Das werdende Kind beansprucht den Körper seiner Mutter in vielfältiger Weise.

B1 Beschreibe die sichtbaren körperlichen Veränderungen zwischen dem 2. und dem 9. Monat!

B2 Spätestens ab dem 7. Monat fällt der Mutter das Atmen immer schwerer. Stelle zwei Vermu-

tungen über mögliche Ursachen an!

B3 Das ungeborene Kind wiegt im 3. Monat etwa 15 Gramm und bei der Geburt 3 bis 4 Kilogramm. Die Mutter nimmt im gleichen Zeitraum um 10 bis 11 Kilogramm zu. Erkläre diesen Unterschied!

Material C ▸ Pränatale Diagnostik – Möglichkeiten und Grenzen

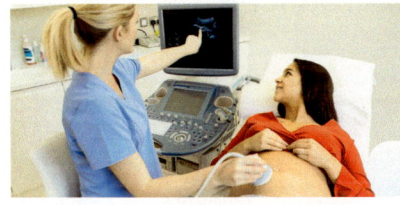

Mithilfe der pränatalen Diagnostik kann man feststellen, ob bestimmte Fehlbildungen oder Erkrankungen beim Fetus vorliegen oder nicht. Die

Untersuchungen werden zu unterschiedlichen Zeitpunkten der Schwangerschaft durchgeführt. Trotz unauffälliger Ergebnisse ist aber keine völlige Sicherheit gegeben, ein gesundes Kind zu bekommen.

C1 Formuliere Fragen, mit denen sich ein Paar auseinandersetzen sollte, bevor es sich für eine Fruchtwasseruntersuchung entscheidet!

C2 Gib an, weshalb regelmäßig Ultraschalluntersuchungen bei Schwangeren durchgeführt werden!

C3 Diskutiere mit deinen Klassenkameraden verschiedene Aspekte, die für oder gegen eine Abtreibung sprechen, wenn bei einer Fruchtwasseruntersuchung eine Erkrankung festgestellt wurde!

Hormone im Überblick

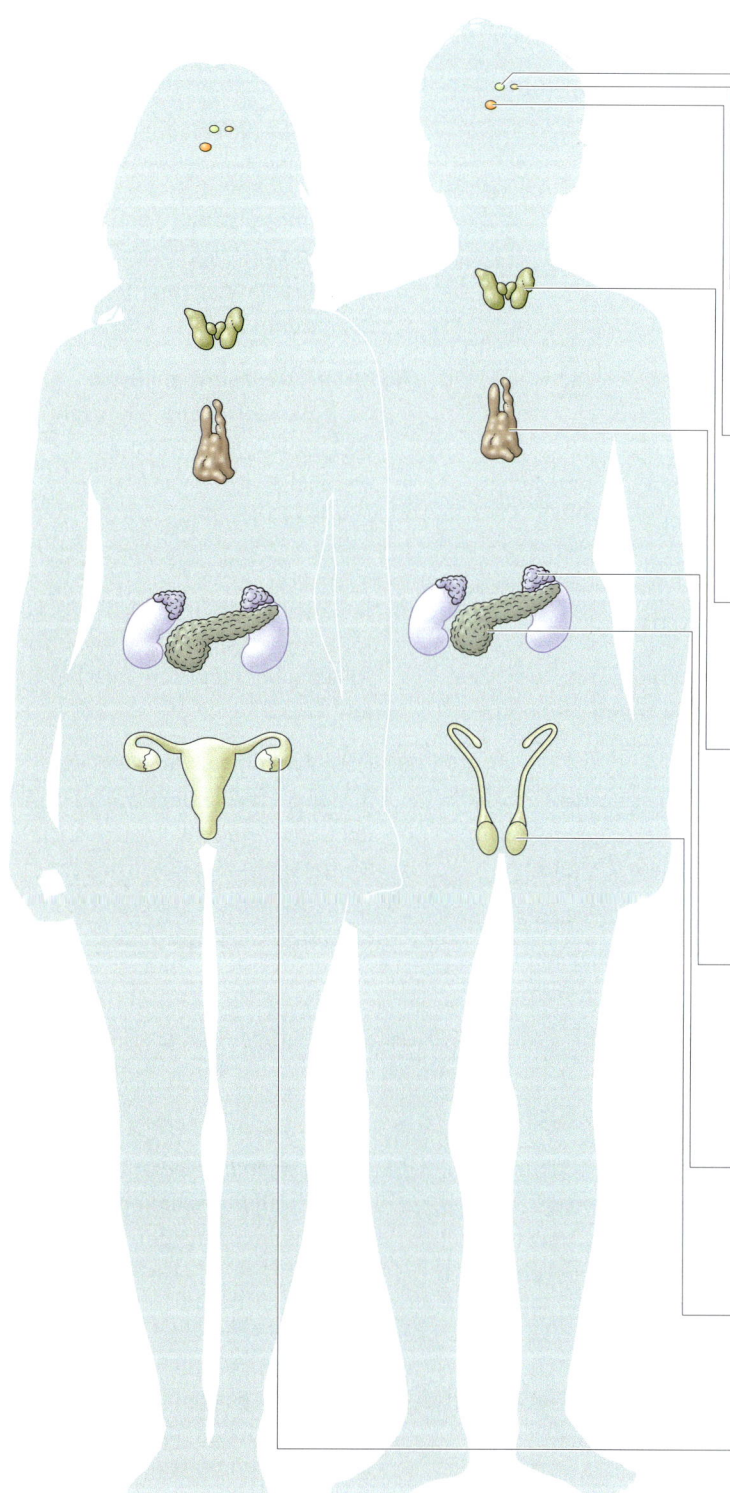

**Hormondrüsen und für das Hormon-
system wichtige Organe**

Hypothalamus:
ist eine spezielle Region des Zwischenhirns;
zentrale Steuereinheit des Hormonsystems
und des vegetativen Nervensystems; Verbindung beider Informationssysteme.

Epiphyse:
liegt oberhalb des Zwischenhirns.

Hypophyse:
liegt unter dem Zwischenhirn; Hormone
wirken entweder direkt auf Zielzellen oder
auf Hormondrüsen im Körper; Steuerung
wichtiger Körperfunktionen.

Schilddrüse:
liegt unterhalb des Kehlkopfs wie ein Schild
vor der Luftröhre.

Thymus:
liegt hinter dem Brustbein unterhalb der
Schilddrüse; wächst bis zur Pubertät heran
und bildet sich dann wieder zurück.

Nebennieren:
liegen beidseitig wie eine Kappe
auf den Nieren auf; bestehen jeweils
aus dem Nebennierenmark und der
Nebennierenrinde.

Bauchspeicheldrüse:
liegt quer im Oberbauch vor dem Magen.

Hoden:
sind die männlichen Geschlechtsdrüsen;
liegen außerhalb des Körpers.

Eierstöcke:
sind die weiblichen Geschlechtsdrüsen;
liegen im Unterbauch im Inneren des Körpers.

Produzierte Hormone (Beispiele)	Wirkung der Hormone im Körper (Beispiele)
Freisetzungshormone und Hormone, die eine Ausschüttung von Steuerungshormonen unterdrücken	Freisetzungshormone bewirken in der Hypophyse die Ausschüttung von Steuerungshormonen, hemmende Hormone unterdrücken die Ausschüttung.
Melatonin	Melatonin reguliert den Schlaf-Wach-Rhythmus des Körpers, indem es vor allem die Herz-Kreislauf-Funktionen beeinflusst.
Wachstumshormone und Steuerungshormone	Wachstumshormone regulieren das Körperwachstum. Steuerungshormone regen andere Hormondrüsen an, ihre Hormone auszuschütten.
Thyroxin	Thyroxin beeinflusst das Körperwachstum, die Gehirnentwicklung und viele Stoffwechselvorgänge des Körpers.
Thymosin	Thymosin ist an der Steuerung des Körperwachstums beteiligt und für die Differenzierung und Entwicklung von Immunzellen erforderlich.
Adrenalin (aus dem Nebennierenmark)	Adrenalin steigert die Herz-Kreislauf-Funktionen und setzt Energiereserven frei. Dadurch wird der Körper auf eine erhöhte Leistungsbeanspruchung vorbereitet, zum Beispiel bei Stresssituationen.
Cortisol (aus der Nebennierenrinde)	Cortisol ist bei der Regulation des Kohlenhydratstoffwechsels beteiligt und hemmt Entzündungsreaktionen im Körper.
Insulin	Insulin fördert die Versorgung der Zellen mit Glukose und senkt den Blutzuckerspiegel.
Glukagon	Glukagon fördert den Abbau von Glykogen und Fett und erhöht den Blutzuckerspiegel.
männliche Geschlechtshormone	Männliche Geschlechtshormone fördern die Entwicklung männlicher Geschlechtsmerkmale und stimulieren die Bildung von Spermienzellen.
weibliche Geschlechtshormone	Weibliche Geschlechtshormone fördern die Entwicklung der weiblichen Geschlechtsmerkmale und die Freisetzung der Eizellen. Sie regeln den Menstruationszyklus sowie die Schwangerschaft.

01 Königin
Elisabeth II:

A im Alter von
27 Jahren,

B im Alter von
89 Jahren

Von der Geburt bis zum Tod

Wie man besonders gut anhand von Fotografien einer Person erkennen kann, ist das Älterwerden mit Veränderungen verbunden. Neben dem äußeren Erscheinungsbild wandeln und entwickeln sich auch innere Vorgänge, Verhaltensweisen oder Einstellungen. Wie verlaufen diese Entwicklungsvorgänge?

ENTWICKLUNGSRAHMEN · Die Entwicklung eines Menschen beginnt mit der Befruchtung einer weiblichen Eizelle durch eine männliche Spermienzelle. Hierbei entscheidet sich nicht nur, ob ein Junge oder ein Mädchen entsteht, sondern welches weitere Erbmaterial ein Mensch für sein ganzes Leben mitbekommt. Durch das Erbmaterial werden körperliche und geistige Merkmale und Eigenschaften angelegt. Ob und inwieweit sie sich dann entfalten können, wird von Umwelteinflüssen mitbestimmt. Durch die Erbanlagen ist auch ein Höchstalter von etwa 120 Jahren festgelegt.

Die Entwicklung von der befruchteten Eizelle bis zum Tod nennt man **Individualentwicklung.** Man kann sie in verschiedene Phasen gliedern und unter bestimmten Gesichtspunkten betrachten. Dazu gehören: Wachstum, Gestaltwandel, Ausbildung und Entfaltung körperlicher und geistiger Fähigkeiten, aber auch allmählicher Rückgang des Leistungsvermögens sowie Alterungs- und Abbauerscheinungen bis hin zum Tod. Ursache für alle Veränderungen sind Vorgänge in Zellen und Organen des Körpers, die die Entwicklung steuern.

KINDHEIT UND JUGEND · Für das Neugeborene, das man nun **Säugling** nennt, beginnt unmittelbar nach der Geburt mit dem ersten Atemzug das eigenständige Leben. Dennoch wären Säuglinge allein auf sich gestellt völlig hilflos. Sie sind auf regelmäßige Ernährung, auf Pflege und auf Zuwendung durch die Eltern angewiesen. In dieser Zeit ist das Gehirn des

Säuglings äußerst aktiv und nimmt alle Eindrücke aus der Umgebung auf. Der Säugling lernt, sich in seiner Umwelt zurechtzufinden. Dabei ist die Beziehung zwischen Bezugsperson und Kind von großer Bedeutung. Am Ende des ersten Lebensjahres kann er an der Hand gehen und die ersten Worte sprechen.

Im folgenden **Kleinkindalter** entdeckt das Kind die Umwelt, es spielt gezielt mit Gegenständen und es erlernt die Muttersprache. Auch werden jetzt die ersten „Warum"-Fragen gestellt.

Mit dem dritten bis vierten Lebensjahr erweitert das Kind seine sozialen Kontakte. Andere Kinder und Personen werden als Individuum wahrgenommen und komplexere Zusammenhänge werden erfasst. Jetzt werden auch oft Reime und Lieder gelernt.

Ab dem fünften bis sechsten Lebensjahr kräftigt sich die Muskulatur und die Taille bildet sich aus. Dadurch verändert sich die Gestalt des Körpers. Während dieses Schulalters werden die Milchzähne durch das Dauergebiss ersetzt. Die Feinmotorik verbessert sich, es entsteht ein Bewusstsein für die Bedeutung von Sprache und die Fähigkeit zum logischen Denken entfaltet sich immer mehr.

Etwa zwischen dem 11. und 17. Lebensjahr entwickelt sich aus dem Mädchen die junge Frau und aus dem Jungen der junge Mann. Während dieser **Pubertät** findet ein Wachstumsschub statt und als Ausdruck der Geschlechtsreife bilden sich die sekundären Geschlechtsmerkmale aus. Oft verändern sich während dieser körperlichen Umgestaltungen auch Persönlichkeitsmerkmale, die eine neue, erweiterte Sichtweise widerspiegeln.

ERWACHSENENALTER · Mit 18 bis 20 Jahren ist der Mensch biologisch **erwachsen.** Das heißt, er hat sein persönliches Erscheinungsbild erreicht und befindet sich bis etwa zum 40. Lebensjahr auf dem Höhepunkt seiner körperlichen und geistigen Leistungsfähigkeit. Mit zunehmendem Alter nehmen Leistungsvermögen und Arbeitsfähigkeit allmählich ab.

Die Alterungsprozesse unterliegen einem inneren Programm. Dabei spielen die Verlangsamung von Stoffwechselvorgängen, Abnutzungserscheinungen und Veränderungen des Erbmaterials eine Rolle. **Altern** verläuft bei jedem Menschen in einer individuellen Form und kann in gewissen Grenzen durch eine gesunde Lebensweise beeinflusst werden. Aufhaltbar ist der Alterungsvorgang jedoch nicht. Er ist irreversibel. Auch wenn sich heute viele Menschen im Alter erheblich fitter fühlen als noch vor Jahrzehnten, so führen Rückbildungen schließlich in jedem Fall zum Tod.

1 Nenne die einzelnen Phasen der Individualentwicklung und beschreibe die ablaufenden Veränderungen!

02 Phasen der Individualentwicklung: **A** Säugling, **B** Jugendlicher, **C** Erwachsener, **D** alte Person

Entwicklung

*Die Entwicklung des Menschen von der befruchteten Eizelle bis zum Tod wird als **Individualentwicklung** oder **Ontogenese** bezeichnet. Sie wird von verschiedenen äußeren und inneren Faktoren beeinflusst und verläuft somit bei jedem Menschen anders. Trotzdem lassen sich verschiedene Entwicklungsphasen feststellen.*

*Die **vorgeburtliche Entwicklung** beginnt mit der befruchteten Eizelle, der Zygote, und umfasst die embryonale und fetale Phase. Während der embryonalen Phase werden alle Organsysteme angelegt, in der fetalen Phase kommt es zum Wachstum sowie zur Ausdifferenzierung und Reifung der Organsysteme. Die vorgeburtliche Phase endet mit der Geburt.*

*Die **nachgeburtliche Entwicklung** ist sowohl mit körperlichen als auch mit geistigen Veränderungen verbunden. Im Säuglings- und Kindesalter erfolgen körperliche Veränderungen bedingt durch starkes Wachstum. Infolge der Entwicklung des Nervensystems und durch Lernprozesse prägen sich motorische und geistige Fähigkeiten aus. Die*

Pubertät stellt den Übergang zwischen dem Jugend- und Erwachsenalter dar, der durch eine Hormonumstellung ausgelöst wird. Sie führt zur geschlechtlichen Reife, die durch die Ausbildung sekundärer Geschlechtsmerkmale und eine Neuorientierung im Verhalten gekennzeichnet ist. Mit dem Eintreten in das Erwachsenenalter hat der Mensch den Höhepunkt seiner körperlichen und geistigen Leistungsfähigkeit erreicht. In dieser Entwicklungsphase wird in der Regel die Gründung einer Familie angestrebt. Mit zunehmendem Alter lässt die Leistungsfähigkeit nach, da sich Stoffwechselprozesse verlangsamen und Abnutzungserscheinungen auftreten. Die Geschwindigkeit der Alterungsprozesse ist jedoch von vielen Faktoren abhängig und somit individuell verschieden. Die Alterungsprozesse enden mit dem Tod des Individuums.

*Weil sich nicht nur der Mensch, sondern alle biologischen Systeme mit der Zeit verändern und so durch Entwicklung gekennzeichnet sind, spricht man vom **Basiskonzept Entwicklung.***

01 Die Individualentwicklung ist ein Bestandteil der Entwicklungsgeschichte der Menschen.

Material A ▸ Vorgeburtliche Entwicklung

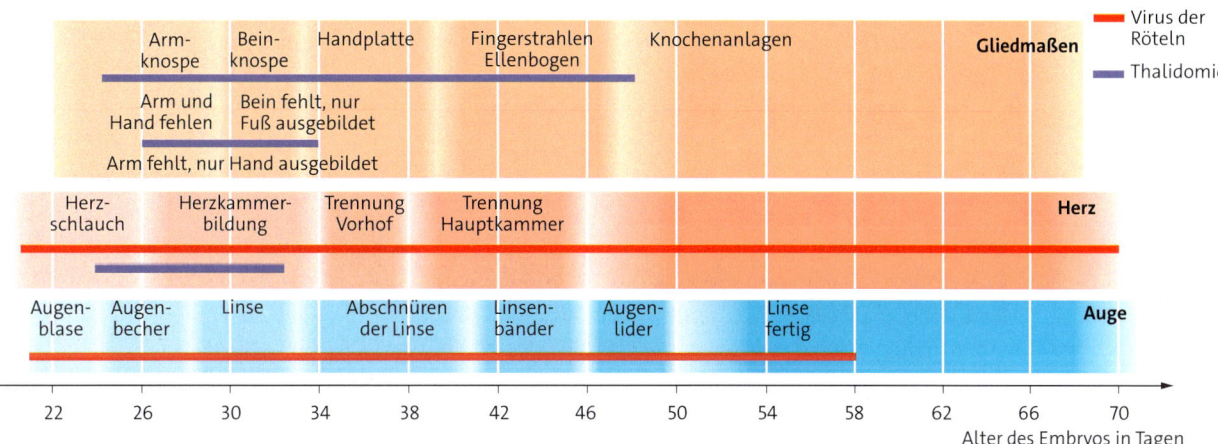

Arm-knospe	Bein-knospe	Handplatte	Fingerstrahlen Ellenbogen	Knochenanlagen	**Gliedmaßen**

Arm und Hand fehlen — Bein fehlt, nur Fuß ausgebildet

Arm fehlt, nur Hand ausgebildet

Herz-schlauch — Herzkammer-bildung — Trennung Vorhof — Trennung Hauptkammer — **Herz**

Augen-blase — Augen-becher — Linse — Abschnüren der Linse — Linsen-bänder — Augen-lider — Linse fertig — **Auge**

22   26   30   34   38   42   46   50   54   58   62   66   70

Alter des Embryos in Tagen

▬ Virus der Röteln
▬ Thalidomid

Aufgrund der ablaufenden Entwicklungsprozesse während der embryonalen Phase können äußere Einflüsse negative Wirkungen haben.

A1 Ermittle mithilfe der Abbildung den Beginn und das Ende der Entwicklung der Gliedmaßen, des Herzens und der Augen!

A2 Thalidomid ist ein Wirkstoff, der in Schlafmitteln wie Contergan verwendet wurde.
Ermittle die Folgen für den Embryo, wenn eine Schwangere das Mittel während der ersten Schwangerschaftswochen einnimmt!

A3 Bei Frauen, die beabsichtigen schwanger zu werden, wird das Blut unter anderem auf den Gehalt an Antikörpern gegen das Rötelnvirus untersucht. Ist die Anzahl zu gering, wird eine Rötelnschutzimpfung empfohlen. Begründe die Richtigkeit dieser Maßnahme!

Material B ▸ Nachgeburtliche Entwicklung

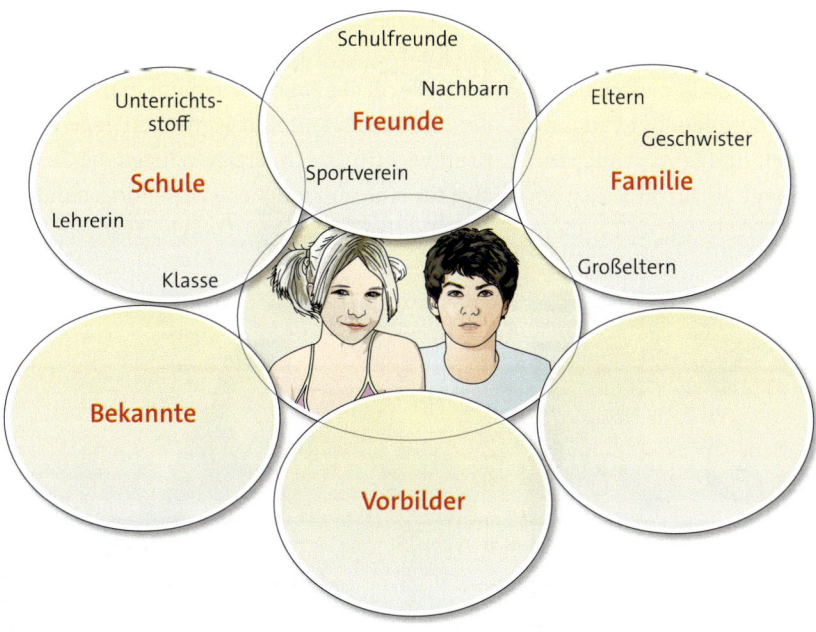

Schule: Unterrichtsstoff, Lehrerin, Klasse

Freunde: Schulfreunde, Nachbarn, Sportverein

Familie: Eltern, Geschwister, Großeltern

Bekannte

Vorbilder

B1 Beurteile, inwieweit die im Material B aufgeführten Faktoren einen positiven Einfluss auf deine Entwicklung nehmen!

B2 Ergänze weitere Faktoren, die für deine Entwicklung relevant sind!

B3 Beurteile, inwieweit der Einflussbereich der einzelnen Faktoren sich mit dem Erwachsenwerden verändert!

01 Erste Liebe

Liebe und Sexualität

Liebe erfahren wir schon als Kind von unseren Eltern. Liebe kann aber auch zwischen Mann und Frau entstehen. Worin besteht der Unterschied?

LIEBE · Bereits direkt nach der Geburt entwickelt sich ein intensiver Kontakt zwischen der Mutter und dem Neugeborenen. Der Säugling ruft schreiend, strampelt und bewegt suchend den Mund. Die Mutter legt ihn an die Brust, wo er saugt und Milch trinkt. Diese und andere liebevolle Kontakte führen bald zu einer starken Bindung und absolutem Vertrauen zwischen dem Säugling und seinen Eltern, auch *Urvertrauen* genannt. Es verbindet sich später mit einem tiefen, warmen und zärtlichen Gefühl, das das Kind seiner Familie gegenüber empfindet, der **Liebe.** In der Pubertät beginnt man, Gefühle der Liebe auch anderen Menschen gegenüber zu entwickeln. Das Urvertrauen liefert die Grundlage für eine nun mögliche Beziehung, nämlich Selbstvertrauen und Vertrauen in andere.

02 Ausdrucksformen
der Liebe:
A Mutter- und
Vaterliebe,
B Verliebtsein

PARTNERSCHAFT · Die Veränderung der Gefühle beginnt meistens damit, dass man sich zu einem Jungen oder Mädchen hingezogen fühlt. Fand man ihn oder sie gerade noch dumm oder albern, möchte man diesem Menschen jetzt nahe sein. Oft genügt schon der Gedanke an sie oder ihn für ein Kribbeln im Bauch, Herzklopfen oder weiche Knie. Man kann stundenlang davon träumen, wie es wäre, mit ihm oder ihr zusammen zu sein. Deswegen fällt es einem häufig schwer, sich auf andere Dinge wie den Unterricht in der Schule oder die Aufgaben in der Familie zu konzentrieren. Man ist **verliebt.**

Wie aber soll man dem anderen zeigen, dass man in ihn verliebt ist? Es erfordert viel Mut, dem anderen seine Gefühle zu offenbaren. Vielleicht gefällt man ihm nicht, oder er erwidert die eigenen Gefühle nicht. Oft warten Jungen und Mädchen deshalb darauf, dass der andere den ersten Schritt tut. Einer muss ihn schließlich wagen, trotz des Risikos, zurückgewiesen zu werden. Das kann sehr wehtun, aber zur Liebe zwingen kann man niemanden. Doch wie schön ist es, wenn der Mensch, in den man verliebt ist, die Gefühle erwidert. Man „geht" dann miteinander, hält Händchen und möchte sich auch körperlich nahe sein. Aus dem Verliebtsein entwickelt sich eine **Beziehung.** Wenn die Partner sich vertrauen und ihre Eigenarten und Wünsche gegenseitig respektieren, kann aus so einer Beziehung eine dauerhafte **Partnerschaft** entstehen. Deshalb ist es wichtig, viel miteinander zu reden und die Einstellungen und Erwartungen des anderen kennenzulernen. Auch Probleme müssen offen und ehrlich angesprochen werden. Manchmal hält so eine **erste Liebe** sehr lange, doch oft zerbricht sie auch schnell. Die Gründe dafür können vielfältig sein. So spielen Verliebte oft eine Rolle, um dem anderen zu gefallen, und sie verbergen dabei, wie sie wirklich sind. Häufig übernehmen Jungen und Mädchen Rollen, die sie von Vorbildern oder Idolen abgeschaut haben, oder sie benehmen sich typisch männlich „cool" oder weiblich „sexy" und bedienen damit Rollenklischees. Neben Unehrlichkeit ist Untreue ein weiterer häufiger Grund dafür, dass Partnerschaften scheitern.

SEXUALITÄT · Wer verliebt ist, möchte dem anderen auch körperlich nahe sein, ihn berühren, Zärtlichkeiten austauschen, ihn küssen. Vielleicht möchte er sogar mit ihm schlafen. **Sexualität** ist also ein schöner und wichtiger Teil einer Partnerschaft. Dabei sollten beide dem anderen deutlich zu verstehen geben, was sie mögen oder nicht mögen, und die Einstellung des anderen auch respektieren. Wenn ein Partner etwas tut, nur um die Erwartungen des anderen zu erfüllen, endet das häufig in negativen Gefühlen wie Unzufriedenheit oder Enttäuschung. Im schlimmsten Fall kann man sich sogar sexuell ausgenutzt fühlen. Außerdem sollten sich beide im Klaren sein, dass ein Mädchen schwanger werden kann, auch schon beim „ersten Mal". Deshalb sollten die Partner offen über gemeinsame *Verhütung* sprechen.

03 Ausdrucksformen der Sexualität:
A Küssen,
B Zärtlichkeiten

griechisch heteros = verschieden

griechisch homo = gleich

lateinisch bi = zwei

SEXUELLE ORIENTIERUNG · Die meisten Frauen und Männer fühlen sich zu einem Partner hingezogen, der dem anderen Geschlecht angehört, sie sind **heterosexuell.**

Manche Menschen fühlen sich zu Menschen des gleichen Geschlechts hingezogen, sie sind **homosexuell.** Frauen, die Zuneigung, Liebe und sexuelles Begehren gegenüber Frauen empfinden, nennt man *lesbisch,* Männer, die so gegenüber Männern empfinden, *schwul.* Homosexuelle werden bis heute in vielen Ländern der Erde verachtet oder sogar bestraft, sie werden **diskriminiert.** Das führt dazu, dass Homosexuelle häufig ihre Neigung vor ihren Mitmenschen verbergen, weil sie Angst vor Diskriminierung haben. Dabei sind nach wissenschaftlichen Studien bis zu zehn Prozent der Menschen homosexuell veranlagt oder haben zumindest schon einmal homosexuelle Erfahrungen gemacht. Viele homosexuelle Menschen sind sich nicht von Anfang an ihrer Neigung bewusst. Sie müssen sie sich erst selbst eingestehen, bevor sie dann ihrer Familie oder Freunden davon erzählen können. Diese Schritte, die **Coming-out** genannt werden, sind für sie oft sehr schwierig, weil sie Angst vor der Reaktion ihrer Mitmenschen haben. Ihnen können Beratungsstellen helfen.

Eine dritte Form der Sexualität ist die **Bisexualität.** Bisexuelle Menschen fühlen sich zu Partnern beider Geschlechter hingezogen. Sie haben in der heutigen Gesellschaft ähnliche Probleme wie Homosexuelle.

Entscheidend für alle Formen der Sexualität ist jedoch, dass die Partner sich lieben. Dann sollten wir ihnen mit **Toleranz** begegnen.

GESCHLECHTSIDENTITÄT · Meistens fühlen sich Menschen mit weiblichen Geschlechtsmerkmalen als Frau und Menschen mit männlichen Geschlechtsmerkmalen als Mann, aber nicht immer. Menschen, bei denen die Geschlechtsmerkmale nicht mit dem Empfinden übereinstimmen, werden als **Transgender** oder als **transgeschlechtlich** bezeichnet. Sie passen oft ihr äußeres Erscheinungsbild an das gefühlte Geschlecht an. Häufig besteht auch der Wunsch nach hormoneller oder chirurgischer Behandlung.

Davon zu unterscheiden sind **intergeschlechtliche Menschen.** Sie sind aufgrund ihrer körperlichen Merkmale nicht eindeutig dem weiblichen oder männlichen Geschlecht zuzuordnen. Einige Betroffene bezeichnen sich als dem „dritten Geschlecht" zugehörig.

Viele transgeschlechtliche und intergeschlechtliche Menschen empfinden die strenge Unterteilung in männliches und weibliches Geschlecht als psychisch belastend, da diese Unterscheidung Menschen ausgrenzt und zu sozialer Intoleranz führt.

1 ⌡ Nenne Gründe, weshalb eine Partnerschaft misslingen kann!

2 ⌡ Erläutere, was man unter Sexualität versteht!

04 Formen der Sexualität: **A** schwules Paar, **B** heterosexuelles Paar, **C** lesbisches Paar

Material A ► Bekanntschaftsanzeigen

Ich, 24/175, schlank, sportlich, attraktiv, mag die Natur, Bücher, Snowboardfahren, gemütliche Kneipen, Zärtlichkeit und vieles mehr. Suche passendes „Gegenstück"! Bitte nur Zuschriften mit Bild! Chiffre ... **A**

Wer ist selbstständig und energisch und möchte mit mir, 23, Steinbock, reden, lachen und träumen? Bin ein bisschen kompliziert, aber lieb ... Chiffre ... **B**

Massagen und mehr von gepflegter, fairer und achtsamer Person! Zuschrift unter Chiffre ... **C**

Ich, 25/165, koche, reise, wandere und kuschele gerne. Wer macht mit? Chiffre ... **D**

Bin 22, blond und suche jemanden zum Verlieben. Du solltest an einer echten Beziehung interessiert sein. Eher ausgeflippt als Durchschnitt, selbstbewusst und offen für alles. Bild wäre toll. Chiffre ... **E**

Bin 23, dunkelhaarig, charmant, gebildet und mag verrückte Ideen, Kunst, Theater und Kinofilme. Bist du genauso unternehmungslustig und offen für alles, was Spaß macht? Dann melde dich unter Chiffre ... **F**

A1 Nenne die Eigenschaften der Personen, die in den einzelnen Anzeigen gesucht werden!

A2 Stelle Vermutungen an, welche Anzeigen von einer Frau oder von einem Mann stammen!

A3 Vergleiche die Eigenschaften, die Mädchen wichtig sind, mit denen, die Jungen für wichtig halten!

Material B ► Beziehungscheck

Check: Tut er/sie mir noch gut?
- Zeigt er/sie dir, dass er/sie dich liebt?
- Hört er/sie dir zu, wenn du etwas erzählst?
- Ist er/sie ehrlich zu dir?
- Kannst du dich auf ihn/sie verlassen, wenn es dir mal nicht so gut geht?
- Beachtet er/sie beim Sex die Grenzen, die du ziehst?
- ...

B1 Formuliere weitere Fragen, die dir über die Beziehung zu deinem Partner Aufschluss geben könnten!

B2 Nenne einen wichtigen Grund, aus dem du Schluss machen würdest!

B3 Nenne Formen, in denen man Schluss machen könnte, und bewerte sie!

Material C ► Formen des Zusammenlebens

Heterosexuelle dürfen ab einem gewissen Alter in jedem Land der Erde ihren Partner heiraten.

Sie genießen dann einen besonderen gesetzlichen Schutz.

C1 Nenne Voraussetzungen, die für glückliche Partnerschaften wichtig sind!

C2 Vergleiche die Formen des Zusammenlebens, die auf den Fotos dargestellt sind!

C3 Recherchiere gesetzliche Regelungen zu gleichgeschlechtlichen Partnerschaften in Deutschland und fasse wesentliche Punkte schriftlich zusammen!

01 Wie wollen wir verhüten?

Verhütung

> Viele Paare wünschen sich irgendwann Kinder. Sie möchten aber den Zeitpunkt selbst bestimmen. Wie kann man eine ungewollte Schwangerschaft verhindern?

lateinisch coitus = Beischlaf
lateinisch interruptus = unterbrochen

EMPFÄNGNISVERHÜTUNG · Wenn man jemanden liebt, möchte man ihm auch körperlich nahe sein, ihn berühren, streicheln, küssen, vielleicht auch mit ihm schlafen. Dabei kann es bereits beim „ersten Mal" zu einer Befruchtung kommen. Manchmal führt schon das gegenseitige Berühren und Streicheln, das sogenannte *Petting*, zu starken lustvollen Empfindungen, die einen *Orgasmus* auslösen können. Gelangen dabei freigesetzte Spermienzellen in die Vagina, ist auch so eine Befruchtung theoretisch möglich. Echte Liebe bedeutet deshalb auch, sich gemeinsam Gedanken darüber zu machen, wie man eine ungewollte Schwangerschaft verhindert. Eine solche Empfängnisverhütung ermöglicht einem Paar zu planen, ob und wann eine Spermienzelle auf eine Eizelle treffen kann. Dafür gibt es viele verschiedene Methoden.

NATÜRLICHE VERHÜTUNG · Eine Möglichkeit der Verhütung besteht darin, dass der Mann kurz vor dem Orgasmus den Penis aus der Vagina zieht, sodass der Samenerguss außerhalb der Scheide stattfindet. Dieses „Herausziehen", auch **Coitus interruptus** genannt, ist eine extrem unsichere Methode, da bereits lange vor dem eigentlichen Samenerguss einzelne Spermienzellen aus dem Penis austreten können. Bei einer anderen Methode protokolliert die Frau über mehrere Monate den Ablauf ihrer Menstruationszyklen und errechnet daraus, an welchen Tagen des Zyklus sie schwanger werden könnte. Diese Methode heißt **Kalendermethode.** Noch genauer lassen sich die fruchtbaren Tage bestimmen, wenn die Frau regelmäßig vor dem Aufstehen ihre Körpertemperatur misst. Diese **Temperaturmethode** erfordert wie die Kalendermethode regelmäßige Zyklen und viel Erfahrung. Solche Verhütungsmethoden sind deshalb unsicher und für Jugendliche nicht geeignet. Zusammen mit dem Coitus interruptus werden sie *natürliche Verhütungsmethoden* genannt.

MECHANISCHE VERHÜTUNG · Eines der bekanntesten Verhütungsmittel ist eine hauchdünne, dehnbare Gummihaut, die vor dem Geschlechtsverkehr über den steifen Penis gezogen wird, das Kondom. Es fängt die Spermienzellen beim Samenerguss in einem *Reservoir* am vorderen Ende auf und ist das einzige Verhütungsmittel, das außerdem vor sexuell übertragbaren Krankheiten wie Aids schützt. Für die Frau gibt es eine Gummikappe mit einem biegsamen Rand, die vor dem Geschlechtsverkehr in die Vagina eingeführt wird und den Muttermund verschließt, das **Diaphragma** oder **Pessar.** Es muss vom Arzt angepasst werden und erfordert einige Übung im richtigen Einsetzen. Kondom und Diaphragma sind – richtig angewandt – recht sichere Verhütungsmittel.

Wegen möglicher Nebenwirkungen nicht für junge Frauen geeignet ist die **Spirale,** ein häufig T-förmiges, mit Kupfer umwickeltes Plastikstück, das vom Arzt in die Gebärmutter eingesetzt wird. Die Spirale hemmt die Beweglichkeit der Spermienzellen und verhindert die Einnistung eines Keimes in die Gebärmutterschleimhaut. Das Kondom, das Diaphragma und die Spirale bezeichnet man als *mechanische Verhütungsmittel.*

CHEMISCHE VERHÜTUNG · Zur Verhütung geeignet sind auch Substanzen, die die Spermienzellen abtöten und zusätzlich eine mechanische Barriere bilden. Am bekanntesten sind die **Schaumzäpfchen,** die einige Zeit vor dem Geschlechtsverkehr in die Vagina eingeführt werden und eine Schaumbarriere vor dem Muttermund bilden. Es gibt sie aber auch in anderen Formen wie **Salben, Gels** oder **Schaumsprays.** Diese *chemischen Verhütungsmittel* gelten als relativ unsicher. Allerdings erhöhen sie die Sicherheit der Verhütung, wenn sie in Kombination mit anderen Verhütungsmitteln angewandt werden. So wird zum Beispiel der Rand eines *Diaphragmas* vor dem Einführen in die Scheide mit einem solchen Gel bestrichen. Der Schaum des Gels kann dann verhindern, dass Spermienzellen lebend durch kleine Lücken zwischen dem Rand des Diaphragmas und der Scheidenwand gelangen. Die Kombination mit einem *Kondom* kann je nach Präparat die Sicherheit erhöhen, aber auch herabsetzen, da manche Schaumpräparate das Kondom porös machen.

1 Nenne Vor- und Nachteile von natürlichen, mechanischen und chemischen Verhütungsmethoden!

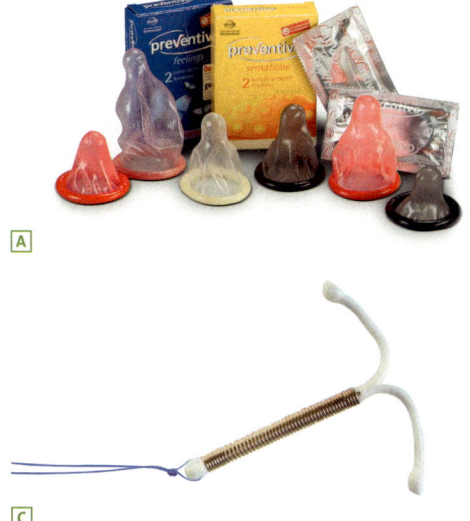

A

B

C

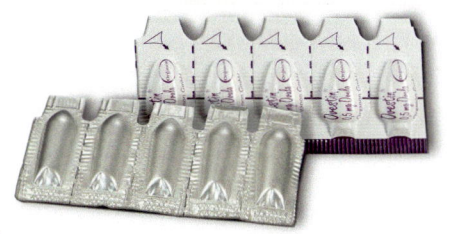

D

02 Verhütungsmittel:
A Kondome,
B Diaphragma,
C Spirale,
D Schaumzäpfchen

HORMONELLE VERHÜTUNG · Ein sehr häufig verwendetes Verhütungsmittel ist eine hormonhaltige Tablette, die **Pille.** Sie enthält eine Mischung weiblicher Sexualhormone, die eine Follikelreifung und damit auch den monatlichen Eisprung verhindern. Zudem verfestigt sich der Schleim im Gebärmutterhals, und auch die Gebärmutterschleimhaut wird nicht vollständig aufgebaut.

Die Pille gibt es in vielen verschiedenen Formen, die sich in ihrer hormonellen Zusammensetzung unterscheiden. Sie ist ein Medikament und muss deshalb von einem Frauenarzt verschrieben werden. Bis zum Alter von 16 Jahren ist dafür normalerweise die Zustimmung der Eltern erforderlich. Die Pille wird meistens 21 Tage lang täglich eingenommen. Danach wird 7 Tage pausiert, und es kommt zu einer Blutung, die meistens schwächer ist als eine normale.

Mini- und Mikropillen enthalten weniger Hormone als die Pille und müssen täglich auf die Stunde genau eingenommen werden, um wirksam zu sein.

Andere Verhütungsmittel geben regelmäßig kleine Hormonmengen ab. Dazu gehören zum Beispiel kleine Stäbchen, die unter die Haut eingepflanzt werden und monatelang wirken, die sogenannten **Verhütungsstäbchen.** Eine weitere Form ist ein dünner, flexibler Kunststoffring, der in die Vagina eingesetzt wird und dort Hormone freisetzt. Dieser **Verhütungsring** bleibt drei Wochen wirksam.

Auch nur auf Rezept erhältlich ist die **Pille danach.** Sie soll eine mögliche Schwangerschaft nach einem ungeschützten Geschlechtsverkehr verhindern. Sie hat oft starke Nebenwirkungen wie Übelkeit, Kopf- und Bauchschmerzen sowie Zwischenblutungen.

Alle Verhütungsmittel, die Hormone enthalten, die *hormonellen Verhütungsmittel,* sind aufgrund ihrer Wirkungsweise sehr sicher. Sie sind auch für junge Frauen gut geeignet, und man muss nicht kurz vor oder während des Geschlechtsverkehrs daran denken, sie zu benutzen. Manchmal wird die Pille nur deshalb verschrieben, weil sie die Menstruationsbeschwerden lindern kann.

Die Verwendung hormoneller Verhütungsmittel hat aber auch gewisse Nachteile: Die Einnahme der Hormone kann unerwünschte Nebenwirkungen wie zum Beispiel Gewichtszunahme haben. Bei Raucherinnen, die die Pille nehmen, besteht eine erhöhte Gefahr der Thrombose. Wird die Einnahme der Pille nur einmal vergessen, besteht in dem Monat kein sicherer Empfängnisschutz mehr. Das ist auch bei Erbrechen oder Durchfall nach Einnahme der Pille der Fall.

2 Nenne Vor- und Nachteile der Pille!

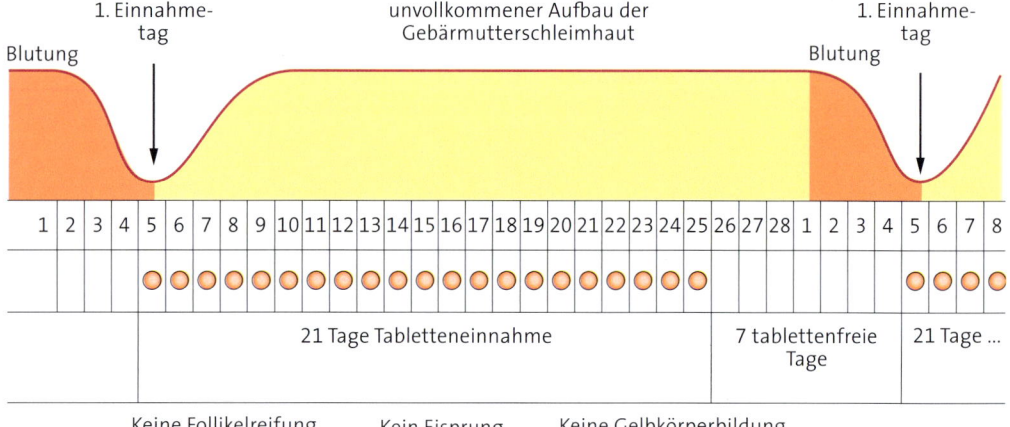

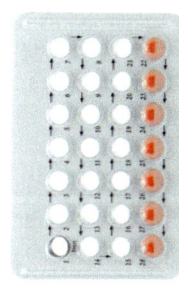

03 Empfängnisverhütung mit der Pille

Material A ▸ Pearl-Index

Verhütungsmethode	Pearl-Index
Coitus interruptus	4–18
Kalendermethode	9
Temperaturmethode	0,8–3
Kondom	2–12
Diaphragma/Pessar	1–20
Spirale	0,9–3
Chemische Verhütungsmittel	3–21
Pille	0,1–0,9
Minipille	0,5–3
Verhütungsstäbchen	0–0,1
Verhütungsring	0,4–0,6

Der Pearl-Index gibt an, wie viele von hundert Frauen schwanger werden, wenn sie ein Jahr lang mit der entsprechenden Methode verhüten.

A1 Ordne die Verhütungsmittel nach dem Grad ihrer Sicherheit!

A2 Nenne die Verhütungsmethoden, die sich für Jugendliche weniger eignen! Begründe!

A3 Stelle Vermutungen an, weshalb im Pearl-Index oft keine genauen Werte angegeben werden!

Material B ▸ Kondom

Poppt sicher!

mach's mit®
www.gib-aids-keine-chance.de
Telefonberatung: 01805-555444

GIB AIDS KEINE CHANCE

Wer seinen Spaß haben will, sollte ein Kondom dabei haben. Denn das Gummi schützt gleich mehrfach: Vor HIV/Aids, vor einer ungewollten Schwangerschaft und vor sexuell übertragbaren Krankheiten wie Chlamydien, Hepatitis, Feigwarzen oder Herpes. Deshalb lohnt sich Safer Sex in jedem Fall!

B1 Nenne Vorteile des Kondoms gegenüber anderen Verhütungsmitteln!

B2 Erläutere, auf welchen Vorteil des Kondoms die Abbildung anspielt!

B3 Recherchiere auf der Internetseite der Bundeszentrale für gesundheitliche Aufklärung, welche Fehler man bei der Benutzung eines Kondoms machen kann!

Material B ▸ Temperaturmethode

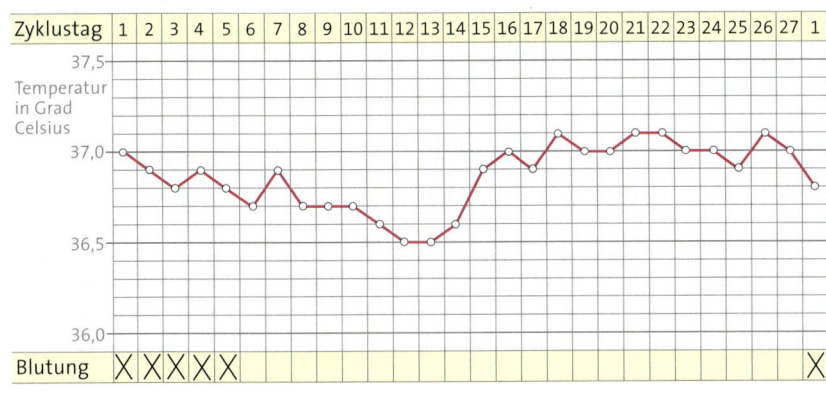

Nach dem Eisprung erhöht sich die Körpertemperatur bis gegen Ende des Zyklus um mindestens 0,2 Grad.

C1 Beschreibe den Kurvenverlauf!

C2 Begründe, an welchem Tag des Zyklus der Eisprung vermutlich stattgefunden hat!

C3 Nenne andere mögliche Ursachen für einen länger anhaltenden Anstieg der Temperaturkurve!

/// **IM BLICKPUNKT MEDIZIN** //

Sexuell übertragbare Infektionen

SEXUELL ÜBERTRAGBARE KRANKHEITEN ·
STI sind sexuell übertragbare Infektionen. Diese Abkürzung geht auf den englischen Begriff *sexually transmitted infections* zurück. STI sind nicht nur in Deutschland, sondern auf der ganzen Welt verbreitet. Viele Menschen merken gar nicht, dass sie sich mit solch einer Infektion angesteckt haben und geben sie unwissentlich an andere weiter. STI werden vor allem durch sexuelle Kontakte übertragen. Erreger dieser Krankheiten können Viren, Bakterien, Pilze oder auch tierische Einzeller sein.
Neben den klassischen Geschlechtskrankheiten wie Tripper oder Syphilis sind heute vor allem Aids, Hepatitis B, HPV, Genital-

01 Kampagne der BZgA

herpes und Pilzinfektionen von Bedeutung. Das Risiko, sich mit den Krankheitserregern anzustecken, lässt sich durch die Benutzung von Kondomen verringern.

Name der STI	Erreger	Symptome	Besonderheiten
Hepatitis B	Hepatitis-B-Viren	Abgeschlagenheit, Appetitlosigkeit, Muskel- und Gelenkschmerzen, leichtes Fieber, bei chronischer Hepatitis schwere Leberschäden möglich	hohe Ansteckungsgefahr, weltweit eine der häufigsten Infektionskrankheiten, Schutzimpfung möglich
HPV	Humane Papillomviren	Symptome vielfältig: Von der Ausbildung schmerzhafter Feigwarzen bis hin zu bösartigen Gewebewucherungen, die bei Frauen zu Gebärmutterhalskrebs werden können.	Stamm von Viren, der in mehr als 100 Gruppen eingeteilt werden kann; Schutzimpfung möglich, empfohlen vor dem ersten sexuellen Kontakt
HIV	Humane Immundefizienzviren	unbehandelte Infektionen führen nach einer unterschiedlich langen symptomfreien Phase in der Regel zu Aids (erworbenes Immundefizitsyndrom)	keine Schutzimpfung, Heilung bisher nicht möglich
Gonorrhoe (Tripper)	Gonokokken (Bakterium *Neisseria gonorrhoeae*)	Brennen beim Wasserlassen, starker Juckreiz, eitriger Ausfluss aus den Geschlechtsorganen, ohne ärztliche Behandlung Impotenz oder Unfruchtbarkeit möglich	überwiegend junge Erwachsene im Alter von 15–25 Jahren betroffen, Behandlung mittels Antibiotika
Chlamydieninfektion	Chlamydien (Bakterien, oft *Chlamydia trachomatis*)	meist unauffällige Symptome, kommt es durch eine Entzündung zum Verschluss der Eileiter kann Unfruchtbarkeit eine Folge sein	weltweit häufigste bakterielle STI (circa 100 Millionen Neuinfektionen pro Jahr), Behandlung mittels Antibiotika

02 Ausgewählte sexuell übertragbare Krankheiten

Informationsbeschaffung

*Für einen Vortrag, zur Erstellung eines Steckbriefes oder auch um sich intensiver auf eine Klassenarbeit vorzubereiten, ist es notwendig neue **Informationen** zu einem Thema zu erschließen. Dafür kann man unterschiedliche **Medien** nutzen. Grundlegende Informationen enthält dein **Schulbuch**. Es gibt einen Überblick, mit dem du dir eine gesicherte Wissensbasis schaffen kannst. In einem **Lexikon** findet man ebenfalls grundlegende Informationen zu einem bestimmten Thema. Die Einträge sind alphabetisch geordnet, sodass man schnell Informationen finden kann. Hat man einen ersten Überblick über sein Thema erlangt, kann der Besuch einer **Bibliothek** hilfreich sein. Dort gibt es neben Fachbüchern auch ein breites Angebot an Fachzeitschriften und Tageszeitungen. Diese sind nützlich, um weiterführende Informationen zu erhalten. Eine Mind-Map, Notizen und eine Gliederung zum Thema können helfen, den Überblick nicht zu verlieren. Auch **Experten** können eine wichtige Informationsquelle sein. Apotheker, Ärzte, Wissenschaftler oder Mitarbeiter vom Zoo helfen gerne bei biologischen Fragestellungen. Will man sich zum Beispiel über die sexuell übertragbare Krankheiten informieren, ist es ratsam, einem Arzt oder einer Ärztin die Fragen zu stellen. Bevor man jedoch einen Experten aufsucht, sollte man sich konkrete Fragen zu seinem Thema überlegen und aufschreiben. Meist ist es auch erforderlich, sich telefonisch oder schriftlich bei einem Experten anzumelden und einen Termin auszumachen.*

*Um geeignete Abbildungen, Fotos oder aktuelle Informationen zu erhalten, nutzt man das **Internet**. Die Internetrecherche erfolgt über eine Suchmaschine. Eine große Anzahl von Internetadressen können damit nacheinander durchsucht werden. Da eine Suchmaschine viele Suchtreffer anzeigt, ist es wichtig, die Suche mit mehreren Stichwörtern einzugrenzen. Danach kann man die Internet-adressen mit den gesuchten Informationen aufrufen. Die Informationen, die man im Internet findet, sind auf Wissenschaftlichkeit und Wahrheitsgehalt zu prüfen. Alle genutzten Internetseiten müssen mit Datum und Uhrzeit notiert werden.*

1 *Informiere dich zum Thema „Sexuell übertragbare Krankheiten"! Nutze alle zur Verfügung stehenden Medien! Erstelle ein Poster!*

www.bzga.de
www.aidshilfe.de
www.profamilia.de

Fachbücher, Fachzeitschriften und Lexika

Schulbuch

Experten

Internet

01 Woher bekomme ich Informationen?

A ▶ Pubertät

Kann ich ...

1 」 die körperlichen Veränderungen eines Jungen und eines Mädchens während der Pubertät vergleichen? *(Seite 186 und 187)*

2 」 die Wirkung der Geschlechtshormone während der Pubertät erläutern? *(Seite 187)*

3 」 jeweils Beispiele für die Veränderungen im Verhalten von Jungen und Mädchen während der Pubertät beschreiben? *(Seite 188)*

4 」 erläutern, was man unter Geschlechtsreife versteht? *(Seite 187)*

5 」 beschreiben, wie sich Akne bilden kann? *(Seite 187)*

6 」 erläutern, was Flirten ist? *(Seite 188)*

7 」 den Bau der männlichen Geschlechtsorgane beschreiben? *(Seite 192)*

8 」 den Bau der weiblichen Geschlechtsorgane beschreiben? *(Seite 193)*

9 」 den Bau und die Bildung von Spermienzellen beschreiben? *(Seite 192 und 194)*

10 」 den Bau und die Bildung einer Eizelle beschreiben? *(Seite 193 und 194)*

11 」 erläutern, was man unter Erektion, Orgasmus und Ejakulation versteht? *(Seite 194)*

B ▶ Fortpflanzung

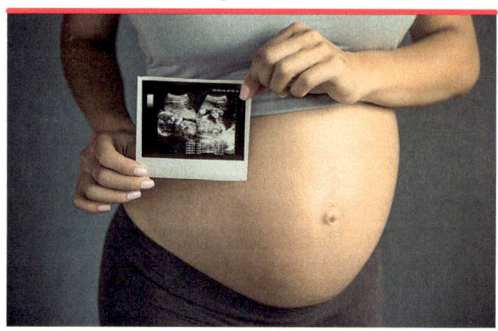

Kann ich ...

1 」 erläutern, was man unter Menstruation versteht? *(Seite 197)*

2 」 die Vorgänge während des Menstruationszyklus anhand eines Schemas beschreiben? *(Seite 196 und 197)*

3 」 Bedingungen nennen, unter denen der Monatszyklus von der normalen Dauer abweichen kann? *(Seite 197)*

4 」 erklären, weshalb während der Menstruation besonders auf Hygiene geachtet werden muss? *(Seite 197)*

5 」 erklären, weshalb nach einer Befruchtung keine Monatsblutungen mehr auftreten? *(Seite 196 und 197)*

6 」 erklären, weshalb die Erbsubstanz in den Zellen eines Kindes sowohl vom Vater als auch von der Mutter stammt? *(Seite 198)*

7 」 Vorgänge nennen, die von Geschlechtshormonen ausgelöst werden? *(Seite 186 und 187 sowie Seite 196 und 197)*

8 」 beschreiben, wie sich die befruchtete Eizelle weiterentwickelt? *(Seite 198)*

9 」 beschreiben, wie der Embryo im Mutterleib versorgt wird? *(Seite 198)*

10 」 den Unterschied zwischen eineiigen und zweieiigen Zwillingen erklären? *(Seite 198)*

C ▸ Von der Geburt bis zum Tod

Kann ich …

1 ⌡ vorgeburtliche und nachgeburtliche Phasen der Entwicklung nennen und beschreiben? *(Seite 198 sowie Seite 202 und 203)*

2 ⌡ begründen, warum die Individualentwicklung bei jedem Menschen unterschiedlich verläuft? *(Seite 186 sowie Seite 202 bis 204)*

3 ⌡ am Beispiel des Menschen das Basiskonzept Entwicklung erläutern? *(Seite 204)*

D ▸ Liebe und Sexualität

Kann ich …

1 ⌡ verschiedene Ausdrucksformen der Liebe beschreiben? *(Seite 206)*

2 ⌡ beschreiben, woran man erkennt, dass man sich verliebt hat? *(Seite 207)*

3 ⌡ beschreiben, wie sich eine Partnerschaft entwickeln kann? *(Seite 207)*

4 ⌡ beschreiben, welche Probleme in einer Partnerschaft entstehen können? *(Seite 207)*

5 ⌡ verschiedene Ausdrucksformen der Sexualität beschreiben? *(Seite 207)*

6 ⌡ erläutern, was man unter den Begriffen heterosexuell, homosexuell und bisexuell versteht? *(Seite 208)*

7 ⌡ beschreiben, was ein Coming-out ist? *(Seite 208)*

8 ⌡ den Begriff Geschlechtsidentität erläutern? *(Seite 208)*

E ▸ Verhütungsmethoden

Kann ich …

1 ⌡ verschiedene Verhütungsmethoden beschreiben? *(Seite 210 bis 212)*

2 ⌡ die Verhütungsmethoden nach dem Grad ihrer Zuverlässigkeit ordnen? *(Seite 210 bis 212)*

3 ⌡ Verhütungsmethoden nennen, die sich auch für Jugendliche eignen? *(Seite 210 bis 212)*

4 ⌡ die Wirkung hormoneller Verhütungsmethoden beschreiben? *(Seite 212)*

5 ⌡ beschreiben, worauf man bei der Verwendung der Pille achten muss? *(Seite 212)*

6 ⌡ sexuell übertragbare Infektionen nennen und Möglichkeiten beschreiben, solchen Infektionen vorzubeugen? *(Seite 214)*

Stoff- und Energiewechsel bei Samen- pflanzen

In diesem Kapitel beschäftigst du dich mit

▶ dem Aufbau von Samenpflanzen. Du erfährst, wie die Pflanzenteile gebaut sind. Außerdem lernst du, welche Aufgaben die unterschiedlichen pflanzlichen Organe haben.

▶ der Fotosynthese. Du erfährst, wie Pflanzen unter Nutzung des Sonnenlichts energiereiche Stoffe herstellen. Du lernst, welche Stoffe die Pflanze für diesen Stoffwechselprozess aufnehmen muss, wie die Aufnahme erfolgt und welche Bedeutung die Fotosynthese für die Pflanze hat.

- Versuchen zur Fotosynthese. Mit ihrer Hilfe findest du heraus, von welchen Faktoren die Fotosyntheseleistung einer Pflanze abhängt.

- der Zellatmung. Du lernst, wie Pflanzen, Tiere und Menschen energiereiche Stoffe für sich nutzbar machen und welche Wechselwirkungen zwischen den unterschiedlichen Ernährungsweisen bestehen.

01 Weizenpflanzen:
A Jungpflanzen
B Wurzelspitze

Bau und Funktion der Wurzel

Pflanzenorgane wie das Laubblatt, die Spross-
achse und die Wurzel sind als Anlagen schon im
Keimling einer Samenpflanze vorhanden. Bei
der Keimung bricht zuerst die Wurzelanlage
durch die Samenschale und die Wurzelbildung
beginnt. Welche Funktion der Wurzel ist für die
Pflanze so wichtig? Welche Besonderheiten im
Bau ermöglichen ihre Erfüllung?

DER BAU ERMÖGLICHT DIE FUNKTION ·
Während des Wachstums verzweigen sich die
Wurzeln. Von den Haupt- und Nebenwurzeln
gehen Seitenwurzeln ab, an deren Enden sich
viele *Wurzelhaare* befinden. Durch die starke
Verzweigung ist die Pflanze gut im Boden ver-
ankert. Gleichzeitig wird die Aufnahme von
Wasser und Mineralstoffen durch die große
Zahl der Wurzelhaare erleichtert.

Wenn Wurzeln wachsen, teilen sich in der *Zell-*
teilungszone ständig Zellen. Dickwandige Zellen werden nach unten zur Wurzelspitze hin
abgegeben. Sie bilden die *Wurzelhaube* und
schützen den Vegetationspunkt. Die Zellen der
Wurzelhaube sterben nach wenigen Tagen und
bilden eine schleimige Schicht, die das Eindringen der Wurzel in das Erdreich fördert. An die
Zellteilungszone schließt sich die *Streckungs-*
zone an. In ihr wachsen die Zellen und differenzieren sich zu Zellen verschiedener Gewebe.
Die äußeren Zellen bilden die *Wurzelhaut,* auch
Rhizodermis genannt. Die Wurzelhautzellen bilden bis zehn Millimeter lange Zellfortsätze, die
Wurzelhaare. Wurzelhaarzellen sind nur einige
Tage lebensfähig und werden daher ständig
nachgebildet. Durch die große Zahl der Wurzelhaare vergrößert sich die Oberfläche enorm.

Oberflächenvergrößerung ist ein Grundprinzip von Organen mit Stoffaufnahmefunktion. So hat eine Weizenpflanze etwa zehn Milliarden Wurzelhaare. Die Gesamtoberfläche dieser Zellen beträgt ungefähr 400 Quadratmeter. Ihre große Oberfläche dient hauptsächlich der Wasseraufnahme. Nach innen schließen sich an die Rhizodermis das *Rindengewebe* und das *Kontrollgewebe* an. Rindengewebe leitet das Wasser in Richtung Zentralzylinder. In ihm befinden sich die Leitbündel. Das einschichtige Kontrollgewebe regelt die Wasseraufnahme in den Zentralzylinder. In seinen Leitbündeln wird das Wasser zur Sprossachse und weiter zu Blättern und Blüten transportiert. Dazu dienen *Gefäße*. In *Siebröhren* gelangen organische Stoffe von den Blättern über die Sprossachse zu den Wurzelzellen. Das ist nötig, denn die Zellen der Wurzeln enthalten kein Chlorophyll und sind daher heterotrophe Zellen.

Neben Geweben, die der Stoffleitung dienen, enthalten Leitbündel auch Festigungsgewebe. Zusammen mit dem Rindengewebe erhöhen sie die Zugfestigkeit der Wurzel und tragen zur Verankerung der Pflanze im Boden bei.

Einige Wurzeln lagern in den Rindenzellen Speicherstoffe ab, wie Stärke oder Zucker. Mit ihrer Hilfe kann die Pflanze den Winter überdauern und im Frühjahr neu austreiben.

1] Nenne die Funktionen der Wurzel!

2] Erläutere am Beispiel der Wurzelhaare den Zusammenhang zwischen Bau und Funktion!

3] Wüstenpflanzen besitzen ein besonders stark verzweigtes Wurzelsystem. Begründe den Vorteil für diese Pflanzen!

4] Schneide eine Möhre einmal längs und einmal quer auf.
a) Betrachte den Längs- und Querschnitt einer Möhre! Benenne die erkennbaren Teile dieser Wurzel!
b) Erläutere, weshalb Möhren eine dicke Hauptwurzel bilden!

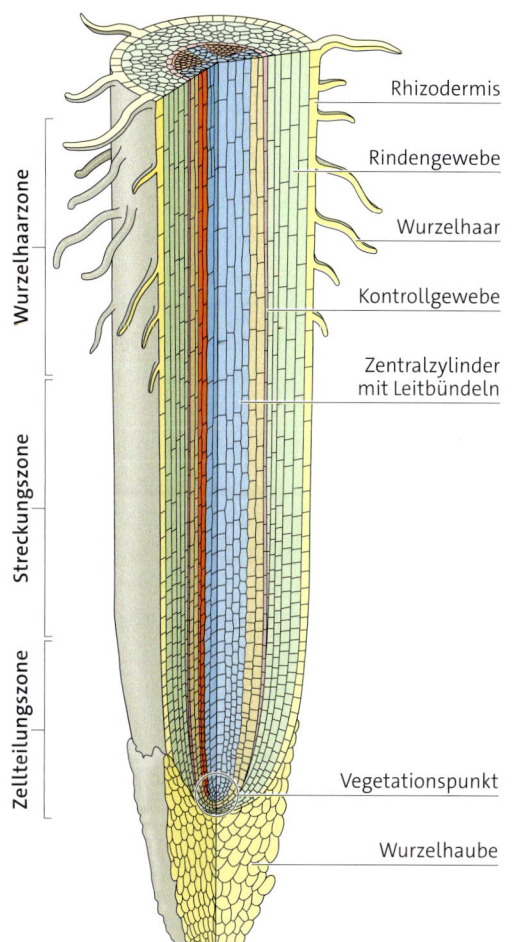

Gewebe = Ansammlung gleichartiger Zellen, die eine gemeinsame Aufgabe erfüllen

02 Bau der Wurzel – Längsschnitt (schematisch)

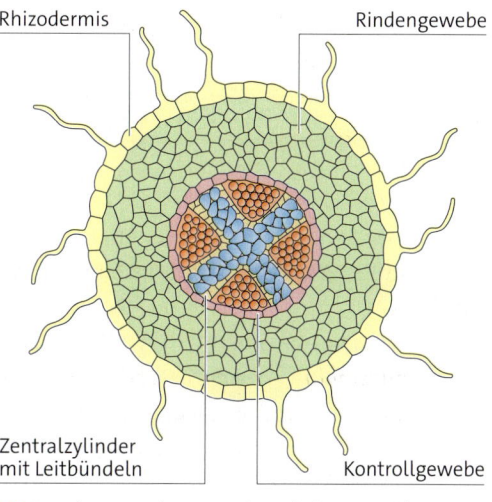

03 Bau der Wurzel – Querschnitt (schematisch)

AUFNAHME VON WASSER · Wurzelhaarzellen sind lebende Zellen. Sie besitzen wie alle pflanzlichen Zellen eine Zellwand. Diese dient dem Schutz der Zelle. Weil sie Poren besitzt, ist sie für fast alle Stoffe durchlässig, also *permeabel*. Der Zellwand liegt die Zellmembran an, welche das Zellplasma umhüllt. Die Zellmembran stellt die lebende Grenze jeder Zelle dar und ist für Wasser leicht, für andere Stoffe jedoch nicht oder nur bedingt durchlässig. Daher wird sie als halbdurchlässig oder *semipermeabel* bezeichnet.

Das Zellplasma mit seinen Vakuolen enthält viele gelöste Stoffe. Die Teilchen, beispielsweise Zuckermoleküle, können die Zellmembran aufgrund ihrer Größe nicht passieren. Die lang gestreckten Wurzelhaarzellen sind von Bodenwasser umgeben. Zwischen dem Bodenwasser außerhalb der Zelle und dem Zellsaft in den Vakuolen besteht ein Konzentrationsunterschied. Der Konzentrationsausgleich durch die semipermeable Membran kann nur in eine Richtung erfolgen, weil nur Wasserteilchen die Membran durchdringen können. Daher diffundiert das Wasser in die Zelle. Diesen Prozess bezeichnet man als **Osmose.**

lateinisch semi = halb

lateinisch permeo = durchgehen, durchwandern

Durch die Vielzahl der lang gestreckten Wurzelhaare ist die Oberfläche so groß, dass eine mittelgroße Birke auf diese Weise bis zu 200 Liter Wasser am Tag aufnehmen kann.

Das in die Wurzelhaarzellen aufgenommene Wasser wird von Rindenzelle zu Rindenzelle bis in die Leitbündel des Zentralzylinders weitergeleitet. Dabei erfolgt der Transport innerhalb der Zellen durch **Diffusion,** von Zelle zu Zelle wiederum durch Osmose.

So entsteht in den Leitbündeln der Wurzel ein Wasserüberschuss, den man als *Wurzeldruck* bezeichnet. Dieser Wurzeldruck bildet eine Ursache für den Wassertransport in der Sprossachse, der entgegengesetzt der Schwerkraft erfolgt.

AUFNAHME VON MINERALSTOFFEN · Im Bodenwasser sind verschiedene Mineralstoffe gelöst. Eine Reihe dieser Salze werden von der Pflanze in unterschiedlichen Mengen für den Aufbau körpereigener Stoffe benötigt. Sie werden ebenfalls von den Wurzelhaarzellen aufgenommen. Für die Aufnahme der Mineralstoffe sind jedoch spezielle Transportproteine verantwortlich, die sich in der Zellmembran befinden. Sie transportieren jeweils nur bestimmte Stoffe in die Zelle. Dieser Transport erfordert im Gegensatz zur Wasseraufnahme Energie.

5 ⌡ Beschreibe den Weg des Wassers vom Boden bis in den Zentralzylinder!

6 ⌡ Definiere die Begriffe Diffusion und Osmose! Nutze dazu die folgenden Seiten!

7 ⌡ Erkläre den Wassertransport aus dem Boden bis zum Zentralzylinder aufgrund von Diffusion und Osmose!

8 ⌡ Begründe, dass durch den Einsatz von zu viel Mineraldünger Pflanzen bei der Aufnahme von Wasser aus dem Boden beeinträchtigt werden können!

Vakuole mit Zellsaft (hoch konzentrierte Lösung; hohe Anzahl gelöster Teilchen, geringe Anzahl der Wassermoleküle)

Zellmembranen (halbdurchlässige Membranen)

Bodenteilchen

Wurzelzellen

Bodenwasser (schwach konzentrierte Lösung; geringe Anzahl gelöster Teilchen, große Anzahl der Wassermoleküle)

→ Osmose
→ Diffusion

04 Wasseraufnahme aus dem Boden

Material A ▸ Rote Bete

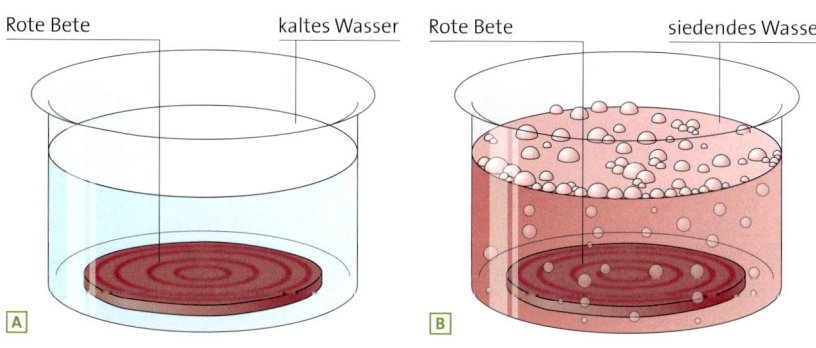

Rote Bete | kaltes Wasser

A

Rote Bete | siedendes Wasser

B

Die Abbildungen zeigen Versuche mit Scheiben von Roter Bete. Ihr Farbstoff liegt in den Vakuolen ihrer Zellen.

A1 Beschreibe die Ergebnisse der in den beiden Abbildungen dargestellten Versuche!

A2 Erkläre die Ergebnisse der beiden Versuche!

VERSUCH B ▸ Versuche mit Gurkenscheiben

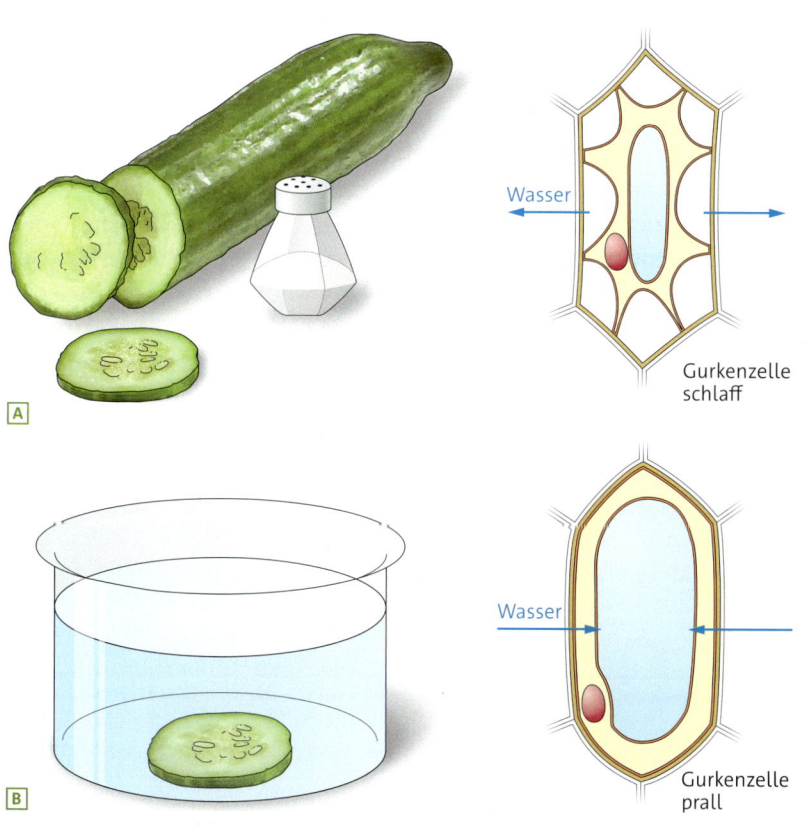

A

Wasser

Gurkenzelle schlaff

B

Wasser

Gurkenzelle prall

Schneide eine Gurke in Scheiben und bestreue sie mit Kochsalz.
Bald bedeckt eine dünne Wasserschicht die Gurkenscheibe. Vergleicht man sie mit einer frischen Gurkenscheibe, so hat sie ihre Form verändert und ist weicher geworden.

B1 Erkläre, woher das Wasser stammt!

B2 Die Gurkenscheibe ist weicher geworden und hat ihre Form geändert. Begründe!

B3 Die Gurkenscheibe wird in destilliertes Wasser gelegt. Stelle eine begründete Vermutung auf, wie sich die Scheibe ändern wird!

B4 Wenn man einen Salat anrichtet, soll die Vinaigrette, die aus Essig, Salz, Zucker und Öl besteht, erst kurz vor dem Servieren zum Salat gegeben werden. Begründe!

Material C ▸ Salzbelastung

Das Tote Meer hat einen Salzgehalt von bis zu 33 Prozent. Ansonsten liegt der Salzgehalt von Meerwasser bei 0,35 bis 0,37 Prozent.

C1 Erkläre, warum im Toten Meer außer einigen wenigen Bakterien keine Lebewesen existieren können!

C2 Stelle eine Vermutung auf, warum in der mit Kalisalz-Abwässern belasteten Werra nur noch wenige Arten vorkommen!

Stofftransport durch Diffusion und Osmose

01 Zucker in verschiedenen Korngrößen

DIFFUSION · Zucker lässt sich im Mörser zerkleinern, bis man streufähigen Zucker aus ganz kleinen Körnchen erhält. Gibt man solche Körnchen auf den Boden eines Glases und füllt vorsichtig mit Wasser auf, so verschwindet der Zucker nach einiger Zeit scheinbar, auch wenn nicht umgerührt wurde. In Wirklichkeit ist der Zucker aber noch vorhanden. Dies kann man durch eine Geschmacksprobe überprüfen. Das Wasser schmeckt süß, der Zucker ist also noch da. Das Wasser hat den Zucker in kleine, nicht sichtbare Teilchen aufgelöst. Die Teilchen bewegen sich ständig und haben sich so vom Boden des Glases aus im gesamten Wasser

gleichmäßig ausgebreitet. Diesen Vorgang nennt man *Diffusion*.

Verwendet man statt des Zuckers einen Farbstoff, so kann man die Diffusion auch mit den Augen verfolgen.
Gelöste Teilchen haben immer das Bestreben, sich in einem Raum gleichmäßig zu verteilen. Dabei läuft die Diffusion immer von dem Ort, an dem die Teilchen in großer Anzahl vorliegen, in Richtung des Ortes, an dem sie in geringer Anzahl vorhanden sind. Wenn alle Teilchen im verfügbaren Raum gleichmäßig verteilt sind, ist die Diffusion beendet.

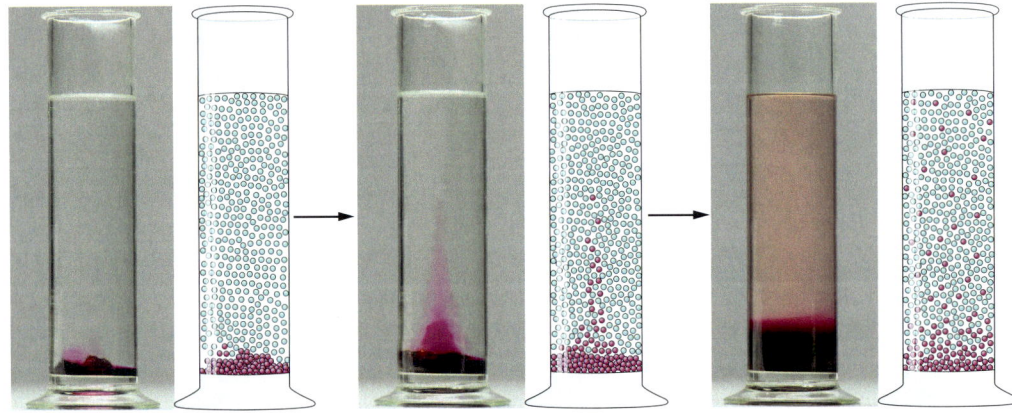

02 Diffusion eines rotvioletten Farbstoffs in Wasser

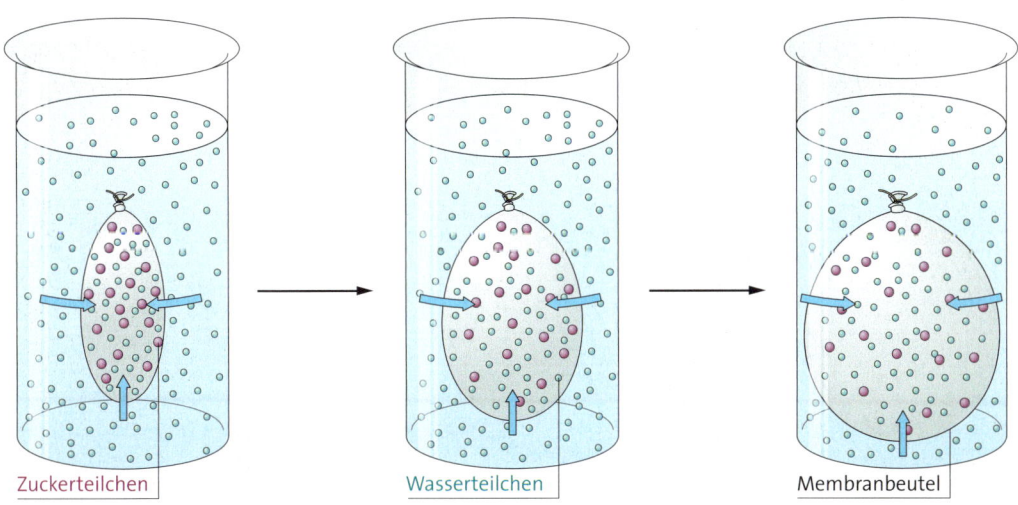

Zuckerteilchen   Wasserteilchen   Membranbeutel

03 Modell der Osmose

OSMOSE

OSMOSE · Im Zellsaft der Vakuole einer Pflanzenzelle sind viele Teilchen gelöst. Die Anzahl der gelösten Teilchen ist dort größer als im Zellplasma, und die Anzahl der freien Wasserteilchen ist geringer. Daher diffundieren Wasserteilchen aus dem Zellplasma in die Vakuole. Nun fehlt Wasser im Zellplasma. Dadurch strömt Wasser durch Diffusion von außen in die Zelle ein. Möglich ist das, weil Membranen für Wasser durchlässig sind.

Auch die gelösten Zuckerteilchen haben das Bestreben zu diffundieren. Für sie ist die Vakuolenmembran aber nicht durchlässig. Eine solche eingeschränkte Diffusion, die zwar Wasser durchtreten lässt, aber größere Teilchen nicht, nennt man *Osmose*. Die Membran bezeichnet man wegen dieser Eigenschaft als halbdurchlässig oder *semipermeabel*.

Die Osmose führt dazu, dass sich die Vakuole immer stärker mit Wasser füllt, sich ausdehnt, das Zellplasma an die Zellwand drückt und dadurch die Zelle leicht aufbläht. Die Zelle erhält auf diese Weise eine höhere Stabilität, vergleichbar mit einem Luftballon, den man aufbläst.

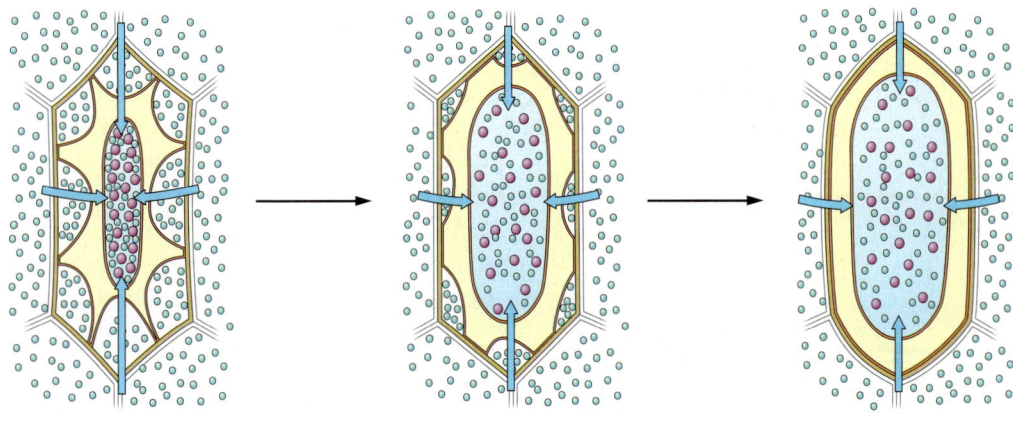

04 Osmose in der Zelle (Schema)

01 Ungewöhnlich
gewachsene
Baumstämme

Bau und Funktion der Sprossachse

Junge, frisch gepflanzte Bäume werden häufig mit einer Stütze gegen Windbruch versehen. Entfernt man die Halteschlinge zu spät, kann sie zu eng werden, sodass es zu einem eigenartigen Wachstum kommt. Wie ist die Verdickung oberhalb der Schlinge zu erklären?

BAU DER SPROSSACHSE · Bei Samenpflanzen gibt es viele unterschiedlich geformte Sprossachsen: die Halme der Gräser, die Stängel der krautigen Pflanzen und die Stämme der holzigen Pflanzen. Trotzdem ist der Grundbau der Sprossachsen bei allen Samenpflanzen gleich. Die Sprossachse wird durch die *Epidermis* mit *Kutikula* vor Verdunstung geschützt. Im Querschnitt der Sprossachse fallen besonders die *Leitbündel* auf. Sie liegen im *Zentralzylinder*, der nach außen durch ein Abschlussgewebe begrenzt wird. Die Leitbündel reichen von den Wurzeln bis in die Blätter und sind für den Stofftransport verantwortlich. In den Leitbündeln befindet sich das *Kambium*, welches das Dickenwachstum der Sprossachse bewirkt. Es bildet neue Zellen, aus denen nach innen *Gefäße* und nach außen hin *Siebröhren* entstehen. Der Zentralzylinder wird außen vom *Rindengewebe* umschlossen und geht im Innern in das Mark über. Rindengewebe und *Markgewebe* können der Speicherung von Nährstoffen dienen.

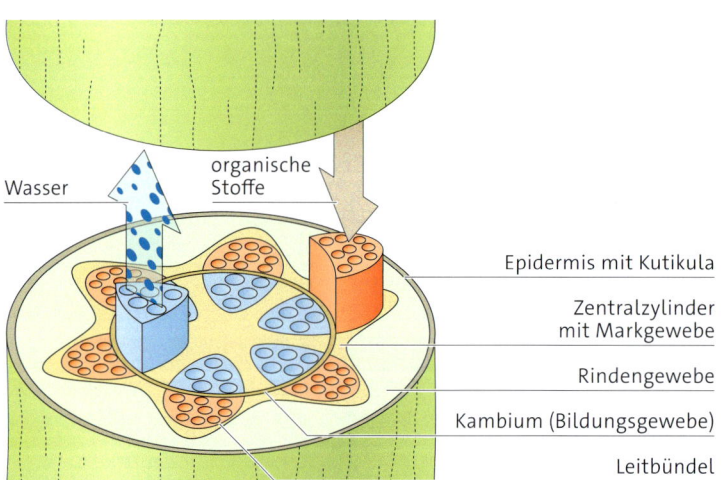

02 Querschnitt der Sprossachse (schematisch)

Wasser
organische Stoffe
Epidermis mit Kutikula
Zentralzylinder mit Markgewebe
Rindengewebe
Kambium (Bildungsgewebe)
Leitbündel

WASSERLEITUNG IN DEN GEFÄSSEN · Durch die Wasseraufnahme in den Wurzeln entsteht ein **Wurzeldruck.** Er reicht aber nicht aus, um das Wasser in den Gefäßen bis in die Blätter zu befördern. Bei der Wasserleitung entgegen der Schwerkraft spielen weitere physikalische Kräfte eine Rolle.

Gefäße bestehen aus langen, abgestorbenen Zellen, deren Zwischenwände fehlen. So entstehen lange kapillarähnliche Röhren. Die *Kapillarwirkung* in den Gefäßen beruht auf **Kohäsion,** in diesem Fall auf den Anziehungskräften zwischen den Wasserteilchen, und **Adhäsion,** den Anziehungskräften zwischen Wasserteilchen und Gefäßwänden. Sie verhindern ein Abreißen des Wasserstroms in den Gefäßen.

Zudem geben die Laubblätter ständig Wasser an die Umgebung ab. Durch diese **Transpiration** entsteht in den Gefäßen ein Unterdruck, sodass ständig Wasser angesaugt wird. Diese Sogkraft heißt **Transpirationssog.**

Durch das Zusammenwirken dieser Kräfte wird das Wasser auch in Gehölzen, die wie der Riesen-Mammutbaum über 100 Meter hoch sind, bis in die Blattspitzen transportiert.

TRANSPORT ORGANISCHER STOFFE · Die Zellen der Wurzeln besitzen kein Chlorophyll und sind daher heterotroph. Sie benötigen für ihre Ernährung organische Stoffe. Häufig werden auch organische Stoffe in den Wurzeln gespeichert. Diese Stoffe werden in den Siebröhren von den Blättern zu den Wurzeln transportiert. Siebröhren sind lebende Zellen, die durch Plasmastränge untereinander in Verbindung stehen.

Werden die Siebröhren eingeengt, beispielsweise durch eine enge Schlinge, wird der Transport organischer Stoffe in die Wurzeln behindert. Dadurch kommt es zu ihrer Anreicherung oberhalb der Abschnürung. Dies kann ein verstärktes Dickenwachstum auslösen. Solche Prozesse erklären die ungewöhnliche Form der Baumstämme auf der Abbildung 01.

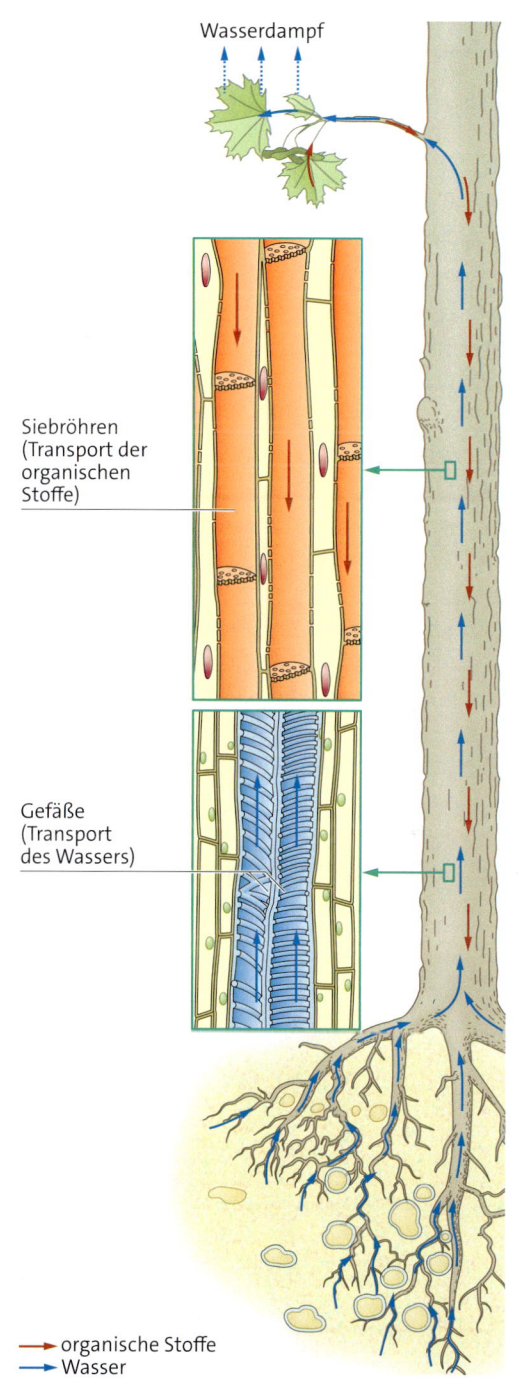

Wasserdampf

Siebröhren
(Transport der
organischen
Stoffe)

Gefäße
(Transport
des Wassers)

→ organische Stoffe
→ Wasser

03 Stofftransport in der Sprossachse

1 Nenne die Funktionen einer Sprossachse!

2 Erkläre die Wasserleitung in der Sprossachse!

Wachstum bei Bäumen

LÄNGENWACHSTUM · Wie bei allen Pflanzen geht das Längenwachstum der Bäume von den Bildungsgeweben in den Sprossspitzen aus. Durch ständige Zellteilungen entstehen neue Zellen, die sich später zu den einzelnen Geweben differenzieren, sodass der Grundaufbau der oberirdischen Teile entsteht. Nach dem Streckungswachstum der Zellen lagern sie Zellulose und Lignin, den Holzstoff, in die Zellwände ein. Pflanzenzellen beenden ihr Wachstum, wenn die Zellwand fertig ausgebildet ist.

DICKENWACHSTUM · Das Dickenwachstum der Sprossachse erfolgt durch ständige Neubildung von Zellen im Kambium. Bei Bäumen und Sträuchern verholzen die Gefäße durch verstärkte Lignineinlagerungen und bilden so den Holzteil eines Baumes. In jedem Frühjahr produziert das Kambium große Zellen. In dieser Jahreszeit sind Wasser- und Mineralstoffangebot ausreichend und es herrschen die günstigsten Wachstumsbedingungen. Ab dem Spätsommer sinkt das Wasserangebot, die Wachstumsbedingungen werden schlechter und das Kambium bildet dick-

wandigere, kleinere Zellen. Im Querschnitt eines Baumstamms zeigen sich diese unterschiedlichen Wachstumsphasen durch Jahresringe. Sie bestehen aus einem breiten, helleren Sommerring, dem Frühholz, und aus einem schmalen, dunklen Winterring, dem Spätholz.

Die Siebröhren sind als faseriges weißes Gewebe, Bast genannt, unter der Borke des Baumes erkennbar. Die Borke entsteht aus abgestorbenen Teilen des Bastes und aus Korkzellen, die von der äußeren Schicht des Rindengewebes gebildet werden. Sie ist undurchlässig für Wasser und Nährstoffe und hat vor allem Schutzfunktion. So werden durch eine intakte Borke Pilzinfektionen des Baumes verhindert.

1 J Von einem Baum wurde im Sommer ein fünf Zentimeter breiter Streifen Borke und Bast ringförmig um den Stamm entfernt. Der Baum veränderte zunächst sein Aussehen nicht. Erkläre, warum er im nächsten Frühjahr abgestorben war!

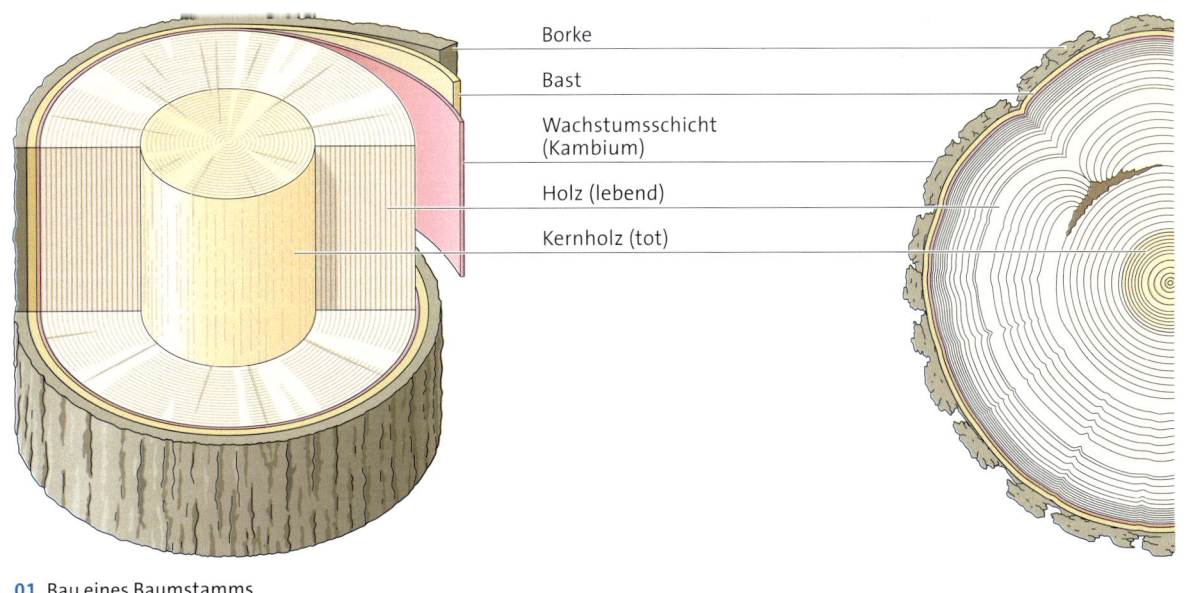

Borke
Bast
Wachstumsschicht (Kambium)
Holz (lebend)
Kernholz (tot)

01 Bau eines Baumstamms

VERSUCH A ▸ Färbung von Blüten

Material:
zwei Bechergläser, weißblütige Schnittblumen, Staudensellerie, Eosin, Tinte

Durchführung:
Fülle die Bechergläser mit Wasser und gib jeweils eine Farblösung hinzu.

Stelle in jedes Becherglas einen Stängel vom Staudensellerie und einen Stängel mit Blüten. Positioniere sie an einem hellen, warmen Ort.

A1 Notiere deine Beobachtungen!

A2 Fertige einen Querschnitt und einen Längsschnitt der Spross-achse vom Staudensellerie an und betrachte sie unter dem Mikroskop!

A3 Erkläre die Veränderungen der Sprossachsen und der Blüten!

Material B ▸ Wasserleitung in der Sprossachse

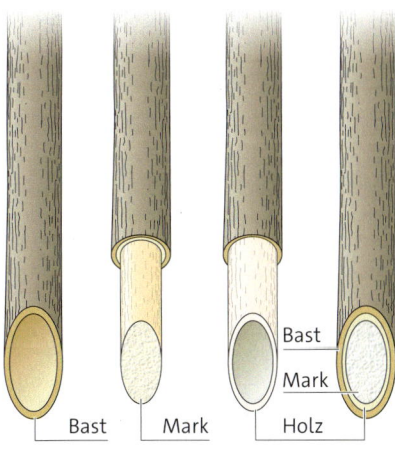

Bast   Mark   Holz

Bast
Mark

Drei gleich große, ungefähr einen Zentimeter dicke, beblätterte Zweige eines Holunderstrauchs wurden frisch geschnitten. Mittels Messer und Bohrer wurden Teile der Sprossachse wie folgt entfernt:
1. Holz und Mark
2. Borke, Bast und Holz
3. Borke, Bast und Mark
Anschließend wurden die Zweige so in Bechergläser mit Wasser gestellt, dass nur die präparierten Zweigenden im Wasser standen.

Eine dünne Ölschicht auf der Wasser-oberfläche verhinderte die Verduns-tung. Die Wasserstände wurden markiert.

B1 Stelle begründete Vermutungen an, ob beziehungsweise wie sich die Wasserstände in den Becher-gläsern verändern werden!

B2 Stelle eine begründete Vermutung auf, in welcher Reihenfolge die Blätter der Zweige absterben werden!

Material C ▸ Ahornsirup

Ahornsirup ist sehr süß und wurde schon traditionell von den Irokesen, einem kanadischen Indianerstamm, gewonnen. Die Gewinnung des Sirups ist einfach. Noch heute wird dazu eine Kerbe in den Baum geschlagen, in ei-nem Gefäß die austretende Flüssigkeit aufgefangen und später eingedickt.

C1 Erläutere, aus welcher Schicht des Baumes die aufgefangene Flüssig-keit stammt!

C2 Erkläre, warum der Sirup Zucker enthält!

C3 Begründe, dass junge Bäume nicht angezapft werden dürfen!

01 Buchenblätter mit Blattadern

Das Laubblatt – Ort der Fotosynthese

Laubblätter müssen als Orte der Fotosynthese verschiedene Aufgaben erfüllen: Sie ermöglichen einen Gasaustausch mit der umgebenden Luft und nutzen das Sonnenlicht, um Fotosynthese zu betreiben. Doch wie erfüllen Laubblätter diese so unterschiedlichen Aufgaben?

BLATTADERN · Betrachtet man das Laubblatt einer Hainbuche aus der Nähe, so erkennt man mit bloßem Auge, dass die grüne Blattfläche von verzweigten *Blattadern* durchzogen ist. Sie bilden ein Netzwerk von *Leitungsbahnen* und sorgen innerhalb des Blattes für eine Stoffverteilung. Das aus den Wurzeln ankommende Wasser kann so im ganzen Blatt verteilt werden. Während die Blattflächen zwischen den Blattadern Fotosynthese betreiben, erfüllen die Blattadern mit ihrer speziellen **Struktur** von Leitungsbahnen die **Funktion** eines Verteilungssystems. Innerhalb des Blattes besteht somit eine *Aufgabenteilung*.

SCHICHT FÜR SCHICHT · Mikroskopiert man den Querschnitt eines Hainbuchenlaubblattes, ist ein schichtartiger Aufbau zu erkennen. Die auffälligste Schicht ist durch lang gestreckte,

chloroplastenreiche und dicht nebeneinander angeordnete Zellen gekennzeichnet. Solche Zellverbände heiße *Gewebe*. Aufgrund der palisadenartigen Anordnung der Zellen wird dieses Gewebe als Palisadenschicht oder **Palisadengewebe** bezeichnet. Durch die Ausrichtung der Zellen kann das Sonnenlicht, das senkrecht auf die Blattoberfläche trifft, tief in die Zellen eindringen. Hierdurch können auch die Chloroplasten der unteren Zellabschnitte noch Fotosynthese betreiben.

Zudem ist das Palisadengewebe nahezu lückenlos, sodass ein großer Teil des Lichts von dieser Schicht aufgenommen und für die Fotosynthese genutzt werden kann. Die Struktur des Palisadengewebes begünstigt somit eine hohe Fotosyntheserate. An das Palisadengewebe grenzt nach oben eine lückenlose Zellschicht aus chloroplastenfreien Zellen. Die Zellwände dieser Zellen sind leicht verdickt und bilden eine Schutzschicht des Blattes nach außen. Da diese Zellschicht eine Art Außenhaut darstellt, wird sie als **Epidermis** bezeichnet. Das Blatt weist an der Unterseite eine ähnliche Zellschicht auf, daher unterscheidet man zwischen unterer und **oberer Epidermis.** Insbesondere die obere

griechisch epi = darauf

griechisch derma = Haut

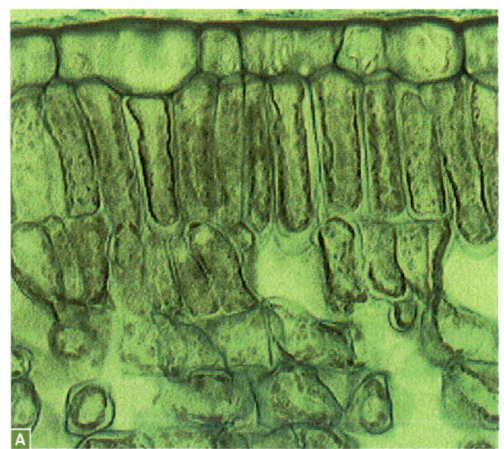

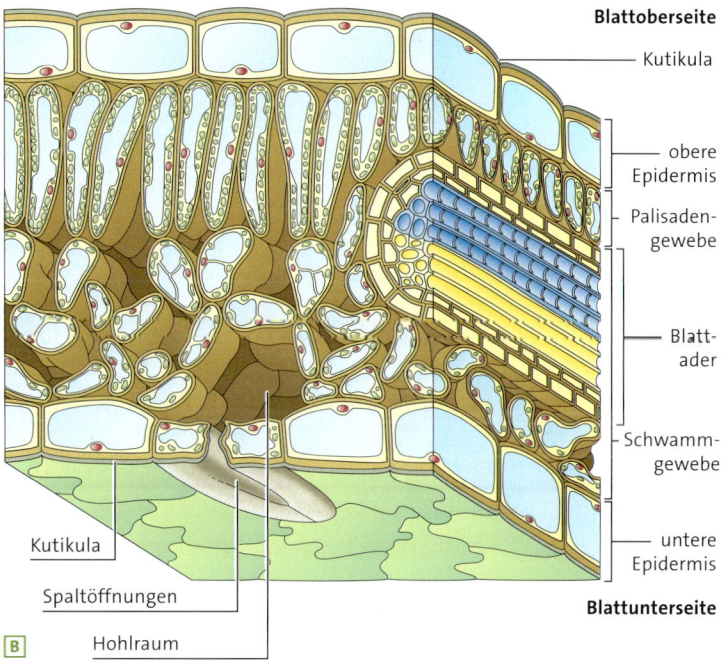

Blattoberseite

Kutikula

obere Epidermis

Palisadengewebe

Blattader

Schwammgewebe

untere Epidermis

Blattunterseite

Kutikula

Spaltöffnungen

B Hohlraum

02 Aufbau eines Laubblattes: **A** mikroskopische Aufnahme, Querschnitt, **B** dreidimensionales Modell

Epidermis weist einen wachsartigen Überzug, die **Kutikula,** auf. Die Kutikula vermindert den Wasserverlust über die Blattoberfläche. Die Struktur der Epidermis mit Kutikula, verdickten Zellwänden und fehlenden Zellzwischenräumen begünstigt die Schutzfunktion.

Die **untere Epidermis** weist regelmäßige Öffnungen auf, die **Spaltöffnungen.** Durch diese Öffnungen kann ein Gasaustausch des Blattes mit der umgebenden Luft erfolgen.

An die Unterseite der Palisadenschicht grenzt eine Gewebeschicht aus rundlich ovalen Zellen mit wenigen Chloroplasten. Zwischen den Zellen sind große, luftgefüllte Zellzwischenräume. Aufgrund dieses lockeren Aufbaus wird diese Schicht als **Schwammgewebe** bezeichnet. Die miteinander verbundenen Zellzwischenräume stellen ein Luftverteilungssystem dar, das mit den Spaltöffnungen verbunden ist.

BASISKONZEPT

Struktur und Funktion

*Die Gewebe eines Laubblattes zeigen deutliche Unterschiede im Aufbau und in der Anordnung ihrer Zellen. Während das Schwammgewebe viele Zellzwischenräume aufweist, fehlen diese im Palisadengewebe. Diese Unterschiede werden durch die jeweilige Funktion der Gewebe verständlich: Die Zellzwischenräume in der Schwammschicht ermöglichen einen effektiven Gasaustausch. Entsprechende Zellzwischenräume in der Palisadenschicht würden hingegen deren Fotosynthesefunktion beeinträchtigen, da mehr Licht diese Schicht ungenutzt passieren könnte. Diesen Zusammenhang zwischen Strukturen und ihren Funktionen findet man auch bei anderen Merkmalen. Im Gegensatz zum Palisadengewebe weisen die Zellen des Schwammgewebes eine geringe Chloroplastendichte auf. Da im Schwammgewebe nur noch wenig Licht ankommt, genügt diese geringe Chloroplastendichte, um das restliche Licht für Fotosynthese zu nutzen. Zugleich wird kein Zellmaterial für den Aufbau weiterer Chloroplasten verschwendet. Diesen generellen Zusammenhang zwischen Strukturen und ihren Funktionen bezeichnet man als **Basiskonzept Struktur und Funktion.***

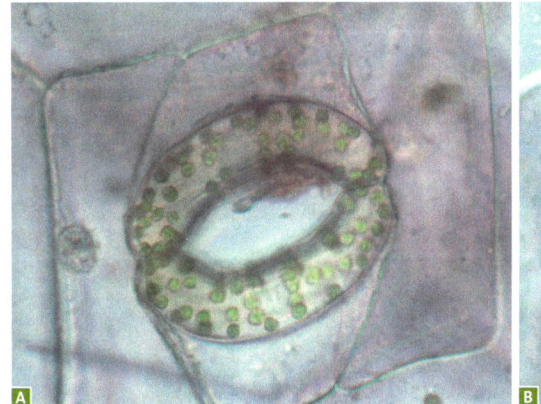
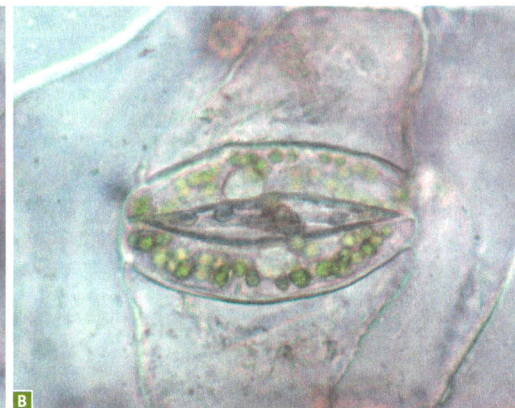

03 Spaltöffnungen:
A im geöffneten Zustand,
B im geschlossenen Zustand

SPALTÖFFNUNGEN · Die Versorgung eines Laubblattes mit Kohlenstoffdioxid für die Fotosynthese sichern Spaltöffnungen über den Gasaustausch mit der Umgebungsluft. Gleichzeitig entweicht durch diese Spaltöffnungen auch Wasserdampf, da die Luft in den Zellzwischenräumen des Schwammgewebes eine hohe Luftfeuchtigkeit aufweist. Diese Wasserdampfabgabe bezeichnet man als **Transpiration.** Sie sorgt dafür, dass neues Wasser in die Blätter nachströmen kann. Hierdurch wird ein Wasserstrom von der Wurzel bis zu den Blättern ermöglicht, mit dem die im Bodenwasser gelösten Mineralstoffe durch die Pflanze bis zu den Blättern transportiert werden. Somit erfüllen die Spaltöffnungen sowohl die Funktion des Gasaustauschs als auch die der Transpiration. Die Wasserabgabe über Spalt-

öffnungen würde jedoch bei Wassermangel zum Verwelken der Pflanze führen. Dieses Problem wird gelöst, indem sich Spaltöffnungen schließen können.

Spaltöffnungen entstehen jeweils zwischen zwei speziellen Zellen, den **Schließzellen.** Diese Schließzellen sind länglich und nur an ihren Enden miteinander verbunden, sodass zwischen ihnen ein Spalt besteht. Zudem sind die Zellwände der Schließzellen, die direkt an den Spalt grenzen, deutlich verdickt. Die gegenüberliegenden Zellwände sind hingegen dünn. Bei guter Wasserversorgung der Pflanze sind die Schließzellen prall mit Wasser gefüllt und ihre dünnen Zellwände wölben sich nach außen. Hierdurch sind die Zellen leicht bohnenförmig gekrümmt, sodass der Spalt zwischen den Schließzellen geöffnet ist. Nimmt der Wassergehalt in den Zellen bei Wassermangel ab, gehen die Schließzellen wieder in eine gerade Form über, sodass sich der Spalt schließt. Abhängig vom Wassergehalt der Schließzellen sind die Spaltöffnungen also geschlossen oder geöffnet.

1 ⌡ Notiere in einer Tabelle die Gewebeschichten eines Hainbuchenlaubblattes und gib deren Funktionen an!

2 ⌡ Erläutere die Funktionsweise der Schließzellen mithilfe des Basiskonzepts Struktur und Funktion!

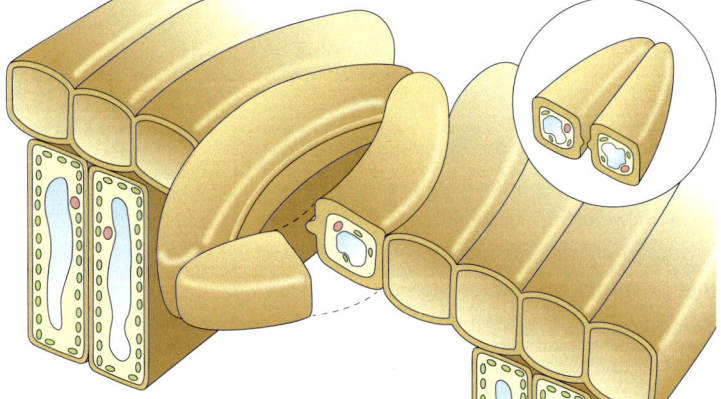

04 Modell einer Spaltöffnung mit Schließzellen (Schema)

Material A ► Nachweise zum Ort der Transpiration

Dass Pflanzen Wasser an ihre Außenluft abgeben, lässt sich leicht nachweisen: Man stülpt eine Plastiktüte über die oberirdischen Pflanzenteile und verschließt sie eng um den Stängel. Meist kann man schon am nächsten Tag kondensierte Wassertropfen an der Innenseite der Plastiktüte erkennen. Die Frage, über welche Pflanzenteile diese Wasserabgabe erfolgt, lässt sich experimentell ermitteln. Hierzu werden sechs Reagenzgläser mit einer jeweils gleichen Wassermenge befüllt und der Wasserstand mit einem Folienstift markiert. In drei der Reagenzgläser werden Pflanzenstängel ohne Blätter gestellt, während die drei weiteren Reagenzgläser mit beblätterten Pflanzenstängeln bestückt werden. Abschließend wird die Wasseroberfläche mit einer dünnen Schicht Öl bedeckt. Nach zwei Tagen wird der Wasserstand aller drei Reagenzgläser wieder abgelesen.

A1 Formuliere die Vermutung, die mit dem dargestellten Versuch überprüft werden kann!

A2 Erkläre, warum es sinnvoll ist, pro Versuchsansatz drei Reagenzgläser anzusetzen!

A3 Erläutere, warum in die Reagenzgläser eine dünne Schicht Öl gegeben wird!

A4 Beschreibe und deute das in der Versuchsskizze dargestellte Versuchsergebnis!

A5 Entwirf einen Versuchsaufbau, mit dem nachgewiesen werden kann, über welche Blattseite die Wasserdampfabgabe erfolgt! Hierfür stehen dir die Materialien des vorangegangenen Versuchsaufbaus und zusätzlich Tesafilm, Vaseline, Watte und Papier zur Verfügung.

Hinweise: *Es müssen nicht alle Materialien verwendet werden!*

A6 Formuliere eine begründete Vorhersage für das Ergebnis des von dir geplanten Versuchs!

/// METHODE //

Eine Mind-Map erstellen

Um sich einen Überblick über ein Themengebiet zu verschaffen, kann man wesentliche Begriffe notieren. Eine solche Liste von Begriffen verdeutlicht jedoch noch nicht, welche Begriffe eine übergeordnete Bedeutung haben und dabei helfen können, das Themengebiet zu strukturieren. Dies wird möglich, wenn man die gesammelten Begriffe in Form einer Mind-Map ordnet. Hierbei ist es hilfreich, schrittweise nach der folgenden Anleitung vorzugehen:

1. Schritt: Begriffe sammeln
Zunächst werden zu einem Thema Begriffe gesammelt und notiert.

> Palisadengewebe, Epidermis, Schwammgewebe, Kutikula, Fotosynthese, Transpiration, Chlorophyll

2. Schritt: Oberbegriffe finden
Um diese gesammelten Begriffe strukturieren zu können, benötigt man Oberbegriffe, denen die anderen Begriffe zugeordnet werden können. Manchmal bietet die Sammlung bereits solche Oberbegriffe. Meistens müssen sie jedoch erst gefunden werden. Dieses Festlegen von Oberbegriffen ist entscheidend für die Struktur einer Mind-Map.

> Fotosynthese Transpiration Blattaufbau

3. Schritt: Hauptäste der Mind-Map entwerfen
Ausgehend von dem Begriff, der das gewählte Thema bezeichnet, können nun mithilfe der Oberbegriffe erste Abzweigungen vom Zentrum der Mind-Map entworfen werden.

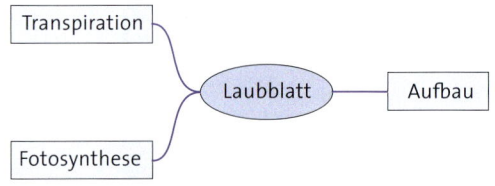

02 Einfache Mapstruktur mit drei Ästen

4. Schritt: Weitere Begriffe einordnen
Diese Grundstruktur kann nun genutzt werden, um weitere Begriffe einzuordnen, die dann zum Beispiel eine weitere Verzweigung der Oberbegriffe bilden. Somit werden die Teilthemen, die durch die Oberbegriffe benannt werden, durch immer mehr Details ergänzt.

5. Schritt: Verbindungen zwischen den Hauptästen markieren
Obwohl die Hauptäste unterschiedliche Teilthemen darstellen, bestehen teilweise Zusammenhänge zwischen den unterschiedlichen Ästen. Diese Verbindungen können zum Beispiel durch Doppelpfeile, Kreise oder andere Symbole verdeutlicht werden.

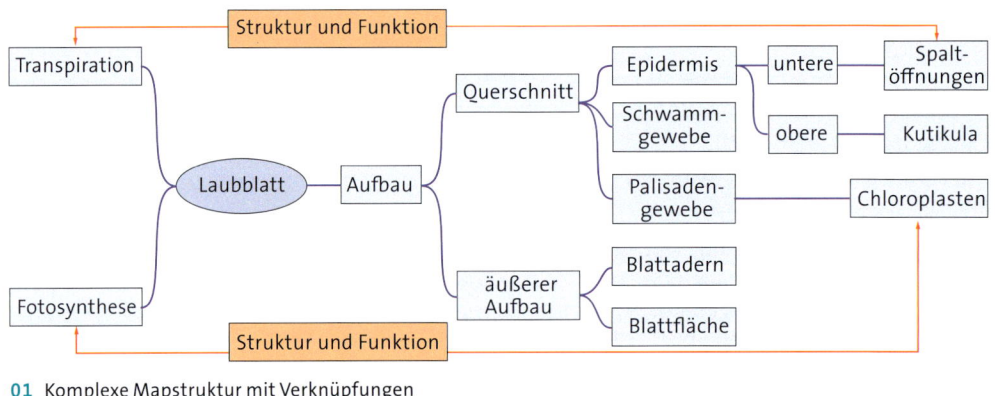

01 Komplexe Mapstruktur mit Verknüpfungen

Eine Concept-Map erstellen

Eine Mind-Map ordnet die Begriffe eines Themengebiets hierarchisch, stellt jedoch nicht genauer dar, wie die Begriffe miteinander verknüpft sind. Diese Verknüpfung zwischen den Begriffen eines Themengebiets wird durch eine Concept-Map verdeutlicht. Die Grundeinheit einer Concept-Map besteht somit aus folgender Abfolge: Begriff – Verknüpfung – Begriff.

Der Zusammenhang, dass eine Concept-Map aus Begriffen besteht, kann so dargestellt werden:

Da eine Concept-Map nicht nur aus Begriffen, sondern auch aus Verknüpfungen besteht, kann die Darstellung wie folgt erweitert werden:

Da es sich bei den Verknüpfungen um Verknüpfungen der Begriffe handelt, kann dies ebenfalls ergänzt werden:

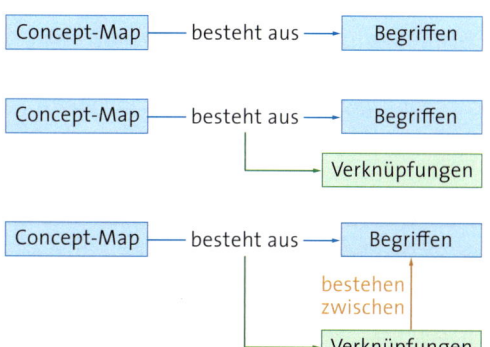

Bei der Erstellung einer Concept-Map ist es sinnvoll, eine bestimmte Abfolge der Schritte einzuhalten. Zunächst sollten Begriffe zu dem ausgewählten Thema gesammelt werden. Aus dieser Sammlung kann dann ein zentraler Begriff als Ausgangspunkt der Concept-Map ausgewählt werden (orange). Ausgehend von diesem zentralen Begriff kann ein erster Ast aus einem weiteren Begriff und einer entsprechenden Verknüpfung entwickelt werden. Nach diesem Muster können dann weitere Äste ergänzt werden (grün). Abschließend können Verknüpfungen zwischen einzelnen Ästen vorgenommen werden.

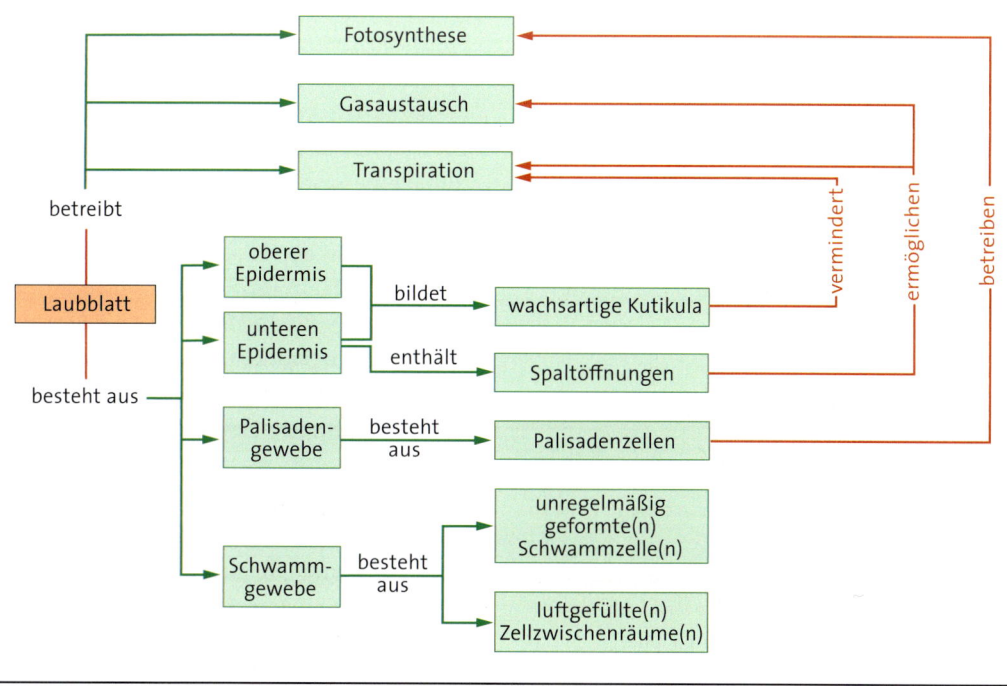

236

01 Apfelbaum
mit reifen Äpfeln

Die Fotosynthese

In jedem Sommer reifen an Apfelbäumen neue saftige Äpfel. Viele Tiere und auch wir Menschen nutzen die zuckerhaltigen Äpfel als Nahrung. Wie gelingt es den Bäumen, diesen Zucker zu bilden?

griechisch phos = Licht

griechisch synthesis = Aufbau

PFLANZEN BILDEN GLUKOSE · Pflanzen wie der Apfelbaum bilden im Sommer Früchte. Durch die Bildung der Äpfel erhöht sich die Masse des Baumes. Die Masse, die in Lebewesen gebunden ist, nennt man **Biomasse.** Zur Biomasse einer Pflanze gehören neben den Früchten auch Wurzeln, Stängel und Laubblätter.

CO_2 = *Formel für Kohlenstoffdioxid*

O_2 = *Formel für Sauerstoff*

H_2O = *Formel für Wasser*

$C_6H_{12}O_6$ = *Formel für Glukose*

02 Wort- und Bruttogleichung der Fotosynthese

Lichtenergie

Wasser + Kohlenstoffdioxid → Sauerstoff + Glukose
$6 H_2O$ + $6 CO_2$ → $6 O_2$ + $C_6H_{12}O_6$

Fotosynthese

Stärke

Wasser

Nicht nur zur Apfelernte, sondern auch über die Jahre hinweg lässt sich eine Zunahme der Biomasse beobachten. Die Biomasse enthält viel Wasser. Entzieht man ihr das Wasser, erhält man die *Trockenmasse*. Auch die Trockenmasse einer Pflanze nimmt Jahr für Jahr zu. Woher kommt diese zusätzliche Masse?

Die Massenzunahme ließe sich beispielsweise durch eine Stoffaufnahme aus der Erde erklären. Überprüft man die Trockenmasse der Erde in einem Pflanzgefäß, zeigt sich auch nach längerer Zeit nur ein geringer Massenverlust. Hieraus kann man schließen, dass die Stoffe, die zur erhöhten Trockenmasse führen, aus der Luft stammen. Und tatsächlich nehmen Pflanzen viel Kohlenstoffdioxid aus der Luft auf. Zusammen mit Wasser bilden sie daraus Glukose. Pflanzen sind also in der Lage, Kohlenstoffdioxid und Wasser in Glukose umzuwandeln. Dabei entsteht zudem Sauerstoff. Diesen Prozess nennt man **Fotosynthese.** Mithilfe der Glukose können Pflanzen wie der Apfelbaum wachsen und Früchte bilden.

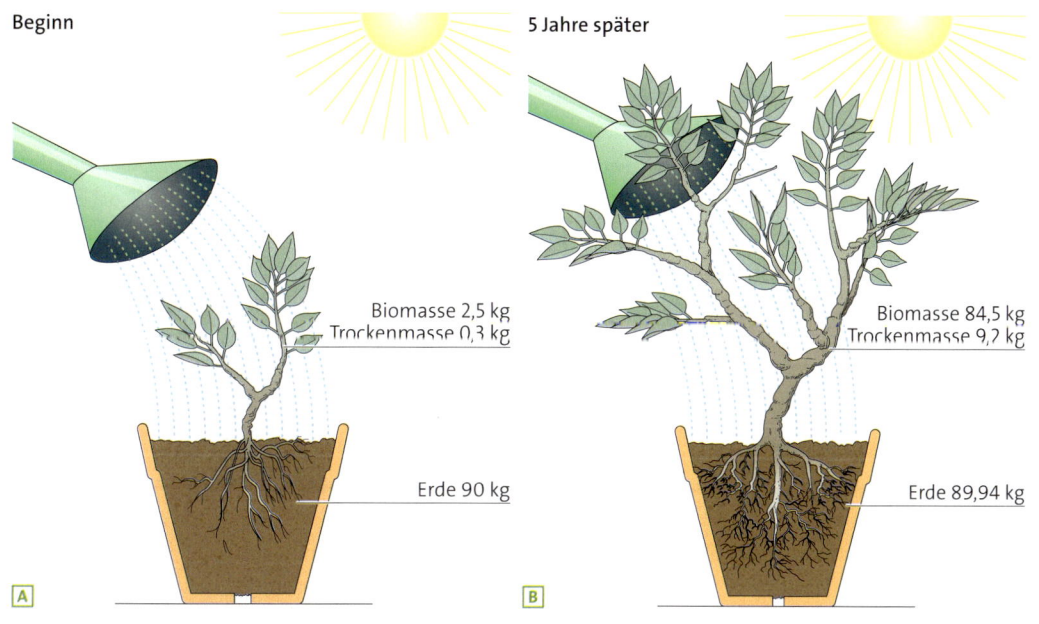

Beginn

Biomasse 2,5 kg
Trockenmasse 0,3 kg

Erde 90 kg

A

5 Jahre später

Biomasse 84,5 kg
Trockenmasse 9,2 kg

Erde 89,94 kg

B

03 Biomasse und Trockenmasse eines Apfelbaums:
A zu Beginn der Beobachtung,
B nach fünf Jahren

PFLANZEN NUTZEN LICHT · Glukose ist ein sehr energiereicher Stoff. Um diesen Stoff aus den energiearmen Stoffen Wasser und Kohlenstoffdioxid bilden zu können, müssen Pflanzen Energie in Form von Sonnenlicht aufnehmen. Diese Sonnenenergie wandeln sie mithilfe von Chlorophyll in die *chemische Energie* der Glukose um. Aus Glukose können die Pflanzen den Speicherstoff Stärke bilden. In abgedunkelten Laubblattteilen lässt sich keine Stärke nachweisen. Für die Fotosynthese benötigen Pflanzen demnach Sonnenenergie. Neben der Stoffumwandlung findet also auch eine Energieumwandlung statt. Pflanzen bilden durch Fotosynthese die energiereiche Glukose. Diese benötigen sie zum Wachsen oder für andere Lebensprozesse sowie zur Herstellung weiterer Stoffe. Diese Art der Ernährung nennt man **autotroph.**

1 ⌡ Erstelle eine Concept-Map zur Fotosynthese! Nutze Seite 27 und verwende auch die Begriffe Stoff- und Energieumwandlung!

2 ⌡ Pflanzen leben von Luft und Licht. Erläutere diese Aussage!

griechisch autotroph = sich selbst ernährend

Stärke = Vielfachzucker aus Hunderten Traubenzuckerbausteinen

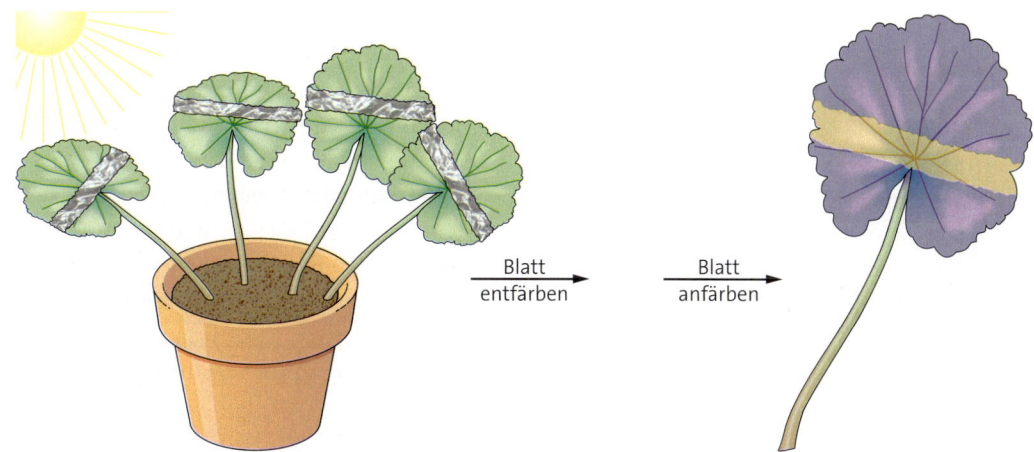

Blatt entfärben → Blatt anfärben →

04 Stärkenachweis in belichteten und abgedunkelten Laubblattteilen

EINFLUSSFAKTOREN · Das Wachstum der Pflanzen hängt von mehreren Faktoren ab, die direkt oder indirekt die Fotosynthese beeinflussen. Dazu gehören Lichtmenge, Kohlenstoffdioxidgehalt der Luft und die Höhe der Temperatur. Wenn in einer bestimmten Zeit viel Glukose und Sauerstoff gebildet werden, spricht man von einer hohen **Fotosyntheserate**. Sie ist immer dann hoch, wenn die Faktoren in einer günstigen Menge oder in einem günstigen Bereich vorliegen: Die Fotosyntheserate wird durch eine erhöhte Konzentration an Kohlenstoffdioxid in der Luft gesteigert. Dies nutzen zum Beispiel Gärtner aus, indem sie dieses Gas in Gewächshäuser einblasen. Ebenso erhöht sich innerhalb bestimmter Grenzen die Fotosyntheserate durch die Steigerung der Lichteinstrahlung.

Wie die Keimung oder das Austreiben der Blätter ist auch die Fotosynthese von der Temperatur abhängig. Bei zu hohen oder zu niedrigen Temperaturen läuft die Fotosynthese nur langsam oder gar nicht ab. Die optimale Temperatur ist für jede Pflanzenart verschieden.

FOTOSYNTHESEPRODUKTE · Mit der produzierten Glukose decken Pflanzen in erster Linie den eigenen **Energiebedarf.** Alles, was darüber hinausgeht, wird als Ausgangsstoff für die Umwandlung in andere Stoffe verwendet. Wenn viele Glukosebausteine zu Ketten verknüpft werden, entsteht je nach Art der Verknüpfung entweder **Stärke** oder **Zellulose.** Stärke ist ein Speicherstoff, Zellulose ist ein Baustoff für die Zellwand.

Glukose ist auch Ausgangsstoff zur Herstellung von **Fetten.** Die Umwandlung der Glukose führt zunächst zu den Bausteinen Glyzerin und Fettsäuren, die dann zu Fetten verknüpft werden.

Auch die Aminosäuren, die Bausteine der **Eiweißstoffe,** werden mithilfe von Glukose produziert. Dafür benötigt die Pflanze zusätzlich Mineralstoffe, die mit dem Wasser in die Zellen der Laubblätter transportiert werden.

3 ⌡ Vergleiche anhand der Abbildung 05 die Herstellung von Stärke, Zellulose, Fett und Eiweiß!

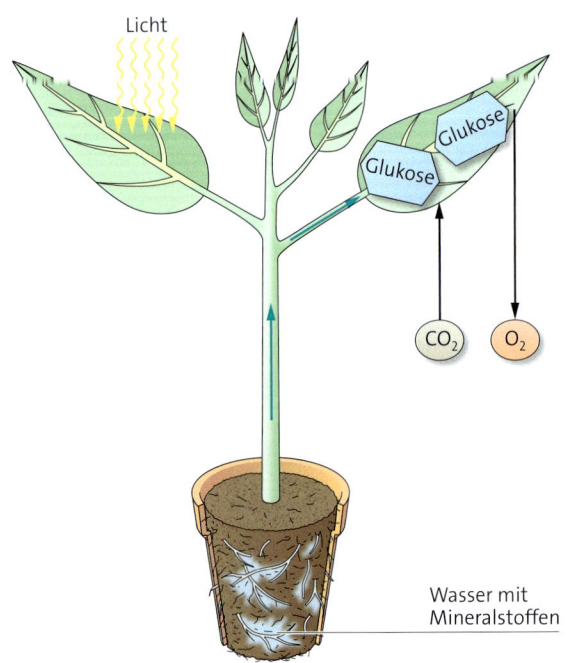

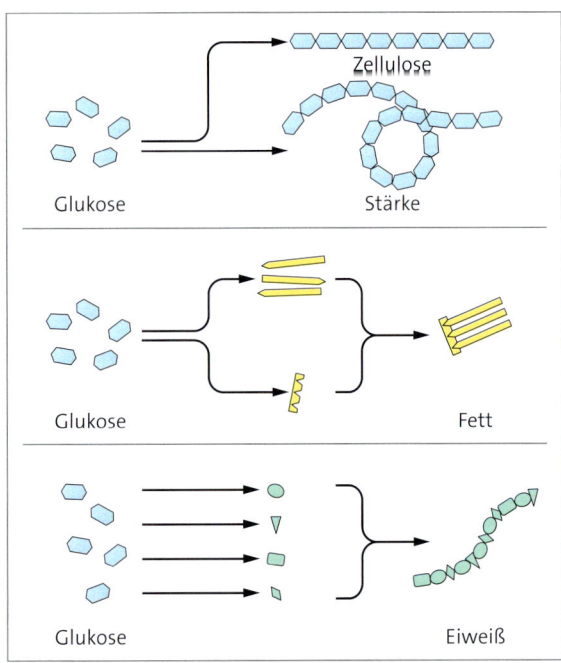

05 Umwandlungen in der Pflanze

Material A ▸ Einflussfaktor Licht

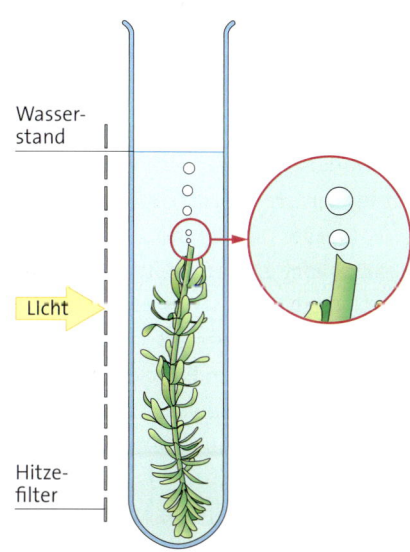

Wasser-
stand

Licht

Hitze-
filter

Ein Stängelabschnitt einer Wasserpest-
pflanze wird so in ein wassergefülltes
Reagenzglas eingesetzt, dass die schrä-
ge Schnittfläche nach oben zeigt. Der
Spross wird mit einer schwachen Licht-
stärke belichtet, die man am Reagenzglas mit einem Luxmeter misst. Nach
einer kurzen Eingewöhnungszeit wird
die Anzahl der Gasblasen gezählt, die
sich pro Minute von der Schnittfläche
des Stängels lösen. Durch Verschiebung
der Lichtquelle erhöht man die Licht-
stärke und wiederholt den beschriebenen Vorgang. Auf diese Weise werden
sieben Messwerte ermittelt

A1 Erstelle ein Liniendiagramm aus
den Werten der Tabelle!

A2 Beschreibe das erhaltene Ergebnis!

A3 Deute das Versuchsergebnis!

A4 Erläutere, weshalb ein Hitzefilter
zwischen der Lichtquelle und dem
Reagenzglas aufgestellt werden
muss, der das Licht ungehindert
passieren lässt!

A5 Gib an, was man tun könnte, um
das Ergebnis abzusichern!

Reagenzglas	1	2	3	4	5	6	7
Beleuchtungsstärke in Lux	200	1 000	4 000	8 000	16 000	24 000	32 000
Gasbläschen pro Minute	0	0	4	8	12	13	13

Material B ▸ Einflussfaktor Temperatur

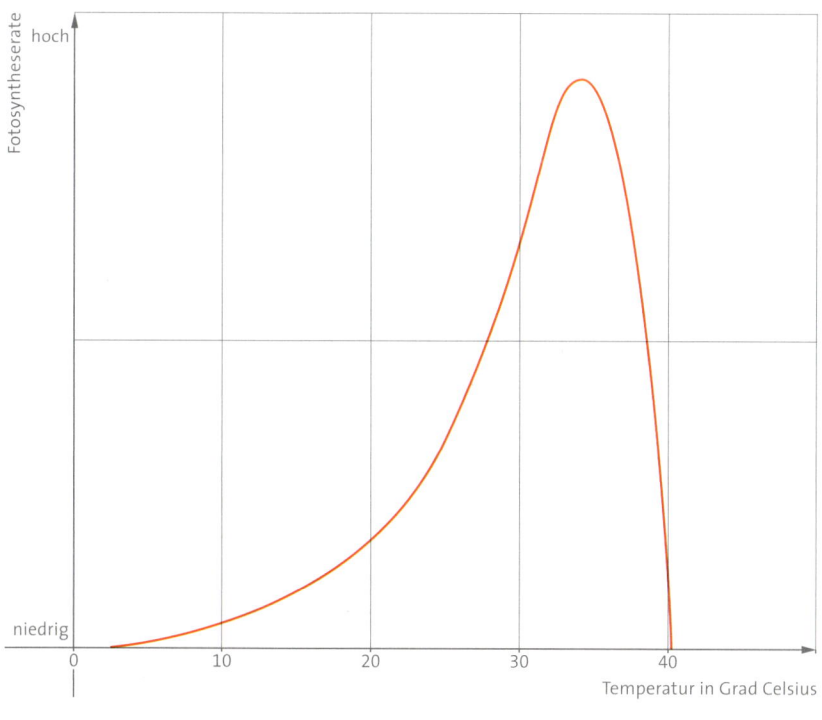

Fotosyntheserate

hoch

niedrig

0   10   20   30   40

Temperatur in Grad Celsius

Das Liniendiagramm zeigt das
Ergebnis eines Experiments zur
Wirkung der Temperatur auf die
Fotosyntheserate einer Pflanze.

B1 Beschreibe das Ergebnis!

B2 Nenne Möglichkeiten, wie man
die Fotosyntheserate im Versuch
messen könnte!

B3 Deute das Versuchsergebnis!

B4 Formuliere je eine Vermutung, wie
sich der Kurvenverlauf ändern
würde, wenn man eine Pflanze
aus Nordeuropa beziehungsweise
aus Südeuropa untersucht hätte!

240

01 Austreiben von Laubblättern und Blütenanlage aus der Endknospe einer Rosskastanie

Energiehaushalt von Pflanzen

Im Frühjahr wachsen aus Knospen Blätter und Blüten heran. Doch schon bevor die ersten Laubblätter entstehen und Fotosynthese betreiben können, findet in den Knospen Wachstum statt. Die hierfür benötigte Energie kann nicht aus der Fotosynthese kommen. Woher stammt sie dann?

ENERGIEFREISETZUNG BEI PFLANZEN · Wie alle Lebewesen benötigen Pflanzen für alle ihre Lebensprozesse Energie. Diese Energie gewinnen die Pflanzen durch denselben Stoffwechselprozess wie Tiere und der Mensch, durch die **Zellatmung.** Damit aus Knospen Blätter und Blüten heranwachsen können,

werden Speicherstoffe als Ausgangsstoffe genutzt. Pflanzen speichern die durch Fotosynthese hergestellte Glukose in Form von Stärke in Blättern, Knollen, Samen oder Knospen. Zur Gewinnung nutzbarer Energie wird die Stärke wieder in Glukose umgewandelt und in weiteren Schritten abgebaut. Dabei reagiert die energiereiche Glukose mit Sauerstoff zu den energiearmen Stoffen Kohlenstoffdioxid und Wasser.

Ein Teil der bei der Zellatmung frei werdenden Energie wird als Wärme an die Umgebung abgegeben.

Die verbleibende nutzbare Energie wird sowohl für energieaufwendige Lebensprozesse

CO_2 = Formel für Kohlenstoffdioxid

O_2 = Formel für Sauerstoff

H_2O = Formel für Wasser

$C_6H_{12}O_6$ = Formel für Glukose

02 Ablaufschema und Bruttogleichung der Zellatmung

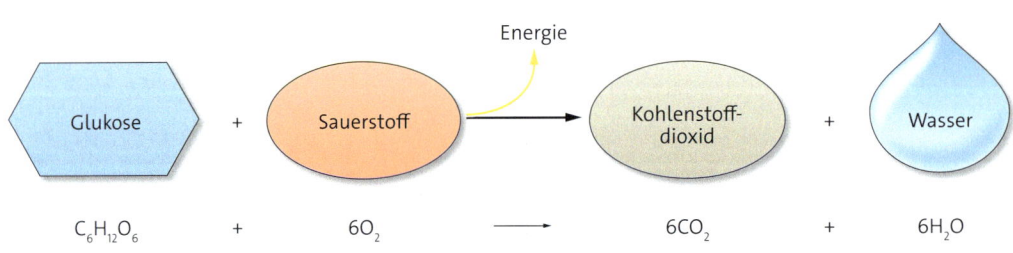

$$C_6H_{12}O_6 \quad + \quad 6O_2 \quad \longrightarrow \quad 6CO_2 \quad + \quad 6H_2O$$

als auch zum Aufbau weiterer Stoffe benötigt. So werden aus Glukose und den aus dem Boden aufgenommenen Mineralstoffen Eiweiße, Fette und viele andere pflanzliche Stoffe gebildet. Die Pflanze braucht diese Stoffe zum Aufbau neuer Zellen, beispielsweise beim Austreiben der Knospen im Frühjahr. Sobald die ersten Laubblätter entwickelt sind, kann eine Pflanze durch Fotosynthese die Glukose- und Stärkespeicher wieder auffüllen.

ORT DER ZELLATMUNG · Die Zellatmung findet innerhalb der Pflanzenzelle in spezialisierten Zellbestandteilen statt, den *Mitochondrien*. Mitochondrien kommen in Zellen von Tieren, Menschen und Pflanzen vor. Da in ihnen Energie für Lebensprozesse bereitgestellt wird, kann man Mitochondrien auch als „Kraftwerke der Zelle" bezeichnen.

ENERGIEHAUSHALT DER PFLANZE · Fotosynthese und Zellatmung sind, wie man an ihren Bruttogleichungen erkennen kann, genau gegenläufige Prozesse. Während bei der Fotosynthese Kohlenstoffdioxid und Wasser zu Glukose und Sauerstoff reagieren, entstehen bei der Zellatmung aus Glukose und Sauerstoff Wasser

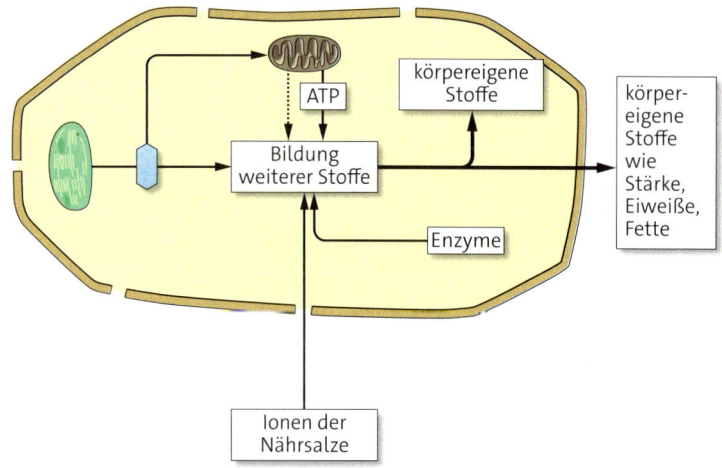

03 Bildung organischer Stoffe in der Zelle

und Kohlenstoffdioxid. Da die Pflanze wie alle Lebewesen ständig Energie benötigt, muss die Zellatmung, anders als die Fotosynthese, unabhängig vom Licht stattfinden und ständig sowohl am Tag und in der Nacht ablaufen.

1 Beschreibe die Unterschiede im Stoffwechsel eines Blattes am Tag und in der Nacht!

2 Begründe, dass die Pflanze bei Tag mehr Glukose bilden muss, als durch die Zellatmung abgebaut wird!

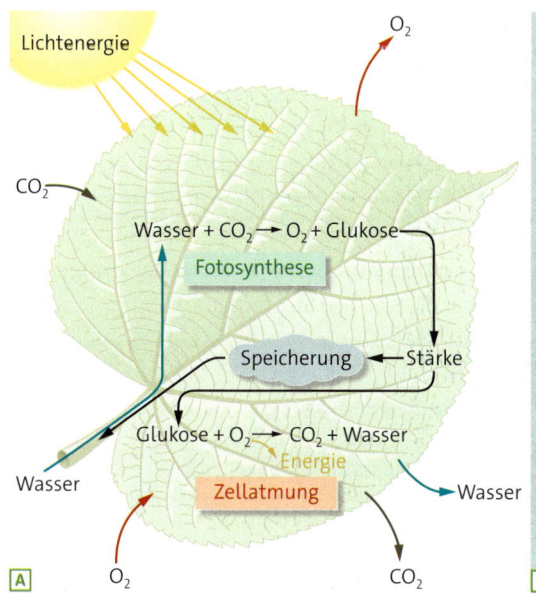

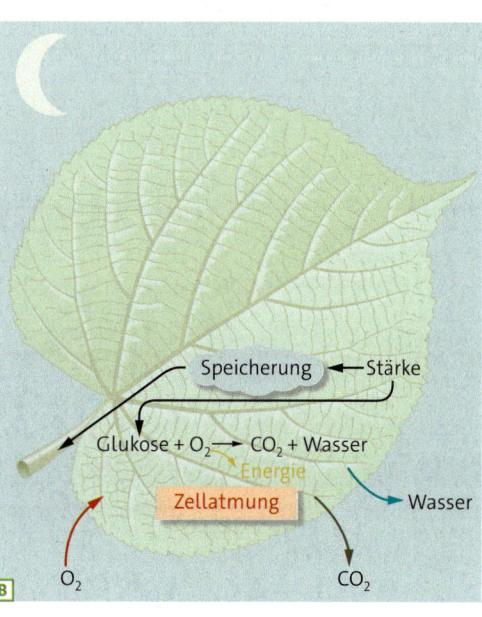

04 Energiehaushalt der Pflanze: A bei Tag, B bei Nacht

DIE VERSUCHE VON PRIESTLEY · Bereits 1771 erkannte der Chemiker Joseph PRIESTLEY, wie sich die Lebensvorgänge von Pflanzen und Tieren gegenseitig beeinflussen. Dazu führte er verschiedene Versuche durch. So setzte er zunächst eine Maus unter eine luftdicht abgeschlossene Glasglocke. Die Maus wurde nach einiger Zeit ohnmächtig und verstarb. Dann wiederholte er den Versuch mit einer Pfefferminzpflanze. Sie gedieh in dem geschlossenen Gefäß über mehrere Tage gut. In Versuch drei setzte er nun eine Maus und eine Pfefferminzpflanze gemeinsam unter die Glocke. Zusammen konnten beide mehrere Tage überleben.

06 Außenansicht der Biosphäre 2

Zur damaligen Zeit war die Zusammensetzung der Luft noch nicht bekannt. In Auswertung seiner Versuche schlussfolgerte PRIESTLEY, dass die Maus die Luft „verschlechtere", während die Pflanze sie „verbessere". Heute wissen wir, dass die Veränderungen der Luftzusammensetzung auf die Prozesse der Fotosynthese und Zellatmung zurückzuführen sind.

PROJEKT BIOSPHÄRE 2 · Was PRIESTLEY für seine Versuchsanordnung feststellte, gilt im Prinzip auch für alle Lebensräume auf dem Land oder im Wasser. In der Natur sind die Wechselwirkungen allerdings wesentlich komplexer. Um sie besser zu verstehen, wurde in der Wüste Arizonas das Experiment „Biosphäre 2" durchgeführt. Der riesige Glaskuppelbau enthielt dafür verschiedene Naturlandschaften, Platz für Landwirtschaft und Wohnräume für Menschen. Unter dieser Kuppel konnten Menschen, Tiere und Pflanzen wirklich einige Zeit ohne Zufuhr von Stoffen überleben.
Allerdings zeigte sich im Ergebnis auch, dass heute noch nicht alle Komponenten solcher Systeme bekannt sind.

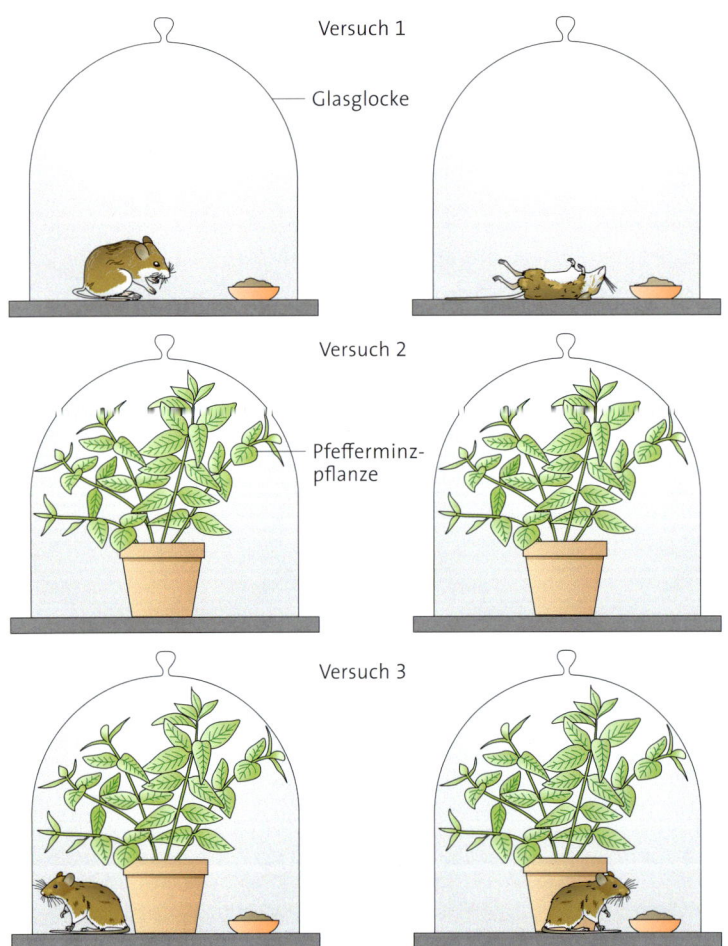

Versuch 1

Glasglocke

Versuch 2

Pfefferminz-
pflanze

Versuch 3

05 Glasglockenversuch von PRIESTLEY

3 ⌡ Erkläre, warum es der Pflanze in PRIESTLEYs zweitem Versuch möglich ist, mehrere Tage zu überleben, der Maus im ersten Versuch aber nicht!

Material A ▸ Keimende Erbsen

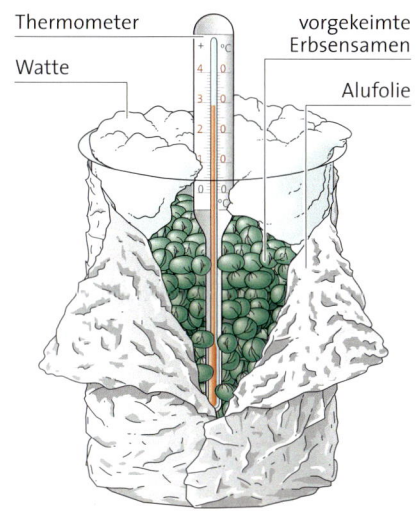

Thermometer
Watte
vorgekeimte Erbsensamen
Alufolie

In einem Experiment wurden vorge-quollene Erbsensamen in einen Glas-zylinder gefüllt. Anschließend wurde ein Thermometer in den Glaszylinder gesteckt. Das Gefäß wurde mit einem feuchten Wattebausch verschlossen und mit Aluminiumfolie locker um-wickelt. Alle zwei Minuten wurde die Temperatur abgelesen. Die erhaltenen Werte sind in der unten stehenden Tabelle eingetragen.

A1 Nenne die Frage, die durch den Versuch beantwortet werden soll!

A2 Stelle das Versuchsergebnis in einem Liniendiagramm dar!

A3 Beschreibe das erhaltene Ergeb-nis und deute es!

A4 Stelle Vermutungen an, weshalb die Erbsen im gequollenen Zustand eingesetzt wurden!

Zeit in Stunden	0	2	4	6	8	10	12	14
Temperatur in Grad Celsius	22	23,5	25,4	26	26,8	27,2	27,8	28,4

Material B ▸ Blumen im Krankenzimmer

Früher wurden in Krankenhäusern abends Blumen aus den Zimmern in den Flur gestellt, weil sie angeblich den Patienten nachts Sauerstoff zum Atmen wegnehmen und schädliches Kohlenstoffdioxid ausscheiden.

	Liegender Patient	Kleine Topfpflanze
Kohlenstoffdioxidabgabe tagsüber (Milligramm pro Stunde)	30 000	schwer nachweisbar
Kohlenstoffdioxidabgabe nachts (Milligramm pro Stunde)	24 000	14

B1 Gib die Ergebnisse der Tabelle in eigenen Worten wieder!

B2 Erkläre die Vorgänge der Zell-atmung bei Pflanzen und bei Menschen!

B3 Erkläre, weshalb die Kohlenstoff-dioxidabgabe bei Pflanzen tags-über nicht nachweisbar ist!

B4 Erläutere anhand des Diagramms die Kohlenstoffdioxidaufnahme bei einer Topfpflanze! Gehe dabei auf die negativen Werte auf der Hochachse ein!

B5 Beurteile anhand der Tabelle, ob Pflanzen abends aus dem Kranken-zimmer gebracht werden müssen!

B6 Stelle Vermutungen an, welche anderen Gründe es geben könnte, Blumen abends aus dem Kranken-zimmer zu entfernen!

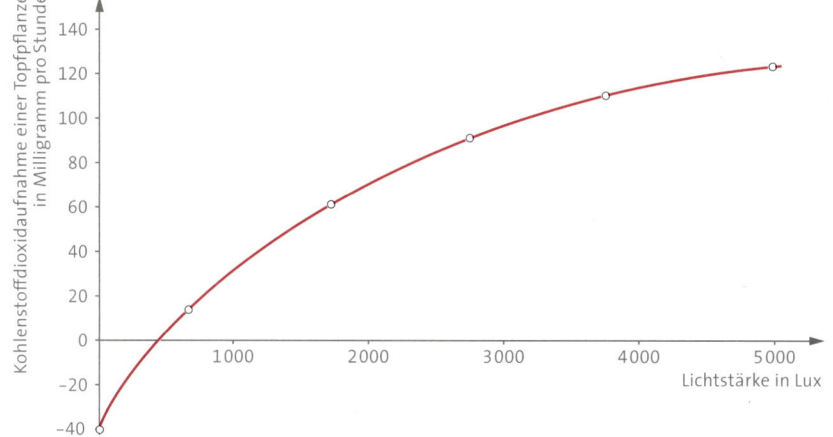

Pflanzenwachstum

WIE WISSENSCHAFT WISSEN SCHAFFT · Die Fotosynthese stellt einen bedeutenden und komplexen Prozess pflanzlicher Lebewesen dar. Unser heutiges Wissen über die Fotosynthese haben verschiedene Wissenschaftler Schritt für Schritt entwickelt. Die Geschichte der Fotosyntheseforschung ist daher ein gutes Beispiel dafür, wie es gelingt, Prozesse der belebten Natur immer besser zu verstehen.

Bereits vor etwa 10 000 Jahren haben Menschen damit begonnen, Pflanzen selbst anzubauen, um sich von ihnen zu ernähren. Damit bestand schon ein frühes **Interesse,** das Wachstum der Pflanzen zu erklären. Der griechische Gelehrte ARISTOTELES schrieb vor etwa 2400 Jahren, dass sich die Massenzunahme eines wachsenden Baumes auf Bodennährstoffe zurückführen lasse, die der Baum aufnimmt. Das damalige Verständnis des pflanzlichen Stoffwechsels entsprach also dem der menschlichen Ernährung. Solche Übertragungen werden sehr häufig bei der **Entwicklung von Erklärungen** genutzt. Nahezu 2000 Jahre hat es dann gedauert, bis dieser Erklärungsansatz überprüft wurde.

VAN HELMONT – WASSER ERMÖGLICHT PFLANZENWACHSTUM · Um den angenommenen Zusammenhang zwischen Bodennährstoffen und dem Wachstum von Pflanzen einer **Überprüfung** zu unterziehen, führte der Holländer Johann van Helmont eine systematische Langzeitbeobachtung durch. Er verglich dazu die Veränderungen der Masse eines Baumes mit den Veränderungen der entsprechenden Erde. Das Ergebnis zeigte eindeutig, dass die Massenzunahme des Baumes weit über der entsprechenden Abnahme der Erdmasse lag. Die schon früh von Aristoteles formulierte Erklärung, dass die Massenzunahme auf die Bodennährstoffe zurückzuführen ist, war widerlegt.

VAN HELMONT schloss hieraus, dass die Massenzunahme des Baumes auf das regelmäßig hinzugegebene Wasser zurückgehe: „164 Pfund Holz, Rinde und Wurzeln entstanden aus Wasser allein." Doch auch dieser Erklärungsversuch wurde durch weitere Versuche widerlegt.

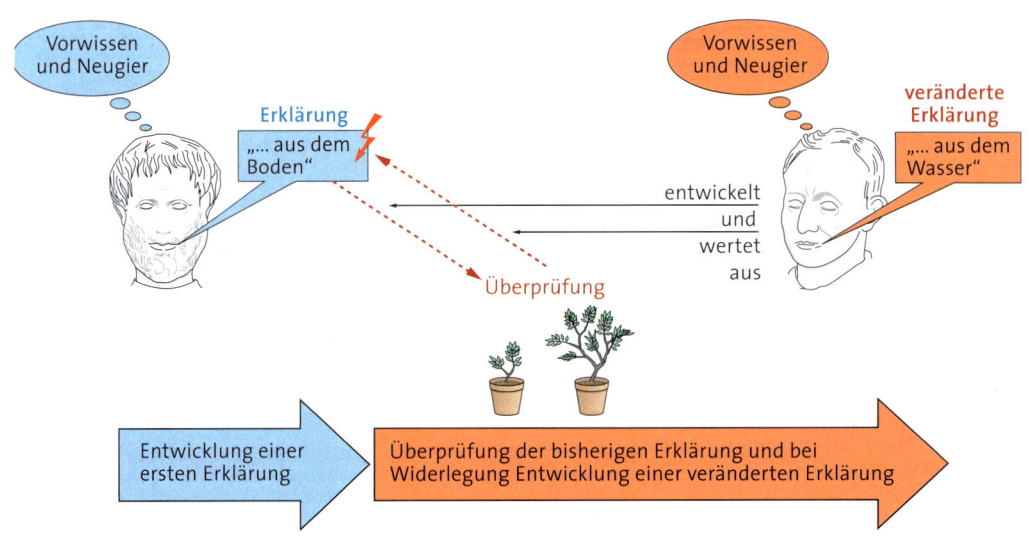

01 Entwicklung und Überprüfung von Erklärungen

HALES – PFLANZEN NEHMEN LUFT AUF · Der britische Naturforscher Stephen HALES hatte die Vermutung, dass Pflanzen zum Wachsen Anteile aus der Luft aufnehmen. Diese Vermutung konnte er bestätigen, indem er die Abnahme des Luftvolumens in einer Glasglocke zeigte, wenn darin eine Pflanze wächst. HALES zeigte somit, dass die Idee VAN HELMONTS, dass Wachstum auf reine Wasseraufnahme zurückgeführt werden kann, berichtigt beziehungsweise erweitert werden musste.

PRIESTLEY – PFLANZEN VERÄNDERN LUFT · Der britische Forscher Joseph PRIESTLEY beschäftigte sich umfassend mit den unterschiedlichen Zuständen der Luft. Bereits vor seinen Arbeiten war bekannt, dass Tiere in luftdicht abgeschlossenen Räumen nicht überleben. PRIESTLEY zeigte, dass dies jedoch nicht für Pflanzen zutrifft. Durch seine berühmten Glasglockenexperimente konnte er schließlich zeigen, dass Pflanzen die Luft unter einer Glasglocke so verändern, dass Tiere darin überleben können: „Der Schaden, der der Atmosphäre ständig durch die Atmung einer solch großen Zahl von Lebewesen … zugefügt wird, wird … durch das Pflanzenwachstum wiedergutgemacht." HALES Idee, dass Pflanzen Stoffe aus der Luft aufnehmen, konnte PRIESTLEY somit durch den Vorgang der Gasabgabe und dessen Nutzen für Tiere entscheidend ergänzen.

WISSENSCHAFTLICHER FORTSCHRITT DURCH ENTWICKELN UND ÜBERPRÜFEN VON ERKLÄRUNGEN · Die Beispiele aus der Geschichte der Fotosyntheseforschung zeigen, dass es immer wieder wissenschaftliche Erklärungen gab, die sich als falsch oder zumindest unvollständig erwiesen haben. Dies erweckt leicht den Eindruck, dass wissenschaftliche Erklärungen auch

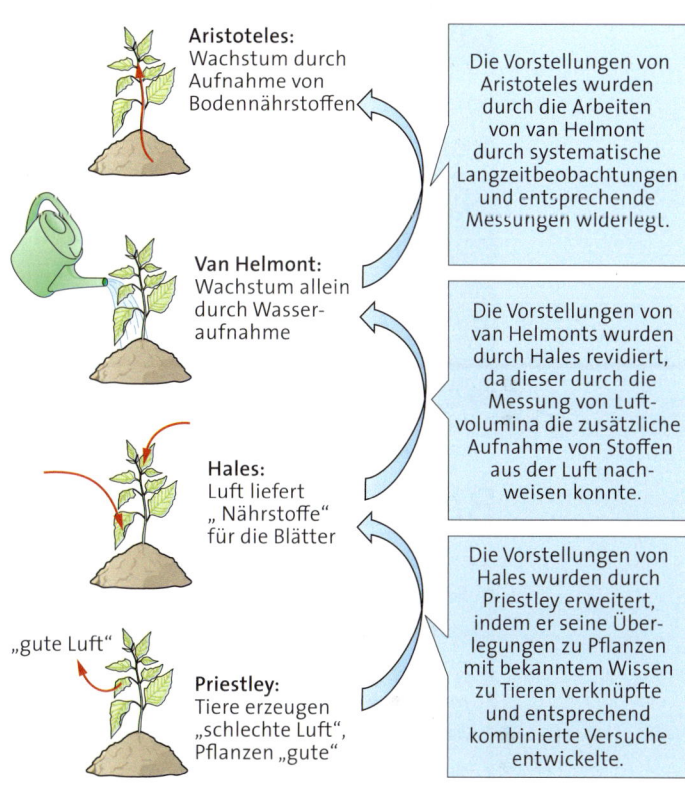

Aristoteles: Wachstum durch Aufnahme von Bodennährstoffen

Van Helmont: Wachstum allein durch Wasseraufnahme

Hales: Luft liefert „Nährstoffe" für die Blätter

„gute Luft"

Priestley: Tiere erzeugen „schlechte Luft", Pflanzen „gute"

Die Vorstellungen von Aristoteles wurden durch die Arbeiten von van Helmont durch systematische Langzeitbeobachtungen und entsprechende Messungen widerlegt.

Die Vorstellungen von van Helmonts wurden durch Hales revidiert, da dieser durch die Messung von Luftvolumina die zusätzliche Aufnahme von Stoffen aus der Luft nachweisen konnte.

Die Vorstellungen von Hales wurden durch Priestley erweitert, indem er seine Überlegungen zu Pflanzen mit bekanntem Wissen zu Tieren verknüpfte und entsprechend kombinierte Versuche entwickelte.

02 Bestehende Erklärungen können widerlegt und erweitert werden

nicht zuverlässiger sind als zum Beispiel unser Alltagswissen. Betrachten wir jedoch über die Jahrhunderte hinweg die Entwicklung wissenschaftlicher Erklärungen genauer, dann können wir eine sich stetig erweiternde Fülle von Ideen und alternativen Erklärungsansätzen erkennen. Diese Erklärungen werden immer wieder überprüft, sodass Schritt für Schritt immer umfassendere und gesichertere Erklärungen entstehen, die wir dann als **Theorien** bezeichnen. Entscheidend für die jeweiligen Fortschritte sind sowohl neue Ideen und Erklärungsansätze als auch neue Methoden zu deren Überprüfung. Die Entwicklung der Theorien ist hierbei nie abgeschlossen, sondern unterliegt fortlaufenden Weiterentwicklungen und Überprüfungen.

01 Frühlings-
landschaft in
Sachsen-Anhalt

Bedeutung von Pflanzen

*Besonders Landlebensräume sind von Pflanzen
gekennzeichnet. Sie können mithilfe von Chlorophyll bei der Fotosynthese Lichtenergie in chemische Energie der organischen Stoffe umwandeln. Welche Bedeutung ergibt sich daraus für
das heutige Leben auf unserer Erde?*

**PFLANZEN ALS NAHRUNGS- UND ENERGIE-
GRUNDLAGE** · Unsere Umgebung ist sehr vielgestaltig und bietet den unterschiedlichen
Lebewesen Lebensräume. Betrachtet man einmal die Nahrungsbeziehungen zwischen den
Bewohnern dieser Lebensräume genauer, stellt
man fest, dass sich viele Lebewesen direkt von
Pflanzen oder Pflanzenteilen ernähren. Raupen
fressen Blätter, Blattläuse saugen Säfte, Bienen
lecken Nektar, Vögel und Kleinsäuger fressen
Früchte oder deren Samen, Rehe nehmen Gräser und Kräuter auf.

Abgestorbene Pflanzenteile, wie abgefallene
Blätter oder Holz, sind nach einigen Monaten
verschwunden. Asseln, Käferlarven, Regenwürmer, besonders aber Bakterien und Pilze
ernähren sich von ihnen. Dabei bauen sie die
pflanzlichen Stoffe ab, um Energie für ihre
Lebensprozesse zu gewinnen, oder wandeln sie
in körpereigene organische Stoffe um. So können sie wachsen oder sich fortpflanzen.

Andere Lebewesen jagen Pflanzenfresser. Auch
sie nehmen Nahrung auf, um die enthaltenen
Stoffe als Energiequelle oder zum Aufbau körpereigener Stoffe zu nutzen.

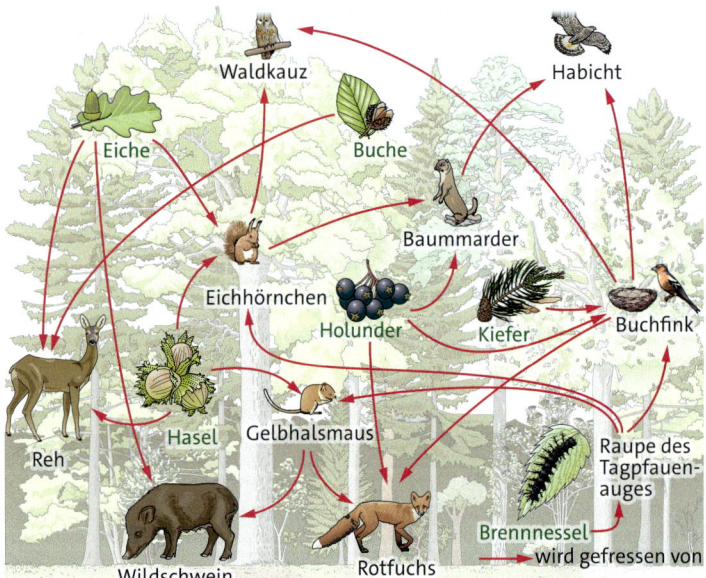

02 Nahrungsbeziehungen im Wald

Da Pflanzen am Anfang von Nahrungsketten stehen, bilden sie für viele Lebewesen die Nahrungs- und Energiegrundlage. Ohne Pflanzen könnten diese nicht existieren.

PFLANZEN ALS SAUERSTOFFPRODUZENTEN · Pflanzen produzieren bei der Fotosynthese Sauerstoff und geben ihn an die Atmosphäre ab. Eine große Anzahl von Lebewesen benötigt das Gas, um durch Zellatmung Glukose abzubauen. Dazu gehören Pflanzen, Tiere, Menschen und auch viele Mikroorganismen. Die dabei frei werdende Energie verwenden sie für alle Lebensprozesse. Ohne die Sauerstoffabgabe durch Pflanzen wäre das heutige Leben auf der Erde nicht möglich.

PFLANZEN ALS GRUNDLAGE DER NAHRUNGS-MITTELPRODUKTION · Menschen ernähren sich heterotroph. Pflanzen stellen somit auch die Grundlage unserer Nahrungsmittelproduktion dar, einerseits zur Produktion pflanzlicher Nahrungsmittel, andererseits als Futter für unsere Nutztiere.

In der Landwirtschaft und im Gartenbau wird versucht, durch Düngung, Bewässerung, Bodenbearbeitung und Unkrautbekämpfung optimale Wachstumsbedingungen für die Pflanzen zu schaffen und die Erträge so positiv zu beeinflussen.

Das gelingt besonders gut in Gewächshäusern, da man hier fast alle Faktoren für ein optimales Wachstum einstellen kann. So ist es möglich, durch Zusatzbeleuchtung, optimale Bewässerung oder Erhöhung des Kohlenstoffdioxidgehalts der Luft die Fotosyntheserate zu erhöhen. Auch eine optimale Einstellung der Temperatur für jede Pflanzenart steigert die Fotosynthese und beeinflusst den Ertrag positiv.

Im Freiland spielt die richtige Düngung eine besondere Rolle, da man die anderen Faktoren nicht oder nur in geringem Maße beeinflussen kann. Die Pflanzen entziehen dem Boden Mineralstoffe, um ihre körpereigenen Stoffe aufzu-

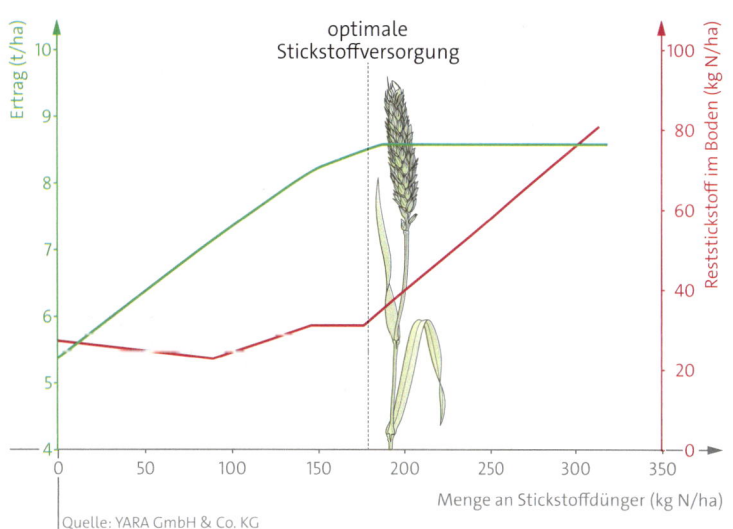

03 Einfluss der Stickstoffdüngung auf den Ernteertrag bei Weizen

04 Versuchsfeld für Düngemitteleinsatz

bauen. Diese Mineralstoffe müssen dem Boden wieder zugeführt werden. Sind sie nicht im erforderlichen Verhältnis enthalten, kommt es zu Mangelzuständen und Ertragsausfällen.

1 ﹆ Erläutere Faktoren, mit denen die Fotosyntheserate positiv beeinflusst und somit der Ertrag gesteigert werden kann!

2 ﹆ Vergleiche die Pflanzenproduktion im Freiland und in Gewächshäusern!

3 ﹆ Bewerte den Einsatz von Düngemitteln in der landwirtschaftlichen Produktion!

05 Holz als Baumaterial

06 Jeans aus Baumwolle

07 Biogasanlage

PFLANZEN ALS ROHSTOFFBASIS · Land- und Forstwirtschaft sowie Gartenbau liefern wichtige Rohstoffe. Flachs und Baumwolle werden zu Textilfasern verarbeitet. Holz ist als Baustoff von Bedeutung, Flachs wird auch als Dämmstoff geschätzt.

Zuckerhaltige Produkte lassen sich zu Bioalkohol vergären. Das aus den Rapssamen gewonnene Rapsöl ermöglicht die Produktion von Biodiesel. In der Landwirtschaft anfallende Abprodukte wie Mist, Gülle oder Klärschlamm können zu Biogas verarbeitet werden.

Nicht zuletzt finden Holz und Holzabfälle als Brennstoffe Verwendung. Holz, Biodiesel, Biogas und Bioalkohol als Brennstoffe gehören zu den erneuerbaren Energieträgern und haben eine positive Wirkungen auf unsere Umwelt.

FOSSILE ROHSTOFFE UND ENERGIETRÄGER · Erdöl, Erdgas und Kohle entstanden vor Millionen Jahren aus abgestorbenen Pflanzen oder aus Algen und anderen Kleinstlebewesen. Der in ihnen enthaltene Kohlenstoff wurde der Atmosphäre vor langer Zeit in Form von Kohlenstoffdioxid entzogen, durch Fotosynthese gebunden und so langfristig in den fossilen Stoffen festgelegt.

Seit Beginn der Industrialisierung im 19. Jahrhundert stellen fossile Energieträger eine wesentliche Grundlage unserer Energieversorgung dar. Bei ihrer Verbrennung kehren wir den Prozess um, sodass derzeit der Kohlenstoffdioxidgehalt in unserer Atmosphäre zunimmt und den Treibhauseffekt verstärkt. Dabei sind diese Rohstoffe zum Verbrennen viel zu schade, denn sie dienen in der Petrolchemie als wichtige Ausgangsstoffe für die Herstellung vieler Produkte. Die Vorräte sind jedoch begrenzt.

4 Erstelle eine Mind-Map zur Bedeutung der Pflanzen für den Menschen!

5 Erläutere, warum der Einsatz von erneuerbaren Energieträgern zum Schutz unserer Umwelt beitragen kann!

Material A ▸ Das Minimumgesetz

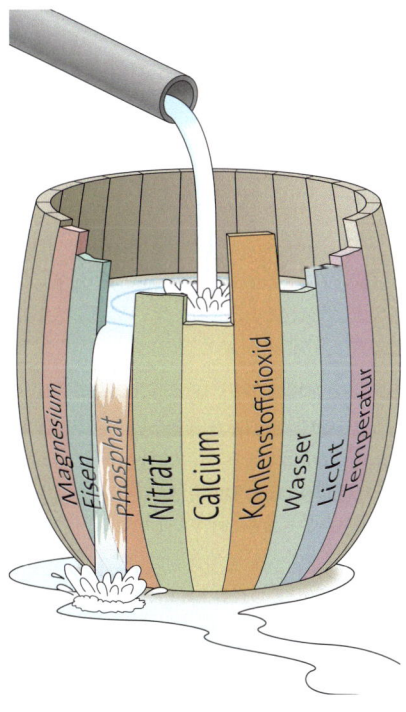

Justus von LIEBIG (1803–1873), erkannte durch Versuche die Bedeutung der Mineralstoffe für das Pflanzenwachstum. Er entwickelte den ersten phosphathaltigen Pflanzendünger zur Ertragssteigerung. In der Tabelle sind stark vereinfacht einige Versuchsdaten dargestellt.

Düngung der Pflanzen mit Phosphat	Zusätzliche Düngung mit anderen Mineralstoffen	Wachstumssteigerung der Pflanzen
keine	nein	keine
wenig	nein	kaum
viel	nein	stark
sehr viel	nein	stark
sehr viel	ja	sehr stark

A1 Gib die Kernaussagen der Versuchsdaten aus der Tabelle wieder und formuliere eine Gesetzmäßigkeit!

A2 Ordne den Teilen des Modells die Faktoren des Pflanzenwachstums zu!

A3 Erläutere das Modell der Minimumtonne!

A4 Setze das Modell der Minimumtonne in Beziehung zu der Gesetzmäßigkeit aus Aufgabe A1!

Material B ▸ Holz als erneuerbarer Energieträger

Bei der Verbrennung von Erdgas, Erdöl oder Holz entsteht Kohlenstoffdioxid, das den Treibhauseffekt verstärkt. Heute verwendetes Erdgas und Erdöl entstand im Lauf vieler Millionen Jahre. Man kann Erdöl und Erdgas nicht herstellen, sondern nur aus Lagerstätten unter der Erde fördern. Sind sie einmal ausgebeutet, werden sie nicht mehr aufgefüllt. Aus diesem Grund werden sie als fossile Energieträger bezeichnet, die nicht regeneriert werden können. Energiereiche Stoffe, die durch biologische Prozesse verhältnismäßig schnell neu gebildet werden, zum Beispiel Holz, bezeichnet man dagegen als erneuerbare Energieträger.

Obwohl Holz ein erneuerbarer Energieträger ist, ist die Verbrennung von großen Holzmengen umstritten.

B1 Vergleiche beide Abbildungen!

B2 Nenne mögliche Gründe, die gegen die Verwendung von Holz als einzigem Brennstoff sprechen!

B3 Erläutere, wie sich der Kohlenstoffdioxidgehalt der Luft ändert, wenn Holz und fossile Brennstoffe verbrannt werden!

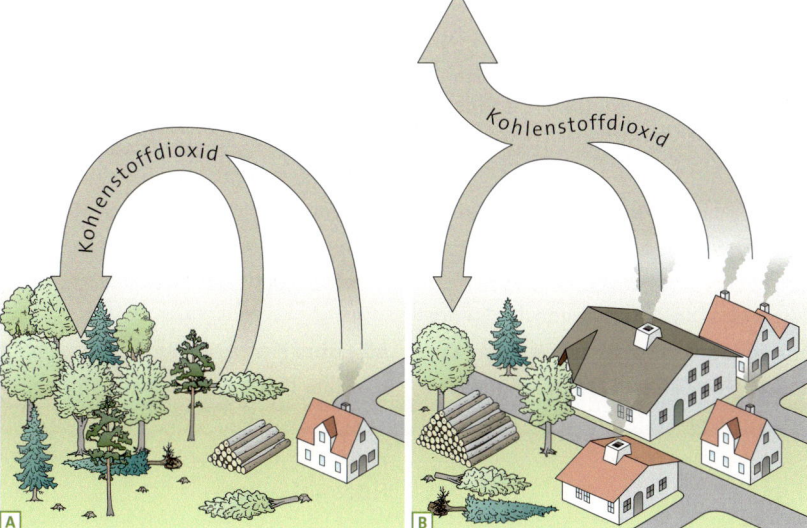

Praktikum A ▸ Wirkung unterschiedlich konzentrierter Lösungen auf Zellen

Vorüberlegungen

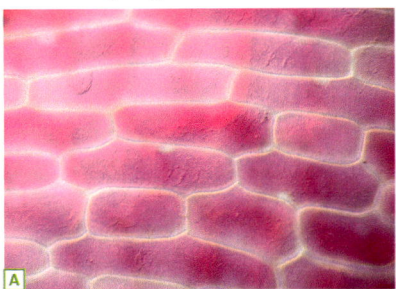

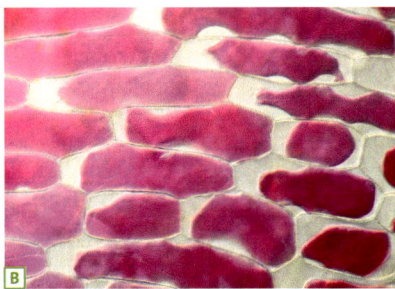

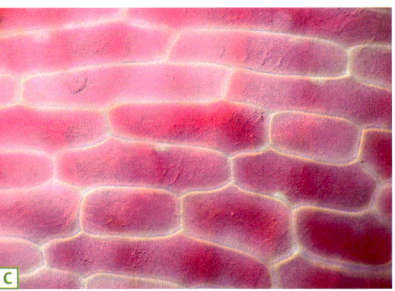

Die angefärbten Zellen einer Zwiebel-schuppenhaut liegen in Abbildung A in Wasser. In Abbildung B sieht man dieselben Zellen, die nun allerdings in eine Kochsalzlösung eingebettet sind. In Abbildung C wurde die Kochsalz-lösung wieder durch Wasser ersetzt.

A1 Vergleiche die Abbildungen mit-einander und beschreibe die Ver-änderungen, die in B und C zu er-kennen sind!

A2 Erläutere die Prozesse, die die Ver-änderungen bewirken!

A3 In Abbildung B ist die Rotfärbung intensiver als in den Abbildungen A und C.
Erkläre, wie es zu diesem Unter-schied kommt!

Versuch 1

Material:
zwei Bechergläser, Staudensellerie (oder Stängel vom Rhabarber oder Löwenzahn), Wasser, gesättigte Koch-salz- oder Zuckerlösung, Messer

Durchführung:
Schneide den Stängel der Versuchs-pflanze unten kreuzweise drei bis fünf Zentimeter ein. Stelle ihn jeweils für fünf Minuten in ein Glas mit Wasser, danach in die gesättigte Lösung.

A4 Führe Protokoll! Notiere und er-kläre deine Beobachtungen!

Hinweis: Die Zellenwände der Epider-miszellen von Sprossachsen sind ver-stärkt. Für Zellen des Rindengewebes trifft das meist nicht zu.

Versuch 2

Material:
rohe und gekochte Kartoffel (fest kochend), zwei Schalen mit Wasser und zwei Schalen mit gesättigter Kochsalzlösung (jeweils Zimmertem-peratur), Messer

Durchführung:
Stelle aus einer rohen und einer ge-kochten Kartoffel je zwei Quader her. Lege je einen gekochten und einen rohen Quader in Leitungswasser be-ziehungsweise in konzentrierte Koch-salzlösung.
Prüfe nach dreißig Minuten die Länge und Festigkeit aller Quader.

A5 Führe Protokoll! Notiere und er-kläre deine Beobachtungen!

Hinweis: Bedenke die Wirkung von Hitze auf Zellen!

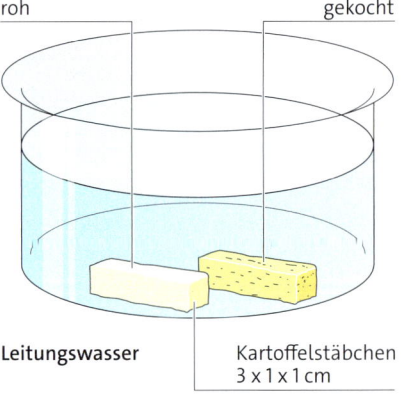

roh   gekocht

Leitungswasser   Kartoffelstäbchen
3 x 1 x 1 cm

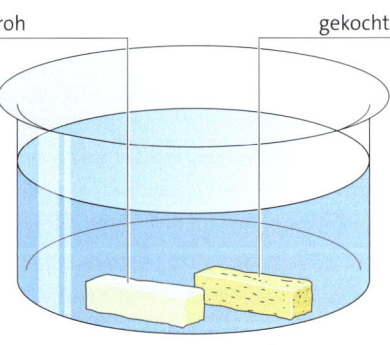

roh   gekocht

gesättigte Kochsalzlösung

Praktikum B ▸ Das Blatt – Ort der Fotosynthese

Versuch 1: Blattquerschnitt

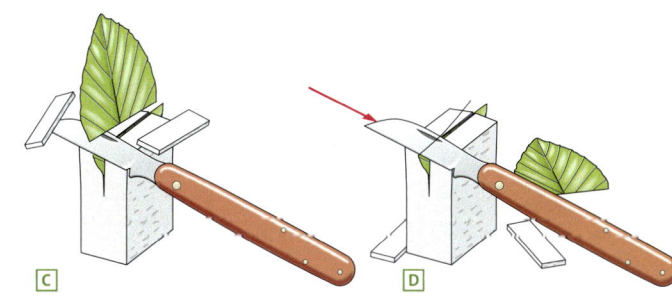

A **B** **C** **D**

Material:
Blatt von Buntnessel oder Dreimasterblume (Tradescantia), Styropor, Rasierklinge oder Bastelmesser, Mikroskop und Zubehör

Durchführung:
Stelle den Blattquerschnitt her. Schneide dazu den Styroporblock wie in der Abbildung ein und klemme das Blatt in den Spalt. Schneide die gesamte Oberfläche einmal gerade. Ziehe die Klinge jetzt langsam von einer Ecke an über den Block und stelle dann möglichst dünne Schnitte her. Wähle den dünnsten Schnitt aus und mikroskopiere ihn bei 50- und 100facher Vergrößerung.

B1 Skizziere den Bau des Blattes und beschrifte die Teile!

B2 Vergleiche Schwamm und Palisadengewebe! Stelle einen Zusammenhang zwischen Bau und Funktion her!

Versuch 2: Blattober- und Blattunterseite

Material:
verschiedene Blätter (Tradescantia, Begonie, Alpenveilchen), farbloser Nagellack mit Pinsel, Pinzette, Mikroskop und Zubehör

Durchführung:
Trage eine dünne Schicht Nagellack auf einer Fläche von einem halben Quadratzentimeter auf der Ober- bzw. Unterseite eines jeden Blattes auf. Warte, bis der Lack getrocknet ist, und ziehe die Schicht vorsichtig mit der Pinzette ab, lege sie auf einen Objektträger. Mikroskopiere die Präparate.

B3 Vergleiche die mikroskopischen Bilder!

klarer Nagellack

Blattunterseite

Versuch 3: Chloroplasten

Material:
Wasserpest (Elodea), Mikroskop und Zubehör

Durchführung:
Stelle ein Frischpräparat eines Blattes der Wasserpest so her, dass die Unterseite nach oben zeigt. Mikroskopiere die Zellen der Blattfläche bei 100- und 400-facher Vergrößerung. Betrachte dann die Zellen an der Mittelrippe des Blattes bei 100-facher Vergrößerung.

B4 Beschreibe deine Beobachtung! Achte besonders auf die Chloroplasten!

Praktikum C ▸ Fotosynthese

Versuch 1: Einfluss von Licht und Kohlenstoffdioxid

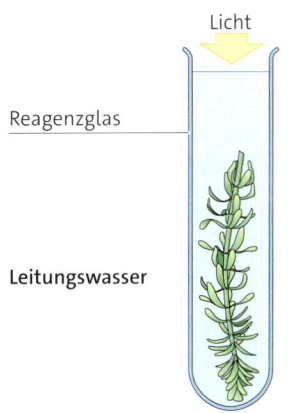

Material:
drei Wasserpestsprosse, drei Reagenzgläser, schwarzes Papier, Klebestreifen, Reagenzglasständer, Lichtquelle mit LED-Lampe, frisches Leitungswasser sowie abgekochtes und abgekühltes Wasser

Durchführung:
Befülle die Reagenzgläser. Umwickle Reagenzglas drei mit schwarzem Papier und fixiere es mit dem Klebestreifen. Belichte alle Reagenzgläser nacheinander je fünf Minuten lang und zähle die aufsteigenden Bläschen.

C1 Notiere die Versuchsergebnisse in einer Tabelle und werte die Daten aus!

C2 Erkläre, warum für den Versuch keine Glühbirne als Lichtquelle verwendet werden soll!

Versuch 2: Nachweis der Stärkebildung

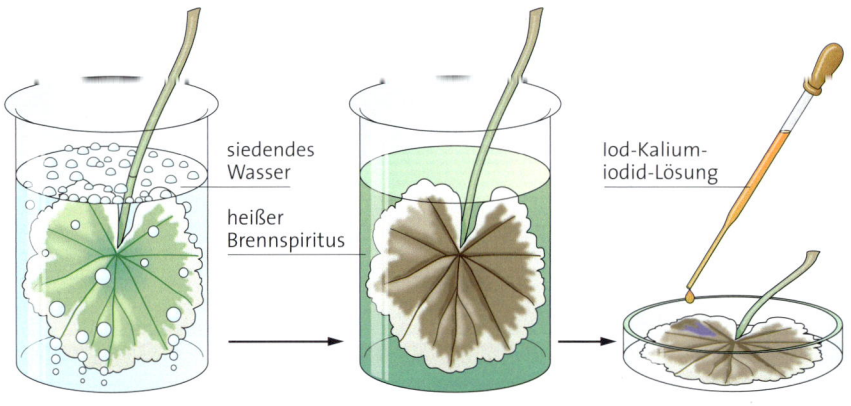

Panaschierte Blätter besitzen chlorophyllfreie Bereiche.

Material:
panaschierte Blätter (Efeu, Pelargonie), heißes Wasser, Spiritus, Iod-Kaliumiodid-Lösung, zwei Bechergläser, Petrischale, Pipette

Duchführung:
Stelle eine Pflanze einen Tag und eine Nacht lang ins Dunkle und belichte sie vor dem Versuch einige Stunden. Töte ein Blatt in heißem Wasser, entziehe ihm das Chlorophyll mit Hilfe von heißem Spiritus und gib Iod-Kaliumiodid-Lösung hinzu.

C3 Erstelle ein Versuchsprotokoll! Erlautere darin den Starkenachweis und deute das Ergebnis!

C4 Erkläre die Verteilung der nachgewiesenen Stärke in den unterschiedlichen Bereichen des Blattes!

C5 Erkläre, warum das Blatt vor dem Stärkenachweis belichtet wurde!

C6 Erkläre, warum die Pflanze vor dem Versuch im Dunklen gehalten wurde!

A ▶ Pflanzliche Organe

Kann ich ...

1 ⌋ den Zusammenhang zwischen dem Bau einer Wurzel und ihren Funktionen erläutern? *(Seite 220 und 221)*

2 ⌋ die Wasseraufnahme durch die Wurzel mithilfe physikalischer Prozesse erklären? *(Seite 222)*

3 ⌋ die physikalischen Prinzipien Diffusion und Osmose erläutern? *(Seite 224 und 225)*

4 ⌋ den Aufbau einer Sprossachse und ihre Funktionen erläutern? *(Seite 226)*

5 ⌋ den Transport von Wasser, Mineralstoffen und Zucker in der Sprossachse beschreiben? *(Seite 227)*

6 ⌋ den Zusammenhang zwischen Bau und Funktionen eines Laubblattes erläutern? *(Seite 230 und 231)*

7 ⌋ Funktion und Bedeutung der Spaltöffnungen für den Stoffwechsel einer Pflanze erläutern? *(Seite 232)*

8 ⌋ den Prozess der Transpiration mit einem einfachen Experiment nachweisen? *(Seite 233)*

B ▶ Stoff- und Energiewechsel

Kann ich ...

1 ⌋ den Prozess der Fotosynthese beschreiben? *(Seite 236)*

2 ⌋ den Prozess der Fotosynthese als Umwandlungsprozess von Lichtenergie in chemische Energie der Glukose erläutern? *(Seite 237)*

3 ⌋ den Begriff autotrophe Ernährung erläutern? *(Seite 237)*

4 ⌋ die Bedeutung von Licht und Temperatur für die Fotosyntheserate beschreiben? *(Seite 238 und 239)*

5 ⌋ den Prozess der Zellatmung als Energieumwandlung beschreiben? *(Scitc 240 und 241)*

6 ⌋ den Zusammenhang von Assimilation und Dissimilation am Beispiel der Pflanzen darstellen? *(Seite 241 und 242)*

7 ⌋ die Bedeutung der Pflanzen in der Natur und für den Menschen erläutern? *(Seite 246 bis 248)*

8 ⌋ Möglichkeiten zur Ertragssteigerung durch landwirtschaftliche Maßnahmen nennen und begründen? *(Seite 247 und 249)*

Aufgaben sind ein wichtiger Bestandteil deines Biologiebuchs „Biosphäre 7/8 Sachsen-Anhalt" und unterstützen auf vielfältige Weise das Lernen. Um Aufgaben richtig lösen zu können, muss man zunächst verstehen, was genau verlangt wird. Wichtig ist dabei, die verschiedenen Typen von Aufgaben zu unterscheiden. Das Wort zu Beginn der Aufgabe, der Operator, ist entscheidend. Es sagt dir, in welcher Form die Lösung erwartet wird. Im Folgenden findest du zu einigen verschiedenen Operatoren jeweils eine Beschreibung und Beispielaufgaben mit Lösungen.

NENNEN · Beim Nennen wird man aufgefordert, bestimmte Sachverhalte, Begriffe oder Daten ohne weitere Ausführungen aufzuzählen.

Beispielaufgabe: Nenne die Bestandteile einer pflanzlichen Zelle!

Lösung: Die Bestandteile einer pflanzlichen Zelle sind: Zellkern, Zellplasma, Zellmembran, Zellwand, Chloroplasten, Mitochondrien und Vakuolen.

BESCHREIBEN · Beim Beschreiben wird ein Gegenstand oder ein Vorgang mit sprachlichen Mitteln dargestellt. Eine Beschreibung erfolgt meist als Folge einer Beobachtung. Die Kriterien der Beobachtung können als Hilfe bei einer Beschreibung dienen.

Beispielaufgabe: Beschreibe Lage und Aufbau einer Spaltöffnung!

Lösung: Die Spaltöffnungen sind Teil der unteren Epidermis. Jede Spaltöffnung besteht aus zwei bohnenförmigen Schließzellen, zwischen denen eine spaltförmige Öffnung liegt. Die Schließzellen enthalten Chloroplasten und besitzen unterschiedlich verdickte Zellwände. An die Schließzellen grenzen anders gebaute Epidermiszellen an.

ERLÄUTERN · Beim Erläutern wird ein Sachverhalt zunächst dargestellt und dann durch zusätzliche Informationen oder Beispiele veranschaulicht.

Beispielaufgabe: Erläutere das Prinzip der Oberflächenvergrößerung am Beispiel des Dünndarms.

Lösung: Sollen Stoffe über Oberflächen ausgetauscht werden, ist eine große Oberfläche für die Funktionsfähigkeit des Organs von Vorteil. Am Beispiel des Dünndarms wird dies deutlich. Im Dünndarm treten die kleinsten Bestandteile der Nährstoffe in Blut und Lymphe über. Damit das passieren kann, müssen sie mit der Darmwand des Dünndarms in Kontakt treten. Je größer die Oberfläche ist, desto mehr Stoffe können pro Zeiteinheit in die Körperflüssigkeiten aufgenommen werden. Im Dünndarm wird dies durch die große Anzahl von Falten der Darminnenwand erreicht, deren Oberfläche durch viele kleine Ausstülpungen, die Darmzotten, zusätzlich vergrößert wird. So ist die gesamte Oberfläche der Dünndarminnenwand so groß wie ein Tennisplatz.

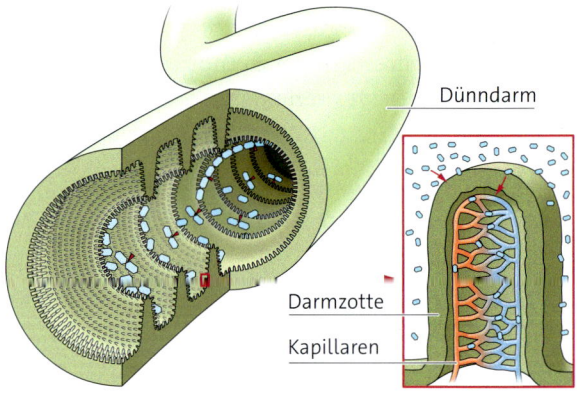

Dünndarm

Darmzotte

Kapillaren

VERGLEICHEN · Beim Vergleichen geht es darum, Gemeinsamkeiten und Unterschiede zwischen Gegenständen, Lebewesen oder Vorgängen festzustellen. Dazu müssen Vergleichskriterien festgelegt werden.
Das Vergleichen lässt sich am besten mithilfe einer Tabelle realisieren, beispielsweise mit einer Tabelle, die aus mindestens drei Spalten besteht: Spalte 1 enthält die Vergleichskriterien. In den Spalten 2, 3 und so weiter werden die Merkmale der zu vergleichenden Gegenstände oder Vorgänge festgehalten. In einer zweiten Stufe des Vergleichs werden Gemeinsamkeiten (= G) und Unterschiede (= U) ermittelt. Dazu kann eine Spalte G/U angelegt werden.

Beispielaufgabe: Vergleiche die inneren Strukturen sowie die Funktionen von Dünndarm und Lunge miteinander!

Lösung:

Vergleichs-kriterien	Dünndarm	Lunge	G/U
innere Struktur	Darmfalten Darmzotten	Bronchiolen, Lungenbläschen	G: große innere Oberfläche U: verschiedene Gewebe
Funktion	Übergang von Nährstoffbestandteilen in Blut und Lymphe	Gasaustausch	G: Stoffaufnahme U: Art der Stoffe ist verschieden

ORDNEN · Beim Ordnen ist man dazu aufgefordert, nach vorher festgelegten Kriterien aus einer Menge von Gegenständen, Lebewesen oder Vorgängen Gruppen zu bilden. Die Elemente einer Gruppe haben gemeinsame Merkmale. Die Zuordnung kann zum Beispiel in Form einer Tabelle oder eines Schemas dargestellt werden. Dabei wird für jede Gruppe ein gemeinsamer Oberbegriff gebildet.

Beispielaufgabe: Ordne die aufgeführten Organismen nach der Art ihrer Ernährung: Pantoffeltierchen, Euglena, Amöbe, Hefen, Geißelalge, Mensch, Sonnenblume!

Lösung:

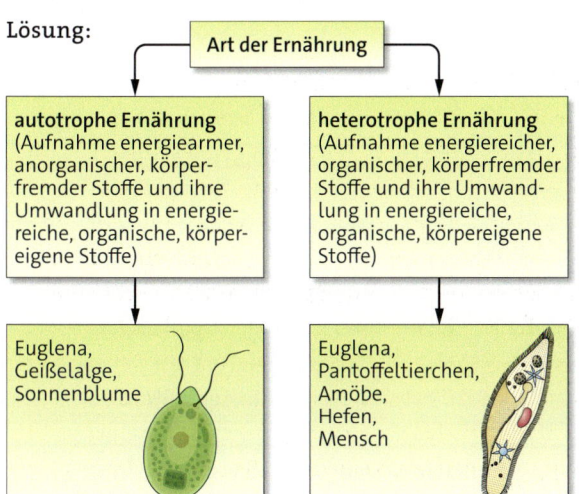

BEGRÜNDEN · Beim Begründen wird für einen Sachverhalt ein logischer oder folgerichtiger Zusammenhang zwischen Ursache und Wirkung hergestellt. Dabei sind Formulierungen wie „Wenn ... dann ..." oder „Weil ... deshalb ..." hilfreich.

Beispielaufgabe: Begründe, dass es schwierig ist, Euglena den pflanzlichen oder tierischen Einzellern zuzuordnen!

Lösung: Euglena besitzt Chloroplasten und ernährt sich im Licht autotroph wie eine Pflanze. Reicht das Licht nicht aus, kann sie jedoch auch organische Stoffe aufnehmen. Weil sie sich also auch heterotroph wie Tiere ernähren kann, ist eine eindeutige Zuordnung schwierig.

ERKLÄREN · Beim Erklären sollen Sachverhalte auf gesicherte allgemeine Aussagen oder Gesetzmäßigkeiten logisch zurückgeführt werden.

Beispielaufgabe: Erkläre die Wasseraufnahme durch die Wurzelhaarzelle!

Lösung: Wurzelhaarzellen nehmen das Wasser aus dem Boden durch Osmose auf. Die konzentrierte Lösung im Zellinnern ist dabei durch eine semipermeable Membran, die Zellmembran, von dem schwach konzentrierten Bodenwasser getrennt. Der Konzentrationsausgleich kann somit nur durch die Bewegung der Wasserteilchen erfolgen. Aufgrund des Konzentrationsgefälles bewegen sie sich von außen in die Zelle hinein.
Im Innern der Zelle erfolgt der Konzentrationsausgleich nicht durch Membranen. Die Bewegung der Wasserteilchen und der Teilchen der gelösten Stoffe wird demnach nicht behindert. Diese Art von Konzentrationsausgleich heißt Diffusion.

BEWERTEN · Beim Werten oder Bewerten werden Aussagen oder Sachverhalte an Bewertungskriterien gemessen. Bewertungskriterien können fachliche Richtigkeit, Gesundheitsverträglichkeit, Naturverträglichkeit, Nützlichkeit und andere sein. Das Bewerten setzt das Sammeln von Sachinformationen voraus, die an den Bewertungskriterien gemessen werden.

Beispielaufgabe: Bewerte die Bedeutung von Sport für dein Wohlbefinden!

Lösung: Durch Sport wird mein Körper trainiert. Die Organe werden leistungsfähiger und man ist stolz, wenn die Leistungen steigen. Regelmäßige sportliche Betätigung an der frischen Luft stärkt die Abwehrkräfte des Körpers und fördert die Gesundheit. Sport kann allerdings auch zu Verletzungen führen. Trotzdem ist der Nutzen von regelmäßigem Training größer als das Verletzungsrisiko.

SCHLUSSFOLGERN · Beim Schlussfolgern werden auf der Grundlage konkreter Fakten allgemeine Aussagen, Verhaltensweisen oder Maßnahmen abgeleitet.

Beispielaufgabe: Regelmäßige sportliche Betätigung fördert Gesundheit und Leistungsfähigkeit des Körpers und erhöht das Wohlbefinden, kann jedoch auch bei Überschreiten der Leistungsgrenze zu Verletzungen führen. Leite daraus Schlussfolgerungen für dein Verhalten ab!

Lösung: Da es darauf ankommt, wie häufig und wie intensiv man Sport treibt, um gesund zu bleiben, muss ich regelmäßig sportlich aktiv sein. Um keine Verletzungen zu provozieren, darf ich nicht zu intensiv trainieren und muss die Anforderungen im Training langsam und gezielt steigern.

EINE HYPOTHESE AUFSTELLEN · Beim Aufstellen einer Hypothese soll zu einer Frage auf der Grundlage bekannter Sachinformationen eine begründete Vermutung als Antwort formuliert werden.

Beispielaufgabe: Stelle eine Vermutung auf, warum Äpfel nach längerer Lagerungszeit schrumpelig aussehen!

Lösung: Äpfel sind lebende Pflanzenteile. Die Zellen benötigen Energie. Diese Energie wird freigesetzt, wenn bei der Atmung organische Stoffe abgebaut werden. Bei einem Lagerapfel kann die körpereigene Substanz nicht wieder ersetzt werden. Es ist anzunehmen, dass er deswegen zunehmend schrumpelig wird.

DEUTEN · Hier sollen bestimmte Sachverhalte in einen Zusammenhang gebracht werden, mit dessen Hilfe man sie erklären kann.

Beispielaufgabe: Zwei Reagenzgläser werden mit Stärkelösung gefüllt, die mit etwas Iod-Kaliumiodid-Lösung blau angefärbt wird. In das zweite Reagenzglas wird etwas Speichel hinzugefügt. Anschließend kann man beobachten, dass sich die Lösung im zweiten Reagenzglas gelblich verfärbt, während sie im ersten Reagenzglas blau bleibt. Deute die Beobachtungen bei dem Versuch!

Lösung: Die blaue Färbung im ersten Reagenzglas zeigt an, dass nach wie vor Stärke vorhanden ist. Daraus, dass die blaue Färbung im zweiten Reagenzglas verschwunden ist, kann man schließen, dass die Stärke hier nicht mehr vorhanden ist. Da in dieses Reagenzglas Speichel dazugegeben wurde, kann man schlussfolgern, dass Stoffe im Speichel die Stärke zersetzt haben.

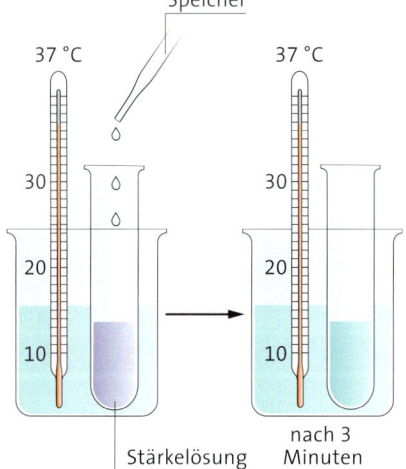